教育部首批虚拟教研室建设试点“社会认识论人才培养模式改革虚拟教研室”建设成果

欧阳康文集

大学 文化 人生

（第二版）

University Culture Life

欧阳康/著

華中科技大學出版社
http://press.hust.edu.cn/
中国·武汉

1953年生，四川资阳人。哲学博士。华中科技大学原党委副书记，华中科技大学国家治理研究院院长、哲学研究所所长，华中科技大学社会认识论人才培养模式改革虚拟教研室带头人（主任），国家治理湖北省协同创新中心主任，湖北地方治理研究院院长，“华中学者”领军岗教授，哲学学院二级教授、博士生导师。1992年起享受国务院特殊津贴，1996年被评为湖北省“有突出贡献中青年专家”，1999年入选教育部“跨世纪优秀人才”、人事部“百千万人才工程”，2019年入选中组部国家“万人计划”教学名师、湖北省首届“最美社科人”，2020年入选教育部“长江学者奖励计划”特岗学者。国务院学位委员会第六、七届马克思主义理论学科评议组成员，教育部社会科学委员会委员，中国辩证唯物主义研究会副会长、社会认识论专业委员会会长，湖北省人民政府咨询委员会委员等。在《中国社会科学》《哲学研究》等发表中英文学术论文400余篇，获国家、教育部和湖北省哲学社会科学优秀成果奖20余次，主持国家、省部级和国际合作科研项目20余项，多次出国出境从事学术交流与合作研究。主持完成教育部哲学社会科学研究重大课题攻关项目“马克思主义与建设中华民族共有精神家园研究”和“推进国家治理体系和治理能力现代化若干重大理论问题研究”，中宣部马克思主义理论研究和建设工程特别委托项目、国家社会科学基金特别委托项目“重大突发疫情对社会心态和思想舆论的影响研究”等，目前为国家社会科学基金重大项目“大数据驱动地方治理现代化综合研究”首席专家。

内容提要

《大学 文化 人生》(第二版)分为大学与时代、人文与社会科学、文化与价值、学生事务与思政教育、事业与人生、理想与境界共六编,梳理了欧阳康教授关于高校学生工作的探索与思考,记录了中国高等教育的观念变革与实践创新。全书探索当代大学使命、校园文化价值取向和文科发展战略,解析新时期思想政治教育和学生事务特点,反思哲学、大学、文化、人生、事业、国家等复合关系,解读大学生和研究生成人成才过程中的学习、心理与生存困惑,激励当代青年寻求超越、提升境界、追寻美德与升华人格,展现了欧阳康教授将哲学思考与教育实践相结合,从文化视角看待大学和人生,又以人生的感悟和体验作为基点,考察"大学的文化"和"作为文化的大学",使大学、文化、人生相交相融的独到认知,揭示了大学精神、哲学精神和人生精神的内在相通性,表达了他对大学、文化、人生的深厚感悟,寄托了他对我国高等教育发展和建设的殷切期望。

本书依托欧阳康教授广博国际视野、深厚学术功底、丰富管理经验,既注重问题意识和哲学分析,又贴近当代大学、教育和学生工作实际,开展心灵对话,解读思想困惑,具有很强的针对性和解释力,对于高教研究、文化反思、院校管理、学生事务和大学生自我定位等具有启迪意义。

总序

值此《欧阳康文集》出版之际，就个人的生命与学术历程做些回顾，以此感谢社会各方面长期以来的热情关心和大力支持！

用生命来体验和感悟哲学

回看已经过去的生命历程，似乎有一种趋向于哲学的生命运动和精神自觉。

1953年6月，我出生于四川省资阳县沱江边的一个文化家庭。父母早年都曾参加革命，后都从事教育工作，家庭教育严格、正统又规范。我在姊妹十人中排行老幺，除了父母的深刻影响，也受到哥哥姐姐们的特别呵护，是家中唯一有幸在幼儿园度过童年的孩子，并选入当时全县唯一一个五年制的小学试验班，由此比同龄人早一年进入资阳中学，成为初中1968级学生，进而体验到"老三届"的全部经历。

"文化大革命"中断了正规的课堂学习，却使我有机会较早投身社会实践的人生大课堂。16岁后，我随着当时上山下乡的知青洪流，去资阳县丰玉区迎接公社七大队二小队插队落户，在交白山下两度春秋的独立生活和与大自然的艰苦较量中体验到了真实的人生艰辛，也习得了全面的基本生活技能。1971年，有幸被招到铁道部建厂工程局一处做油漆工，从制造我国首个内燃机车的车辆工厂开启职业生涯，先后辗转于四川、河南、北京、陕西多处铁路建筑工地。基于"人定胜天"的朴素情感以及"干什么就要像什么"的执着信念，先后做过油漆工、电工，担任过共青团干部，曾获得局级"工业学大庆先进个人"称号。这一时期，我接触到了马克思主义理论，并成为工人理论宣讲员，进而从电工岗位被破格提拔到当时位于陕西咸阳的建厂工程局宣传部理论处，成为一名"以工代干"的宣传干部，从事《建厂通讯》的报纸编辑等工作。正是在宣传部门的工作中，我首次接触到艾思奇主编的《辩证唯物主义和历史唯物主义》，如饥似渴，彻夜畅读，产生了对于马克思主义哲学的浓厚兴趣。

1977 年我国恢复高考，我鼓足勇气，在陕西报名参加考试，被陕西师范大学政教系首批录入。陕西师范大学的哲学教学和研究力量在西北地区堪称顶级，厚重的汉唐文化与雄浑的“西北风”交汇，使得这里的哲学文化厚重博大，也使我的“哲学梦”在这里如愿启航。在这段日子里，我如饥似渴，潜心学习，用心钻研，在同学中首批加入党组织，担任了政教系团总支书记，参与组织了不少校系活动。学士学位论文《试论矛盾的同一性和斗争性都是绝对与相对的辩证统一》，有幸被选入学校的《社会科学论文集》。本科毕业后，我考上哲学硕士研究生，跟随刘修水教授攻读认识论，秉承“宁可精写一篇，不必泛写十篇”的信条，努力拓展知识范围，锻炼哲学思维，强化写作水平与创新意识。硕士学位论文《论主体能力》发表于 1985 年第 7 期的《哲学研究》上，并为《中国哲学年鉴》《新华文摘》等刊物选介与转载，获陕西省第三届社会科学优秀成果奖。1985 年 3 月，我考入中国人民大学哲学系，先后在李秀林教授、夏甄陶教授的悉心指导下，攻读认识论研究方向的博士学位。在校期间，有幸应邀参加多项重要科研项目，发表学术论文近 30 篇，还曾作为中国人民大学学生哲学研究会负责人之一主编《青年哲学论坛》，先后邀请 30 多位著名哲学家为青年学子寄语，从中深受教育。1988 年 1 月 16 日，在哲学系顺利通过论文答辩，获哲学博士学位。博士学位论文《社会认识论导论》全文 37 万余字，由中国社会科学出版社收入胡绳先生主编的“中国社会科学博士论文文库”，于 1990 年 11 月出版，多家报刊先后发表书评书讯予以充分肯定。该文获 1992 年陕西省优秀哲学成果奖和 1995 年国家教委首届人文社会科学优秀成果二等奖。

1988 年 2 月起，我在陕西师大政教系任教，担任系副主任，5 月破格晋升为副教授，成为硕士研究生导师，协同创办中外文化研究交流中心并任副主任，开展跨文化国际学术活动。1992 年 2 月破格晋升为教授，担任政教系主任。

由于当时陕西师范大学还没有哲学博士学位点，为了更好地从事哲学研究，应武汉大学邀请，我于 1993 年 3 月调武汉大学哲学系工作，被增列为博士研究生导师，1994 年起在全国率先招收社会认识论研究方向的博士生。1995 年 6 月任武汉大学哲学系主任，积极筹建我国首家大学哲学学院。1996 年 12 月，武汉大学哲学学院挂牌，我有幸担任首任院长兼哲学系主任。1999年，学校进行院系调整，将哲学学院、文学院、历史文化学院合并为人文科学学院，我被聘为人文科学学院院长兼哲学学院院长。

应华中科技大学邀请，2000年10月，我到华中科技大学任校长助理，协管文科建设，先后担任哲学研究所所长、国家大学生文化素质教育基地主任、《华中科技大学学报(社会科学版)》主编等，2005年4月任校党委常委、副书记，先后分管学生、宣传、统战、工会等工作。2013年8月，因年龄原因不再担任校党委副书记、常委。党的十八届三中全会首次提出推进国家治理体系和治理能力现代化，2014年2月，华中科技大学在全国高校中成立首家国家治理研究院，我被聘为院长，将更多精力投入国家治理研究和倡导善治之旅上。

回顾我的成长经历，最深刻的感悟，是应当用生命来体验和感悟哲学。正如我在哲学课导言中总会感叹的："在我们的一生中，我们总会自觉地或不自觉地遇到很多与哲学相关的问题。"回想起来，我自己在生命的各个阶段都遇到了与哲学相关的思想困惑。在孩童年代，因为游泳险些被淹死而产生过对死亡的恐惧；在当知青的时期，一次因病注射青霉素引起休克，也让我产生了对人死亡以后永远不能复生的"永远"到底有多久的困惑；在当工人时期，曾产生过战天斗地其乐无穷的天人感悟；在做共青团干部时期，曾因时代所限产生过对于马克思主义理论的误读，并进而寻求正解。10年哲学求学之旅、30多年讲授哲学和在高校教育管理工作中运用哲学的经历，使我加深了对于哲学的理解与应用。耳顺以来，我离开学校党政领导工作岗位，担任华中科技大学国家治理研究院院长，将30多年前开启的社会认识论运用于国家和社会治理的理论研究与实践探索，在新的思想高度和实践指向上关注世界、中国与人生。

在这个过程中，党和国家不断给予各种形式的鼓励，我1992年起享受国务院特殊津贴，1996年被评为湖北省"有突出贡献中青年专家"，1999年入选教育部"跨世纪优秀人才"、原人事部等七部委实施的"百千万人才工程"，2019年入选中组部国家"万人计划"教学名师、湖北省首届"最美社科人"，2020年入选教育部"长江学者奖励计划"特岗学者等。要特别感谢各级组织的关心和厚爱！感谢时代赋予的机会和挑战！

探索一条个性化的哲学研究道路

在大学从事哲学学习和大学教育教学已经30多年,一直致力于探索一条个性化的哲学研究道路。

在数十年的哲学之旅中,不断地有人问我当时为什么会选择哲学。我的回答,一是为了解读自己的生命困惑,一是因为时代主题的造就。我在成长中秉持着“虚一而静”的人生信念和“执着素朴”的处世原则,这既影响了我的人生道路,也融会到我的哲学体验中。中国古人云,仁者乐山,智者乐水,我则喜山乐水,主张德业双修、仁智双彰。在我看来,哲学作为人类对于最高智慧的追寻,具有爱智性、致极性、超越性和问题性等特征,体现着人类立足有限、追寻无限、超越极限的美好追求,既帮助人们寻根究底、追根溯源,也帮助人们解疑答惑,反思自我。如果要形象一点说,哲学有点像雅典王子提修斯手中的那一条线,帮助人们去走出思想的迷宫;又有点像星空中的北斗七星,帮助我们去找出人类发展的方向;同时它也像洞悉一切的魔镜,帮助我们更好地认识自我,确立未来发展的方向。哲学的真谛在于爱智、求真、向善、致美、崇圣,它们共同激励和彰显着人生价值,指引着人类文明的发展方向,既表现在人们的终极性关怀与不懈追问中,也灌注在生命的每一个场所和瞬间。带着这份浓浓哲学味的人生信念和处世原则,我在数十年的人生经历中未敢有过懈怠,总是努力前行,处处感悟着这种致极性和超越性的哲学魅力。

对哲学学术的思考,需要深厚的历史感,要善于从哲学的历史发展中把握人类哲学思想的演进逻辑,尤其要关注马克思主义哲学和思想史上的变革及其后续影响,还要善于寻找马克思主义与中国哲学和文化的交汇点,探寻其中国化的基础和途径。而每个哲学家的研究实际上是高度个性化的,需要在中西马哲学的结合中构建起自己对于哲学和哲学观的独特理解,探析把握时代性哲学问题的自觉意识和方法论原则。正是基于这样的认识,我主张探索一条个性化的哲学研究道路,从对元哲学问题的探讨开始自己的哲学之旅,尤其关注哲学研究的方法论。在1986年中国辩证唯物主义研究会于西安举办的全国“马克思主义哲学与三论”学术研讨会上,我与孙晓文一道提交了《马克思主义哲学的发展与现代科学方法论》和《关于哲学形态学的思考》两篇论文,首次提出了哲学形态学的研究思路和方法,主张探索马克思主义哲学的当代形态，进而关注哲学思维的致极性特征，探索哲学研究方法论，并由此出发梳理哲学史，探讨当代哲学问题。《哲学研究方法论》60多万字，被纳入“武汉大学学术丛书”出版，先后获得教育部和湖北省的社会科学优秀成果奖。我较早提出应当重视马克思主义哲学的实践唯物主义本性，拓展和深化对于马克思主义哲学本质的认识，与博士时期的导师夏甄陶教授就此合写了近10篇相关论文，提出了以实践唯物主义为指导、以人与世界关系为对象的马克思主义哲学新体系。马克思主义认识论问题研究，由真理标准问题大讨论率先激发，成为改革开放以后马克思主义哲学研究的突出领域，也是我长期关注的领域。我先后开展了关于认识本质、认识过程、认识中介与认识方法论等问题的系列研究，所著《马克思主义认识论研究》被纳入袁贵仁和杨耕教授主编的“马克思主义哲学基础理论研究丛书”，由北京师范大学出版社出版。

社会认识论是我用力最深和最有独到见解的研究领域。在我看来，社会认识即人们对社会的对象性认识和人类社会总体的自我认识的统一，社会认识论探讨人们认识社会的特殊本质、特点、过程和方法，致力于揭示人类社会的自我认识之谜。多年来，我带领团队成员将社会认识论研究逐步拓展到社会认识方法论、人文社会科学哲学、实践哲学、社会信息学等，进而拓展到对国家治理的多维思考。中国辩证唯物主义研究会为此专门成立了社会认识论专业委员会，聘请我担任会长。通过评审，该专业委员会组建起了由来自50多个高校的70多位成员组成的理事会，极大拓展了社会认识论的研究视域和研究队伍。

马克思曾经指出：“哲学家们只是用不同的方式解释世界，而问题在于改变世界。”在我看来，这段话被恩格斯和共产国际刻写到马克思的墓碑上，成为其墓志铭，就是要彰显马克思主义哲学的科学性和实践性的双重品格，帮助人们更加科学地认识世界和更加合理地改变世界。为此，我历来倡导理论与实践的统一，践行中华文化的“知行合一”，并将其贯穿在工作和学术研究中。

我们主张哲学研究不仅要深入社会实践和人的日常生活，也要进入人的精神家园。我先后协助杨叔子院士主持完成教育部重大课题攻关项目“培养和弘扬中华民族精神研究”，进而作为首席专家主持完成了教育部重大课题攻关项目“马克思主义与建设中华民族共有精神家园研究”，出版了系列丛书，主编了覆盖小学、中学、大学和面向社会的《中华民族精神》系列教材，主编的《民族精神——精神家园的内核》被评为全国优秀社会科学普及作品。

以多种方式服务于社会文明进步

将哲学理念运用到各种工作领域，以多种方式服务于社会文明进步，也是哲学工作者的重要职责。

在担任华中科技大学党委副书记期间，我将热情与智慧投向全校学生和学生工作队伍，每年给新生做“大学与人生”学术讲座，鼓励学工战线教师干部做“有思想的实践者”和“会实践的思想者”，极大激发了学工战线同仁们的创新创造热情，先后开创了“党旗领航”“烈士寻亲”“红色寻访”“衣援西部”“公德长征”“医援西部”“心灵之约”等学生工作品牌；积极推进大学生文化素质教育，形成了《大学·文化·人生》学术著作；倡导大学生文化素质教育的实践导向，主张在“全员育人”的同时推动“全员自育”，先后获得了湖北省高等学校优秀教学成果一等奖和全国教育科学研究优秀成果奖。

我作为国务院学位委员会第六届和第七届马克思主义理论学科评议组成员，自2005年起全程参与了我国马克思主义被设立为一级学科的学科和学术建设，参加全国相应博士、硕士学位授权点的评审工作，尽心竭力开展调研，提出意见和建议，也拓展和深化了对于马克思主义的研究。作为教育部社会科学委员会委员、马克思主义学部委员、学风建设委员会副主任，积极参与高校人文社会学科学术建设，参与有关政策规章制定和实践运作，推进中国人文社会科学话语体系建设和学风建设。作为教育部高等学校哲学类专业教学指导委员会首届秘书长和后续的副主任委员，积极参与组织高校哲学院系和哲学学科学术活动，推进哲学的学科建设。作为教育部第三届高等学校文化素质教育指导委员会秘书长，努力协助主任委员杨叔子院士，积极推进全国大学生文化素质教育，同时积极参加大学生命教育，提升教育者和受教育者的生命意识。作为湖北省第十一届政协委员，积极参与社会调研，就协商民主政治建设、绿色发展、文化遗产保护发掘等先后提出十余项政协提案，多项提案被列为重点提案，由省委、省政府、省政协主要领导亲自督办，发挥了应有作用。作为中共湖北省委决策支持顾问、湖北省人民政府咨询委员会委员等，积极关心湖北经济社会发展，及时建言献策，多项成果被主要领导批示，获得采用。

在担任国家治理研究院院长后，更是聚焦于国家治理问题研究，确立“聚焦重大问题、服务国家战略”宗旨，制定了“全球治理、国家治理、省域治理、县域治理、基层乡村治理”的研究版图，每年主办国家治理高峰论坛和全球治理东湖论坛，持续推进重大理论和实践问题研究。作为首席专家主持教育部重大课题攻关项目“推进国家治理体系和治理能力现代化若干重大问题研究”等，完成中宣部、教育部和湖北省的重要委托科研项目，深入开展国家治理的理论和实践研究，推出系列研究成果，获得多项重要奖励。国家治理研究院先后被评为湖北省高等学校人文社会科学重点研究基地、湖北省“十大改革智库”、“湖北省十大新型智库”，成为国家治理湖北省协同创新中心，入选中国智库索引(CTTI)和中国智库综合评价 AMI 中国核心智库；2018 年 1 月进入中国大学智库机构百强榜，位居第 18 位；2018 年 12 月进入“中国大学智库百强榜”高校 A 类智库。

重视对于科技前沿的成果及其哲学和方法论意义的探讨，关注复杂性问题、合理性追求、大数据等带来的深刻社会变革和对人文社会科学研究创新的方法论启示，开启人文社会科学哲学研究。与团队成员运用大数据的理论与方法开展中国绿色 GDP 绩效评估，在国内外首次用 GDP 总量、人均 GDP、绿色 GDP、人均绿色 GDP 和绿色发展指数五个指标综合评估湖北省和全国经济发展的绿色状态，先后发布了《中国绿色 GDP 绩效评估报告》2016 年、2017 年湖北卷和 2017 年、2018 年全国卷，勾画出了中国绿色发展地图，引起了高度关注，获得教育部高等学校科学研究优秀成果奖(人文社会科学)二等奖等。

目前，我们正在自觉将大数据运用到国家治理问题研究，创建大数据、智能决策与国家治理现代化工作坊，作为首席专家主持的国家社会科学基金重大项目“大数据驱动地方治理现代化综合研究”取得初步成果，经过中期评审，有幸获得国家社科规划办的滚动支持。

走向世界开展国际对话

哲学是世界的哲学，应当影响和造就哲学的世界。

基于这种认识，我的学术研究中有非常鲜明的世界意识和国际化特征。先后去到数十个国家和地区参加数十次国际学术会议，从事重大国际问题专题研究，做学术讲座，开展国际交流与学术合作，先后主办十余个高端国际学术会议。

对于国际学术交往的特别关注，既源于对哲学的人类性和世界性品格的理解，也得益于对于“文化围城”的特殊感悟。1995年9月到1996年9月，应英国文化委员会邀请和资助，我到英国伦敦大学学院哲学系从事博士后研究。我当时已经是教授、博士生导师和武汉大学哲学系系主任，也被对方看作高级访问学者，受邀参加了一些重要活动，发现了各种形式的文化误解与文化隔阂，产生出对“文化围城”的特殊感悟。1996年1月，我应邀在牛津大学现代中国研究中心就此做了专题讲座，借用钱钟书先生讲婚姻、家庭和爱情的《围城》，来探讨中西方之间的“文化围城”现象。所谓“文化围城”，就是一些东方人向往西方，不惜全盘西化，同时也有西方人批判西方，并寄希望于东方。超越“文化围城”需要观念的变革，也需要有效的桥梁。依托于这种认识和熟练应用的英语，我努力身体力行，搭建桥梁，探寻对于“文化围城”的超越之路。

首先，借助于各种机会和海外资源走向海外学术论坛，彰显中国学术。自1991年首次出境参加国际学术会议以来，先后应邀并获资助去到数十个国家，参加各种重要学术会议，做会议发言或讲座，承接国际合作项目，开展合作研究，介绍中国的学术和社会发展情况，产生了很好的学术反响。先后担任亚太学生事务协会主席、国际信息科学研究会创会主席、世界政治学会发展与政策分会副主席、国际哲学家协会常务理事、国际价值与哲学研究会理事等，在世界政治学大会、世界哲学大会、国际学生事务会议、国际信息科学研究会议、国际价值与哲学研究会等重要的学术论坛上传播中国声音。

其次，积极开展重要国际问题的专题研究。先后获十余项国际国内学术奖励或合作基金，就加拿大多元文化主义、德国统一与新种族主义、英国保守主义、欧洲一体化、亚洲价值观、美国价值观、科技进步与人文精神、过程哲学与生态文明建设、国际学生事务等开展研究。还深入一些国家访问并开展国别哲学与文化研究，先后就古巴哲学与文化、越南哲学与文化、日本文化与中日关系、俄罗斯民族精神、印度哲学与文化、韩国文化与现代化、非洲哲学与文化等开展研究。先后十余次应邀去台湾、香港和澳门地区参加学术会议，探讨中华传统文化现代转型和大学生命教育等。

再次，邀请国际学者为中国撰写哲学专著和学术论文。在英国研修期间，成功邀请42位顶级英美哲学家为当代中国撰写专题哲学和个人学术自述，主编了《当代英美哲学地图》和《当代英美著名哲学家学术自述》，其与本人学术专著《对话与反思——当代英美哲学与其他》于

2005年由人民出版社出版。

又次，结合所在单位和工作，以中国为中心设置主题主办国际学术会议。1989年4月在陕西师范大学主办“长安·东亚·环太平洋文化国际学术研讨会”，开启国际学术交往之旅。作为党委副书记分管学生工作期间，首次将国际学生事务引入大陆高校，在华中科技大学召开了亚太学术事务协会2007年年会。自担任国家治理研究院院长以来，每年主办全球治理东湖论坛国际学术会议，已经先后举办了七次重要国际会议，分别探讨了全球治理与国家责任、绿色发展、国际组织、人类命运共同体、“一带一路”、大国关系和地缘政治等的关系问题等，取得了很好的学术进展。同时积极开展多种形式的国际学术对话，促进国际合作。

主编的《民族精神——人民的精神家园》和合著的《在观念激荡和现实变革之间——马克思实践观的当代阐释》先后被译为英文、俄文、土耳其文、吉尔吉斯斯坦文出版。在抗击新冠肺炎疫情中，应邀参加“金砖国家治国理政研讨会暨人文交流论坛”等多种国际学术会，向国际朋友介绍中国抗疫情况和经验，加强了国际友谊与合作。

教书育人与英才共舞

教书育人是教师的天职，与英才共舞是教师最为快乐的事情。

自1984年12月硕士毕业后，我便在陕西师大任教。1988年1月从中国人民大学哲学系毕业后，一直在大学教书，为本科生、硕士生、博士生上课，既有基础课、专业课，也有公共课、研讨课。授课重视从问题出发，澄清基本概念、基本命题和基础理论，力求逻辑严密、表述准确，同时又努力做到旁征博引、生动活泼、视野广阔，争取知识性和思想性统一、互动性和启发性共舞，受到学生喜欢。

从1989年起成为硕士生导师，1993年起成为博士生导师迄今，已经指导了120多位硕士生和博士生。我努力把社会认识论研究与高端人才培养内在结合起来，鼓励研究生将社会认识论的前沿问题设为博士学位论文选题，共同推进社会认识论研究。大家先后撰写了60多篇社会认识论系列博士学位论文和博士后出站报告，已经毕业的有：《社会本体论》《社会理解论》《社会理想论》《社会评价论》《社会认识进化论》《实践意志论》《社会记忆论》《实践合理性》《实践规范论》《社会心态论》《实践批判论》《实践生存论》《社会风险论》《村治的逻辑》《国民素质论》《社会阶层论》《虚拟自我论》《技术生存论》《社会活力论》《社会信仰论》《社会时间论》《认知公正论》《社会认同论》《社会空间论》《文化交往论》《社会开放论》《文化自觉论》《精神家园论》《社会资本论》《民族认同论》《社会道德论》《社会真理论》《技术规律论》《社会幸福论》《信息复杂性》《虚拟空间论》《社会想象论》《生命价值论》《社会制度论》《社会共识论》《生态社会论》《认知极限论》《社会有机论》《城市正义论》《社会信用论》《社会预警论》《社会形象论》《生态权益论》等;正在研究的有:《民粹主义论》《道德底线论》《社会安全论》《传播正义论》《模糊认识论》《社会性格论》《社会危机论》《社会速度论》《社会情境论》《社会节奏论》等。要特别感谢同学们的积极参与和奉献!此举把学术开拓、学科建设与高端人才培养内在结合起来,在博士生培养上形成了独特体系、丰硕成果和鲜明特色。

随着新媒体发展,网络课程以其传播广泛迅捷而引起重视,我也较早开展网络课程。我所主讲的本科生课程"人文社会科学哲学"入选教育部2009年度"国家级精品课程";主讲的中国大学视频公开课"哲学导论"2015年入选教育部"第二批国家级精品视频公开课";主讲的"人文社会科学哲学"视频课2016年入选教育部首批"国家级精品资源共享课";主讲的中国大学慕课"哲学、文化与人生智慧"2020年入选教育部"首批国家级一流本科课程(线上课程类)"。"哲学、文化与人生智慧"已经播出六轮,数万人听取,产生了很好的学术影响。由我牵头的"社会认识论人才培养模式研究虚拟教研室",获批国家教育部首批虚拟教研室试点单位,开启了社会认识论研究、教育教学和人才培养的全新天地。

教师的授课不仅在大学的课堂,也在各种形式的学术报告、理论宣讲、干部培训课程中。影响有影响力的人,是教师的责任。多年来,我应邀参加各种形式的重要宣讲,先后给省委省政府、高校、企业和社会组织等做各种专题讲座,受到普遍好评。主讲的课程"价值多元化进程中的中华文化建设与民族伟大复兴"被中组部评选为"全国干部教育培训好课程"。

开展以学生为中心的教育,与英才共舞,帮助学生健康成长,是教师的最高价值。我在教学中坚持理论与实践相结合的原则,尊重学生权益,重视与学生的方法论沟通,启迪独立思考,鼓励大家由敢于"胡说八道”到“能说会道”，由敢于“胡思乱想”到“能思会想”，关心大家的学业和生活，尤其重视心灵的沟通，建立了深厚的师友情谊。作为教师，最为快乐的事情是看到自己指导的很多学生都在各自岗位得到了很好的发展，展示出人生价值。仅就在高校任教的而言，不少人成长为大学教授、硕士生导师和博士生导师，担任各种行政职务，数位成为教育部长江学者特聘教授、国务院学位委员会学科评议组成员等。

“以智战疫”彰显社会责任

学术研究既要随时关注常态性的重大问题，也要能够积极应对非常态的社会事件。

2020 年初，新冠肺炎疫情汹涌袭来，我以高度的敏锐性和强烈的责任感自觉冲到抗疫对策研究一线，积极组织跨学科团队全力开展抗疫对策研究，以“智”战“疫”，彰显智库和学者社会责任，取得显著成就。2020 年 1 月 23 日，武汉暂时关闭离汉通道。我于 1 月 28 日主动通过朋友圈等向国内外发出《关于协同开展“新冠肺炎防治与公共卫生治理现代化综合研究”的邀请函》，为国家治理研究院启动该重大项目，并提出首批十个重要课题。在学校和各界支持下，组织起 50 多人的跨学科团队开展对策研究，密切跟踪疫情发展和阻击战需要提出对策建议。从 1 月 31 日起共计提出 120 多份对策建议案，刊发在我主编的《国家治理参考》(抗击新冠肺炎疫情专辑)中，提交给湖北省新冠肺炎疫情防控指挥部和中央有关部门，涉及国家全局的宏观层面的建议案则通过多种渠道以内参等方式上报中央或公开发表，很多建议变成政策。

我于 2 月 25 日被湖北省新冠肺炎疫情防控指挥部聘请为湖北省新冠肺炎疫情防控综合专家组成员，担任应急管理和城市安全运行专家组组长，深感责任重大，提出了第二批十个重要课题，积极开展抗疫对策研究。在疫情中主持完成中宣部特别委托项目“重大突发疫情对社会心态和思想舆论的影响研究”，取得重要研究成果。还有幸被中国工程院聘为课题专家组成员，参与重大课题咨询。我们和胡瑞敏教授团队共同提出的武汉城市分区分级解封的仿真实验和建议案被武汉市新冠肺炎疫情防控指挥部采用，并收到对方发来的感谢信。关于高校差异化复学复研的仿真实验和工作建议被湖北省和教育部采纳，发挥了积极作用。

在疫情期间，我应邀于 2020 年 3 月 22 日为清华大学和华中科技大学2.5万学生党员“同上一门党课”，讲授视频党课“新时代公共卫生安全与国家治理现代化——新冠肺炎阻击战与中华民族伟大复兴”，受到广泛好评，被评为中宣部2020年“优秀理论宣讲报告”。我还应邀在《光明日报》《中国改革》《国家治理周刊》等发表多篇文章，应邀为湖北电视台抗击新冠肺炎疫情系列“云课堂”做“公共卫生安全与国家治理现代化”专题讲座，为一些高校和企业做视频讲座，彰显抗疫精神，受到普遍欢迎。

此外，我先后成功主办了“新冠肺炎疫情与全球体系演变”视频对话会，邀请国际学者在《光明日报》智库对话整版探讨“新冠疫情加剧世界百年未有之大变局”，举办“建构强大的公共卫生体系与国家治理现代化”高峰论坛，产生重大影响。把人才培养与抗击新冠肺炎疫情结合起来，带领研究院同仁和同学们推出一批重要研究成果，以应对重大疫情为契机，展示了教书育人和服务社会的热情与智慧。

正是依托于以上的学术和生命历程，我形成了一些初步的学术成果，可以作为文集来出版。它们都是特定时期的产物，记载着当时的所感和所思，有着时代的印记和局限，刻写着个人的学术历程。要特别感谢我的生命历程中来自各方面的关心、指导和帮助！感谢华中科技大学哲学学院、华中科技大学出版社的策划和指导！感谢杨玲博士的悉心操持！当前世界百年未有之大变局和中华民族伟大复兴战略全局都在演进历程中，很多问题的探讨还在进行中，希望也欢迎来自各方面的批评指教！谢谢大家！

欧阳康

2022年6月

大学 文化 人生

第二版说明

《大学 文化 人生》初版于2008年。时值改革开放30周年，中国社会发生了深刻变化，中国高等教育也面临着新的发展机遇和挑战。欧阳康教授时任华中科技大学党委副书记，并分管学生工作，对我国的高等教育发展和建设有切身的体会和独到的认知。本书记载了欧阳康教授2008年以前关于高校学生工作的探索和思考，表达了他对大学、文化、人生的深厚感悟，也寄托着他对我国高等教育的殷切期望。欧阳康教授将哲学思考与教育实践相结合，将自己的求学授业经历与大学管理工作相结合，从文化的视角来看大学和人生，又以人生的感悟和体验作为基点，考察“大学的文化”和“作为文化的大学”，使大学、文化、人生相交相融，揭示了大学精神、哲学精神和人生精神的内在相通性。本书出版后不久，杨叔子院士在《高等教育研究》上刊发图书评介，深入阐释分析“大学之道”“在止于至善”，积极回应“大学的文化”和“文化的大学”，批判“没有灵魂的卓越”，肯定欧阳康教授从哲学的高度对大学、文化、人生的统一思考带给高校工作者和高等教育的有益启迪。

自本书出版以来，欧阳康教授仍一直密切关注教育发展和文化人生问题。他将丰厚的创新性学术研究成果运用于学科建设和人才培养，自担任研究生导师以来，先后培养了120多位博士生和硕士生，并牵头成立了教育部首批虚拟教研室建设试点单位“社会认识论人才培养模式改革虚拟教研室”，主讲的中国大学慕课“哲学、文化与人生智慧”入选教育部首批国家级一流本科课程（线上一流课程）。

为汇集欧阳康教授的学术成果，促进优秀学术研究成果的推广应用，并为华中科技大学社会认识论人才培养模式改革虚拟教研室提供更多更好的参考书目，我们推出了“欧阳康文集”，并将《大学 文化 人生》纳入其中。鉴于《大学 文化 人生》初版时间较早，我们进行了比较系统的修订，以使这部谈论大学、文化、人生的重要著作在保留初版的时代风貌的同时，尽可能减少讹误。

本次修订充分尊重本书的时代价值，没有对篇章作出改动，以忠实记录中国高等教育史在特定时代引发的探索和反思，保留欧阳康教授以哲学观照时代的哲思原貌，同时充分核查相关表述的科学性和引文出处的准确性。为了便于读者理解，本次修订为各章内容补充了章导读，对每章内容的思想主题进行简要提炼。此外，本书各章内容的发表时间距今较为久远，为避免引起读者误解，需要提请注意的是，在未特别注明的情况下，各章内容均为2008年本书初版时发表。

这次修订得到了作者的鼓励和支持，得到了华中科技大学哲学学院、哲学研究所领导和研究人员的关心和指导，得到了中国辩证唯物主义研究会社会认识论专业委员会和有关高校相关专家学者的关心和支持，得到了教育部首批虚拟教研室建设试点单位"社会认识论人才培养模式改革虚拟教研室"教研团队的指导和帮助，得到了华中科技大学出版社领导和编辑部、出版科、营销中心同事们的全力支持和配合。来自读者的意见、建议也对本书修订发挥了十分重要的作用。限于篇幅，恕不在此一一列明，我们谨向他们表示衷心的感谢！希望本书能够引起更多人关注教育的发展，关注人生的境界，关注思想的生长。

华中科技大学出版社

《大学 文化 人生》编辑部

2022年10月

初版序言

本书的形成有两个动因：一是改革开放30年来，中国社会发生了极为深刻的变化，社会各界对此都在积极回顾、总结和反思，笔者也深感有必要对自己的思想和行动进行梳理与提升；二是亚太地区学生事务协会第十一届年会即将在我校召开，作为会议的东道主，有必要为其做些理论和学术的准备。二者的相交也在一定程度上规定了本书的基本内容，即与大学、文化、教育以及学生事务有关的方方面面。

多年来在高校中有一种自我批评性的说法：搞教育的不研究教育。刚听到这句话时感到有些刺耳，但仔细想来也有些道理——全国大学教师"难计其数"，都在从事教育工作，可除了从事教育学专业的人以外，真正能够比较自觉和认真地反思和研究教育的人好像不太多，教师中的绝大多数人都关注着自己的专业，难以注意到还应超越本专业进入对于高等教育的宏观思考之中。

回想自己的经历好像也是如此。自1966年"文革"开始，刚上初中一年级的我便离开了学校，不知不觉就是11年，直到1977年恢复高考。在考大学、上大学、读研究生及成为大学教师的历程中，我才有幸与教育结缘、与大学结缘、与学生结缘、与教师结缘。改革开放30年来，自己的身份经历了一系列的转换：本科生、硕士生、博士生、博士后研究人员；大学讲师、副教授、教授；硕士生导师、博士生导师、博士后合作导师；系副主任、系主任、院长、校长助理、党委副书记。在这整个过程中，我绝大部分时期的关注点都聚焦在自己学习和研究的哲学专业上，没有对教育、大学和学生事务进行专门的研究。直到进入21世纪，随着个人身份的变化才渐渐对某些比较宏观的教育问题有所涉猎，并形成了一些初步的看法，发表了一些文章。尤其是2005年4月我到学校层面工作并分管学生工作以来，更感到了一种责任，这就是要加强对自己的实际工作的理论指导，这促使我去研究和思考高等教育、大学使命、学科布局、思政教育、学生事务中的一些具体问题，并在此基础上形成了本书。同时，本书也是我所主持的教育部2008年“学习宣传贯彻党的十七大精神和纪念改革开放三十周年”理论研究(应急)课题“中国特色社会主义道路研究”(课题批准号：2008JYJW006)的研究成果之一。

本书以《大学·文化·人生》为标题，贯注着一种理解方式，既希望能够从文化的视角来看大学，也希望能够从文化的角度来看人生，并以人生的感悟和体验作为基点，考察“大学的文化”和“作为文化的大学”。

全书共30章，分为六编，即“大学与时代”“人文与社会科学”“文化与价值”“学生事务与思政教育”“事业与人生”“理想与境界”，以及附录部分的“访谈与对话”。

本书文章就其主题而言，与笔者当前所工作的大学、教育和学生工作、生活经历和感悟等密切相关，尤其是与对学生工作的探索和思考密切结合，部分地记载了笔者的工作经历和生活感悟，寄托了笔者的真情实感，表达了笔者的所悟、所思；就其文体而言，本书中的一些文章是比较严肃的学理性探讨，表述比较严格和规范，另外一些来自讲座和报告，言语更为生动活泼，有针对性，但内容和表述不一定都那么严密和周全。因此，本书如有不妥之处，希望读者能够宽容和体谅，也欢迎大家批评指教。

本书在编撰和准备过程中得到了华中科技大学出版社领导的大力支持，阮海洪社长、姜新祺总编辑对本书的出版给予了热情鼓励，责任编辑和其他诸多相关人士付出了辛勤劳动，特此一并致以衷心谢忱。

欧阳康

2008年9月

目录

第一编　大学与时代

第二编 人文与社会科学

第三编　文化与价值

第四编　学生事务与思政教育

第五编　事业与人生

第六编 理想与境界

附录 访谈与对话

CONTENTS

Part Ⅰ University and the Times

Part Ⅲ Culture and Value

Part Ⅳ Student Affairs and Ideological-Political Education

Part Ⅵ Ideal and Life Realm

Appendix Interviews and Dialogues

第一编

大学与时代

第一章　30年来中国高等教育的观念变革与实践创新[①]

1977年恢复高考，对于笔者及其他应试者来说，是由此而获得了上大学的机会，成为改变自己人生轨迹的转折点，但从国家和民族的角度来看，则是中国改革开放的破冰之旅，它成为我国高等教育快速发展的历史起点。笔者尝试从知识的价值定位，从高等教育的社会定位、性质、体系、对象，从大学精神的内涵、大学的功能、培养模式、培养目标，以及大学教师的社会定位等十个方面概括改革开放前30年里中国高等教育的观念变革与实践创新。

① 本文发表于2008年。后续篇章未加注明时，均为2008年本书初版时发表，不再赘注。

1977年的恢复高考既是中国改革开放的破冰之旅，也是中国高等教育迅速发展的历史起点。改革开放30年来，中国高等教育获得了前所未有的发展，取得了令世人瞩目的成就，其主要表现是出现了一系列具有根本性的观念变革和实践创新。笔者于1977年通过“文革”后的首次高考进入大学，20年前获得哲学博士学位并成为大学教师，亲历并见证了改革开放30年来中国高等教育的快速发展。本文结合笔者30年来在高校学习和工作的经历，梳理30年来中国高等教育的十大观念变革与实践创新，探讨当前面临的主要挑战和问题，向识者讨教。

一、1977年恢复高考：中国高等教育快速发展的伟大历史起点

2008年是中国改革开放30周年。30年来，中国社会的改革开放和迅速发展是以30年前的那次哲学讨论作为发端的，这就是关于“实践是检验真理的唯一标准”的讨论。这次讨论可以说恢复了马克思主义哲学的一个常识和基本命题，由此引发了一场重要的政治革命。1977年，我参加了高考并被录取。1978年3月，我与“文革”后的首届大学生们一道走进了大学校园。1978年5月11日，《光明日报》发表了那篇著名的文章《实践是检验真理的唯一标准》。之后不久，全国上下都在讨论实践是检验真理的唯一标准。回到我们的教科书，回到我们的哲学课堂，我发现马克思早就讲过实践是检验真理的标准，毛泽东在《新民主主义论》里面曾经讲过“只有千百万人民的革命实践，才是检验真理的尺度”。马克思和毛泽东讲过的与当时所讨论的命题完全一致，只差了两个字，那就是“唯一”。当时的我由于对历史背景还不够了解，多少感到有些茫然。而后从历史反思的角度看，它实际上是要破除“两个凡是”的思想禁锢，结束“文化大革命”，开创一个全新的时期。

应该指出的是，在实践是检验真理的唯一标准的讨论发生之前，中国还有一次重要的变革——1977年8月至12月间提出并实施的恢复高考。这是中国高等教育的一次重大变革。这次变革发生在真理标准的讨论之前，但却具有非常深远的影响，它导致了中国高等教育的重要变革与转型。

中国的高等教育在20世纪经历了一个复杂曲折的发展历程。在1949年以前，中国高等教育主要受西方高等教育模式的影响，1949年

以后转而学苏联的高等教育模式，尤其是1952年的院系调整，使中国高等教育走向了单科化和应用化的发展道路。20世纪50年代末到60年代初，全国上下大搞教育大革命，进一步把中国的高等教育引向了比较完备的、统一的、标准的苏联模式。1966年，“文化大革命”发生，中国高等教育陷入全面瘫痪。其间通过推荐和选拔吸收了一部分工农兵学员上大学，这为中国高等教育的恢复奠定了一些基础。但从总体上来看，这还是在教育大革命的旗帜下展开的，对高等教育理念的认识还很不清晰，也不全面。邓小平同志复出以后，特别是在1977年的秋季，一次座谈会引出了恢复高考的议题，而恢复高考的重大决策引发了中国高等教育的革命。当时，真理标准讨论还没有展开，中国社会还没有走向改革开放的宏大历史进程，但是高考改革引领了社会变革，为改革开放开启了“破冰之旅”，成为中国社会面向未来的一个重要的起点。1977年恢复高考，既是中国高等教育快速发展的历史起点，也是中国高校解放思想和快速发展的逻辑起点。从这个意义上说，恢复高考是中国高等教育快速发展的伟大起点，这一评价并不为过。

二、30年来中国高等教育理念和实践的主要变革

30年来，中国高等教育经历了前所未有的快速发展，在观念变革和实践创新方面都取得了举世瞩目的成就。这里大体梳理了十个方面的变革与发展，不一定准确，也不一定完整，与大家共同探讨。

1. 关于知识的价值定位：从“知识无用论”到“知识塑造美好人生”

大学的地位实际上是与知识的地位，尤其是与高端知识的地位联系在一起的。当年在“文革”中，全国范围的大中学校“停课闹革命”，没有了学习的机会，大家并没有觉得有什么特别的遗憾。让知识青年到农村插队落户，大家也很愉快地就去了。没有机会读书、上大学，很多人也没有觉得是一个很大的缺失。为什么？大概不是因为我们这一代人不爱学习、不爱知识，而是因为当时知识在我们的心中还没有那么崇高的地位。而从社会整体上来看，并没有如此看重知识的作用和力量，也还没有构建起高度尊重知识的宏观氛围。1973年，张铁生在大学考试的时候交了白卷，反而成了“反潮流英雄”，被破格录取上了大学，还被提拔为领导干部。这成为“知识贬值”的极端个案。

30年来，中国的高等教育获得了革命性的发展，其最根本的基础是

全社会重新认识到培根早年所讲的“知识就是力量”及其在新时期的特殊意义。邓小平同志提出“科学技术是第一生产力”，并在此基础上制定了“科教兴国”的战略，这对知识的升值起了决定性的引领作用。今天我国在宏观战略上提出了由人力资源大国转化为人力资源强国的重大任务，更是凸显了知识和教育的作用。实现这种转换的关键因素是什么呢？是教育，尤其是高等教育。对于国家是如此，对于每一个人也是如此，由此出现了前所未有的“重视知识，热衷学习”的势头。人们在学习中发展自我，寻求新的发展机会。学习与教育改变着个人的命运，改变着家庭的命运，改变着企业的命运，也改变着社会的命运。个人通过学习走进社会并依据所受的教育程度在社会分层结构中求得定位，社会通过教育提高全民的素质并引领文化的发展方向。于是，个人、家庭、群体与社会之间前所未有地以知识和教育为纽带而被联系起来，并通过全民性的学习和教育达成了良性健康互动。大学在国家和个人未来发展中的重要角色被人们更加清晰地认识和自觉地承认。

2. 关于高等教育的社会定位：从“教育革命”到“科教兴国”

20 世纪早期，鉴于当时中国的社会现状，一些知识分子曾经喊出了“知识救国”“教育救国”的口号。但是这个口号的力量在当时还是非常之微弱，因为当时还没有能够解决教育救国的政治前提。当时有人甚至感叹地说，偌大一个中国竟然放不下一张平静的书桌，何谈教育，何谈教育救国！30 年来，中国社会在经历了一系列的经济社会和文化发展以后，尤其是在经历了对教育革命的反思以后，走向了教育兴国和教育强国的发展方向，这是一个了不起的思想进步。我们过去强调教育的社会作用主要是两个方面：第一，教育为无产阶级政治服务；第二，教育与生产劳动相结合。这两点在今天当然仍然是有效的，但是教育更多的是要面向世界、面向未来、面向现代化，培养未来一代人。高等教育不仅已经成为当代中国高端文化的内在组成部分，而且是其中最有活力的一部分，还是最具有引领能力的一部分。科教兴国战略的确立，使发展教育，尤其是高等教育，成为一种国家发展战略。

3. 关于高等教育的性质：由义务教育转换为综合性和高层次的未来投资平台

30 年来，基础教育和高等教育的定位有了很大的变化。长期以来，我国的教育体制是上小学要交钱，上大学不需要交钱，由国家办高等教育，把高等教育办成了义务教育。而现在是九年制义务教育由国家来办，向社会普及，高等教育则变成了由国家、社会、家庭和学生共同来承担的一个面向全社会的公开、公平的教育平台。国家仍然是高等教育的主要投资者、主办者，但是社会尤其是家庭也成为高等教育经费的来源和支持者，这在一定程度上改变了高等教育的定位，也在一定程度上改变了师生、高等学校与学生之间的关系。这样，高等教育变成了国家、社会、学生和家长对未来的一种共同投资。学校和学生之间的关系也发生了很大的变化。由于学生和家庭成为大学生在大学学习期间的部分学费的负担者，他们也就相应成为高等教育的投资者之一，高等教育具有家长和学生投资教育、接受教育和享受教育的性质。因此，学生有权利享有更多、更好的教育资源，他们也应当成为对自己未来的主导者，他们甚至也有更多的权利参与到所在高校的管理之中，对高等教育管理体制的进步和发展发挥积极的作用。

4. 关于高等教育的体系：由苏联模式走向具有中国特色的高等教育体系

1949 年以来，在全面学习苏联思想的主导下，中国高等教育基本上是在全面复制苏联的高等教育模式。苏联高等教育模式的最关键之点就是要让教育贴近社会、贴近应用、贴近生产。当时中国高等教育的直接功能是为百废待兴的国家培养一大批社会生产直接需要的应用型人才。国家希望大学生在毕业以后能够直接到生产第一线去进行工作。因此，1952 年的院系调整分离了一批大学，新建了一批大学。分离的是综合性大学，如北京大学成为文科和理科大学，清华大学成为工科大学等；新建的大多是单科型的大学，如工科、农科、医科、财经、政法等专门大学，使大学脱离了应有的知识广度和教育覆盖面。从总体上看，当时中国的高等教育仅设置了本科，并且没有实行学位制度，是一个平面式的教育体系。

30 年来，中国高等教育体系发生了革命性的变革，尤其是改革开放初期对于学位制度的全面构建，以及世纪之交的高校合并与对管理体系的全面清理，使我国的高等教育体系在多样化、多层化和立体化方面得以迅速发展。从学位层次上来看，有了学士、硕士、博士；从性质上来看，有了教学型、研究型和教学研究并重型等；从学科布局上来看，大部分高校都摆脱了单科型和片面性，走向了多科型和综合性，恢复了高等教育的应有本性；从类别上来看，除了普通高等教育外，还有各种类型的职业技术教育，而在研究型大学里，又提升出一批“211 工程”大学和“985 工程”大学等；从高等教育办学的主体来看，过去全部由国家办学，现在变成了公办高校和民办高校共存，而且近年来又出现了一种新型的民办高校，被称为独立学院，独立学院由民间投资，依托于某著名高校，其教育质量、政治方向、管理模式和培养方式等方面都能够得到比较有力的支撑；从管理体系上看，由过去各部委和地方的多头管理转变为以教育部和地方政府为主的纵向分层次管理体系，国家和地方的责任与权利更加清晰和合理。以上变化表明，中国的高等教育在多元办学主体的共同努力下，迅速地向着分类和分层、立体化和综合性方向发展，这对于提高高等教育质量、提升人才培养水平、使高校更好地走向世界发挥了重要作用。

5. 关于高等教育的对象：由极少数的精英扩展到大众

1977 年恢复高考时，当时全国约有 570 万人报考，最终录取了约 27 万人，录取比例约为 4.7％。2006 年，全国报考人数约 960 万，录取约 576 万人，录取比例达到了 60％。2006 年，我国毛入学率提升到约 22％。30 年来，高考为国家选拔人才达 3600 万。而今天，中国的在校大学生总数达到约 2500 万人。据资料，1998 年印度大学生人数是中国大学生人数的两倍，而到了 2006 年，中国大学生人数是印度大学生人数的两倍。这是一个革命性的变化。这个变化不仅仅意味着教育对象的增加，更重要的是更广泛的青年大众有可能接受高等教育，人们受高等教育的权益有可能得到更好的实现。受教育权和文化权都是人民的重要权益。让更多的人能够上大学，这既是社会进步的重要结果和直接表现，也是社会和高校进一步快速发展的重要条件和直接动力。

6. 关于大学精神的内涵：由赋予大学精神以过多的革命和意识形态内涵到更多地赋予其科技创新和社会文化内涵

长期以来，大学不仅是教书育人的场所，也被看作政治斗争的阵地和社会革命的工具，尤其是在“文革”中，大学的政治功能被畸形运用，并发展到极限。大学精神在很大程度上被解读为“革命精神”，“造反有理”成为当时的大学精神的特别写照。30 年来，大学精神获得了更多的科学技术和文化内涵，尤其是渗透着人类的爱心与责任意识，使大学文化变得更加丰富多彩。梅贻琦先生曾经说过，大学非大楼之谓，乃大师之谓也。今天中国的大学，不仅有大楼，也不仅有大师，还有一种特别的东西，那就是大爱。从“大楼”方面来看，30 年来，我国大学的校园建设迅速发展，发生了革命性的变化。就其硬件而言，我们很多大学校园已经不比英美一流大学逊色多少。从“大师”方面来看，“文革”前我们的高校教师队伍中很少有教授，高校中有副教授职称者就已经是凤毛麟角；30 年来，我国高校已经培育出一大批高端的、精英的、学术性的人才，他们是中国高等教育发展中最重要的力量。从“大爱”的角度来看，今天的大学校园前所未有地充满着一种大爱，充满着一种责任，爱心与责任使大学精神变得更加丰富和具体：老师们的爱心转化为社会责任和教育责任，同学们爱祖国、爱社会、爱他人的爱心转化为他们促进自我发展的责任。大楼、大师加大爱，使大学精神既有了现实的物质支撑和文化基础，也有了主体性力量和丰富内涵，还具有价值取向和内在灵魂。今天的大学精神变得更加丰富多彩，大学文化以一种全新的面貌出现在当代中国的社会文化体系中，真正成为先进文化的引领者，成为社会发展中最具有活力的部分。

7. 关于大学的功能：由比较单纯的传承育人转向教书育人、科学研究和社会服务三位一体

从世界范围内看，大学的功能经历了从古典的教书育人，到德国的洪堡先生提出的科学研究、创新知识，再到后来一些美国大学提出的服务社会、参与社会经济文化发展的转变，从而形成了教书育人、科学研究和社会服务三位一体的复合功能。过去，我国的大学主要是教书育人，谈不上科学研究与创新；现在，这三位一体的复合功能在中国大学中也前所未有地得到了实现。应该说，科学研究和知识创新已经成为中国大学的重要使命。如果将中国的整个大学体系作为一个创新体系来看，它的整体作用已经不亚于我国的其他专门科学研究机构，在人文社会科学方面甚至占据主要的地位。在社会服务方面，一些比较重要的研究型大学都拥有自己的科技园，并以特殊的方式促进基础研究，也促进着知识的转化。当代中国的大学借助于其雄厚的学术实力，并以各种方式参与到社会、企业、市场等各行各业之中，在社会经济文化发展中发挥着越来越重要的作用。

8. 关于大学的培养模式：由摇摆于社会与校园之间到立足校园、走进社会

过去我国大学的人才培养模式长期在校园与社会之间摇摆：要么是象牙塔，把学生们关在校园里，使其蜗居在小小的范围里面，严重脱离社会，脱离大众；要么脱离校园，完全走向社会，搞开门办学，把大学生们派到农村和工厂去，长期劳动。今天我国大学的人才培养模式在校园与社会之间有了一个较好的定位与协调：一方面，大学教育还是要立足于大学校园和大学生活，使之系统化、专业化、高端化，为此努力建立起全面、系统、科学的课程体系，重视课堂上系统的知识传授与训练，帮助大学生建立科学的知识和能力体系；另一方面，大学教育也不能离开社会、脱离社会，而应最大限度地帮助同学们走进社会，因而高度重视课堂之外、校园之外的社会经济和文化生活对大学生发展的影响，使大学生能够在学习期间就以各种方式走向社会、走进大众、走近实践。

实践证明，一旦把大学生引进社会，他们的爱心和社会责任感就会得到极大的激发，他们的综合能力就会在一个不长的时间里获得长足的发展。在校园文化与社会文化的内在交互作用下，今天的大学教育正在非常自觉地走向一种全面的、高层次的素质教育。全面素质教育已经成为培养一代新人的至关重要的发展方向。

9. 关于大学的培养目标：由单一规范化模式到在规范化教育基础上鼓励大学生的个性化和特色化发展

长期以来，尤其是在计划经济的条件下，我国的大学教育比较重视其规范性的方面，对所有学生，不管是来自城市还是农村，不管家庭状况和个人经历如何，不管学习什么专业，都以一把统一的“尺子”来加以度量，不要求、也不鼓励个性化发展，更没有很好地为个性化发展创造条件。改革开放以来，尤其是中国加入 WTO 以来，我国社会的国际化和市场化发展对高等教育的发展提出了新的要求，要求其努力与世界高等教育体系接轨对话，以便培养出符合国际规范和具有国际竞争力的人才。应该说，规范性要求对于大学来说是非常必要的，它体现了现代高等教育的规律性要求，也顺应了人才成长的普遍规律。各种类型的大学都须在一些基本的方面达到一定的要求和规范，各类人才也应有共同的基本指标体系。而另一方面，国际化和市场化也对每个人的成长提出了个性化的要求，要求他们根据社会的多样化特征发展自己、培养个性，社会也变得更加鼓励和宽容个性。今天，我国的各级各类大学都努力地根据自己的学科专业和社会定位为大学生的个性化发展创造必要的条件，尤其是为某些优秀大学生的特色化发展提供条件和环境，使优异人才能够脱颖而出。大学生们的全面性成长和个性化成长都获得了前所未有的机遇和空间。

10. 关于大学教师的定位：由革命对象和革命力量成为受人尊敬的人类灵魂工程师

社会如何看待大学教师？大学教师如何自我定位？这是一个非常重大的社会问题。1956年的反右派斗争扩大化给中国知识分子造成了大规模的伤害；“文革”中，大学教师又成了被改造的对象；改革开放初期，曾经有一大批大学教师离开学校，“下海”经商；近年来，又出现了一种积极的回流，各类教师，包括小学教师、中学教师和大学教师，成为一个受人尊敬的职业，教师成为受人尊重的人类灵魂的工程师。这是社会政策转换的结果，更主要的还是知识升值的结果。知识升值了，掌握知识的人才会相应升值，而且必然会升值。大学教师在校园里感受到了生活与工作状态的明显改善、待遇的提升，尤其是来自社会的尊重。过去，很多人喜欢把教师比喻成“蜡烛”，认为他们的任务是“燃烧自己，照亮别人”；今天，大学教师的使命不仅是“蜡烛”，不仅应当“燃烧自己，照亮别人”，而且应当是“熔炉”，通过自己的智慧和热情去激发学生自我发展的激情和智慧，而教师自身也在这个过程中不断地获得新的能量、新的信息、新的发展。于是，大学教师不仅成为现代文化的建设者和享受者，也成为大学建设与发展的最积极的力量，大学教师、大学进步与社会发展这三者之间取得了高度的一致性。大学教师的个人发展既成为高等教育发展和社会文化发展的内在组成部分和积极成果，也成为其主体性条件和动力因素。

三、当前我国高等教育面临的主要挑战

中国高等教育在30年里走过了它过去从来没有走过的路，取得了前所未有的成绩，但它也一定会面对很多过去难以想象的问题。下面重点探讨其中的几个方面。

1. 高等教育的规模与结构质量之间的矛盾

高等教育的结构质量既涉及未来人才的宏观结构和布局，也直接

影响高等人才的水平和质量。经过这些年的快速发展，我国的高等教育已经形成相当规模，各种类型的大学和专科院校达 2000 多所，但高校的办学质量和人才培养质量还参差不齐，尤其是一大批刚刚升级的本专科院校、新建的民办院校和独立学院等，还亟待规范发展方式和提高发展质量。因此，目前高等教育宏观工作的主要目标是稳定规模、提高质量、提升水平。如何使所有的大学各自都能形成合理的内部结构，都能达到新时期高等教育应有的质量和水平，并在全国范围内形成合理的高等教育体系结构，是当前我国高等教育发展中的重要课题。根据近年来我国高校全面开展的本科教学工作水平评估，相关高校的硬件和软件都有很大改观，管理水平也有很大提高，但仍须巩固和提升。构建能够促进高校合理、健康发展的自我评估体系和长效保障机制，仍然是提高高等教育质量的当务之急。

2. 关于教育公平的实现机制问题

教育公平是社会公平中最重要的内容之一，因为教育在人的生存和发展中居于最基础的地位。只有充分而健康的教育才能为人的全面发展创造条件，才能使人更有力量去争取社会公平。教育公平的首要内涵是机会公平，即所有人都有获得教育的公平机会。目前我国实行九年制义务教育，从法理和政策上实现了基础教育的机会公平。但由于种种复杂原因，在我国的不同省、市、自治区，高等教育的发展状况很不平衡，相应地，不同地区的人们享受高等教育的机会也有很大差异。仅就各个地区的高考毛入学率来看，北京、上海等地的入学率要比其他很多省市的入学率高出很多。有的大学领导曾经提出要按照各省的人口或考生的比例来分配招生指标，但在实践中却难以实施，因为各地中学教育质量也确实存在较大的差距。再就获取国家的经费投入情况来看，不同的大学之间也有很大的差距。因此，同样是大学生，其所享用和占有的教育资源也有很大的差距。即便是同一学校的学生，由于其学习情况和优秀程度不同，得到的发展机会和所实际占有的教育资源也是非常不同的。应该说，在复杂的社会价值体系中，没有也不可能有绝对的公平，但追求相对公平还是非常必要的。从总体上来看，相对于我国的巨量人口而言，我国的高等教育仍然属于稀缺资源。因此，我们在稀缺资源的分配与获取方面更须保障公平。这就对高考方式和教育投资与分配等方面的工作都提出了更高的要求，这也需要我们更加积极地探索保障高等教育的公平和正义的更加科学、更加可靠的途径。

3. 关于教育国际化的挑战

中国通过加入 WTO 自觉地走进了全球一体化的经济体系，这必然要求中国的高等教育也更加自觉地面向世界、面向未来、面向现代化，要求中国的高等教育与国际高等教育接轨。尽管发达国家的高等教育没有统一的模式，但由于经济全球化对具有国际竞争力人才具有迫切需求，国际高等教育产生出很多共同的价值取向和方法，形成国际高等教育发展的基本走向和普遍趋势。从总体上来看，发达国家的高等教育比我们发展得更早、更快也更好，其很多方面都值得我们学习和借鉴。例如，过去我们都以为学生工作是中国独有的，因此我们不需要向国际学习，但近年来通过与亚太地区和欧美发达国家的学生事务工作者的交流发现，我们的学生工作与他们的学生事务之间有很多共同的需要和任务，也面临着相似的困难与问题，相互之间可以寻得多方面帮助和借鉴。2008 年 10 月，华中科技大学举办亚太地区学生事务协会第十一届年会，这是该协会首次在我国内地高校中召开有关学生事务的大型国际学术会议。因此该会议的举办引起了亚太地区乃至欧美高校的普遍关注和热烈响应，为我国高校学生工作的国际化发展提供了极好的交流与研究平台，可以帮助我们应对高等教育国际化的挑战。

4. 关于高等教育发展中的计划与市场的关系

我国高等教育应当面向社会主义市场经济建设，并为社会积极输送优秀的高级专门人才，高校本身的建设与发展也直接或间接地受到市场经济的调节和控制。但是，国家的和计划的力量仍然对高校的发展发挥着极为重要的影响。当前，一方面，我国公办高校的主要和稳定的经济来源仍然是中央和地方政府的财政拨款，高校的专业设置基本上是由国家决定的，高校的招生指标也是由国家和政府决定的，高校干部和教职员工的数量和比例也受国家人事部门的配置计划的约束，国家通过五年一轮的普通高等学校本科教学工作水平评估规定了高校的发展方向，等等。而另外一方面，大学培养的人才却必须直接面向市场，大学生的就业状况直接受制于各行各业的人才需求。人才市场作为一种强劲的力量从另外一个角度影响着大学的办学方向。国家管住了高校的很多事情，却管不了作为高校培养工作最终产品的人才的去向，这就使国家和政府管理大学的力量大打折扣。计划与市场的矛盾在高等教育的进一步发展中会更加鲜明和尖锐地表现出来，需要我们积极研究和有效应对。

5. 大众化时代我国部分高校教育的精英品格问题

随着近年来高校扩招，当前中国的高等教育已经进入了大众化时代。但是，高等教育的大众化不应当成为高等教育低质量的代名词，也不应当成为高校降低人才培养标准的口实。高新科学技术和先进文化发展需要高水平的人才，高等教育质量也应当随着社会的发展而不断提高，因此，在我国高等教育迅速分层的情况下，我们一些学校还面临着一个特殊的问题，即如何在高等教育的大众化时代保持自身教育的精英品格。这个问题对于国家重点大学、“211 工程”大学和“985 工程”大学等显得尤为突出。由于这些高校所获得的公共教育资源相对较多，办学实力相对雄厚，所招收的学生素质也相对较高，因此这些学校一方面应当在中国高等教育走向世界前列的进程中发挥其领先的作用，另一方面也应当在为社会培养优秀人才方面履行更多的责任、发挥更大的作用。

第二章　建立当代中国大学创新体系

在21世纪第一个十年里，教育创新成为我国教育界的热门话题。在此背景下，笔者着眼于大学发展现状和目标，指出当代大学需要科学合理的功能定位，应当成为一个积极的创新体系，既能成为国家创新体系的内在组成部分，又能为国家创新体系不断地输送富于创新精神和能力的人才。大学创新体系应当以学科为基础，以院系为依托，以大学或大学联合体为载体，在创新理念、组织机构、基础设施、人才队伍、运行机制、环境条件等方面全面整合，并把传承与创造、教学与科研、育人与开发、科学与技术、科技与人文等诸多方面内在地结合起来，实现功能的最优化。

教育创新已经成为当前我国教育界的热门话题之一。然而，综观我国关于教育创新的已有理论研究与现实实践，似乎还存在着五多五少的情况：一是在概念理论层面的一般号召较多，对运行机制层面的具体设计较少；二是对自然科学和工程技术创新方面关注较多，对人文社会科学和教育管理创新方面考虑较少；三是在加强对教师的个体要求与约束方面注意较多，对群体协作和整体功能激发方面注意较少；四是对强化单个学科的内部建设注意较多，对于建构学科际的交叉与融合机制注意较少；五是对于学校内部各个具体方面（如教学、科研、产业、人事、后勤等）的改革与建设注意较多，把学校作为一个有机创新整体来建设考虑较少，而从总体上来考虑当代中国的大学创新体系的则更少。系统思维要求我们把要素纳入体系、把部分纳入整体、把局部纳入全局，在与环境的良性健康互动中发挥特定有机系统的创新功能。笔者以为，不论是从推进我国高校更加自觉地加入国家创新体系的角度来看，还是从深化当前我国的教育创新研究、克服上面谈到的种种失衡现象、端正当前我国的高等教育的改革与发展方向、更好地发挥我国高校的创新功能的角度来看，都有必要认真研究和加快建立当代中国的大学创新体系。本文提出笔者的一些初步思考，与识者共同探讨。

一、建构大学创新体系的必要性

提出建构当代中国的大学创新体系主要是基于以下考虑。

1. 提升民族创新的实现主体

创新是一个民族进步的灵魂，是国家兴旺发达的不竭动力。那么，一个具有创新潜能的民族如何才能实现自己的创新功能呢？这一方面应当依托于全民族所有成员的共同努力，另一方面则主要依靠该民族中先进分子的率先发明与引导创造。研究表明，民族是个多元多层的有机集合体，不同的民族成员在民族事业的发展中有着不同的作用与功能，其中知识分子、科技工作者、先进思想家作为民族创新事业的主体，对于民族的发明和创新负有特殊的使命。高校是各类知识分子最为集中的地带，是学术研究与发展的中心。提出和建立大学创新体系，就是要把高校知识分子、科技工作者、先进思想家推到国家和大学创新体系的前沿，使其更加自觉地承担民族创新大业的重任，具有更强的使命感和责任感。

2. 为国家创新体系奠定现代教育基础

国家创新体系无疑应当包含中国的教育创新体系，尤其是高等教育创新体系。但是迄今为止，这项工程似乎主要是由科学院系统组织实施，并在自然科学与工程技术界展开，对教育界在国家创新体系中的定位虽有所涉及但并不十分清晰，对教育创新在国家创新体系中的重要作用也缺乏专门的探讨。有的人甚至把科学院的功能界定为知识创新，大学的功能界定为知识传播。这就降低甚至抹杀了大学的创新功能，从而不仅肢解和削弱了大学创新体系的完整结构，也在实际上消解了国家创新体系的人才基础。我们知道，国家创新体系所需要的人才是由教育体系来培养和提供的，如果没有足够的创新人才培养体系的有力支撑，不仅国家创新体系在现实中难以真正落实和建构，即便一时建立了，也难免由于与教育体系的脱节而失去可持续发展的基础与可能。从发达国家的成功经验来看，国家创新体系的长远建构与发展必须依托于具有很强的创新人才培养功能的教育体系，美国、西欧、日本、韩国等莫不如此。在这种意义上可以说，没有大学创新体系作为支撑的国家创新体系是不完整和不健全的，也是缺少可持续发展的人才基础的。在这种意义上，建立大学创新体系应当成为我国高等教育事业发展中一个重大的和战略性的举措，它既构成了国家教育体系的内在组成部分，又以大学和教育的特有功能对其提供思想、智力和人才支撑，对于激发全民族的创新意识、发挥其创造潜能具有极为重要的作用。

3. 明确世界一流大学的发展方向

当前，高等教育界关注的重点与热点问题之一是创建世界一流大学、世界高水平大学、世界知名大学，等等。但对于什么是真正的一流、高水平、知名大学，迄今尚缺乏科学合理的界定。从创造学的角度来看，大学的真正功能与生命在于创新，因此，大学的建设水平原则上都只能以其在创新方面所取得的成就和所达到的水平来加以衡量。脱离了对于创新标准的自觉设定、系统建构与不懈追求，当代中国高等教育改革就很难说找准了自己的应有发展方向。江泽民同志指出，时代的发展，要求高等教育深化改革，要求高等学校成为新知识、新科技、新产业的诞生地、发源地。应该说，提出建立大学创新体系就是要从创新的角度重新界定大学的作用与功能，使创新真正成为所有大学在自己发展中的统摄性价值标准，并且通过自己的创新自觉地加入当代中国的民族创新大业之中，发挥出大学在当代人类创新体系中的作用。只有真正把创新作为大学的生命与目标来追求，大学才能发挥出其应有的作用与功能。

4. 现有高等教育创新资源在全新层次上的有机整合与提升

就高等教育界内部而言，近年来，各方面的改革与创新已经谈得很多，涉及教学、科研、人才培养、学科建设、人事制度、财务管理、产业开发、后勤服务等各个方面和环节。它们之间本来应当是相互促进和相互制约的，但在实践中，各方面的改革在很大的程度上还是分别展开、彼此脱节的，有的甚至彼此矛盾、冲突或抵消。如何把这各方面、各层次、各环节内在地和有机地整合起来，形成一个有机的和具有强大创新能力的大学体系？建构大学创新体系无疑是一个重要思路。从系统论的角度来看，局部创新只有纳入整体创新之中，才能有合理的定位与定向，也才能发挥出最大的效益。大学创新体系既可以成为各个高校内部整合的总体目标与契合机制，也可以成为高校之间相互协调、彼此整合与协作的重要途径。

二、大学创新体系的基本层次

教育创新，包含着许多方面与层次，大学创新体系居于其中的较高层次，具有重要的地位和作用。大学创新体系，顾名思义，就是以大学作为基本单位而具有开创和拓新功能的有机系统。什么叫创新？它是一种以提供新颖的、首创的、具有社会意义的产物作为目的和结果的活动，它意味着对于原有的概念、理论、价值、标准、方法等的突破，以及对于新的概念、理论、价值、标准、方法等的更新与建构。新概念、新理论的提出，新技术的发明，新实践模式的创造等，都属于创新性活动。一般来说，个体是创新性活动的直接主体，创新必须通过人的艰苦的脑力劳动来实现，以体现个人的开放性智慧的光辉。因此，大学创新体系有待于个体创造力的发挥和发掘，以及人的个性的实现。创新也可以是一种群体性的行为，是指一定社会群体协力从事个人所无法从事的创造性活动。提出大学创新体系，实际上是强调大学作为一种特殊的群体所具有的创新功能。就其主体层次而言，大学创新体系可以在下述几个层次上建构。

1. 一定的学科专业或学科专业群

这是大学的办学基础，也是创新的直接单位。大学的所有活动，就其基础而言，都是以学科为单位，并围绕学科建设来展开的。所有的大学教学与研究人员，都应当归属于一定的学科，并寻得自己的合理学科定位，只有这样才能开展真正意义上的学术活动与学术创新。所有的学术创新，在本质上都是对一定学科专业在内容和形式上的更新、发明和创造。即使是新的研究方向的开拓和新学科的建构，也总要依托于一定的原有学科和研究方向。学科建设是办学的核心，是大学教育和教学的基础，也是学术创新的最本质基础。一流的大学实质上真正依托的是一流的学科和一流的专业。只有把学科或学科群作为大学创新体系的基础，才能使大学创新活动找到坚实的基础。

2. 一定的具有独立法人地位的大学

大学是大学创新体系的直接社会单位和法人基础。对于单个的大学来说，大学创新体系强调的是对大学内部的各方面的创新能力的发掘、整合、激发与运用，是一种对大学内部的各种有效资源的积极的组合。一定的大学包含着一定的学科门类与学科专业，并可以由学校所开设的学科门类和专业的多少而分为单科性、多科性和综合性大学。这不同类别的大学有不同的办学特点，在高等教育体系中有不同的地位，在大学创新体系中也有不同的功能。一般来说，单科性的大学主要在自己所开设的学科中整合学科的内部分支，并在与相关学科的互动中从事学科建设，开展学术创新。而对多科性尤其是综合性大学来说，除了要在已有的学科中进行创新外，更重要的任务是整合本校各方面的实力，在学科之间寻找与创设新学科的生长点，促进学科的交叉与融合，萌发和催生新的学科、新的专业和新的研究方向。

3. 一定的跨学校和跨学科的高校联合体

一所大学，不管有多高的水平和多么雄厚的实力，其人员和教学科研力量总是有限的。即便从整体上看是一流或超一流的大学，其所有学科也不可能都是一流和超一流的。这就产生了在不同大学之间进行跨学科和跨学校合作的必要和可能。由若干大学的一定学科组成的高校联合体，是大学创新体系的重要内容和有效实现机制。它强调的是对若干相关大学各自所具有的创新资源的自觉交织、重组、联合、互渗、共享、互惠，通过优势互补而达成对各单所大学所不具有的创新功能的创造。

4. 全国大学通过一定方式组合而成的有机创新系统

各个大学都应当有自己的创新目标和创新功能,从全国的角度来看,所有的大学都应当成为大学创新体系的内在的和有机的组成部分,使大学成为国家和社会中最具有活力的部分,使大学的创新功能能够得到有效的组织与协调,这是大学创新体系的主要含义。大学创新体系是从创新的角度通过各种途径与渠道,对所有或主要大学所具有的创造功能的一种积极组合,其目的是使全国范围内的大学教育资源得到合理配置与功能优化。大学创新体系的真正有效建构不仅要求各大学的自主努力,还需要国家和地方的教育、科技和产业等主管部门积极的组织与协调。

5. 大学创新体系与国家创新体系的健康互动

大学创新体系始终是作为国家创新体系的内在组成部分而存在并发挥作用的,它始终需要与大学之外的各种研究单位、产业组织和政府机构发生交互作用,并得到来自各方面的关心和支持,也通过自己的努力为国家创新体系做出自己的特有贡献。

三、大学创新体系的基本要素

完整的大学创新体系主要由以下要素组成。

1. 大学创新理念

大学创新理念既是从创新角度对于大学的理解和重新诠释,也是创新观念在大学建设中的具体运用。创新理念是大学创新体系的灵魂和理论向导,对于大学创新体系的建设与发展具有极为重要的导向作用。它包含什么是创新,什么是大学创新,如何评价大学创新,如何实施大学创新,如何推进大学创新,以及创新的方式、具体内容、手段等内容,是对大学的创新功能与创新机制的合理界说与自觉规定。大学创新的本质是理论创新与学术创新,创新的核心是解放思想、发挥创造力。著名教育家陶行知认为,为了发挥创造力需要进行“六大解放”。他说:“解放眼睛,敲碎有色眼镜,教大家看事实。解放头脑,撕掉精神的裹头布,使大家想得通。解放双手,剪去指甲,摔掉无形的手套,使大家可以执行头脑的命令,动手向前开辟。解放嘴,使大家可以享受言论自由,摆龙门阵,谈天,谈心,谈出真理来。解放空间,把人民与小孩从文化鸟笼里解放出来，飞进大自然大社会去寻觅丰富的食粮。解放时间，把人民与小孩从劳碌中解放出来，使大家有点空闲，想想问题，谈谈国事，看看书，干点与老百姓有益的事，还要有空玩玩，才算是有点做人的味道。有了这六大解放，创造力才可以尽量发挥出来。”[①]今天的大学创新当然比陶行知先生的时代要复杂困难得多，但其精神实质是一样的，就是要不断地突破传统和过时的观念、理论与方法，不断地解放科研生产力，发掘和发挥人的创造性，不断地去发展、开拓、建构与创造。

2. 大学创新组织机构

大学创新组织机构是大学创新的实际运作体系，它包括各种建制、组织、体制、机构等，可以分为许多方面、层次和类别。它既包括院、所、系、室等实体性和相对稳定的研究和教学单位，也包括各种形式的关系性和临时性课题组、协作组等。我们可以借助于这些机构来组织创新活动、实施创新计划、实现创新目的。从创新的角度来看，我国高校的内部建制和管理体制亟待改革，改革目标就是要能够很好地顺应学科发展趋势，适应学术创新的要求，建立一种既规范又灵活，既低耗能又高效，既有利于个体创造性的发挥又有利于群体的协调与合作，充满生机与活力的大学体制。

3. 大学创新基础设施

大学创新基础设施是大学创新活动必不可少的物质条件和硬件基础。知识时代的创新，越来越依托于和依赖于物化了的知识，即各种形态的科学研究设施。当代科学和技术的发展有一种数量化和数字化的趋向，在空间上不断拓展，向着渺观和宇观世界发展，在层次上不断深化，因此越来越依赖于相关的实验手段和物质设施。新时代的科学与技术创新既要有开放和活跃的思想，又要有求实的精神和科学的态度，也必须依托于严格的科学实验和通信手段等。即使是人文社会科学学科的研究与发展也越来越多地借助于各种现代信息处理与传输设备。当我们把大学作为创新体系的重要组成部分来加以建设时，就应当为其配备相应的创新设备。一流的大学应当有一流的科研水平和办学条件，这样才能真正走在当代科学和技术发展的前沿。而对于已经具有必要设备的大学，一个更加重要的问题是如何将物质的硬性设备软化

① 陶行知.陶行知教育文选[M].北京：教育科学出版社，1981：325-326.

和活化，使之获得人文化和主体性的内涵，真正成为学术创新的有效工具。

4. 大学创新的人才队伍

大学创新的人才队伍是创新体系中最为关键的主体性因素，需要积极进行建设和培养。从创新的角度来看，人之才与不才，或人的才干大小，主要是看人的创造力之大与小、多与少、久与暂。优秀创新人才的出现，既有一定的自发性和个体性，即依赖于个体的努力与奋斗，也有很强的规律性和社会性，即离不开社会的发现、培养和扶持。建立大学创新体系，就是要强化大学在培养优秀创新人才方面的功能，而这也正是大学在国家创新体系中所特有的作用。优秀创新人才的培养，既要调动各级各类人才自身的积极性，更重要的是建立一套能够让优秀人才层出不穷、脱颖而出的发现、选拔和任用机制，达到真正的双向选择和人尽其才。大学的课程设置、教学管理、科学研究、人事制度、奖惩措施等都要围绕有利于创新人才的培养和选拔来加以改革和设置。优秀的创新人才，应当具有远大的理想、坚定的信念、高尚的情操、完美的人格、健壮的体魄、坚强的意志、丰富的知识、广阔的视野、敏锐的眼光、敏捷的思维、求知的渴望、求实的态度、批判的精神、拓新的气质、建构的能力，等等。他们不一定都是全才，但应当具备必要的基本素质，并能够在某些特定的领域做出突破性的贡献。对于各类优秀人才，既要有宽松的思想环境、良好的科研条件、丰厚的生活待遇，也要有基本的要求、规范的管理、必要的约束，尤其是要不断强化和激发其社会责任感和历史使命感，这是推动他们不断创新的最本质的力量。

5. 大学创新体系的运行机制

大学创新体系的运行机制包含各种政策法规和管理制度，它们把创新体系中的各种要素内在地结合起来，加以活化，使其健康有效地运行。大学创新体系是一个极为复杂的多要素非线性相互作用的动态系统。在人与人之间、人与设备之间、不同的群体之间、不同的学科之间、不同的院系之间、不同的学校之间如何形成一个有机的活性的系统，并能够健康有效地展开为持续不断的创新过程，这有待相关规章制度的连接与协调、相关政策的激发与活化，也有待人的自觉组织与协调。大学创新体系的运行应当具有开放、流动、竞争、协作的特点，以投入最少、运行最畅、产出最大、功能最佳作为自己的价值目标。

6. 大学创新环境条件

大学创新环境条件是激发和保障大学创新活动并提升其效应的重要外部条件。这包括切实鼓励和保障学术自由，倡导原始性的创新与开拓，允许和鼓励不同的学术和理论观点乃至形成学派，建立公开、公平与公正的学术评价与奖励机制，严厉打击和预防各种形式的学术腐败，建立切实有效的舆论监督与法律保障体系，等等。

四、大学创新体系的主要特点

大学创新体系既作为国家创新体系的一种内在的组成部分而与国家创新体系中的其他部分具有许多相同或相似的特点，又作为其中的一个特殊组成部分而有其独具的功能与特点。这里主要谈谈其独特的方面。从总体上看，大学创新体系是以下几个方面的有机结合。

1. 传承与创造的结合

大学创新体系首先要履行大学的功能，这就是对人类文明与文化的继承与传续。历史上的大学是顺应人类文化传承的历史性需要而产生的，也在延续、保护和继承人类文明成果方面发挥了非常积极的作用，承担着人类文明的记忆与传承功能。这种需要在今天不仅仍然存在，而且由于人类文化的加速度生产而显得格外重要。当代大学承担着比历史上的大学多得多的功能，但传承历史文化这个基本功能没有变，也不能丢。从建立大学创新体系的高度来看，当代大学的传承功能也应当有所改变和提升，它不应当像“保管员”或“看家婆”似的单纯看护和守望历史文化遗产，而是要对历史文化进行发掘式的搜集以摸清我们的文化家底、科学性的整理以明了其内在机理、批判性的鉴别以明确其正负价值、时代性的弘扬以发挥其当代意义。认真地学习与传承历史文化是为了更加科学有效地从事创新。这正是大学创新最为坚实的历史文化基础。

2. 教学与科研的结合

大学对于优秀历史文化的传承在很大程度上是通过教学来实现的，通过向一代代的新人传授优秀历史文化而使之得到延续和发展。教学是大学作为育人单位的最基本的活动方式，也是大学的最中心的任务。当代大学要培养的人应当是具有良好的创新意识和创新能力的人。《高等教育法》(1998)明确规定了高等教育的培养目标，这就是“培养具有创新精神和实践能力的高级专门人才”。为了达到对创新性人才的这种要求，当代大学的教学又绝对不能仅仅是对于已有知识和技能的简单传授，而必须是能够进一步培养创新精神、启迪开放性智慧、激发创造型思维的教学，也就是通常所说的研究型教学。从教师的角度来看，他们只有切实置身于科学研究之中并处于科学技术发展的最前沿，才能把学生及早带到科学技术和学术发展的最前沿；从学生的角度来看，他们的科学研究和创新能力只有在科学研究实践中和创新实践中才能真正得到培养、发掘、发挥和发展。创新人才的培养目标要求有创新式的教学和创新型的科研，大学的教学科研管理体系都必须以此为中心来建立和完善。大学创新体系无论是对教育教学还是对科学研究体系，都提出了很高的要求，也指明了发展和建构的方向。

3. 育人与开发的结合

大学的基本功能是育人，即培养勇于和善于创新的人。然而，当代大学创新体系的又一重要功能在于直接或间接地参与科学知识向技术的转化和相关产业的开发。过去的大学曾经为自己能够高居于社会的象牙塔而沾沾自喜。然而，通过多年来的发展，当代大学已经“仅次于政府成为社会的主要服务者和社会变革的主要工具……它是新思想的源泉、倡导者、推动者和交流中心”[①]。大学应当把学、研、产内在地结合起来，以自己的恰当方式积极地参与和引导国家与地方的科技进步、产业开放和社会服务，以服务求支持，以发展求生存，努力争取成为社会的科学技术和文化发展的领头羊、推进器、主力军。

4. 科学与技术的结合

历史上的创新是生产和技术带动科学，当代创新是科学带动技术与生产，尤其是基础理论研究领先于并推进应用研究和技术转化。过去的大学侧重于科学的基础理论研究，而忽视技术的转化和实际的应用。当代大学的综合性职能要求我们在创新的基点上把基础理论研究与应用技术开发内在地结合起来，使二者达成一种交互作用，加速高新技术的孵化和向生产力的转化，形成健康互动的良性运行机制。大学的技术创新，既包括研究技术的创新，也包括教育教学技术的创新。

---

① 约翰·S. 布鲁贝克. 高等教育哲学[M]. 郑继伟，等译. 杭州：浙江教育出版社，1987.

5. 科技与人文的结合

近代以来，科学和技术所取得的巨大成就为科技赢得了崇高的声誉，但对于科学技术的人性方面的忽视却带来了大量极为复杂的社会、人性和道德伦理问题。自然科学与技术具有价值中立性，其功能在很大的程度上是把双刃剑，即它既可能是社会文明进步的动力，也可能成为社会文化的破坏力量。社会作用到底如何，取决于如何对它们加以运用。这不是科学和技术本身能够解决，而是要通过国家的政策和社会的人文关怀才能解决的。当代西方社会在自己现代化的历程中所走过的弯路和所付出的代价应当为我们所重视和自觉吸取。当代科学不仅是自然科学，也包含着人文科学和社会科学；当代技术不仅是自然工程技术，也包含着各种形式的社会工程、人文工程、心态工程技术；当代社会不仅亟须发展自然科学和技术，也十分需要发展人文社会科学和人文社会技术。只有在这样一种大科学、大技术和大社会的观念指导下办教育、办大学，当代大学教育才能找到自己的正确发展方向。江泽民同志在短时间里连续发表了一系列重视哲学社会科学的讲话，就从一个侧面反映和指出了社会发展的这种基本趋势和需求。大学创新体系的建立既是教育观念和教育体制的革命，也是科学观念和科研体制的革命，同时又是一种非常深刻的社会变革和文化变革，这就非常需要人文社会科学的相应发展以提供科学合理的理论基础和方法论指导。现在我们在大学教育中强调人文素质教育与科学素质教育的结合，开展全面素质教育，这无疑顺应了未来社会对于新型创造性人才的需要。而要真正做到这一点，仅仅靠教师的个体努力无疑是不够的，还需要体制的保障。只有全面的体制才能大面积地培养全面发展的人。从这种意义上讲，只有真正按照大科学和大教育的观念建构起来、切实融汇了科技与人文，从而具有全面创新功能的大学创新体系，才能够为我国新型创造性人才的培养和社会文化的全面进步做出自己的应有贡献。

第三章　大学校园文化建设的价值取向

在价值观念急剧转型的时期，校园文化建设需要坚定正确的价值取向。笔者在分析了大学校园文化的育人机制和大学校园文化价值定位的基本依据后，直面大学校园文化建设中的价值冲突，从不同角度探讨了大学校园文化建设应重视的三种价值——大爱之心、责任之体、诚信之德，以及应关注的七种价值取向：在重视校园硬件建设的进程中强化人文氛围；在价值多样化的进程中保持主流价值；在社会市场化的进程中保持学术品格；在教育规范化的进程中保持个性品质；在大众化的进程中保持精英品格；在学科专业化的进程中保持全面素质教育；在行为世俗化的进程中保持高尚人格。

校园文化建设在当前中国高校引起了广泛关注，这不是偶然的，它体现了高校管理者和广大师生对于大学价值的追求与创造。校园文化建设的实质是对大学价值的某种特殊追求。当前中国社会正处于急速的价值转型过程之中，社会的各方面变化都深刻地影响着大学，影响着大学的教师与学生，也影响着校园生活和校园文化建设。大学变化的核心是对大学价值的重新定位，需要我们进一步明确校园文化建设的价值取向。本文从以下几个方面探讨大学校园文化建设的价值取向，以向识者讨教。

一、大学功能与校园文化的价值论追问

如何看待大学，人们有不同的视角和思路，比如教育学的角度、社会学的角度、文化学的角度。而这所有的角度都必然依托于一个特殊的视角，这就是价值论的视角。从价值论的角度看，大学实际上是一个特殊的价值系统。大学这个价值系统之所以特殊，在于它承载的任务不是简单地创造一种物的价值，而是要创造一种特殊的精神文化价值，使这种特殊的精神文化价值通过某些特殊的途径内化到大学生的心灵之中，并通过他们的价值追求去创造社会的价值、国家的价值和民族的价值。大学的价值是面向大学生、面向社会的，也是面向未来的。

那么，大学是怎么发挥其价值功能的呢？这可以从不同的角度来分析。这里我们重点分析两种比较有代表性的理论；一种理论是泡菜理论，一种理论是熔炉理论（国外也有称为熔铸理论的）。著名学者、华中科技大学涂又光教授提出，大学就像一个泡菜缸，缸里是什么味道的泡菜水，投进去的菜就会成为什么样的泡菜。这个比喻尽管不一定特别贴切，但它非常形象生动，已经被大家所普遍接受了。熔炉理论是把大学比作一个大的文化熔炉、价值熔炉，让大学生们在其中经受熏陶、锤炼、提高，铸造成国家和社会需要的高层次优秀人才。

大学教育对于大学生成长、成人、成才发挥着极为重要的作用。从某种意义上讲，大学时期已经是大学生们成长、成人和成才的最后阶段。大学生在大学里度过他们的成人期，并作为一个相对独立的、完整的、成熟的主体走向社会。通过大学阶段的学习和教育，大学生们自幼以来所受的全部教育得到了专业性总结和革命性提升，并且通过学科专业的定向，成为一个完整的、成熟的、能够独立自主地从事活动的

主体。

大学这个价值系统发挥作用的方式和其他的很多系统是不一样的。这里有两种具体的理论和作用方式。

1. 教化育人

大学对于学生的首要作用还是教育，强调教育者对于被教育者的引领作用与积极影响。教化育人直接看来强调的是灌输，实际上也离不开学生的内化与互动。当人们在设计大学的教育体系、课程体系和教学方法时，首先要考虑的是教师从上到下的教育和由外到内的灌输，以履行社会对于学生的教育与教化功能，同时也必须考虑到学生的学习方式和接受能力，最大限度地调动学生的学习积极性。一般来说，灌输比较容易，因为这是单向的过程；而要实现教与学的良性健康互动则较难，因为这需要教师具有更多的知识和更高的技巧，尤其是更高的境界。

2. 环境育人

在整个近代以来的教育和文化发展史上，一直存在着对于环境与人之间到底谁决定谁的争论：一方面环境影响人，另一方面人影响环境。对此马克思从实践论的角度做了很好的阐释："环境的改变和人的活动或自我改变的一致，只能被看作是并合理地理解为革命的实践。"① 在人与环境的互动中，环境作用是积极的，对人发生着深刻的影响；但在同样的环境中，不同的人却有非常不同的表现和结果，这就表明人本身的主动性对人的发展起着更为重要的作用。我们经常看到，同样一批以高分考进大学的学生，在同样的校园，在同样的教育体制和教师的作用下，却很快地发生了分化，在优秀生与滞后生之间产生了很大的差距，这就非常需要我们深入研究人与环境的良性健康互动机制。

因此，无论是教化育人还是环境育人，都需要一个好的校园文化。校园文化之好，在于其价值观念和价值体系之好。大学校园的价值文化体系不是自发形成的，而是通过人的自觉追求与创造所建设成的。大学校园文化的形成，直观看来是个自然的历史过程，是在大学发展的历史延续中逐渐形成的，但实质上是个高度自主的创造过程。一定的校园文化意味着一定的办学传统、办学模式、办学特点与办学风格。在

① 马克思恩格斯选集：第1卷[M]. 北京：人民出版社，1995：55.

这种传统、模式、特点和风格中渗透着对大学价值的理解与创造，它们的形成与学校创建者的教育理想、主导性教育理念、历史性文化背景、地域性文化环境、时代性教育模式等都有非常密切的关系，尤其是一些重要的人物和重要的事件会在一定程度上影响甚至“制导”学校文化的发展方向。因此，探讨大学校园文化，最为基础和重要的就是明确大学发展的价值取向，并使之贯穿在大学校园文化建设的各个方面、各个层次和各个阶段。

二、校园文化价值定位的基本依据

大学的校园文化建设应该怎样来进行价值定位？这里有很多重要的因素需要考虑。本文列举以下几个方面的因素来加以探讨。

1. 大学的教育价值与文化功能

这是教育的根本性使命，也是大学存在的基本依据。社会之所以需要大学，国家之所以花钱来办大学，最直接地就是需要大学的教育功能。大学的功能在历史上经历过一系列的转换、充实与提升，最初主要是教书育人、传承知识，之后德国的洪堡先生提出了大学还应当开展科学研究、创新知识，再后来美国大学在发展中提出了服务社会、转移知识的功能。于是，大学的功能变得更加复杂和多样了。但在这多种功能中，教育功能仍然是最为基本的，科学研究和服务社会都是大学教育功能的拓展与深化，也是为了更好地发挥教育功能。大学通过为社会培养高层次的专门人才而处于社会文化的高端，通过科学研究和社会服务而承载着引领社会文化发展方向的功能。今天，中国的大学功能也变得更加多样化和全面化了。一方面，作为一种特殊的社会文化组织，大学通过汇聚高层次人才和组织高层次科教活动，本身就构成了社会高端文化的内在组成部分；另一方面，大学又通过培育高层次人才，推出高层次科研成果和开展高端文化建设而引领社会文化的发展方向。从这个意义上来说，大学校园文化的建设就是社会高端文化的建设，也是对先进文化价值的选择。

2. 大学本身的历史文化传统

大学的传统可以从两个层面来考察：一是大传统，即各个大学之为大学的共性，它区别于非大学的社会组织机构，主要是彰显大学作为高端的科研和教育机构的性质与特点；二是小传统，是指各个大学之作为特定大学的个性，即由于自己特殊的产生和发展历史所形成的学校特色与风格，并由此而与其他的学校相区别。从总体上看，小传统是受制于并服从于大传统的，但小传统又使大传统变得更加丰富多彩和敦实厚重。尤其是一些具有特别地位与影响的大学，更是以其风格与特色而影响和引领整个高等教育事业的发展，并进而代表着一定的国家、民族与时代。大学的文化传统本质上就是一种价值传统。所有的大学都应当在大传统的指导和统摄下发展自己，但又力求创设出具有鲜明特色的小传统，从而为大传统增光添彩。

3. 高等教育的体制改革与发展趋势

这是大学发展赖以依托的体制性因素，也是校园文化的背景性条件。纵观 20 世纪中期以来的新中国高等教育，其一方面取得了巨大的成就，另一方面也经历了巨大的曲折。从 1952 年的院系调整开始，我国的高等教育便深刻地受到苏联高等教育模式的影响，走上了过度应用化和单科化的发展道路，这时期的大学或多或少地偏离了大学的本性。“文化大革命”期间，中国高等教育遭受了重大的损失。1977 年恢复高考之后，中国高等教育才走上了正确的发展道路。1998 年以来的院校合并，促使一些重点大学向综合化和高层次发展，使大学回到了作为人类知识总体的载体和传承地的合理定位。而高校扩招则是在非常困难的条件下实现了中国高等教育大众化的转型，在更大的范围内和程度上满足了社会和人民群众对于高等教育的需要，使之发挥出更加积极的功能。尽管当前中国的高等教育还存在着很多问题，但这是发展和进步中的问题。只有认识中国高等教育发展的大趋势，才能为校园文化建设找到基本的依托和依据，才能使大学走在正确的发展方向与轨道上。

4. 大学领导的视野和水平

教育理念和教育体制确定之后，干部就是决定性的因素。大学的校园文化建设，在很大程度上体现着大学领导对大学精神的理解，实现着他们的大学文化理想。一个成功的大学发展史上，一定会有一些在校园文化建设中留下痕迹的重要人物。在中国的教育发展史上，有过陶行知、叶圣陶、黄炎培等著名的教育家；在中国的高等教育发展史上，更有过蔡元培、梅贻琦、吴玉章、成仿吾等著名的高等教育家。从华中工学院到华中理工大学再到华中科技大学，有过把学校由单科型引向多科化发展的朱九思，也有在国内高校中首倡大学生文化素质教育的杨叔子，还有积极推进学、研、产“三足鼎立”的周济等著名的思想家和教育家。当前大学的很多领导有着优秀而深厚的学术和专业背景，而国家则要求大学的校长和党委书记应当成为优秀的政治家、思想家和教育家。大学的领导应当成为大学精神的领悟者，成为实现大学理想的创造者，成为社会文化的引领者。

5. 师资队伍的构成与转型

教师是教育的主体，教师队伍的状况从根本上决定着教育的水平。今天高校中的教师队伍大体上来自三个主要的时代：年长的教师大多是在“文革”前接受的教育，即经历了系统的教育，政治思想素质普遍较好，但知识体系和内容处于更新换代之中；中年教师大多是恢复高考以后考入大学的，不少人有过在国外学习和访问的经验，处于中坚力量的地位；年轻的一代是在改革开放的过程中成长起来的，知识结构比较新，但思想素质有待提高。今天这三代人都处于高等教育的重大转型过程之中。他们既是教育改革的推动力量，又必须随着新时期大学教育的发展而不断更新自身。应当看到，获得大学教育的资格并不是一劳永逸的，这一资格是需要不断地认证和再认证的，门槛是需要不断提高的。在信息时代，知识体系和内容都处于不断的更新之中，这也对大学教师提出了很高的要求。如果教师不能够及时地更新和发展自己，他将不再具备在新的时代条件下作为教师的资格。应当看到，大学教师既是校园文化最重要的建设者，也是校园文化最直接的享用者。

6. 大学生的构成与特征

一方面，大学校园文化是为了培育大学生而建设的；另一方面，大学生也是建设校园文化的主体，是校园文化的活动载体。为此，大学校园文化的价值取向必须依托于大学生的价值取向，并且能够为大学生们所接受和认同。当代大学生包括本科生、硕士生和博士生，其中本科生由于数量大和可塑性强而成为建设校园文化过程中应当重点考虑的对象。当代大学生中有一个突出的现象，即80后已经成为大学生的主体，是从本科生、硕士生到博士生正好构成10年的一代人。相应地，如何认识80后的价值选择特点就成为建设大学校园文化必须认真关注的一个方面。80后是在我国改革开放和社会主义现代化建设高速发展的历史进程中成长起来的一代，他们享受着思想解放和改革开放的物质和精神成果，获得了优厚的生活与学习条件，知识结构比较完善，思想非常活跃，可塑性很强。但是，由于他们价值观形成时期是社会价值多样化发展的时期，主流价值取向不够突出，核心价值不够鲜明，加上计划生育的影响，80后当中的不少人是独生子女，又多是在以隔代教育为主并处于整个家庭的全面呵护中成长起来的一代，他们在生活和处世方面容易形成自我中心化的思维与行为方式。由于激烈的高考竞争，很多学生是在高考的巨大压力下以学习为活动中心而成长起来的，少有社会责任的教育和锻炼，因此一旦进入大学，突然要他们对自己的全部行为和发展前途负责，他们就感到措手不及，缺少足够的心理和能力准备，容易出现思想的困惑和行为的失调等。这些情况会影响到大学生的学习和教育，也会对校园文化建设产生潜移默化的影响。校园文化建设要依据当代大学生的这些价值特征来加以设计和构建，以便更好地、有效地为大学生的全面健康发展发挥更加积极的作用。

三、当前大学校园文化建设中的价值选择

大学校园文化建设之所以值得我们反复研究和思考，从根本上说在于大学的建设与发展面临着许多价值观的冲突。在这些冲突面前能否保持清晰的认识和恰当的选择，在某种意义上决定着大学文化建设的健康程度和品位高低。这里的价值冲突很多，我们重点讨论以下几个方面的问题。

1. 在重视校园硬件建设的进程中强化人文氛围

近年来，中国的高等教育飞速发展，大学校园建设也发生了具有革命性意义的变化，其突出的标志就是修建了很多新的教学、科研和生活服务设施，甚至建设了全新的大学校园，大学的硬件建设有了很大的发展。然而，从校园文化建设的角度来看，我们的很多校园可能既缺少人为性品格，也缺少自然性品格，更难谈得上二者的有机结合与统一。谈到大学校园文化建设，人们往往重视的是大楼，而忽视大学校园文化所具有的内涵，甚至会认为越是远离自然、人为性越高则越好。其实这是一种误解。大学校园作为高水平和高层次的人化自然，既应该是高度自然的，也应该是高度人文的，大学校园文化应当是自然文化与人文文化的有机协调与统一。就其自然性而言，大学校园仍然是自然界的一部分，能够为师生提供最优美和自然的校园环境，能够帮助大学师生亲

近自然，这是大学教师和学生仍然作为自然的存在物而存在的根本要求。就其人为性而言，大学校园又需要足够的科学内涵和人文氛围，具有足够的超越性和神圣性，有利于大学师生去发展自己的科学素养，提升自己的人文品格。一个良好的育人环境应当是自然性与人为性的内在有机结合。例如，华中科技大学 7000 亩地的校园中约有 80 万棵树木，其中约 20 万棵是乔木、约 60 万棵是灌木，使大学校园文化展示出自己鲜明的自然特色，并在此基础上孕育着科技文化与人文文化，为师生们提供了很好的生活与育人环境。

2. 在价值多样化的进程中保持主流价值

社会是一个高度多样性的复杂价值系统。改革开放以来，中国社会加快了价值观念与体系的多样化进程，这是社会的巨大进步，我们应当热情欢迎、积极参与并着力推动。但是在多样化的进程中是否还需要保持核心价值，倡导主流价值，对此人们的认识就不一定清晰和统一了。这就凸显了在大学校园文化建设中保持和构建社会主义核心价值体系的必要性和重要性。大学育人，目标在于培养社会主义事业的合格建设者和可靠接班人，核心在于帮助大学生树立正确的世界观、价值观和人生观。因此，构建和传播社会主义核心价值体系应当成为大学校园文化体系的核心与灵魂。明确了这样的前提，我们就应当更加积极地探索相应的途径与渠道。思想政治课是构建社会主义核心价值体系的主渠道，将社会主义核心价值体系贯穿到思想政治课的各方面和全过程，对于新时期大学生的成长和成才具有极为重要的意义。华中科技大学马克思主义学院为此做出了积极的探索。他们通过深入研究、集体备课、精心组织、整合优势、发挥特长、认真讲授、采用启发式教学等，在新的政治理论课方案的实施中取得了很好的效果，在由同学们无记名投票的评选中，优质课题率达 90%以上，开创了全新的课题教学局面。

3. 在社会市场化的进程中保持学术品格

我们要培养具有国际竞争力的学生。大学生的国际竞争力最终还是要靠学术历练来获得。在市场经济的背景下，今天进入高校的大学生都要分担一定的学费，这对于大学的发展有利，也在一定程度上改变了学生与学校的关系，改变了学生与教师的关系，改变了学生之间的关系。对于大学来说，帮助学生们更好地成人、成才既是一种义务，更是一种责任。这是大学存在独特价值的基本依据。在市场经济的条件下，如何使老师们静心治学和潜心育人，如何使学生们保持学习兴趣和学术追求，这在某种意义上是教育成功的关键。大学的学术品格可以说是大学的生命，而这种生命是要靠学生来延续和传承的。保存、延续和发扬学术品格，是大学校园文化建设的核心与精髓，也是市场经济条件下校园文化建设面临的最大挑战之一。

4. 在教育规范化的进程中保持个性的品质

从根本上来说，高等教育是一种规范性活动，要按照社会对于高级专门人才的要求培养学生，所有的学生都只有达到一定的规范性标准才能获准毕业、离开学校。教育规范化的特点是以同样的标准要求所有的学生，而不管他们之间在天资和能力方面有多大的差异。实际上，每一个学生的具体情况都是不同的，他们各有自己的成人和成才道路，并且成才的层次、内涵、程度也有很大的不同。如何在保持规范性、标准化的前提下鼓励大学生的个性化发展，是现代大学的重要使命。华中科技大学每年招收本科生8000多人，对于其中某些专业我们按照七个大的门类进行通识性的培养，到第三年后转向各个专业，而且还允许大类内部有一次转专业的机会。制定这些措施，一方面是希望让最多数的学生能够完成他们的学业，可以顺利地毕业，成为社会需要的、合格的建设者和接班人；另一方面也是希望能够为学生提供个性化发展的空间。我们提出了三个层次的教育目标：首先，是让最多数的学生能够接受规范化教育，顺利毕业；其次，是通过重点帮扶而使有经济、学习和心理困扰的学生渡过难关，完成学业；再次，是提供特别的空间与机会帮助那些有特殊才能的学生特异发展，成为拔尖的人才。马克思曾经指出，每个人的自由全面发展是一切人自由全面发展的条件。现代大学应当为每个人的自由全面发展提供必要的机会和条件。

5. 在大众化的进程中保持精英品格

21世纪以来，中国的高等教育迅速地进入大众化的阶段，其突出的标志是高校招生人数的迅速增加，高校招生比例迅速扩大，学校的师生比也迅速降低。但是，大众化不应当成为低水平的代名词，不应当成为一种借口，成为我们放松自己责任的一种托词，大众化的高等教育更不应当是低水平的高等教育。大学教育本质上是一种精英教育。大学在当前中国人才培养体系中的地位决定了我们应当努力提高高等教育的培养水平，造就更加优秀的精英型高层次人才。因此，所有大学都应当在大众化的过程中，努力以精英教育的方式来从事本科教育。尤其是国家重点支持和建设的“211 工程”大学、“985 工程”大学，在强化自己的研究型功能的同时，还承载着保持大学教育的高端性质和精英品格的职责。

6. 在学科专业化的进程中保持全面素质教育

当代科学的重要特点是深度分化，学科与专业的分化程度越来越高，这对高等教育产生了非常深刻的影响，其突出表现就是大学的专业设置越来越细。加上我国的高等教育长期以来受苏联模式的影响，更是在相当长的时间里造成了不同学科和专业之间的分离与隔障，人才的专业知识与学术视野都由此而受到很大的约束与限制。正是有感于此，国内一些高校在 1994 年起开始倡导在理工科大学中开展大学生文化素质教育。10 多年来，素质教育已经成为我国高等教育的主题词之一，多种形式的文化素质教育广泛开展。到 2008 年 6 月，华中科技大学的人文讲座已经开设了 1380 多期，产生了非常广泛和深远的影响。当前文化素质教育已经扩展为全面素质教育，其目的就是促使人的全面发展，为此要求所有学科和专业的大学生，都既接受全面的科学教育和技术训练，也接受深厚的人文熏陶和社会训练，在现代科技与人文精神的结合中成为全面发展的人。

7. 在行为世俗化的进程中保持高尚人格

市场化的进程凸显了价值、利益的地位与作用，也有可能强化社会的世俗化特征，甚至产生一些低俗化的现象。大学教育处在市场经济的条件下，不可能不受其影响。但是，作为社会的最高端教育机构，大学如何保持其应有的社会品格，尤其是帮助大学生保持和培养高尚人格，这已经成为非常严峻和紧迫的问题。有学者曾这样指出当今教育的错位：幼儿园时期学小学的课程，小学时期学初中的课程，初中阶段开始学高中的课程，高中阶段开始学大学的课程，而到了大学却发现有必要回头去学幼儿园时期应该学的课程，这就是要去重新学习做人、学习说话、学习文明礼貌，学习关心他人，等等。在我们看来，思想道德是人行动的向导，人格、人品是人最重要的精神实质，高尚美德应当成为校园文化的内核与灵魂，成为校园文化建设最重要的价值取向。对于当代大学生的思想品德教育，最重要的途径就是：帮助他们走进历史，去把握历史发展的规律与轨迹，以更好地理解今天与未来；帮助他们走进社会，去了解社会的困苦与冲突，以明确自己的社会责任；帮助他们走进时代，去把握时代精神和未来的发展方向，为个人发展作出科学合理的定向；帮助他们走进心灵，以加强自我认识与反思，更加自觉地提升和发展自我。

四、当前大学校园文化建设中的三种重要价值

有三种价值，特别需要我们在今天的大学校园文化建设中去建设和发扬。

1. 大爱之心

梅贻琦先生曾经说：大学，非大楼之谓，乃大师之谓也。在我们看来，大学还需要一种东西，那就是大爱。大楼是基础，大师是条件，大爱是灵魂，三者内在结合才有了真正的大学。教育部部长周济曾经指出，爱心与责任是师德之魂。爱心与责任当然也是大学文化之魂。很难想象一个没有爱心的人会有足够的责任感，更难想象一个没有责任感的人能够成为一个好学生、好教师、好公民。大学教育的真实内涵正是要把爱心和责任转化为大学生发展和提升自我的基础与动力，能够以自己的行动去爱祖国、爱社会、爱人民、爱学习、爱学校、爱生活、爱家人、爱他人，最后也包括爱自己。在今天的大学生中偶尔也会出现不爱他人，最终也不爱自己，甚至毁掉自己的生命的极端案例。恰当的自爱才能产生自尊，也是爱他人和爱社会的必要前提。爱有很多的类型与层次，大爱实际上是一种人类之爱、民族之爱、社会之爱，她有可能转化为最为深厚的动力和热情去发展自我、服务他人、贡献社会。大爱是非常值得我们今天在校园里大力提倡和尊崇的。

2. 责任之体

人与人之间的各种关系在很大的程度上既是一种价值关系，也是一种责任关系。社会关系中的各种角色在本质上就是一种社会责任。人们在责任体系中彼此依存、互助与合作，构建起一定的社会体系。社会关系体系在本质上就是一种责任体系。社会对大学生的需要与期盼同时意味着大学生的责任。只有获得了对于责任的清醒认识与认同才可能自觉地去履行责任。当前的大学生是在改革开放的时代背景中出生和成长起来的，他们受到多元价值观的影响，也受到家庭和社会的细致呵护，但却少有对于责任的担当，因此在走进社会责任体系的过程中

往往不够自觉和主动，甚至产生出很多的责任困惑。当代大学应当在帮助他们认识社会责任体系和履行社会责任方面发挥更加积极的作用。爱心只有转化为责任，责任才能实现爱心。我们要从这样的高度来看待所有的大学机构设置和管理机制，无论是招生体系、教学体系、管理体系、就业体系等，都要以发展和提升大学生的责任意识和责任能力为目标，要以大学生的自我教育和自我提升作为根本手段。多年来，在我国的教育体系中强调较多的是全员育人，强调学校的各方面人员及其工作都承担着育人的功能。现在，我们又进一步提出了“全员自育”的理念，认为所有的育人活动都只有通过学生的自我教育、自我完善才能够充分发挥作用，要求所有的学生都把发展自我作为自己的责任与使命，都要履行对于自己未来发展的责任，并通过履行对自己的责任而实现对社会和他人的责任。

3. 诚信之德

诚信是立人之本，也是社会体系正常运行的最基本的条件。诚信有很多具体的内容，良好的学风和教风是诚信在校园文化生活中的一种具体表现。教育部成立了学风建设委员会，表明了对于抓好学风建设的重视，同时也从一个侧面说明了这个问题的严重性。社会诚信方面所存在的问题都以一定的方式在学校里直接或间接地表现出来，弄虚作假、剽窃抄袭、考试作弊等不良行为历来存在。现在的突出问题是一些学生对于这些陋习不以为耻反以为荣，认为是能力的表现，替考者不辨是非，知情者视若无睹，表现出一种麻木与纵容。常言道，谬误比无知离真理更远，如果学生们来到大学不是学会了诚实地做人和诚实地学习，而是学会了弄虚作假，那恐怕是教育的最大失败与悲哀。开展诚信教育，建立诚信体系，促进诚信立人，这既是当前中国社会的最重要任务之一，也是当前校园文化建设的重要使命。

第四章　大学管理的文化品格

从本质上讲，大学是一个文化体系，它在社会发展中肩负着特殊的文化使命：促进知识体系的学科分化与内部整合，构建文化体系的学科基础；推动科技文化与人文文化的融合，引领社会文化的发展方向；促进大学文化的形成与传播，提升社会的文化品位。与此同时，大学管理对于大学精神也具有多维的作用：培育和提升大学精神，创造大学的精神文化；维系大学秩序，构建大学的制度文化；塑造和发展大学品位，构建大学的环境文化，等等。

大学在本质上是一种文化的存在物。大学文化的产生与形成过程，不是一个自发的和自然的过程，而是一个主体性探索与实践的过程，是对大学的本质和价值及其实现途径等进行科学认识、自觉设计与自主创造的过程。因此，研究大学文化，离不开对大学文化的有效形成和发展机制的探讨，而大学管理则是形成、传承、构建、更新、发展大学文化的重要内在机制。通过对大学文化构建管理机制的专门探讨，可以在更深层次上理解大学文化，更加自觉地构建大学文化，更加有效地促进大学文化的良性健康发展；也可以从文化境界的高度理解大学管理，更加自觉和有效地从事大学管理，提升大学管理品位和层次；更重要的是培养一大批具有高层次文化品位的大学管理者，促进大学管理与大学文化的良性和健康互动。

一、大学的文化使命

就其历史发生而言，大学是人类文化发展到相当水平时的产物，作为人类知识和价值的社会传承的学科化和组织化机构，其使命在于促进社会知识体系的系统化和专业化发展，为人类文明进步培养高层次的专业化人才。大学的产生本身就意味着一种新文化的萌生与发展。在西方教育发展史上，大学大多源自修道院或各种形式的教会学校，它们直接地服从于培养高层次神职人员的需要，服务于宗教信仰与神学传播。但是真正推动大学发展的则是当时逐渐生成的市民阶层和与之相应的学者行会组织。市民社会的形成要求进一步普及法律、医学、文学、语言等知识，学者们的学术追求则推动着大学的世俗化发展和自由学术精神的建立。为了能够培养高层次的专门人才，大学积极地推动着知识的分化与价值观念的传播，推动着社会文化的传承与发展。近代以来，随着科学发现和技术进步加快，大学迅速成为传承和发展科技文化的最重要的载体，促进着科学知识的学科性分化，推动着科学文化与人文文化的融合，引领着社会文化的发展。

就其社会使命而言，大学的直接任务是育人，是培养社会所需要的高层次专门人才。而高层次专门人才的培养只有依托于系统化的知识体系和富于感召力的价值观念，并在高水平的文化氛围中才能真正实现，因而大学的育人使命只有借助于它所创造的大学文化才能实现。为此，“构建大学文化，履行文化使命”既是大学完成其育人使命的必要前提，也是必然结果。

具体说来，大学的文化使命大体上包含着以下几个方面。

1. 促进知识体系的学科分化与内部整合，构建文化体系的学科基础

大学教育之“大”，在于其必须依托于学术化和学科化的人类知识体系。近代以来，大学的发展过程既是科学知识体系的生成与分化过程，也是现代科学知识不断学科体系化的过程。科学技术的发展为社会文化提供了越来越全面、丰富和系统的知识基础，大学的任务则是使不断生成和发展的科学知识和技术及时地转化为培育新人的思想和方法资源。为此，它必须站在社会文化的高端，及时梳理当时人类所获得的科学知识和工程技术，促使其向着学术化、专业化和学科化方向发展，并自觉地对其加以运用，使其成为该时代文化的科学和技术基础。大学的建制是依托于学科而生成和发展的，而学科的分化与整合则只有通过大学的学术力量和学科建制才能推动和实现。因此，通过促进科学知识体系的学科化和专业化发展，大学既为自己构建了学科基础，也为社会文化奠定了系统化的知识基础。

2. 推动科技文化与人文文化的融合，引领社会精神文化的发展方向

科学技术的现代发展促成了科技文化与人文文化的分化，然而大学对于高层次人才的培养却需要科技文化与人文文化的内在结合。为此，大学的重要使命是在推动科学文化与人文文化深度分化的同时，积极促进其在教学和育人过程中的内在融合。大学对科技文化与人文文化的整合是通过科学、系统、合理的课程体系、课程内容和培养方案而得以实现的。大学把自然科学、社会科学和人文科学等各类知识以课程组的方式整合到各学科专业人才教育的课程结构、教学体系和培养方案中，把科学理论、技术手段与现代方法等内在地结合起来，应用于对综合性、高层次人才的培养，促使人才的全面健康发展。科学精神是科学文化的核心，人文精神是人文文化的核心。大学通过对科学文化与人文文化的整合，促进科学精神与人文精神的融合，使社会精神文化不断得到提升，进而引领社会精神文化的发展方向。

3. 促进大学文化的形成与传播，提升社会大众的文化品位

大学的文化使命在很大程度上也是通过对大学文化的创造和传播

而实现的。大学是培育新人的学术殿堂，也是影响社会的文化殿堂。正是在积极促进科学文化与人文文化的深度分化与高度综合中，大学有可能也必然创造出自己独特的大学文化，并以此在社会中发挥着特殊的作用。大学文化以学科化和专业化的知识体系为基础，以具有时代特质的大学师生为自己的活性载体，融汇人类文明的一切积极成果，这不仅可能成为科技发展的指示器，也可能成为文明进步的风向标。大学文化既是社会文化的内在组成部分，又是其中系统记载科技进步和敏锐反映文化昌明的部分，是各个时代的先进文化的核心部分和引领要素。大学文化通过各种途径影响着并转化为社会文化，引领社会文化的发展趋势，提升社会大众的文化品位。

二、大学文化的管理基础

大学文化的形成不是一个自然和自发的过程，而是一个高度自觉的科学认识和价值实践过程，它包含着对大学本质与发展规律的科学认识与自觉探寻，也包含着对大学理想的合理设计和对大学价值的现实创造。大学管理就是这种科学认识和价值创造活动的集中体现和具体实施，为此我们应当重视大学文化的管理基础。

大学文化的形成与发展受多方面因素的影响：一定社会的经济、政治与文化环境，学校创办人及其办学理念，主要的专业设置与学科结构，教师的主体队伍与学脉传承，学生的学源结构与地缘构成，社会的教育理念与价值取向，管理人员的管理理念与风格，等等。而把这些要素吸收、融汇、转化、整合、凝结并提升为某种特定的大学文化的关键因素，则是大学的管理。大学管理作为一种具有鲜明价值取向的主体性活动，对于大学文化的形成与发展有着不言而喻的重要作用，是大学文化形成和发展的不可或缺的内在机制。

管理本身就是文化。大学管理不是外在于大学文化的，而是大学文化的内在组成部分。但大学管理又是大学文化中的特殊组成部分，其特殊性就在于通过组织和管理的力量而使大学文化得以形成、传承、提升和发展，使大学的存在和发展能够指向预期的价值目标，行进在科学合理的发展道路上。

大学文化的形成有赖于大学的管理，而大学的管理又必须承载文化使命，并趋向于为大学文化增值、添彩。从某种意义上可以说，是否有利于大学文化的形成、传承与发展，是衡量大学管理的功效与水平的重要标准。大学管理的价值正在于自觉、有效地构建大学文化。

大学管理有很多方面的具体内容，如教师管理与学生管理、学籍管理与教学管理、学习管理与生活管理、设施管理与设备管理、行政管理与财务管理、群团管理与社团管理等，但各方面的管理都应当以构建大学文化为目标来进行有效和有机的整合，这样才能使管理的效益得到最大限度的发挥。

大学管理要借助于许多单位和部门来实施，如党务部门与行政部门、组织部门与人事部门、学工部门与教务部门、教学部门与科研机构等。各单位、各部门的工作只有在统一的文化体系之中并在统一的价值取向引领下，才能很好地协调和发挥作用。

大学管理需要制定各种类型的规章制度，如学籍管理与学分管理规章、科研管理和教学管理规章、学科管理与学位管理规章，等等。衡量各种规章制度的科学性和合理性，应当看其是否有利于贯彻大学精神和构建大学文化体系。

大学管理可以分出很多的层次，如院校级、院系级、教研室或学科级等，各个层次的管理都应当趋向于更高层次的文化境界，这样才能有科学合理的定位，才能展示和发挥出自己的价值。

大学管理可以分出很多的类型和水平，如粗放型与精细型、自在型和自觉型、低水准与高水准的，等等。只有能够为大学的高速健康发展提供有效帮助和发展动力的管理才是科学、有效的管理。

三、大学管理的文化使命

大学管理负有多方面的文化使命，具体说来主要有以下方面。

1. 培育和提升大学精神，创造大学的精神文化

培育和提升大学精神，创造大学的精神文化，是大学管理最为核心的文化使命，它对于大学文化的传承与发展具有定向和导向的作用。

大学精神是大学文化的灵魂，是大学凝聚力的核心，是大学生命力的象征，也是大学影响力的关键，它表征和引导着大学的理想与价值追求。

大学精神的内涵非常丰富，其核心是科学精神与自由精神。

科学精神是科学时代的精神呼唤，是人类理性的时代性表现。引导人们追求真理是大学最基本的职能，也是大学文化的基本内涵。科学意味着客观性、规律性、真理性、规范性等。在大学文化中，科学精神既通过科学知识和学术规范而得以承载和表达，也通过严格规范的管理和严谨求实的学风与教风等而得以表现和实现。

自由精神是学术自由的客观要求，是学术人格的重要表征，也是大学文化的重要内容。自由可以分为思想上的自由和行动上的自由。思想自由要求发挥学者的批判精神和创新精神，表现在学者的科学探索与学术创新中；行动自由则要求对客观规律的把握与遵循，推动着人们在实践中的主体性发挥与有效实现。在大学文化中，自由精神通过自由民主的学术氛围和个性化的自主创造而得到表现和实现。引导人们追求和实现自由是大学的重要社会职能。

真理与自由代表着大学精神的两个基本方面。为真理而真理，为自由而自由，这是人类精神的最高价值取向，也是大学作为人类特殊的教育组织和学术组织的最高价值使命。

校训往往是大学精神的集中体现。不同的校训体现着对大学精神的不同理解，从一个侧面表达着不同大学的文化风格，例如清华大学校训——自强不息，厚德载物；复旦大学校训——博学而笃志，切问而近思；中山大学校训——博学、审问、慎思、明辨、笃行，等等。以上校训各有所长，但大体上可以分解为博学、求真、厚德、自强、笃行、变革、创新等。它们从不同的角度表达着人们对大学的理解与文化意识，表征着大学精神的基本要素与丰富内涵。

校训的形成不可能是自发的，而是要通过长期的历史传承与探索构建、通过大学师生长时间的酝酿与研讨、通过一定的总结和管理程序才能得到提升和认同。从某种意义上说，校训的形成过程就是对大学精神的探索与提升过程。能否形成恰当的校训，从一定侧面表征着大学的成熟程度，而校训一旦形成，就对大学的发展起着积极的精神引导作用。对于大学校训的认同与实践，已成为大学育人功能的重要方面。

2. 构建和维系大学秩序，建设大学的制度文化

大学作为高等教育组织是一个非常复杂的社会系统，它包含着对于人、财、物和环境的系统管理，其中有教师、学生、管理人员等不同的队伍，有教学、科研、行政和后勤等诸多方面，有实验设备、图书资料等纷繁多样的办学设施，等等。要使这些方面的内容严密组织、有机结合并有序运行，形成有利于广大师生学习、研究和生活的组织体系，就需要复杂系统而又充满活力的建制、体制和与之相应的管理规章和制度。这就是大学的制度文化。

大学的制度文化既是大学精神的现实化和制度化，又对大学精神具有重要的支撑作用，是大学体制中的软性方面，它对于大学中各种要素的有机组合和良性运行具有极为重要的作用。大学的制度文化大体上可以分为比较刚性的大学体制与机制方面和比较柔性的制度与规章方面。

大学的体制与机制方面有很多的具体内容，如大学的领导体制、机构设置、人员配置、管理体制等。它们通常以有形的组织机构的方式而存在，构成大学的肌体，并通过对各类干部、教师和学生的直接组织定位而决定着他们的相互关系和组合方式，决定着大学的基本运行方式，是大学制度文化中的"骨架"。大学的体制与机制一旦形成便具有相对的稳定性，是大学制度文化中的显性方面。

大学的制度与规章是一个复杂的系统，它们直接地以各种文件、章程、条例、规则等方式存在，服从于和服务于大学的体制与机制，以强制或规劝的方式引导和规范着人们的行为，调节着各种力量之间的关系，为大学的运行规定了基本的方向和轨迹，是大学制度文化中的"血肉"。大学的制度与规章既相对稳定，又须随情况的变化而适时变化，是大学制度文化中的隐性方面。

大学的体制机制与规章制度的有机结合构成了大学的制度文化。大学制度文化的水平直接反映着大学的管理水平，也直接影响着学校的办学水平。大学管理的直接任务就是通过对大学体制机制和规章制度的制定、实施、调整、提升使大学成为有序、高效的机构，并在教书育人、科学研究和社会服务方面发挥积极的作用。大学的制度文化的优劣与大学管理水平的高低呈正相关性。中国著名高等教育家蔡元培先生在担任北京大学校长期间提出的"大学自主、学术自由、教授自治"的三大原则，可以看作大学制度文化建设的基本原则，有着非常深远的影响。

3. 塑造和发展大学品位，创建大学的环境文化

人始终处于与环境的互动关系之中，人的成长过程就是与环境的互动过程。著名学者涂又光先生把大学教育通俗地比作泡菜，提出了著名的“泡菜理论”。他认为，大学育人就好像用泡菜缸泡菜，泡菜缸里有什么味道的泡菜汁，就会泡出什么味道的泡菜；相应地，大学有什么样的文化环境和氛围，就能培育出什么样的人才。而大学的文化氛围和育人环境恰好是要通过管理活动来创造和构建的。

大学的环境文化包含着自然环境与人文氛围等不同的方面。大学的自然环境本质上是一种人化的自然，布局合理、清洁优美、舒适宜人的自然环境以自己的特殊方式展示着大学建设者和管理者的文化理解和审美情趣，体现着大学精神，给人以精神的熏陶和美的享受。大学的人文氛围更加直接地承载着大学的文化育人功能，对大学生的政治思想、知识视野、理想信念、道德情操、生活方式和行为方式等发挥着重大的影响和作用，体现着大学管理中的自觉和积极的方面。校园环境的文化品位与文化格调展示着大学管理的水平与风格。

大学管理是通过人、为了人而又借助于人来展开的。大学管理者是大学文化的享受者，也是其创造者。他们的文化品位决定着，也反映着大学文化的水平，在大学管理与大学文化的良性健康互动中造就了具有高品位的文化素养的人，这对于大学的发展具有极为重要的意义。我们认为，优秀的大学管理者应当具备以下多种文化素质：尊重科学、善于民主、精于教育、趋于艺术、臻于至善。造就一大批优秀的大学管理者，既是大学文化建设的基础性工作，也是高等教育兴旺发达的主导性力量。

第五章 高校本科教学工作水平评估的若干关系

2007年9月，教育部办公厅印发《普通高等学校本科教学工作水平评估学校工作规范（试行）》和《普通高等学校本科教学工作水平评估专家组工作规范（试行）》，意味着我国高等教育的教学评估工作进一步规范化、科学化、制度化。笔者结合自身参加高校本科教学工作水平评估的实践，提出了其中应该着重处理好的十种关系，包括解决现实高教发展中的屏障与建构当代中国大学创新体系、确保最低纲领与追求最高纲领、保持国际视野与中国特色、实施统一规格与分类指导、设立内部机制与外部监督、搞好教学评估与专业评估、建立硬件体系与软件体系、提高专家个人素质与专家组整体配合、严格要求与学术自由、追求卓越与创造特色等关系，以更好地发挥评估工作对于大学发展的促进和引领功能。

当前中国高校中正广泛开展的本科教学工作水平评估是在中国高等教育深刻转型和迅速发展的历史进程中展开的，它对于清理高校发展中的一些遗留问题、强化当代大学精神、构建现代大学体系、促进高校发展具有非常重要的意义。也正因为其重要，高校本科教学工作水平评估（以下简称“高校水平评估”）也面临着许多非常复杂的困难与问题，需要应对和处理很多复杂的关系。本文就其中的十个问题与关系谈些初步的想法，如有不妥请大家批评指正。

一、科学定位，合理定向

1. 在解决现实高教发展屏障与建构当代中国大学创新体系的统一中定位当前高校水平评估

大学评估在中国已经以各种方式进行了 10 多年，近年来更加升温并引起了社会各界尤其高校的高度关注，其直接原因是教育部要求对所有的高校每五年进行一次本科教学工作水平评估，其更深层的原因在于，高校水平评估是当代中国大学体系建构的客观要求之一，也是其内在的组成部分。通过本科教学工作水平评估促进当代中国高校现代化发展已经成为非常重要的历史性使命。

中国大学的起步比西方晚很多，只有 100 多年的历史。新中国成立以后，中国大学的发展经历了很多曲折，留下了很多值得反思的问题。1978 年以后，中国大学发展的势头良好，取得了巨大进步，积极推动了社会的发展与进步。但是，近年来随着大学扩招、合并、升格等现象又产生了很多新的问题。例如，招生规模的迅速扩大使中国高等教育在极短的时间里实现了由“精英型”教育向“大众化”教育的转变；高校的师生比由 1∶8 左右迅速转变为 1∶18 左右，这不仅对教师素质和能力提出了很高的要求，也必然深刻改变高校的教育教学模式；一些重点高校的合并和重组不仅改变着相关高校的隶属关系和宏观管理体制，也深刻冲击着相关高校的内部结构和管理运行机制；一大批专科院校升格为本科院校，扩大我国的高层次办学规模，也使办学的质量问题凸现出来，并成为社会高度关注甚至是非常担忧的问题；社会主义市场经济的迅速发展对新时期高层次人才的数量、结构和质量都提出了很高的要求，客观上要求构建当代中国大学创新体系。应该说，高等教育在中国现代化进程中的使命变得更加突出和重要。这对中国的高校来说既是极好的发展机遇，也是严峻的挑战。如何在新的时代要求和形势下规范高等教育管理、提高高等教育质量、构建当代中国大学创新体系，使之既能满足当代中国的现实人才培养需要，又能积极引领中国文明的未来发展，已经成为中国高等教育刻不容缓的使命。为此，高校水平评估一方面应当具有强烈的现实性，依据当代中国大学发展的历史和现状，着力解决现实问题，另一方面应当具有超前性，符合高等教育的发展趋势，能够对中国大学的未来发展发挥积极的引导作用。

2. 在最低纲领和最高纲领的张力中实现高校水平评估的双重目的

周济部长曾经指出，大学评估最终所要达到的目的，是要办“让人民满意的大学”。要让人民满意，就要对人民负责，具体说来就是要对学生和家长负责，而从更大的范围来看，这也是对学校、社会和国家负责。对这几个方面负责在原则上是一致的，但它们也各有具体的目标和要求。如何做到这一点呢？

首先，我们所有的大学都要达到一个基本的标准，也就是守住底线。通过高校水平评估，使所有的大学达到基本的办学条件，符合当代大学的基本规范，这是从事高校水平评估的最低纲领。也就是说，通过高校水平评估实际上就成为大学办学水平的最低标准。

其次，学校的办学条件和规范是否符合水平评估体系的要求直接关系着它们能否拿到办学“入场券”。这对于一些优秀大学当然不成问题，而对于一些新近由专科院校升格合并的本科大学来说则至关重要。应当看到，“入场券”或“合格证”不是预先颁发的，而是在经历了一段办学实践之后才检测和颁发的，应当通过客观的实践成果来证明其是否合格。达到评估标准的基本要求是评估大学办学水平的底线。同时，高校水平评估更重要的目的还在于引导高校更好地去追求卓越，提高办学质量，提升办学水平。这可以说是高校水平评估的最高纲领。

每一个高校都应有在自身已有的基础上不断向前攀登的内驱力，同时社会也应给予其激发力和感召力，通过两者的有机结合促进高校的合理、健康和快速发展。大学水平评估的引导功能是我们的评估工作应着重发挥的社会功能。因此，立足于最低纲领，趋向于最高纲领，这是我们高校水平评估应该努力的重要方向。

3. 从国际视野与中国特色的统一中确定中国高校水平评估体系的发展方向

中国高等教育的未来发展以什么为参照系，大家的一个共识是要借鉴发达国家的高等教育，为此需要具备足够清晰的国际视野。中国经济正在积极加入全球化的经济体系，中国高等教育承载着为全球化的中国培养未来所需的各级、各类国际型人才。为此，中国的高等教育的自身发展就必须和只能走国际化道路。当然，对于什么是国际化，人们实际上有不同的看法，而不同国家的大学在办学理念、管理方法、教育模式等诸多方面也存在着很大的差异性。世界上还没有形成高等教育的国际通则，因此需要对“国际化”的内涵做更深入、更细致、更具体的研究。

一方面，借鉴国外高等教育的成功经验对于中国高等教育的健康发展具有极为重要的意义。另一方面，国际化不等于盲目追随西方发达国家，更不能放弃中国特色。中国的高等教育必须服务于和服从于中国特色社会主义事业的发展，必须立足于中国的历史文化传统和经济社会现实，在中国特色的现代化进程中发展自身。构建具有中国特色的高等教育体系，既是中国特色社会主义事业的智力支撑和教育保障，也是其重要的内在组成部分。为此，如何使中国高等教育的发展在国际视野和中国特色之间保持张力，应当成为我们关注的一个重要问题。既不能让国际化变得虚无缥缈，甚至遮盖住我们办学的本质和特色，也不能让保持中国特色变成了低水平、低层次办学的借口。在二者之间保持合理张力，进而推进中国高等教育事业的发展，这是一个非常关键而又紧迫的问题。在这方面，我们不仅还没有广泛地借鉴国际经验，同时对保持中国高等教育特色也研究不够，在理论与实践上都显得比较匮乏。

因此，在构建高校水平评估体系和实施高校水平评估的实践工作中，应该密切关注和尽可能积极有效地把国际视野与中国特色更好地结合起来。

二、分类指导，重在长效

1. 在统一规格与分类指导的统一中做好对不同学校的科学合理定位

高校水平评估必须借助于一定的标准才能进行，只有遵照统一规格才能进行评估。因此，无论是对于教育主管部门，还是对于评估专家，包括对于作为评估对象的高校而言，统一的规格和标准都显得格外重要。

统一规格是高校水平评估工作的题中应有之义。但是，在坚持统一规格的同时，如何保持合理的分类指导则是问题的关键所在。目前的问题是，一方面，大家都基本认同分类指导的必要性和重要性，另一方面，对如何分类指导还缺乏足够的研究，还难以形成大家共同认可的方式和手段。如何科学、合理地和积极、有效地具体实施高校水平评估，既是一个学理性非常强，需要进一步进行理论思考与探索的问题，也是一个政策性非常强，需要在现实中认真加以解决的问题。我们认为，统一规格和分类指导都应当在评估体系中得到表现并通过它们得到实现。统一规格要在评估指标体系中的共性要求中展示出来，这应当是评估体系中的主体部分，是使所有高校在其基本的方面都能达到共同的指标和基本的规范。分类指导则要求在评估体系中给各个高校的个性、特色与优势方面留下足够的空间，并对其给予足够的重视。就这二者的关系而言，统一规格体现的是评估中的刚性的和基本的方面，达不到统一规格的高校不能通过评估，办学资格会受到质疑。分类指导体现的是评估体系中柔性的和提升的方面，其价值在于鼓励学校展示自己的特色和优势。对于被评高校来说，既要在统一规格的要求下巩固和提高自己的办学基础，又要努力创造自己的特色，展示自己的特殊价值与功能。

2. 从内部机制与外部监督的有机整合中建立积极有效的教育质量保证体系

为了在评估中取得好成绩，几乎所有被评的高校都会开展声势浩大的“迎评”活动，涉及面之广、参与者之众、事务之繁杂超出了很多人的想象。这种活动是必要的，因为这个迎评的过程就是对于教学理念的清理与调试过程，也是对于教学体系的规范化和系统化过程。然而，如果这种活动仅仅着眼于应对当前的迎评则是短视的，也不可能取得好的效果。迎评活动的真正价值在于借助外部的压力去建构高校内部科学、合理、有效的教育教学质量保障机制，并使之长期保持和有效运行，切实发挥积极作用。目前，很多高校开展迎评活动的压力和动力主要是来自外部，往往处于一种不得已而为之的状态，这不利于本科教学水平的提高，也不利于发挥高校水平评估的积极意义。

回顾我国高等教育的发展历史，尽管取得了巨大成就，但由于教育理念的变迁和教育体制的多次变化，高水平人才的培养体系仍然未能真正有效地建立，教育教学机制也有待进一步系统化和规范化。高校水平评估的真实目的正在于通过外部的要求与推动，促使学校内部教育教学和运行机制的构建和完善。综观发达国家的高等教育，已经走过了由外部强制性约束走向内部自我规范与约束的发展历程，建立对教学质量的内部监督机制已成为优秀学校的普遍性自觉行动，其经验值得我们学习和借鉴。对于中国的高校而言，如何通过本次评估而提高教育教学体系的规范化程度与水平，进而根据我国高等教育的发展趋势和高等教育发展的基本要求来建立行之有效的有关教育质量的内部监督与评估体系，并使之通过内部监督与调试机制而常规化和长效化，已经成为非常现实和重要的问题。国家教育主管部门对于高校的评估体系和高校内部的质量监督与调适机制之间各有分工，但又应当是良性互动的。从长远来看，国家教育主管部门对于高校的评估重点应当转向对内部监督与评价机制的评估，这不仅会降低评估的成本，也能提高评估的质量和效率。

3. 从教学评估与专业评估的有机结合中促进学校的实质性发展

如何看待评估工作对于一个学校的意义呢？应该说对某一些学校，尤其是只有本科生培养资质的学校而言，本科教学水平评估具有检验其全部工作的意义。因为本科教学在这些学校的工作中占有统摄地位，居于主导方面，但是不是所有的学校都如此，尤其是对那些研究型大学而言更不是，因为它们还承担着知识创新和为社会培养更高层次优秀人才的任务。在这些研究型大学中，科学研究和研究生培养在学校工作中已经占了相当大的比重与分量，甚至居于主导的方面。如果按照现有的高校水平评估，这些方面的工作和情况都难以进入我们的评估视野之中，或至少可以说我们对它们的关注度是非常不够的。因此，这样的高校水平评估实际上很难说评估了学校的全部实力，甚至不能说是大部分实力。这种情况需要引起我们的双重注意。一方面，对于这类研究型高校来说，不应当由于科学研究任务重和办学层次多而忽视本科教学和本科培养，因为它们也承担着培养优秀本科生的任务，而且只有优质的本科生教育才能支持和支撑高水平的研究生教育。而对于高校评估的主管部门而言，则应当针对这类高校的特点来相应地修订高校水平评估的指标体系，应当格外重视本科教学水平问题，因为在这类高校中，研究生数量和科研工作在学校的工作中所占的分量是相当大的。

事实上，高层次的学术建设与学科建设是这类学校的重要任务。因此，高校评估不仅仅要关注教学评估，也要关注学科评估。即使是对以本科为主的高校也应当把学科建设作为引领教学发展的一个重要方面。因此，强化学科评估应该是下一步高校评估工作的重要方面。

三、全面评估，贵在引领

1. 在硬件体系与软件体系的有机统一中评估学校的办学水平

办学条件包含硬件和软件这两个基本的方面，相应地，高校水平评估也应当从硬件方面和软件方面分别展开。

办学硬件包括学校的教学、办公、生活、图书、试验用房以及相应的设备设施等，是办学的基础。办学软件则主要是指办学理念、学校精神、发展战略、学科布局、课程体系、制度规章、文化传统、校园氛围等内容，是办学的灵魂。相比之下，一个学校的办学硬件具有直观易见和难以替代性，容易被学校所重视，加上硬件建设容易出成效，因此，近年来许多高校大量贷款修建新校区，高校硬件建设有了很大改善。此外，办学硬件还具有易于量化和检测的特点，因此容易在评估体系中反映出来，也易于引起评估专家们的重视和关注。

办学软件对于一个学校的办学水平具有决定性的作用，但其复杂程度非常高、构建难度相当大，如文化传统难以在短时间里建立和发展起来，因此在评估中容易被忽视。再加上办学软件具有非直观性，难以量化和评估，也难以在评估指标体系中明确表现出来，在评估活动中也难以被重视。对于一个优秀的大学来说，既需要大楼也需要大师，但真正对办学水平起着决定性作用的不是大楼而是大师。为此有学者提出，应当把评估指标体系中的硬件指标相对软化、软件指标相对硬化，这样就可以在硬件和软件之间保持一个比较好的张力，也使得评估能够更加切实地反映出一个学校的真实办学水平。

2. 在专家的个人素质与专家组的整体结合中建构和展示评估体系的权威性

无论评估制度、评估方式、评估体系本身多么权威,最终还是需要专家去具体实施和操作。评估专家获得了某种授权,代表国家教育部履行评估职责,具有某种特殊的权威性。评估专家对评估标准的把握直接影响着评估的结果。因此,做好高校水平评估,对评估专家的自身评估能力、业务素质和道德修养都有很高的要求。但毋庸讳言,评估专家个体毕竟来自不同的单位,分别处于一定学科和专业,不可避免地带有某些局限性,因此,发挥评估专家组的集体作用就显得格外重要,尤其是对于一些重大问题的把握,有必要在专家组内部充分发扬民主,积极开展讨论甚至争论,尽可能达成一定的共识,或至少形成比较客观和求实的意见,使评估结果更加符合学校的实际,并能引领其未来发展方向。

3. 在严格要求与学术自由的统一中培育、守护和提升大学精神

从总体上看,大学评估是一项行政性行为,它有着较强的强制性、规范性和统一性,对于集中而统一地推进高校建设、促进我国高等教育事业发展具有重大作用。与此同时,在进行大学评估的过程中,我们也应当关注如何去培育、守护和发展当代中国的大学精神。大学精神的核心是学术自由和大学自治。学术自由是学术创新的前提所在,是教育创新的源泉和基础。大学自治是充分展现大学发展的创造性和丰富性的重要条件。在进行大学评估时,应该充分给予各个大学足够、合理的自身发展空间,绝不能简单地按照现有的统一化标准搞“一刀切”,而应该具体情况具体对待。大学评估应当成为培育、守护和发展大学精神的重要手段。

4. 在追求卓越与创造特色中发挥大学的超越和引领功能

从办学的角度来看,对大学精神的守护与创造是在追求卓越和创造特色的过程中实现的。追求卓越和创造特色密切相关,但又各有差异。追求卓越主要是指在同类比较中力争更加成熟、更加完善和更加科学等,而创造特色则主要是一个定性判断,比如“我有的你没有,你有的我没有”,这在某种程度上就可称为特色。在我们的评估体系中,追求卓越和创造特色都非常重要,但是它们各自占有不同的地位,发挥着不同的功能。对卓越的追求激励大学不断地提高水平、提升境界,对特色的追求则激励大学不断开拓进取、丰富自我，只有二者结合才能够创造出更加优秀的大学。目前，中国高校由于历史原因和地区发展的不平衡，还存在着许多差异。如何在追求卓越和创造特色之间保持张力，实现自身发展，积极发挥大学评估对于大学发展的超越和引领功能，是当前构建中国大学评估体系时需要认真思考的问题。

第六章　建立博士生培养的质量保障体系

面对博士生培养中出现的一些新的问题，笔者探讨了保证和提高博士生培养质量的内在机制，分析了博士生培养中的三大矛盾：博士生迅速扩招与高质量生源相对匮乏，博士学位学术价值的相对贬值与社会价值的过度升值，博士教育的高学术要求与博士生的非学术动机之间的巨大反差。提出要重视博士生导师的全面素养，包括人格力量、学术水准和创新能力等。强调应当抓好博士生培养的几个关键环节，突出学位课程的前沿性、论文选题的创新性、科研实践的独创性，把好博士论文的评审和答辩关等。

随着我国高等教育的迅速发展，尤其是博士生的迅速扩招，博士生培养质量已经成为学界和社会普遍关注的重大问题。博士是我国学历教育的最高层次，博士生培养质量是我国高等教育质量的重要标志之一，也是在知识经济时代增强我国的国际竞争力的重要保障之一，应当引起我们的足够重视。提高博士生的培养质量是一个系统工程，包括博士学历教育的合理定位、博士生生源质量的有效保障、博士生导师队伍的遴选与优化、培养过程的科学化组织、答辩程序的严格与科学等一系列问题。本文就此谈一些初步的看法，就教于学界同仁。

一、透析当前我国博士生培养中的主要问题

学界和社会对于博士生培养质量的关注是由当前我国博士培养中的一些矛盾与问题所直接引发的。这些矛盾和问题涉及我国博士生教育的合理定位，有必要给予足够的关注与重视。

1. 矛盾之一：博士生迅速扩招与高质量生源相对匮乏

提高博士生培养质量的前提性条件是有足够数量的高质量生源，但当前我国博士生招生规模的迅速扩大与优秀生源的严重不足形成了巨大反差。这一方面反映了我国的硕士生教育甚至本科教育中所存在的质量问题，另一方面也是由于为数有限的优秀生源中又有相当比例的人优先选择到海外去攻读学位，使得我国一些优秀的高校变成了海外研究生教育的预备学校，这必然降低我国博士学位候选人的整体水平。

2. 矛盾之二：博士学位的学术价值的相对贬值与社会价值的过度升值

博士学位本质上仅仅只能够反映博士学位获得者的学术水准，但现在社会更加关注的是博士头衔所具有的社会声誉，从而掩盖了其本来的学术意义，进而导致博士学位社会价值的过度升温。当前我国博士生的报考“热”也许在相当程度上是由于博士学位社会价值的迅速上升造成的，这一方面反映了社会对于高学历人才的需要和重视，有其正常的和可喜的方面，但另一方面也不排除一些行业为了赶时髦、出政绩而对本单位具有博士学位的人员比例提出了过高或多少带有一点盲目性的要求。“博士化”不仅在高校和研究机构中成为队伍建设的基本发展目标，也在党政机关和公司企业中流行起来，这就带来了当前社会对于博士学位的虚假需求。

3. 矛盾之三:博士教育的高学术要求与博士生的非学术动机之间的巨大反差

博士学位所要求的高学术水准本来应当是经过长期和艰苦的努力才能达到的,但许多考生并不是出于学术追求而是出于其他目的报考博士,他们并不具备足够的学术准备,也没有准备下功夫认真攻读学位,而只是想得到博士的头衔,享受博士学位可能带来的好处。由于受经济等利益的驱动,一些单位和导师也对此类人员大开方便之门,这在很大程度上冲击着现有的博士生教育质量。

二、建立我国博士学位的合理准入制度

解决这类问题可以借鉴国外的博士生培养中普遍采用的"宽进严出"的招生制度和严格的博士候选人资格考试制度。我国目前博士教育总体上属于"严进宽出",考进来不易,但主要难在外语,考博在很大程度上变成了外语竞争。一旦考进来后便似乎万事大吉,学生能否毕业有时还转化成了对导师的巨大压力。而国外的博士教育入门并不难,通过必要的资格审查并有经费便可以,但入学后要通过两年集中的课程学习并取得相应学分,然后要经过非常严格的综合性资格考试,才能获得博士候选人的资格,进而选择导师,进入学位论文的写作阶段,并需要 3 至 5 年才能完成博士学位论文。这个过程既有严格的学术要求,也需要充足的经费保障,也有相当比例的淘汰机制,对于保证学术质量和遏制急功近利的趋向可以起到积极作用。

三、建立和优化导师队伍的有效机制

导师的言传身教,对于博士生的学术水平的提高和知识结构的完善起着极其重要的作用。而博士生招生数量的快速增长,对导师也提出了新的要求。在新的形势下,怎样才能确保有一支高水平的博士生导师队伍呢?

国外的大学教师中一般没有博士生导师与非博士生导师的区别,国家对于博士生培养质量的控制主要是通过对博士授权单位的遴选和控制进行的,并通过研究型大学对高水平教师的选拔来实现。不少国家的大学有教学型大学和研究型大学的明确分层与定位,相当数量的地方性大学或学院是以教学为主的大学,只能从事本科教育,它们的发

展目标是在本科生培养中争取一流，因此教师所承担的教学工作量很大（比如有的学校的教师每学期都必须承担教学任务，且每周要达到10至14学时），对教师的评估标准主要是教学水平，对学术研究没有特殊的要求。研究型大学的教师则应当在本科教育的基础上开展研究生教育，这些教师的本科教学任务相对较少（比如每周4至8学时，任教两年左右有半年的学术假期），从而有更多的时间从事学术研究。在对教师和学校的考评中学术研究成果占了很大的比重，博士生培养质量也成为学校评估的重要标准之一。这些学校的教师都必须具有很强的科学研究能力，在全国乃至全世界范围内选聘和流动。对于高质量的博士教育则要通过高水平的导师在这样高水平的学术环境中所实施的严格教育和训练而得到保障。

我国博士教育发展较晚。在发展初期，严格遴选博士生导师有利于保证博士生导师的水平，有助于保证博士生培养质量，但后来把博士生导师变成了一个特殊的层次则不无过分之处。近年来，随着博士教育的扩展，有人提出了淡化博士生导师影响的问题，这是必要的。但这似乎又被误解成了减轻博士生导师的责任，并由此而降低了对博士生导师的学术要求，这就给保障博士生的培养质量留下了隐患。目前，在大多数有博士点的高校，教授基本上都能评为博士生导师，而不管其近期科研成果和学术状态如何，这就使博士生的培养质量缺乏必要的导师保障。

因此，我们认为，还是应当坚持严格的博士生导师遴选制度。由于历史因素，我国高校教师来源比较复杂，水平也参差不齐，为保证博士生培养质量，严格的导师遴选制度还是非常必要的。博士生导师遴选的关键是要使遴选的标准科学化和合理化。对于博士生导师的遴选不应当仅仅只看老师的工作资历，而应当看其实际的学术水准；不应当是终身的，而应当是不断变化的，三五年应当判定一次。如果博士生导师自己都没有新的研究成果问世，离开了学术的前沿，要想指导出优秀的博士生是非常困难的。

优秀的博士生导师应当至少在人格魅力、学术创新和组织协调三个方面有突出的表现。

1. 博士生导师的道德标准和人格力量

强化博士生导师的道德标准和人格力量至为重要。导师的道德和人格标准看来软一些，但实际上非常重要，它对学生的影响是潜移默化的，作用是非常巨大的。没有好的师德和人格魅力，很难产生对学生的感召力和影响力，也很难有效地带领博士生去冲击学术前沿。对于缺乏学术道德和职业学术规范的导师应当一票否决。

2. 博士生导师的学术标准和创新水平

博士生导师的学术标准和创新水平应当是比较明确的和可以直接度量的指标。这里最直接的就是要看导师是否形成了自己的研究专长，是否能够站在学术的前沿，是否视野广阔、心态开放，是否具有学术洞察力和创新能力，能否把好博士生的学术发展方向。

3. 博士生导师的学术组织和协调能力

博士生导师的学术组织和协调能力也很重要。博士生导师与博士生之间的关系实际上就是学术共同体的关系。有的人把这种关系比喻为“大鱼和小鱼同游”的关系，是很有道理的。导师在学术共同体的定向与把关、激励和组织中负有更多的责任和义务。优秀的导师就像优秀的教练一样，应当能够主动和有效地带领、指导和训练博士生去攻克学术难题，冲击学术制高点。

四、抓住博士生培养中的几个关键环节

博士生培养要有科学合理的规划和方案，要有切实可行的措施，要有细密相衔的环节，并使之切实付诸实施。我们认为，在我国现有的体制下，博士生培养要重点抓好下述几个环节。

1. 博士学位课程的前沿性

学位课程是博士候选人建立合理知识结构、触摸学术前沿、修习学术规范、提升创新能力的重要一环。博士学位课程最重要的要求是前沿性，以帮助博士生在新的学术高度上建立起广博而又专深的知识体系，全面审视所在学科的历史与现实，把握最新学术成就及其未来走势，反思现存问题及其原因，探析未来发展的突破口，从而真正走到学术前沿。博士学位课程应当具有开放性和研讨性，以培养博士生的自主学习能力、独立研究能力和创新研发能力。对于那些本科和硕士并非来自本专业的博士生还必须补修相关课程，从而完善其知识体系。

2. 在读期间科研实践的独创性

科研能力是在科研活动和过程中得到提升的。博士生在攻读博士

学位期间应积极从事科学研究，包括参加导师的合作科研课题。他们不能只做前期的资料性、辅助性和基础性工作，而应当相对独立地从事前沿性和创新性问题的探讨，以发展独立从事创造性科学研究的能力。目前，各高校对于博士生在读期间发表学术论文的要求，在鼓励博士生参加科研、提升学术能力和修习学术规范的主导功能方面是积极的，不应简单否定和取消，而应进一步完善，使之在保证“科研量”的基础上更重视“学术质”。

3. 博士论文选题的创新性

博士论文选题的方向及其学术构思的优劣在很大的程度上决定了博士生学术研究的成败。目前存在最多的问题是大题小做，旧题重做，缺乏新意。博士论文选题之新体现在要么是新问题，要么是新思路，要么是新方法，或者是多方面之新兼备。而这往往是要通过专、尖、深的研究来落实的，对导师和博士生的学术预见力和洞察力都提出了很高的要求。一般说来，学术预见和学术洞察都只会发生在比较熟悉的领域和方向，因此，博士生的博士论文选题应与导师的研究专长保持合理的相关性，既不拘泥于导师的已有视野和优长，又能有所承接和依托，尤其是能够有所深化和展开。博士学位论文选题和构思的创新性应通过严格的和开放的开题报告会来保证，要发挥导师组的作用，把握好学术方向和道路。笔者从 1994 年开始招收博士生以来，已经招收的 20 多个哲学博士生基本上都围绕着笔者长期关注的社会认识论和实践哲学来选择博士论文题目，涉及的都是国内外学界没有或少有专门系统研究的前沿学术问题，形成了“社会”和“实践”两个系列选题，对于深化学术研究和发展学科建设都发挥了积极作用。

五、把好博士论文的评审和答辩关

论文答辩是博士生学习期间最后也是最重要的一个过程，是对博士生学习效果的一次最重要的全面检验。但在某些答辩中，人情成了重要标准，大家碍于面子，往往敷衍了事，答辩并没有很好地起到最后把关的作用。我们应该改变这一局面，把好这最后一道关。

据了解，国外的博士学位论文答辩倒不一定都像现在国内的答辩在形式上那么正规和隆重，但在博士学位论文提交答辩之前有一个非常重要的环节，就是在导师之外邀请或指定专人（一般为答辩委员）对学位论文作仔细审读，审读的时间有时会长达两三个月，审读者要对博士论文能否提交答辩提出意见，并在答辩会上对博士论文做出评价。如果审读者提出的是否定性或重大修改性意见，一般会送回作者修改，推迟半年答辩；如果审读者同意提交答辩而在答辩中又有委员提出了否定性意见，则审读者的学术鉴别力会受到质疑，这就迫使博士生提交比较成熟的论文，迫使博士生导师认真审读和监督修改，也迫使审读者认真审阅。这个过程就是对博士论文质量的监督和保障过程，它能对保障和提高博士论文的学术质量发挥非常积极的作用。

借鉴国外经验，我们的博士论文答辩应注意以下几个环节。

1. 给博士论文研究、修改和评阅留下足够的时间

我国的博士生培养学制一般为三年，这个周期明显偏短，博士论文常常有“赶工”之嫌。一些博士论文临近答辩时才提交给答辩委员，没有留下充分的时间让评审委员审读，评阅人难以提出仔细和具体的修改意见，或者即便评阅人提出了修改意见，可由于时间问题，博士生也来不及做仔细的修改，只能仓促提交答辩。这当然难以保证质量。因此，我们应当通过严格的评审流程来保证博士论文的质量。

2. 建立明确、可以度量的创新指数评价体系

目前，各个学校的博士论文评阅书五花八门。比如有的大而化之，没有提出具体要求，任凭评阅人自由发挥，这就难以帮助博士生和评阅人把握论文的优点和特点。而有的学校则对评阅书做了精心的设计，要求博士生自己列出论文的若干创新点、创新内容的发表预期和存在的问题，并要求评阅人对博士生自评的创新点和问题做出对应性评价，对论文的可能发表前景做出分析。这样做，不仅要求博士生在写作时要有明确的创新意识，也为评阅人提示了关注重点。

3. 允许博士生答辩后对论文进行修改和完善

应当允许甚至要求博士生在答辩后根据答辩委员会的建议对其论文进行必要的修改和完善，并提交一个在当时而言相对成熟的博士学位论文，从而使博士学位论文发挥出更大的作用。

4. 建立定期性的博士学位论文匿名评审制度

应当建立定期性的博士学位论文匿名评审制度，以一定的周期，通过随机抽样，对已授予学位的博士学位论文进行匿名质量评审，并公布其结果，从而促使博士生、指导教师、评审委员和答辩委员更加负责地履行自己的职责。

当然，最根本的还是博士生、博士生导师和答辩委员要有追求真理和学术至上的精神，真正做到为真理而真理、为自由而自由，珍惜自己的学术生命和学术声誉。

第二编

人文与社会科学

第七章　高校人文社会科学的质量导向与发展战略[①]

改革开放以来，我国的人文社会科学取得了快速的发展。进入21世纪，虽然从全国范围来看，我国的人文社会科学的发展仍相对滞后于自然科学和工程技术的发展，但已经在高校占据了一定的地位，对高等教育和社会发展发挥着越来越重要的作用。在此背景下，笔者指出人文社会科学的未来发展应当由重视数量和规模转向重视质量和水平。因此，应当树立"质量第一"的观念，把发展创新能力放在首位，通过观念创新和体制创新来推动理论创新，进而引领实践创新，实现人文社会科学研究质量的大幅度提升。

① 本文借鉴、吸收了"提高哲学社会科学研究质量"课题组成员的观点和相关文献的成果，特此说明并致谢！

新世纪我国哲学社会科学的发展战略应当由重视数量和规模转向重视质量和水平。为此必须树立"质量第一"的观念，把发展创新能力放在首位，通过观念创新和体制创新来推动理论创新，引领实践创新，实现哲学社会科学研究质量的大幅度提升。

一、肯定成就，直面问题

改革开放以来，尤其是《中共中央关于进一步发展繁荣哲学社会科学的意见》发布以来，在党中央的高度重视和直接引领下，通过哲学社会科学界同仁的共同努力，我国的哲学社会科学在学科布局和学术研究上获得了长足的发展，其主要标志是：基础研究全面深化并取得了丰硕成果，应用研究广泛拓展并发挥引领功能，对策研究深入实际并发挥了积极作用；哲学社会科学的学科布局进一步完善，学科建设获得长足发展，传统学科得到巩固和加强，新兴学科、边缘学科和交叉学科迅速孕育成长；哲学社会科学的研究队伍不断壮大，人才结构不断改善，科研组织形式创新有所推进，科研管理机制创新有所突破，基础设施建设有所增强，社会服务更加有力。哲学社会科学为中国特色社会主义现代化建设，为提高我国的综合国力，为经济的快速发展和社会文化的全面进步做出了重要贡献，也为自身的进一步发展繁荣奠定了坚实基础。

然而与新时期新阶段我国经济社会快速发展的要求相比，我国的哲学社会科学还存在明显差距，与世界学术发展的先进水平相比还存在很大距离。其主要表现是：质量第一、创新第一的观念尚未得到牢固树立，在哲学社会科学研究中还存在着重数量轻质量、重投入轻效益、重立项轻产出、重发表轻效应、重传统学科轻新兴学科、重单科性轻综合性等倾向，学术研究成果中的精品力作还不够多；对哲学社会科学的学术质量和学术水平还缺乏足够科学合理的评价标准、评价方法和评估体系；妨碍哲学社会科学自主创新的体制性障碍还没有根本消除，与社会主义市场经济相适应的、有利于调动科研积极性、有利于激励学术创新的哲学社会科学自主创新体系和与之相适应的科研管理制度尚未建成；哲学社会科学研究的基础设施建设相对滞后，科研经费投入不足，尚未形成稳定合理的投入机制和融资机制；哲学社会科学研究队伍的整体素质有待提升，研究者的自主创新意识有待增强，自主创新能力有待提升，学术规范体系有待建立，研究范式与研究方法有待更新，国际学术交流能力还需进一步加强，一个让优秀人才脱颖而出的激励、选拔和培育机制亟待建立；中央强调的哲学社会科学与自然科学“四个同样重要”的思想有待于从政策上、体制上、机制上进一步落实。以上这些问题，极大地制约着哲学社会科学的研究质量和发展水平，妨碍着哲学社会科学的功能发挥和社会实现。

二、把握形势，明确任务

伟大的时代呼唤伟大的理论，伟大的理论引导伟大的时代。从现在（2008年）到2020年的未来十几年，是我国社会主义现代化建设的重要战略机遇期，也是社会经济发展的矛盾凸现期。哲学社会科学在经济社会文化发展中的地位和作用将越来越突出和重要。全球化和知识经济的发展为当代中国的和平发展提供了极好的机遇，也提出了严峻的挑战。应对极为复杂的国际局势和西方敌对势力的价值观渗透需要高度的政治智慧和深厚的文化底蕴。探索一条既符合人类文明发展趋势又具有中国特色的社会主义现代化道路，离不开哲学社会科学的自主理论创新和高水平思想指导。在中华民族伟大复兴的历史进程中，哲学社会科学担当着“认识世界、传承文明、创新理论、资政育人、服务社会”的重要责任，承载着为社会提供正确的价值导向、合理的解释模式、科学的认识方法、有效的行为规范的历史使命，肩负着维护国家的文化独立的时代任务，对于提升中华民族的理论自觉发挥着极为重要的作用。哲学社会科学研究的发展方向正确与否，研究成果及其内容先进与否，关乎人们的思想意识和道德风尚，关乎科学技术的作用方向，关乎经济建设的发展方向和社会稳定。这都对提高哲学社会科学的研究质量和学术水平提出了紧迫的要求。

与自然科学一样，创新也是哲学社会科学的灵魂，质量也是哲学社会科学研究和发展的生命。哲学社会科学的学术理论创新对于科技创新、制度创新、文化创新和其他方面的创新具有先导的作用。只有富于创新精神并不断提供创新成果的哲学社会科学才能成为社会变革与发展的思想库和导航标。哲学社会科学的研究质量和水平不仅决定着哲学社会科学的功能发挥和社会实现程度，也决定着社会对于哲学社会科学的接受范围、认同程度和支持水平。为此，我们应当在新的时代高度上探索哲学社会科学的创新本质、学科特点和发展规律，自觉推进哲学社会科学研究由重视规模和数量到重视质量和水平的转变，把大幅度提高哲学社会科学的自主创新能力和研究质量水平作为进一步发展繁荣哲学社会科学的“重中之重”来切实抓紧抓好，促进哲学社会科学又快又好地发展。

哲学社会科学的研究质量是指哲学社会科学的研究及其成果所达到的科学性、合理性、规范性、有效性及其程度，表征着人们在认识社会与反思自我、预见未来与指导行为方面所达到的水平，意味着哲学社会科学的研究及其成果具有更加坚定明确的政治方向、更加严谨自治的学术水平、更加合理有效的操作方案，从而能够帮助人们更加科学地探索和阐释社会真理、更加有效地传承人类文明、更加自觉地推进理论创新、更加积极地咨政育人、更加合理地服务社会、更加自主地推动社会进步。衡量哲学社会科学成果的学术质量，可以看其是否发现了新的有社会价值和科学价值的研究领域、方向和重大问题，是否运用了新的方法和技术对原有的知识进行了更新和改造，是否坚持了科学方法和学术规范，是否提出了新概念、新命题和新方法，新的理论是否比已有的理论更具有解释力、更能推动社会进步，是否能够与时俱进、根据时代的发展来创造性地运用和发展理论。

注重哲学社会科学的研究质量，就是要尊重哲学社会科学的发展规律和研究特点，深入揭示人类社会现象的本质、特点和规律，不断推进理论创新，提高哲学社会科学的说服力和预见力；要站在时代高度不断回答和解决复杂国际局势和有中国特色的社会主义现代化建设中所出现的重大理论与实践问题，不断推进体制创新和政策创新，提高哲学社会科学的实践应对力和指导力；要加强哲学社会科学自身的学科建设和方法论更新，不断解放哲学社会科学生产力，建构起基础宽广、底蕴深厚、结构合理、功能强大的哲学社会科学学科群，提高哲学社会科学的自我更新力和变革力；要在新的形势下进一步解放哲学社会科学创新力，不断提升广大民众的人文素质，提高国家的软实力和国际竞争力。

哲学社会科学的创新能力是一个民族蓬勃发展的内在精神动力，是综合国力中最具活力的重要组成部分。提高创新能力是提高哲学社会科学研究质量和水平的主体性条件。哲学社会科学的创新能力包含着科学的批判能力、透彻的反思能力、深刻的诠释能力、敏锐的洞察能力、合理的建构能力、超前的预见能力、有效的规划能力、自觉的调控能力等。提高自主创新能力，就要自觉地更新观念、拓宽视野、转换视角、创制方法。提高创新能力的实质是要造就一大批勇于创新、善于创新的优秀哲学社会科学人才。

三、坚持导向，建构机制

提高哲学社会科学研究质量必须以发展着的马克思主义为指导，坚持正确的研究导向。要加强对于马克思主义的研究，及时反映和吸收理论与实践的最新成果，促进马克思主义的当代发展。要坚持马克思主义的基本立场、观点和方法，以最广大人民群众的根本利益为出发点和落脚点，坚持马克思主义不仅重视科学、合理地解释世界，更强调能动、有效地改造世界的理论品格，既重视对“是什么”和“为什么”的研究，更重视对“应如何”和“怎么办”的研究，着眼于提出解决问题的科学途径和有效办法，切实发挥哲学社会科学的社会功能；要坚持马克思主义实事求是、具体问题具体分析的基本原则，用全面的、发展的、联系的观点看问题，确立科学的政治意识、大局意识、责任意识和忧患意识，把个人的学术兴趣与国家利益、社会发展结合起来，从社会实践的需要和哲学社会科学发展的全局来设置个人的研究问题和研究课题，与时俱进，不断推进理论创新。

理论联系实际是提高哲学社会科学研究学术质量的根本途径。理论联系实际既是认识世界的正确方法，也是发展哲学社会科学的正确途径。坚持理论联系实际，首先是要关注实际、深入实际、了解实际，善于从实际中发现问题，克服闭门造车、脱离社会、脱离群众、脱离生活的倾向，善于从实际问题中抽象出理论并回到实际中接受检验，不断修正、补充、丰富、发展理论，善于用科学理论指导实践，不断解决实践中提出的新问题，推动实践的不断前进。理论联系实际，既要有国际视野，善于吸取世界各国的成功经验和优秀理论成果为我所用，又要切实立足中国的历史和现实，探寻具有中国特色的研究思路和方法，反对照搬照抄、食洋不化。

建立以质量为导向的哲学社会科学评价机制对于哲学社会科学的发展与繁荣具有积极的价值导向作用。对于哲学社会科学研究及其成果的评价必须符合哲学社会科学的规律和特点。哲学社会科学研究是一种高度个性化、民族化和国际化的活动，是极为复杂的系统工程，具有科学性和意识形态性、理论性与应用性、国际性与本土性等不同特点。哲学社会科学的评价要充分地考虑哲学社会科学中具体学科之间的差异性和多样化特点，确立分类评价、分类指导和分类管理的理念，制定出与之相应的多元复合的、科学合理的评价体系。

哲学社会科学创新是一个系统工程，要以更新科研理念为突破口，以理论创新为主导，以学科建设为平台，以制度创新为动力，以提升国际学术竞争力为目标，全面展开，并努力寻求突破重点。要自觉地面向世界、面向现代化、面向未来，站在时代的高度，瞄准世界先进水平，深化基础理论研究，促进跨学科交叉综合研究，努力培育新的学科生长点，不断拓展哲学社会科学的研究领域。要适应国家重大需求，加强应用研究和以咨询服务为主要形式的对策研究，发挥哲学社会科学的“思想库”作用。要积极吸收、借鉴自然科学研究方法，探索哲学社会科学研究的独特路径，注重实证研究和社会调查方法的运用，注意定性研究方法、定量研究方法与定时研究方法的结合。要总结概括改革开放和现代化建设伟大实践的新鲜经验，在解决实际问题和为社会服务的过程中不断提出新的理论学说。

要以提升研究质量为中心来推进科研管理体制和机制的改革与创新。要树立竞争意识和开放意识，破除研究人员终身制，打破人事体制上的行政壁垒，改变分配上的大锅饭，消除科学研究中的封闭运行等传统科研组织方式的弊端，构筑结构合理的科研平台。要根据时代要求建立哲学社会科学现代科研制度，形成组织机构健全、部门功能协调、经费投入保证、资源配置合理、质量导向明确、竞争流动有序、成果转化有效、管理运行科学的科研体制和机制，确保哲学社会科学研究质量不断提高。

四、端正学风，更新方法

加强学风建设是提高哲学社会科学研究质量的必要保证。哲学社会科学研究是复杂的创造性的精神活动，需要良好的心态和健康的学风。哲学社会科学工作者应当以高度的社会责任感自觉追求真理，应能以严谨务实的科学态度潜心钻研，应当具备坚持真理的学术勇气，保持哲学社会科学研究的崇高感和神圣性。哲学社会科学工作者要克服急功近利和浮躁情绪，甘于清贫和孤独，不断提高学术道德修养，提升思想水平和学术境界。要切实尊重他人的劳动成果，注意保护他人知识产权，严格遵守学术规范，树立自身的良好形象。哲学社会科学工作者应当加强学术批评，发挥学术批评匡正除谬、去伪存真、扬良抑莠的积极功能，营造"追求学术精品、反对粗制滥造"的良好氛围。对于良好学风的倡导需要各方面的共同努力，学术刊物、学术著作出版机构应当能够坚持学术标准，把好学术作品的发表和出版过程中的质量关，共同维护良好的学术生态环境。

研究社会主义现代化建设和学科发展中的重大理论与实践问题是提高哲学社会科学质量的重点。哲学社会科学的社会功能和研究水平集中表现为研究和解决重大理论和实际问题的能力。研究和回答中国特色社会主义现代化建设中的重大理论和实际问题，既是国家的需要、人民的需要，也是学术发展自身的需要。要立足于我国改革开放和社会主义现代化建设的实际，着眼于马克思主义理论的运用，着眼于对实际问题的理论思考，着眼于新的实践和新的发展。应当通过研究和回答重大的理论和实际问题，提高我们的整体研究和综合研究水平。哲学社会科学研究只有把自己融入中国特色社会主义现代化建设的大潮中去，才能得到更快的发展和提高。

哲学社会科学研究应注意适时更新哲学社会科学的研究范式，在方法论上寻求变革与突破。在当前的哲学社会科学研究中要注意在宏大趋势与专注细节之间保持张力。要改变理论研究"上不顶天下不立地""既脱离理论也脱离实际""既上不去也下不来"的情况，既要重视对宏大趋势和整体结构的把握，又能深入具体的细节和要素之中，真正做到顶天立地。

应在同一性、简单性与多样性、复杂性之间保持张力。既要注意到人文社会有机体与自然界相似和相同的客观性、普遍性、简单性、基元性、稳态性、必然性、重复性、线性因果关系，更要注意到与自然现象不同的主观性、个别性、复合性、有机性、过程性、随机性、不可逆性、非线性因果关系等，以复杂性的思维和方法来达到对于哲学社会研究对象的总体性把握。

应在事实与价值、真理性与合理性之间保持张力。既要追求对社会科学研究对象的事实性认知，也要注意到对人文社会科学现象的价值性评价，探寻真理性与价值性的科学合理统一途径，为建立更加科学合理的价值评价指标体系提供价值论和方法论指导。

应在科学性和意识形态性之间保持张力。哲学社会科学研究有其科学性与学术性的要求，也必然会受到价值性尤其是意识形态性的影响和制约。在阶级社会中，人文社会科学的价值导向性和行为规范性与社会的阶级性和意识形态性内在相关，阶级社会中的物质利益分化与冲突必然会导致价值取向的分化与冲突。

应在定量化的实证性研究与非量化的解释性研究之间保持张力。从方法论上来看，借鉴自然科学的实证化和定量化方法对于人文社会科学研究的当代发展仍然具有非常重要的意义，是促使人文社会问题研究成为比较严密的科学的基础。但由于人文社会问题的复杂性、多样性，尤其是涉及精神的交流和思想的沟通，具有个性化、非量化和多义性的特点，因此又必须运用理解和解释的方法。人文社会科学研究既应当是实证性的，也应当是规范性的，既应当重视文本的制约作用，又应当注意解释和理解的相对性、个体性，努力建构科学合理的解释模型，并在实践中不断加以充实、完善和更新。从研究者的学术心态的角度来看，由封闭、排他、互斥，走向开放、共生、包容，这也许是发展和创新当代哲学社会科学最为重要的主体性条件之一。

第八章　文科建设与理工科大学的综合化转型

理工科大学的出现有其历史缘由，但随着高等教育的转型发展，它们都肩负着一个特殊的使命，同时也展现出一个巨大的发展空间，那就是大力发展文科。这既有利于克服多年来我国高等教育因学习苏联模式而带来的片面性，也有利于健全理工科大学的学科结构，扩大学科覆盖面，提升学校的总体学术水平和人文品位，进而加速理工科大学由多科型大学向综合型大学转变与提升，推动我国高等教育综合化发展。

当前中国的理工科大学普遍出现了重视文科建设的发展趋向。这既是理工科大学走出原来的片面发展格局、实现综合化发展的客观要求，也是中国高等教育综合化发展的必经步骤和内在组成部分。理工科大学的文科不应仅仅具有辅助的和服从的功能，应当按照文科本身的规律来相对独立地加以建设，提高其专业化和学科化的水平。“入主流”“倡交叉”“创特色”也许是理工科大学开展文科建设的必要方向。

一、理工科大学发展文科的历史回顾

历史地看，我国理工科大学的文科建设大体上经历了三个阶段或三个层次。

1. 政治思想理论课和基本文化知识课阶段

长期以来，国家规定所有的理工科大学生都要学习一定的政治思想理论课和基本文化知识课，为此而在理工科大学开设了马克思主义理论课、思想品德课和大学英语、大学体育、大学语文等课程，相应地建立了服务于全校的各种公共课部。这个时候的文科在理工科大学中非常明显地处于辅助和服务的地位。

2. 文化素质教育阶段

包括华中科技大学的前身华中理工大学在内的一些理工科大学当年曾经在这方面先行一步，提出了理工科大学生的人文素质教育问题[①]，要求理工科大学生选修一定学分的人文社会科学课程。为此学校积极地吸纳了相关的人文社会科学学科的教师，并相应地建立了一些人文社会科学的教研室以至学系和学院。这些思想和举措得到了许多有识之士的支持[②]，也得到了教育主管部门的首肯，对于提高我国理工科大学生的人文素养发挥了非常积极的引导作用，为全面的素质教育奠定了一定基础，也使理工科大学的文科课程在原有的政治思想理论课和基础文化知识课外有所拓展，文科教师队伍有所扩大，专业水平有所提高，院系建制有所增加，在校地位有所提高[③]。但也应当看到，在这

① 杨叔子. 继承传统 面向未来 加强素质教育[J]. 中国高等教育，1995(12)：14.

② 王成鑫，胡显章，张绪潭. 积极推进理工科大学的文科教育[J]. 清华大学教育研究，1997(1)：40-46，50.

③ 钱道中，杨福才. 论重点理工大学的文科建设[J]. 高等工程教育研究，1996(4)：19-22.

种思想指导下的文化素质教育，其主要目标仍然是完善理工科大学生的知识结构，其任务主要是向理工科学生传授既有的人文社会科学知识[①]；理工科大学的文科建设，仍然还是作为理工科教育的辅助部分而存在的，其主要作用仍然是服从性的，而没有或少有自己的相对独立的学科和学术地位[②]；理工科大学的文科教师没有或少有承担推进和发展人文社会科学的使命，而学校和社会对于他们的科学研究和学术水平也没有提出特殊的要求。

3. 为学校的综合化转型而大力发展文科的阶段

随着近年来我国高等教育的国际化、综合化发展，也随着社会主义市场经济对于全面发展的高素质人才的大量的和紧迫的需要，单科型和多科型大学的弊端越来越明显，也越来越为社会所认识。它们冲击着传统的教育观念，改变着人们对于大学的认识，也转变着大学的办学理念。新的大学办学理念促使着单科型大学向多科型大学转变，也推动着多科型大学向综合型大学转变。综合化成为中国高等教育发展的基本趋势，也成为各高校自觉谋求的基本发展方向。正是在这种背景下凸显出了文科在理工科大学转型中的特殊地位。要实现理工科大学在真正意义上的综合化发展，文科就不能仅仅处于辅助的和服从的地位，而必须有自己相对独立的学术和学科地位，有自己的能够自主发展的学术规模和学术空间，为此就必须达到相当的学术水准和学术地位。有一种共识是：没有高水平的文科就不可能有高水平的综合性大学。这正是当前推动理工科大学，尤其是重点理工科大学迅速发展各自的人文社会科学学科的最为强劲的动力。

二、理工科大学发展文科的背景分析

当前是理工科大学迅速发展文科的最好时期，因为新时代为人文社会科学研究与教育的广泛深入发展提出了紧迫的要求和呼唤。下面从三个角度来加以分析。

---

① 黄河.理工科大学人文社会科学课程设置建构[J].云南高教研究，1998(2)：72-75，77.

② 何晓前.关键是转变观念——理工科大学如何搞好人文社会科学学科建设[J].理论纵横，1995(3)：20-21.

1. 宏观的角度

从宏观的角度来看，经济全球化和我国入世迫切要求迅速发展我国的人文社会科学研究与教育。对于加入世界贸易组织对我国工业、农业、金融、电信、贸易等各个方面的影响，许多学者已经做了比较深入的研究与探讨，而对其在人文社会科学研究与教育方面的影响则还探讨得不够。回顾 1978 年以来中国社会的发展历程，大体可为三大步：第一步是在真理标准讨论后，党的十一届三中全会确立了以经济建设为中心的正确的思想路线、政治路线、经济发展路线，开创了中国改革开放的新局面；第二步是 1992 年邓小平同志南方谈话以后，党的十四大决定建立社会主义市场经济，为中国经济体制的内部改革指出了正确的方向；现在是第三步，要把中国的市场经济乃至中国的整个社会发展纳入全球化的体系中去，经受考验、寻找机会、谋求发展。这绝对是一次极好的机遇，同时也是一个严峻的挑战。这个挑战绝不仅仅限于经济、金融和生产领域，必然要非常广泛而又深刻地影响人们的思想、行为、理想、信念，因此非常有必要加强人文社会科学的研究和教育。正是在这样的高度上才可以理解党中央为何如此重视哲学社会科学的教育与研究，为何一再要求促进哲学社会科学的发展与繁荣。“三个代表”重要思想实际上是从保持和发展党的先进性方面对发展先进的社会生产力和先进文化提出了具体的要求。什么是先进的生产力和先进的文化，这不仅有自然科学和技术的客观标准，尤其是一种社会文化的价值选择，还需要人文社会科学的深入研究和引导。我们实施的“科教兴国”战略，无论是从研究还是教育的角度看，都包括自然科学和人文社会科学两个大的方面。[①] 当代中国的大学文科在中国的人文社会科学研究和教育中扮演着重要的角色，有着非常重要的地位，无疑也应当为之而做出应有的贡献。

2. 微观的角度

从微观的角度来看，理工科大学应在新的发展时期迅速走出多年来片面发展的轨道。我国的理工科大学基本上是在 1952 年前后按照苏联的高等教育模式建立和发展起来的。这种将大学高层次人才培养直接与社会生产对口接轨的办法，对于当时在非常困难的国际和国内

① 欧阳康.从振兴大科学的高度把握文科教改[J].中国高等教育，2000(5)：26-29.

条件下促进社会生产和经济发展发挥过非常积极的作用，但将其作为一种办大学的模式普遍化和定型化，则带来了很多的问题。首先，从办学的学科和科学基础来看，这些学校的学科设置普遍比较单一，并且主要是各种类别的工程性学科和应用性学科，属单科型或最多是多科型的大学。它们不仅几乎没有作为独立学科而存在的文科，连数理化等自然科学的基础学科在这里也相对薄弱，这就使得这些大学失去了作为大学所应有的宽厚的现代科学基础。其次，就人才培养模式而言，这些学校的课程设置和培养方式都是以培养应用型人才为目标来展开的，重微观、重工程、重技术、重实验、重操作，大学被看作是工程师的摇篮。这些在当时无疑是有其特殊的价值的，但对某些方面的不适当强调，却在有意无意之中忽视了宏观的、基础的、复合的、研究的、开拓的和理论的方面，难以推动和创生出重大的发明与创造，也难以培养出创造型和大师级的人才。再次，从高校的教师队伍来看，其势必走到知识结构简单、学术视野狭窄、技术手段单一的境地。正是有感于此，当时的一些有识之士(如朱九思先生)就曾一再不顾当时教育主管部门的要求，而在自己所管辖的华中理工大学中努力发展文科。但这毕竟是凤毛麟角，在当时的背景下也很难有特别重大的作为。这种情况在“文革”中得到了强化。由于意识形态的原因，理工科大学得到了加强，实际上是在片面化发展方面越走越远。

3. 中观的角度

从中观的角度来看，理工科大学的综合化发展是作为我国高等教育综合化发展趋势的内在组成部分而发挥作用的。当我们在今天关注理工科大学的综合化转型的时候，我们也不应忽视我国高等教育中存在的另外一种片面性，这就是过去的那些所谓综合型大学在很大的程度上也处于一种片面发展之中，不过是片面发展的具体内容和方向有所不同而已。由于在1952年前后的院系调整中，大多数工程性和应用性学科都从所剩不多的综合型大学中分离了出来，这就使得综合型大学在重视基础性和理论性学科的同时，却又几乎没有或少有工程性和应用性的学科与门类。这就造成了基础学科与应用学科、理论学科与技术学科之间的巨大分离，从社会的角度看则是科学研究与技术应用之间的巨大脱节。在这种背景下，不仅理工科大学只能在一种狭小范围内自我复制，并难以有大的创新与发展，综合型大学也难以在自然科学和人文社会科学之间、基础科学和应用技术之间达成一种真正的综合。当代科学发展的基本趋势一方面是在深度分化的基础上高度综合，形成了包括自然科学、社会科学和人文科学在内的复合型科学学科群，另一方面是在基础科学、应用科学与应用技术之间高度综合、内在交织与互渗。这些都对当代的大学教育提出了新的要求，其中一个重要方面就是综合化的发展。这一方面是指综合型大学要有更大的学科包容面，要在保持和发扬基础理论学科优势的基础上开设和加强应用性和工程性的学科与专业，以加强理论与实践的联系，充当理论转化为技术的中介；另一方面则尤其要求理工科大学尽快实现综合化转型，在保证工程技术和应用性优势的同时加强基础理论学科和人文社会科学建设，甚至发展一个强大的文科。

三、理工科大学发展文科的基本任务

给理工科大学的文科建设一个恰当的定位，这对于促进文科的持续健康发展具有非常重要的意义。我认为，这大体上可以从以下不同的方面来看。

1. 学科布局

从学科布局来看，应通过建立和发展文科学科来健全理工科大学的学科结构，扩大学科覆盖面，加速理工科大学由多科型大学向综合型大学的转变与提升。一般说来，文科是相对于理科、工科、医科、农科等大的学科分类而言的，是指一个大的学科群。国家目前将我国的所有学科划分为 12 个大的门类：理学、工学、农学、医学、文学、史学、哲学、法学、经济学、管理学、教育学、军事学等。由于军事院校一般单列，因此完备的综合型大学一般应当包含其余的 11 个学科门类，高层次的大学在这 11 个学科门类中的大部分学科上应当都有从本科到博士的全层次教育和教学设置，研究型的大学还应当具有博士后研究的条件。在这 11 个学科门类中，除理、工、农、医外，其他 7 个门类从整体上看应当属于文科。在 7 个文科门类中，既有文学、史学、哲学等基础文科，也有经济学、法学、教育学等应用性较强的学科。管理学以人的行为及其调控为对象和目标，应当属于文科，但又与理、工、农、医等有着更为密切的联系，介于多者之间，有较大的灵活性和可塑性。在 7 个文科门类之下，除史学、哲学、教育学本身既是学科门类又是一级学科外，文学门类中包含着中国语言文学、外国语言文学、艺术学等一级学科，经济学门类中包含着理论经济学和应用经济学两个一级学科，法学门类中包含着法学、政治学、社会学、新闻传播学等一级学科，管理学门类中包含着管理科学与工程、工商管理、行政管理、农林经济管理、图书馆、情报与档案管理等一级学科。对这些一级学科，综合型大学不一定要求全，但也不能缺门太多。

2. 学科水平

从学科水平看，理工科大学的文科应该有与学校的其他学科大体相当的学术水准，有相对独立的学科地位和发展空间，在此基础上，促使其在学校的地位作用由辅助性和服从性向基础性乃至主导性转变，以提升学校的总体学术水平和人文品位。学术水平是文科建设的生命线，也是文科在学校总体格局中获得合理地位的必要前提。理工科大学的人文社会科学应当成为中国大学创新体系中的内在和有机的组成部分[①]，而提升学术水平又是文科建设的关键所在。

3. 社会地位和影响

从社会地位和影响来看，应通过大力发展文科以提升理工科大学在中国高等教育体系中的地位和发言权，使它们不仅能保持和发展在工科、医科、信息学科等方面的重要地位和发言权，也能争取在国内外文科学术主流圈中有更多的发言权，至少不被人忽视和轻视。

4. 学术功能

从学术功能来看，理工科大学的文科教师应当尽快走出单纯地低水平讲授公共课的小天井，积极开展专业性的学术研究，争取自己在国内和国际所在学科中的学术地位，能够尽快地真正走到我国乃至世界人文社会科学研究和教育的前沿，并对其在新世纪的发展做出应有的贡献。

以上的要求对于理工科大学的文科建设来说并不是一项轻松的任务，需要一个积极发展的艰难过程。面对着学校和社会各方面的期待，理工科大学的文科发展大体上可以在三个层次上定位并逐步向最好情况努力：一是在最低的层次上使文科不拖或少拖学校发展布局和发展速度的后腿；二是在居中的层次上使文科争取达到与学校的其他学科

① 欧阳康.如何建构中国大学创新体系[J].中国高等教育，2002(20):31-34.

协调发展的水平；三是在较高的层次上使文科能够为学校的整体发展战略做出更为积极的和建设性的贡献。这三个层次也可以看作是理工科大学的文科教师应当为之努力的三级目标。

四、理工科大学发展文科的基本思路

如何在理工科大学有效发展人文社会科学学科，推进文科建设？我认为，有必要从以下三个方面去努力。

1."入主流"

面对着综合型大学长期以来已经高度发展的人文社会科学，后发的理工科大学的文科如何定位，能否以种种理由自甘于较低水平或徘徊于主流学术圈之外而聊以自慰？我们的看法是否定的。要想在学校的综合化发展中真正发挥有效作用，就必须在国内乃至国际学术界发挥积极作用，去争取自己的学术地位，只有在此基础上才能够获得自己在学校发展中的应有地位，发挥应有作用。"入主流"就是要把理工科大学的文科作为专业文科来加以建设，争取将其纳入国内乃至国际学术界关于人文社会科学的统一学术标准中来加以要求和规范，并以达到国内或国际学术界的上乘水平作为自己的发展目标，要能够参与所在学科中的主流对话，参与学科中重大问题的研究与探讨，达到平等对话的水平并获得自己的发言权。"入主流"的直接评价标准就是能够参与国家的各种学位与学科评估并获得较好的成绩，其间接评价标准就是得到所在学科主流学术圈的认可和重视。不入主流，或入不了主流，理工科大学的文科就很难以自己的双腿站立于学校和学科的发展之林。

2."倡交叉"

在强大的理工科背景下发展文科，有一个由小到大、由弱到强的漫长转化过程。在这个过程中，文科的教师和干部往往需要不断地为争取文科本身的生存权利和发展空间去呼吁、去奋斗，这里不仅要善于排解其他学科在有意无意之中对于文科的忽视甚至轻视，还要善于消解文科教师自己所存在的各种畏难与困惑情绪。要想得到来自理工科方面的支持，就必须关心理工科的发展，关心学校的整体发展，以奉献求支持。因此，在理工科大学发展文科，必须走一条"交叉"之路。文科的教师和干部应当积极关心并自觉参与到理工科的发展中去，在人文社会科学与自然科学之间，在科学工程技术与人文社会发展策略之间寻求一些可能的、新的生长点和交叉点，主动争取达成一种良性的交叉、互渗与互动，使文科成为理工科大学不可缺少的内生性学科，成为学校内在的有机组成部分。

3. “创特色”

在远远落后于综合型大学的人文社会科学发展水平的情况下，理工科大学的文科建设想要尽快挤入主流，无论从队伍的组织还是人才的培养上，都不能跟在综合型大学的文科后面走他们已经走过的老路，也不可能一次性全面地达到很高的水平，而是在很大的程度上必须有自己的出奇制胜之策，这就是靠特色取胜。理工科大学的文科特色可以从各方面寻求和创造：可以是在与理工科的交叉中产生的，也可以是对某些新的研究领域或分支学科的开发，等等。要善于把后发的劣势变成灵活的优势，在占领新的学术领域和新的学术制高点上多下功夫、多做探索，走创新之路，发现和创造出有特色的文科发展道路。

五、华中科技大学的文科发展态势

华中科技大学有发展文科的优良传统。其前身，即原来的华中工学院在朱九思院长等的领导下，曾于 20 世纪 80 年代初顶住压力，率先发展理科和文科，不仅办了数学、物理和化学等理科专业，还办了中文、新闻、社会学、管理学等文科专业，建构了一批理科和文科院系，率先走上了综合化的发展道路。[①] 20 世纪 90 年代中期，更名后的华中理工大学在杨叔子院士的领导下又通过倡导理工科大学生的文化素质教育而提升了文科的地位与作用。[②] 2000 年华中理工大学与同济医科大学、武汉城市建筑学院等合并重组，建立了华中科技大学，因而获得了新的发展空间。但由于受这几所合并院校本来的学科特点所限，文科的力量并没有在合并中得到实质性的加强和增长。这就对新时期学校文科的发展提出了严峻的挑战。为此，当时的周济校长曾经提出大力发展文科的战略构想。学校党委在后来所提出的“国际化、研究型和综合

---

① 朱九思. 对学校发展有深远影响的一场改革[J]. 华中科技大学报(校庆特刊)，2003-10-06.

② 杨叔子，刘献君，李光玉，等. 在理工科大学中加强文化素质教育的研究与实践[J]. 高等工程教育研究，1998(1)：1-5.

性"发展战略中又进一步明确了文科发展的基本方向。[①] 近年来，我们主要是在以下方面做了一些努力。

1. 确定文科发展的正确方向

我们先后召开了文科发展战略研讨会、入世后人文社会科学发展对策研讨会、创新时代的哲学社会科学高层论坛等学术研讨会和有关工作会议，明确了我校文科发展的基本目标，即"高水平的特色文科"，并提出了实现这个目标的发展道路，这就是"入主流""倡交叉""创特色"，并制定了一系列的相关政策和保障措施。

2. 完善文科的学科结构和办学层次

我校文科现有哲学、文学、史学、经济学、管理学、法学、教育学等7个大学科门类，文科类本科专业22个，硕士点49个，博士点14个（西方经济学、高等教育学、语言学和应用语言学、马克思主义哲学、数量经济学、教育经济与管理、社会医学与卫生事务管理、管理科学与工程一级学科博士授权点等），并有管理学和经济学博士后流动站。

3. 健全文科的院系建制

根据教学、科研和学科建设的需要，目前我校人文社会科学形成了九院、一系、一部、一团的格局。它们是人文学院（含中文系、哲学系、历史研究所）、经济学院、法学院、新闻学院、管理学院、公共管理学院、教育科学研究院、外语学院、社会学系、马克思主义学院、体育部、艺术团等相关机构。

4. 加强文科重点学科建设

借助于国家和学校的"985工程""新世纪学科建设工程"和"211工程"等项目支持，在校内重点建设了10个文科研究基地：院校发展研究中心、经济发展研究中心、数量经济与金融研究中心、语言学和应用语言学研究中心、当代哲学研究中心、社会调查研究中心、新闻与信息传播研究中心、科技法学研究中心、数字城市政府管理研究中心、现代外语教育研究中心。此外，管理科学与工程、西方经济学、高等教育学、马克思主义哲学等学科被评为湖北省重点学科。目前我校正在以"985工程"二期建设为契机，依托强大的工科、医科等背景优势，加紧建设"科

---

① 刘献君.华中科技大学文科跨越式发展的战略思考[J].高等教育研究，2001(5)：35-40.

技进步与人文精神”国家级哲学社会科学创新基地。

5. 培养和造就若干特色研究方向

我们努力在各个学科门类或一级学科中造就一定的在国内乃至国外也具有特色的研究方向，如：哲学中的马克思主义哲学当代形态研究、社会认识论、人文社会科学哲学、科技哲学、生命伦理学；经济学中的发展经济学和计量经济学；新闻学中的网络新闻传播；语言学中的语言与人工智能的综合研究；高等教育学中的院校发展研究；法学中的科技法和知识产权法研究；社会学中的社会调查分析；公共管理学中的数字城市政府管理；等等。

6. 建设文科文献信息中心

文科的图书文献信息资料相当于理工课的实验室，对于发展文科具有不可缺少的作用，必须切实加强。近年来，依托于“211 工程”二期，学校投资 800 万元用于文科文献信息资料中心建设，同时着重在电子信息资料方面为教师提供方便，购买了超星数字图书馆、中国学术期刊网等国内外一大批文科电子文献信息的使用权，供全校教师免费使用。这对促进文科学科建设发挥了积极的作用。

7. 建设文科实验室

知识经济与网络化时代的文科建设与过去一支笔、一本书做文科科研的时代已有很大的不同，其中一个重要的特点就是今天的文科建设也离不开相应的人文社会科学实验室。我校依托于“985 工程”，与文科重点学科和基地建设相匹配，建立了一批文科实验室，如院校发展研究信息系统、经济学科实验室、语言信息处理与研究实验室、社会调查实验室、当代哲学信息库、国际新闻传播实验室、英语语料库、科技法研究所实验室等，改进了文科的科学研究条件，使之走向了现代化。

8. 建立可持续发展的学术队伍，努力提高文科的学术水平

这是近年来我们特别关注的实质性问题。通过优秀人才的大力引进和培养，我校文科由几年前仅有两名博士发展到现有近百名博士，一些优秀学科带头人来到学校或成长起来，并发挥了积极作用，一些文科学科建构起了很有活力的学术队伍，文科教师承接国家和教育部科研项目数、发表高层次学术论文数、成果获奖数近年来都不断有所提升，一些专业或研究方向在全国乃至国外也形成了一定影响，有的逐渐创生出一定的相对优势。在教育部设立的 2003 年重大研究项目招标课题申报和评审工作中，我校申报的“培育和弘扬民族精神研究”一举中标，这是一次历史性的突破，给了我们很大的鼓励。

9. 发挥文科教师在学校建设中的积极作用

人文社会科学的学科化拓展和专业化提升在一定程度上改变着学校的学科布局、校园氛围、人才培养模式和科学研究方向。我校开展多年的大学生文化素质教育由于一些高水平的人文社会科学学科的支撑和高水平文科教师的参与而在学术水平上得到了很大提升，走向了全面开展素质教育的发展轨道。人文讲座已超过 1400 期，《人文启思录》已出版 6 辑，并带来了很好的学术效益和社会经济效益。拟议中的文科本科生课程体系改革有可能使学校的文科人才培养跃上一个新的台阶。人文社会科学已经成为华中科技大学在新世纪发展中具有很大活力的内在组成部分。

然而，我们也清醒地看到：与社会对于人文社会科学的需要和期盼相比，我国的人文社会科学发展得还非常不够；与我们学校的其他优势学科相比，我校的文科还非常弱小，还无法独立支撑学校的综合化格局；与国内其他综合型大学的高水平文科相比，我校的文科还非常单薄，还难以与他们相提并论；与在其他国内知名理工科大学中高速发展的人文社会科学相比，我校的文科也还有一定的差距。为此，我们特别感念多年来各级政府、社会各界、兄弟院校等对我校文科的特别关心与大力支持。我们深知，不进则退，小进也是退。我校的文科建设还有许多困难与问题，要想促进我校文科继续沿着良性健康道路而持续协调发展，我们还必须付出十倍、百倍的努力。

第九章　当前高校的文科教育和教学改革

人文社会科学的发展意味着人类对社会和对自身的认识在内容上向着科学化方向提升，在形式上向理论化和系统化跃迁。因此人文社会科学的发展对促进大科学体系的形成和高等教育的变革具有重要意义。科教兴国战略的确立，人文社会科学内容和学科体系的科学化、系统化，为我国高校的文科教改提供了现实基础和理论前提。笔者指出，高校文科教改应坚持以下基本方向：尊重传统，着眼未来；立足中国，放眼世界；关注理论，重视实践；追求真理，重视价值；注意导向，塑造人格；发展个性，鼓励创新。

在当前我国高等教育的研究和教改探索中，文科教育教学改革显得格外紧迫和突出，这一方面反映了当代中国对于大批新型的高素质文科人才的紧迫需要，另一方面也表明了我国文科的现行教育教学体系和方法与新型文科人才培养需求之间的巨大差距。笔者认为，人文社会科学在继承中华民族优秀历史文化和引导当代中国文化建设中的特殊地位和作用决定了文科教育在当代中国高等教育中的特殊地位和作用，人文社会科学本身的学科特点决定了高校文科教育教学的特点，文科人才的成长规律决定了文科人才的培养模式和方法。积极探索新世纪我国文科发展的学科特点和新时代文科人才的成长规律，并在此基础上大力推进我国高校的文科教育教学重组与管理方式的改革，对于真正贯彻落实“科教兴国"的战略方针和教育部《面向 21 世纪教育振兴行动计划》具有极为重要的意义。

一、从振兴大科学和大教育看文科教改

加强和改进高校的文科教育是由人文社会科学在社会文化发展中的地位和作用所要求和所决定的。

相对于理科和工科而言，文科是一个比较广义的综合性概念，它包含着如文学、历史学、哲学、政治学、经济学、法学、语言学、艺术学、教育学和管理学等许多不同的学科，这些不同的学科在社会文化体系中都有其特殊的作用和功能。从广义上说，传统的文科教育有着悠久的历史，至少可以上溯到西方的古希腊罗马时期和中国的春秋战国时期。但真正成为一种专门的高等人文社会科学教育，则是随着现代人文社会科学的兴起才发展起来的。特别是进入 20 世纪后半叶以来，人文社会科学成了公众最注意和最寄予希望的科学，使文科教育的地位和作用突显了出来。

人文社会科学的发展意味着人类对社会和对自身的认识在内容上向着科学化方向提升，在形式上向理论化和系统化跃迁。这不仅使科学体系发生了变化，使单纯的自然科学发展成了包含自然科学、人文科学和社会科学的大科学体系，而且客观上要求并促进了高等教育体系的变化，使文科、理科和工科都向着科学化、规范化和系统化的方向协调发展，形成了现代意义上的大教育。

在我国，人文社会科学的许多门类，如社会学、法学、政治学、人类

学、语言学等实际上是在1978年后才逐渐恢复或开始建设的，传统的高等教育中的文科教育，主要只有中文、历史、哲学、中共党史、国际共运史等传统学科。这两个方面的文科教育应该说是各有自己的问题。传统的文科教育有一定的历史积淀和理论基础，但却长期受到各种形式的“左”的和右的错误思想的干扰和破坏，尤其是对中国传统文化的简单否定、对西方文化的简单排斥、对马克思主义的教条化和简单化理解等，需要拨乱反正。而那些新兴的文科学科基本上是在没有足够的理论准备的情况下上马的，大家一面在全新的领域里进行理论研究和学科探索，一面将其成果引入高等教育，并相应地探索其教学方法，很明显地带有边研究、边探索、边建设、边教育的情况。在这种背景下，尽管我们在不长的时间里取得了很大的成就，却没有或者说还来不及对文科教育本身的规律进行必要的、充分的探讨，这就使我国高校的各类教育多少带有先天准备不足和后天发育不良的缺陷。这是我国高校文科教改不能忽视和回避的历史前提。

二、当前深化文科教改的可能性

今天，我们提出进一步深化高校的文科教改是有其现实的基础和条件的。

首先，随着“科教兴国”战略的确立，近年来我国高等教育获得了前所未有的发展，尤其是本科专业目录的调整和课程体系的改革，教育部面向21世纪教学改革研究项目的系统设立，各主要学科教学指导委员会的设立，以及一系列教改措施的出台，都促使我国高校的文科教育向着科学化、规范化方向发展，也为深入、系统地进行文科教改研究提供了思想基础和现实材料。

其次，我国人文社会科学内容和学科体系的科学化、系统化为我国高校的文科教改提供了理论前提和科学基础。中国特色社会主义现代化建设实践既要求有理论的指导，也创造了伟大的理论，这对人文社会科学的发展既提出了最紧迫的要求，也提供了最强劲的动力。在这种动力的驱动下，多年来，我国的人文社会科学研究取得了前所未有的巨大成就，一个既有世界视野又有中国特色的人文社会科学学科群已经初步建立起来，人文社会科学的各主要分支学科无论是其内容的科学性还是体系结构的完整性都达到了相当高的水平。它们在中国人民的社会实践中发挥着作用，经受着检验，并处于不断发展和完善的过程之中，这是高校文科教改的基础。只有依托人文社会科学学科群，通过相应科学的传授方式与教学方法，培养出更多、更好的人文社会科学的高级专门人才，人文社会科学才能更充分地在社会实践中发挥作用，而这又有赖于高校文科的教育和教学改革。

正是在这种意义上，我们认为，作为一项国家的根本战略，“科教兴国”中的科学，不仅是指自然科学，也包含着人文科学和社会科学，是包含当代全部科学在内的大科学。相应地，“科教兴国”中的教育，也绝不仅仅是指自然科学和各种工程技术教育，也包含着人文科学和社会科学教育，是包含着各门类教育在内的大教育。文科教育的改革和发展，不仅是我国高等教育振兴计划的一个方面，而且在其中扮演着不可或缺的重要角色。

当代科学与当代教育中同时存在的既深度分化又高度综合的基本走向，以及在大科学与大教育之间存在的互动趋势，使高等教育中的文科教改同时获得了双重的推动力，也使其具有了双重的意义。一方面，只有通过高校文科教改，人文社会科学才能更好地得到传播和发展，真正成为当代大科学的内在组成部分，并在振奋民族精神、提升民族自我意识、引导社会主义现代化建设实践中发挥出应有的社会功能；另一方面，只有通过文科教改，我们的高校文科教育才能提升到当代大教育所要求的整体水平，成为我国高等教育的内在组成部分，并为构建有中国特色的现代大教育做出应有的贡献。

三、高校文科教改的基本方向

从根本上说，我国高校文科教育教学改革受两个方面的制约：一是文科的学科特点及其对学科教育的要求，二是文科人才的成长规律及其对人才培养模式的要求。文科教改的任务，就是在上述两个方面的结合上来改进和完善各种形式的教育教学体制和各项管理机制，提高其科学化和规范化的水平，以适应大规模提高大学生的人文素质和培养文科高级优秀专门人才的需要。

当前我国高校的文科教育，大体上可以分为两个层次：在广泛的层次上，是对所有的大学生进行人文素质教育，提高其人文素养；在比较专门的层次上，则是培养人文社会科学各学科的高级专门人才。因此，对全体大学生加强人文素质教育极为重要，这是帮助他们树立正确的世界观、价值观和人生观，培养新一代接班人的重要环节。从总体上看，人文社会科学各学科的教育教学改革需要着重处理好以下几个关系。

1. 尊重传统，着眼来来

人文社会科学作为人类社会自我认识和自我反思的科学形式，有很强的历史继承性。它以对人类生产、生活实践经验和文化传统的历史性总结为基础，又非常明确地立足现实，具有强烈的时代性，并积极指向未来，要求某种超前性，以达到对于人的现实行为的调节和控制，引导社会文化建设的发展方向。在这种意义上，邓小平同志提出的教育要面向现代化、面向世界、面向未来，尤其适用于我国高校的文科教改。我们要坚决反对任何形式的历史虚无主义和复古主义，在课程设置和教学内容更新中大力突出历史意识、时代意识和未来意识。要重视历史文化传统的教育，尤其是突出原典的学习，增强学生批判性地理解历史的能力和创造性地弘扬人类优秀传统文化的责任感。要引导师生自觉关注社会现实生活，努力把握时代的脉搏，前瞻其未来走向，勇于面对当代人类实践中的困难和问题，并积极探寻其解决的途径和手段，增强学生把握现实和预见未来的能力，帮助他们自觉地在过去、现在与未来之间保持张力，真正发挥出人文社会科学在人类社会文化发展中的规范和前导功能。

2. 立足中国，放眼世界

就其对象和内容而言，人文社会科学的不同学科之间不仅有古今之分，也有中外之别，还有内容之异。它们有的侧重中国，有的侧重外国；有的偏重东方，有的偏重西方；有的比较专门，有的比较普适；有的比较抽象，有的比较形象；有的关注民族，有的关注人类，等等。这些不同学科的教学和人才培养各有其特点，所以应当特别注意因材施教。但从总体上来看，它们之间的区别和差异性又是相对的和有限的，各地域文化和民族文化之间的共通性和人类文化的统一性决定了人文社会科学各学科之间的内在相通性。中国特色社会主义现代化建设，既要立足于中国历史和现实，有鲜明的民族性和地域性，又必须依托世界现代化的宏大背景，有非常重要的人类性和世界性意义。世纪之交变化发展中的世界格局既深刻地影响着中国的发展模式，也直接影响着人文社会科学的发展。因此，人文社会科学的教学改革既要注意反对各种形式的民族虚无主义和西化思潮，又要反对各种形式的民粹主义和闭关自守；既要强化中国特色和民族意识，又要强化世界意识和全球意识。应该说，既能自觉地立足于中国来看世界和人类，又能自觉地借助于世界视野和人类意识来看中国，这正是我国新一代人文社会科学工作者的必要思想境界。

3. 关注理论，重视实践

作为一种学科，人文社会科学直接地是以各种理论体系的形态存在的。相应地，培养高层次的人文社会科学专业人才，在课程体系和教学内容上都必须注意到知识的全面性、理论的完整性、体系的严密性、逻辑的准确性。以科学的态度和科学的方式来安排和组织教学，是文科教改的基本方向。但人文社会科学的又一特点是它的实践性，它所研究的对象是人类社会实践，它的根本目的是提高人们在社会认识中的科学性，以便增强人们在活动中的合理性和有效性。它在理论上的正确性和科学性有待在实践中得到发挥、实现和检验，它必须也只能伴随实践的发展而发展。尤其是当今世界格局迅速变化，高新技术迅猛发展，知识经济初见端倪，市场经济加速建设，必然会对人文社会科学的发展产生重大的影响，也加大了社会实践在文科教学中的权重。应当看到，正如理工科学习离不开实验一样，相应形式的社会实践也是人文社会科学各学科学习中不可或缺的一环。真正有效的人文社会科学的学习和研究绝对不可能、也不应该是空洞的“坐而论道”或“闭门造车”，而必须在社会实践的摸爬滚打中探索、检验、领悟、反思。高校文科教改的重要一环应当是对各相关学科的合理有效的实践方式的探索与创造。

4. 追求真理，重视价值

人文社会科学的科学化进程也就是一个发现和实践社会真理的过程。善于追求真理和勇于捍卫真理应当成为优秀的人文社会科学工作者的基本要求和必备素质，也是人文社会科学教育的重要导向。但人文社会科学区别于自然科学的重要特点在于它对社会价值的特别关注和积极评价，这是由人文社会现象所不可避免地具有的价值多元特性和人文社会科学的价值非中立性所带来的。自然现象的价值对于不同阶级、民族、国度、时代的人是均等的，不大受主体的价值偏好和评价体系差异的影响，具有价值中立性。人文社会现象的价值和意义则往往是对特定主体而言的。在社会主体存在分化甚至对立的情况下，一定的社会活动及其结果满足了一定价值主体的需要，却不一定能满足其他价值主体的需要，甚至要以牺牲某些价值主体的利益为条件。与社会价值的非中立性相关联，社会评价也往往带有多义性，存在着"合理性并存"的情况。与此相关，价值和评价问题也成为人文社会科学研究与教学特别需要关注和重视的问题。人文社会科学的教育，不仅要帮助学生建立科学完整的知识体系，使他们勇于和善于追求真理，还要特别注意帮助他们建立科学合理的价值观念和评价体系，提升他们的价值追求和评价能力。从我国高校文科教学的情况来看，这后一方面的任务也许更为严峻和紧迫。

5. 注意导向，塑造人格

人文社会科学的价值和评价特性常常是通过人文社会科学所具有的意识形态性和政治导向性表现出来的。尽管人文社会科学的各个具体学科的意识形态性和政治导向性的具体内容、形式、层次和程度有所不同，但都应当服从于党和人民的根本利益，服务于中华民族的伟大复兴，有利于中国特色社会主义建设，有助于培养优秀的社会主义"四有"新人。人文社会科学研究与教学必须坚持正确的政治方向和学术导向，这是不能有任何怀疑与动摇的。邓小平理论是改革开放和中国特色社会主义现代化建设经验的科学总结，是马克思主义在当代中国发展的新阶段，代表着中华民族的自我认识的时代性升华。它对于中国社会的未来发展具有极为重要的指导意义，应当成为人文社会科学研究与教学的根本理论指导。人文社会科学的实践性和为人性是通过对于人的塑造、促进人的发展而得到表现和实现的。这就要求把人文社会科学的研究和教学与受教育者的人格修炼和道德完善、理想塑造、境界提升结合起来，在爱智、求真、向善、致美的统一中培养一代新人。

6. 发展个性，鼓励创新

高校文科教育是一种规范性和批量性的教育。统一目标、统一学制、统一规格、统一课程、统一教学、统一管理等都是必要的，但由此也容易造成由统一性取代个体性，由规范性妨碍创新性的后果，从而不利于学生的个性化和多样化发展，妨碍他们的自主性、创造性的培养和发挥。而个性和创造性正是人文社会科学发现的重要动力。应当看到，马克思心中理想的人是能够通过自觉的活动而创造和实现自己的丰富个性的人，马克思所设想的社会是自由人的联合体，马克思所设计的社会发展道路是每个人的自由全面发展和一切人的自由全面发展的良性健康互动。马克思对于人性和人与社会关系的理解和构想应当成为人文社会科学研究及教学的基本原则和共同目标。我们的文科教改，既应该为全体学生的普遍发展提出共同的标准和提供必要的条件，也应当为某些学生的优先超常发展提出要求、提供空间和创造条件。要大力鼓励个性化发展，积极倡导探索创新，切实帮助优秀人才脱颖而出。应该说，能否真正建立起一套有利于高层次优秀专门人才迅速成长的科学合理的培养机制、选拔机制、激励机制和驱动机制，正是衡量我国高校文科教改成果大小的重要标尺。

第十章　坚持人文社会科学的科学性和价值导向性

相较于自然科学，人文社会科学面临的科学性与意识形态性的关系问题更为迫切。笔者指出，人文社会科学作为一种科学研究，有其客观性、真理性和合理性，但由于人文社会科学以具有价值非中立性的人文社会现象为研究对象，因而其不仅应对人文社会现象作客观描述，而且应对相关影响和意义做出合理理解和解释，即不仅要尽可能客观、真实地描述人文社会运动的历史和现实“如何”，还要尽可能准确、合理地发掘和展示其价值和意义“怎么样”，坚持科学认识、价值导向与行为规范的合理统一。

科学性与意识形态的关系问题是人文社会科学研究与教育中的重大问题。人文社会科学作为一种科学，有其客观性、真理性和合理性。人文社会科学研究以具有价值非中立性的人文社会现象为研究对象，又以帮助人们更好地认识社会真理、追求价值意义和“制导”行为方式为目标，具有强烈的认识方法、价值导向和行为规范的功能。人文社会科学的科学性与其合理的价值导向之间既不是对立的，也不是互斥的，而是有可能得到统一和协调的。在新的历史条件下，大力发展人文社会科学，充分尊重人文社会科学的学科规律，合理发挥其在社会实践中的价值导向与行为规范功能，对于正确认识和处理当前复杂的国际关系，把握新世纪人类文明走向，推进当前的改革开放和社会主义现代化建设，促进中华民族在21世纪的伟大复兴，都有着极为重要的意义。

一、正确认识人文社会科学的科学性和价值导向性

对于人文社会科学的性质和特点，国内外学术界一直存在着价值中立说与价值非中立说的争论。争论的焦点在于如何理解人文社会现象的价值特性和人文社会科学研究的社会功能。在我们看来，人文社会科学的导向和规范功能，根源于人文社会现象所具有的价值性，体现着人们对于社会价值和意义的自觉理解和追求，同时也表明了人文社会科学研究的根本目的，这就是帮助人们从事科学认识，引导大众的价值观念，规范人们的行为方式。

人文社会科学研究以人文社会现象为对象，而人文社会现象是事实与价值的统一，在价值特性上具有功能的非中立性和价值多元性。这正是社会事实区别于自然事实的重要价值特点之一，也是人文社会科学有别于自然科学的关键之处。

自然事实是自然物质运动变化及其对人类的影响和意义。这种影响和意义是不以社会中人们之间的利益差别、阶级分化和价值冲突为转移的，它对所有人一视同仁、同等呈现、同样发生作用，具有功能的中立性和价值的同一性。相应地，人们对它们的科学认识和价值评价也比较容易达成一致和共识。也就是说，相对而言，自然认识的真理性比较容易通过统一的科学手段来加以检测和验证，而自然评价的合理性也容易找到比较一致的评价标准来加以评估和认定。

社会价值事实，即社会历史主体与社会历史客体之间的价值关系

及其实现状态，包括通过主体的创价活动而在主体与客体之间实际交互作用所产生的实际结果、作用、功能和效应等。任何社会事件或活动都是人们出于一定价值需要而在一定目的的支配下发动和发展的，服从于并体现着人们对活动结果及其功用的价值追求。因此，在正常情况下，这种活动及其结果的正价值往往只是对于活动的发起者而言的，而对于其他社会成员而言，情况会有所不同，也许是正价值，也许是零价值，也许是负价值，这取决于他们的实际利益和价值取向与该事件及其结果的实际价值关系。

在存在利益分化和价值取向冲突的条件下，同一社会事件或社会政策对不同的社会成员的价值意义有所不同，甚至根本相悖。这不仅是必然的，也是必要的，是一定社会事件之所以能对一些人发挥功效的必要条件。社会事件的价值意义依不同价值主体而有所不同，甚至根本相反，这就是社会事件在功能上的非中立性和价值多元性。一定社会事件所带来的效果并非对所有人都是积极的，而是有所指向的、非中立的，对于不同价值主体不是完全同一的，而可能是不同的、多元的。人们正是在这种价值多元的、复杂的社会环境中进行价值选择，从事价值创造的。

作为一种科学研究，人文社会科学研究要坚持客观性的原则，就必须直面人文社会现象的这种价值非中立性特征，不仅应将其作为客观的事实来加以描述，而且应当对其影响和意义做出合理的理解和解释，对其价值功能做出必要的评价，以决定对其的褒扬贬抑和取用舍弃。因此，人文社会科学既应当成为现实社会各种复杂利益关系和各种价值取向及其缘由的正确理论表现和深度理论阐发，又应对人们正确认识、评估、确立、调整以至更新利益关系和价值取向发挥积极的引导和规范作用。

当然，人类社会生活中的不同具体现象的价值特点和价值强度有所不同，相应地，人文社会科学中的不同具体学科的价值性和价值相关度也有所不同。有的人文社会科学学科更接近于自然科学，有更多的客观性、普遍性、大众性、价值中立性和说明性，可以更多地借鉴自然科学的研究方法；有的学科则离自然科学更远，有更多的主观性、个别性、阶级性、价值非中立性和理解性，更需要人文社会科学的独特方法。

在人文社会科学的诸多学科中，借助于一定的标准，大体上可以排出一个由客观性向主观性、由个别性向普遍性、由大众性向阶级性、由较多的价值中立性到较多的价值非中立性以至价值对立性变化的序列。但从总体上说，随着人类实践和科学的发展，即便是自然科学和工程技术也越来越展示出它们与社会和人性的交界面，并产生出越来越强的人文社会效应，越来越引人注目；人文社会科学的价值性和规范性也越来越突出，需要人们特别加以关注。那种希望以纯粹客观性和中立性的方式来看待和要求人文社会科学的观点，如果不是出于某些特殊的目的，就只能是一种多少脱离实际的理想甚至幻想。

二、自觉坚持和发挥人文社会科学的规范和导向功能

应该承认，在阶级社会中，人文社会科学的价值导向性和行为规范性与社会的阶级性和意识形态性内在相关，存在着利益的根本分化和价值取向的尖锐冲突，这是阶级社会最根本的价值特点，也对阶级社会中的人文社会科学研究发生着深刻的影响。在阶级社会中，物质利益的分化与冲突必然导致价值取向的分化与冲突。阶级矛盾和阶级斗争是不同阶级、阶层和集团之间根本利益和价值取向冲突的集中表现。正是不同个体、阶级、阶层、集团、政党、社会群体以至国度内部及相互之间在根本利益关系上的相同、相关、相异、相斥等，构成了复杂的社会利益关系网络体系，成为阶级社会中价值关系和价值生活的最根本的现实。而又正是他们之间为了实现各自利益而以一定的方式或相互联合、相互协作，或相互抵制、相互排斥，或相互贬损、相互冲突的价值行为，构成了阶级社会中价值运动和价值演进的根本动力。

当代世界正经历着经济全球化和世界一体化的深刻变革，但这并没有取消各民族、各阶级、各国家和各种文化形态之间在价值观念和意识形态方面的矛盾与冲突。区域经济一体化正在以其特有的方式加速世界的多极化进程。东、西、南、北之间的差距和纷争，从根本上说就是根本利益和价值观念的分化与对立。

多年来，西方发达国家从来也没有放弃和淡化过他们的意识形态立场和文化价值观念，甚至力图将其尽快彻底推行到全世界。各民族国家，尤其是发展中国家，如何在全球化的背景下保持自己的主权独立和文化价值，已经成为十分紧迫的普遍性问题。

国际共产主义运动一个多世纪以来的风风雨雨，也记载着社会主

义与各种非社会主义思潮、运动和制度之间的复杂斗争。当代人文社会科学正是在这种复杂纷繁的社会价值条件下存在和发挥作用的，从而必然受到价值性、阶级性和意识形态性的影响。

马克思主义与非马克思主义、社会主义与资本主义、世界主义与种族主义、集体主义与个人主义、公有与私有、计划与市场、传统与现代、东方与西方、民主与专制、法治与人治、公平与效率、自由与纪律等，都会在人文社会科学的理论内容和实际运用中非常突出地表现出来。这种情况既无法回避，也不可能彻底超越，只能客观地加以研究，正确地进行对待，并在此基础上确立我们科学、合理的主导思想理论和价值观念。

应当看到，西方社会的意识形态和文化价值观念正在作为一种"强势价值"和"霸权话语"并借助于各种手段推向全球，如果我们单方面承认和主张淡化意识形态和价值观念，这就只能一种不切实际的愿望，只能意味着妥协、放弃和服从。

我们应当在新的历史条件下更好地认识和把握极为复杂、多变的世界格局和人类文明走向，更好地坚持马克思主义、毛泽东思想、邓小平理论，充分发挥共产党始终作为最先进生产力、最先进文化和最广大人民群众利益的根本代表的地位和作用，加速推进中国特色社会主义市场经济和现代化建设，更快、更好地建设一个独立、民主、富强的新中国。

三、促进科学认识、价值导向与行为规范的合理统一

人文社会科学研究的最根本目标和最重要功能是促进人类社会的健全、和谐与持续协调的发展，因此，人文社会科学不仅应当是描述性的，而且应当是规范性的。它不仅要尽可能客观、真实地描述人文社会运动的历史和现实"如何"，还要尽可能准确、合理地发掘和展示其价值和意义"怎么样"，并在此基础上对社会发展的未来"应如何"做出具体的规划和预见，提出理想的社会模型，以其引导和规范人们的现实活动模式，使之成为趋向未来理想目标的积极力量。具体说来，人文社会科学的导向与规范功能主要分为以下三个基本方面。

1. 正确认识与理解社会客体的历史和现状、本质和规律

这体现着人文社会科学研究的合规律性方面，也是唯物主义认识

论的基本要求。这有两个方面的具体内容：一是作为研究对象，人文社会现象对于人文社会科学研究有其客观的对象性要求——要求人文社会科学研究依据人文社会现象本身的性质、特点和规律而展开；二是人文社会科学研究活动所特有的认识规律和评价方式等对于每一个具体的研究者具有规范性要求——要求人文社会科学研究者自觉遵循人文社会科学研究活动的规律与法则。合规律性正是人文社会科学研究作为一种科学研究活动所具有的客观性的一种具体表现。只有自觉地按照人文社会运动的规律和人文社会科学研究的规律来从事科学和学术研究，人文社会科学研究才能合理、有效地展开，并且有所成就，最终达到研究的目的。

2. 合理判断与评价社会历史客体的价值和意义

这体现着人文社会科学研究的合目的性方面。人文社会科学研究应当有自己的价值取向和发展目标，这种价值取向从根本上是服从于社会发展和历史进步的价值导向的。社会发展的价值目标对于人文社会科学研究具有导向和制约的作用，人文社会科学研究只有在这种目标和导向的方向上和范围内活动才是正当的和应当的。这也有两个具体方面：其一，人文社会科学研究要关心人们的价值追求和社会历史运动中的价值导向问题，并对其做出必要的引导和规范；其二，人文社会科学研究要坚持自己的研究目的和价值导向。人文社会科学研究的重要目的就是为人们提供科学、合理的认知模式、思维方式、价值观念和评价体系，增强人们对于人文社会现象的认识与评价能力和社会总体的自我认识与自我评价能力。作为一种现实的社会活动，人文社会科学研究本身就是现实社会运动的内在组成部分，但又是其中具有观念指导和价值导向的一部分，有其特别的社会功能。人文社会科学研究只有按照这种目的和方向来要求和发展自身，才能发挥出自己的社会作用和功能。

3. 指导与规范人们的思想和行动

这体现着人文社会科学的合规范性方面。人文社会科学研究的最终目的是要规范人们的行为，指导人们的实践，为此它必须关注社会行为的合理化问题，并且将建立科学、合理、有效的社会行为规范体系作为自己的重要任务，为社会行为的规范化发展做出自己的贡献。合规范性本质上是一种批判性，它要求暴露各种不合规范的行为及其后果，揭示其形成的复杂原因,探寻克服这些弊端的途径和手段,建立起正当、合理、有效的社会行为规范体系。而为了达到这种目的,人文社会科学的研究者首先应具有规范意识,重视行为规范,强化自我约束,使自己的行为成为趋向科学合理的价值目标并能切实、有效地展开的规范性活动。

人文社会科学以上三个方面的功能分别体现着客观社会对象、主体价值取向和社会行为约束等方面对于人文社会科学研究的影响和规定,也体现着人文社会科学研究作为一种积极的主体性活动所应当遵循的原则和服从的要求。应该说,为人们提供科学的社会理论和认识方法,增强人们认识社会和自我的能力;为社会提供正确的价值观念和评价体系,增强人们从事社会评价和自我评价的能力;为社会提供恰当的活动规范与行为准则,增强人们自我规范与自我发展的能力,这正是人文社会科学三位一体的主要功能。它们内在相关的、有机的结合,统一于人类认识和实践的一体化发展过程中,实现着人文社会科学的根本社会价值。而这也是社会对于人文社会科学研究的基本期盼,是评价人文社会科学研究的价值意义的重要标尺。

人文社会科学的上述功能是在多重批判、多重导向和多重建构中得到实现的:一方面从合理的实践出发来科学地批判已有的社会理论和价值观念,使思想理论趋于科学化,使价值观念趋于合理化,另一方面依据新的思想理论和价值观念来科学地批判社会现实和社会行为,使社会现实趋于合理化,使社会行为趋于规范化;一方面在发展了的社会实践基础上从事理论批判和价值建构,用科学的理论武装人,用合理的价值观念引导人,另一方面依据更新了的理论从事实践批判,使之变得更加自觉、合理和有效;一方面观念地建构更加合理、美好的人文社会科学理论,使之更有说服力和震慑力,并能够转换为大众手里的科学思想武器和方法,另一方面观念地建构更加科学、合理的人文社会科学蓝图,使之更有号召力和感染力,更为大众所自觉接受,并能为之而努力奋斗;一方面依据新的人文社会科学理论不断建构更加美好理想的现实社会,另一方面依据发展着的社会现实去不断地发展人文社会科学理论。正是在这种观念与现实、批判与建构、观念的批判与实践的批判、观念的建构与实践的建构的交互作用中,人类社会文明才能不断发展,人文社会科学也才能不断进步。

第十一章　人文社会科学研究的范式转换与方法论创新

人文社会科学研究能否积极推进范式转换与方法论创新，决定着其能否满足我国迅速发展的现代化的要求。在反思人文社会科学研究中存在的“失范”状态后，笔者对人文社会科学范式转换的基本方向做了预测，认为人文社会科学应在宏大趋势与专注细节之间保持张力，在同一性、简单性与多样性、复杂性之间保持张力，在事实与价值、真理性与合理性之间保持张力，在科学性和意识形态性之间保持张力，在定量化的实证性研究与非量化的解释性研究之间保持张力，并探析了人文社会科学发展所需要的哲学基础。

新世纪我国人文社会科学能否有效实现高速发展的中国现代化的殷切期待，取决于其能否自觉地推进研究中的观念变革、范式转换与方法论创新。本文反思当前我国人文社会科学研究中的“失范”状态，预测人文社会科学研究范式转换的基本方向，探索人文社会科学的哲学基础，提出了推进人文社会科学范式转换与方法论创新的基本思路。

一、重视研究范式的转换与创新

在当代中国社会现代化的伟大历史进程中，人文社会科学担当着重大的历史使命，这就是为社会文明进步提供必要的理论支持和方法论指导，促进民族自我意识的时代性提升，提升各级领导的科学认识和决策水平，提高社会大众的行为规范和合理化水平。然而我国人文社会科学的现状还远不能满足社会实践的需要，正是在这种意义上，中央领导高度重视人文社会科学的繁荣与发展，并明确要求通过理论创新推进科技创新、制度创新、文化创新和其他方面的创新。对于成熟的政党和成熟的社会来说，思想理论的转换与创新应当在社会变革与发展中发挥先导作用。那么，理论创新从何入手呢？这可以从各方面来加以探讨，我们认为，研究范式的转换具有某种先导的作用。范式是研究的背景、视野、视角、思路和方法等的整合，对研究活动具有制导和规范的功能。一定的范式成就一定的理论，也可能成为理论进一步发展的桎梏。从这种意义上讲，理论的创新，首先要求研究范式的转换，要求方法论的创新。[①] 对此，我们应当给予高度的重视。

研究人文社会科学范式转换具有重要的意义。其目标可以概括为争取实现五大转换：其一，由一般性重视人文社会科学转向具体探索更好发挥人文社会科学功能的自我实现条件；其二，由一般性倡导理论创新转向具体探索人文社会科学的范式转换和方法论创新问题；其三，由一般性重视范式和方法在科学研究中的作用转向具体深入探析人文社会科学范式转换的基础和方向；其四，由一般性重视人文社会科学哲学转向具体探索人文社会科学的本体论、价值论、评价论、解释学和方法论基础；其五，由对社会认识论和人文社会科学哲学的一般性探索转向具体探析其中的某些关键性问题，从而走向可行性和可操作性的层面。

---

① 欧阳康.人文社会科学哲学[M].武汉：武汉大学出版社，2002：导论.

二、反思人文社会科学研究中的“失范”状态

所谓“失范”不是没有规范或范式，而是缺乏足够科学合理和有效的范式。对此，可从以下几个方面来加以检讨。

1. 对于西方人文社会科学研究范式的简单照抄照搬

20世纪以来，尤其改革开放以来，国外各种社会与学术思潮涌入中国，各种人文社会科学研究方法也同时被引入，如实证主义、人本主义、精神分析、实用主义、语言分析、现象学、解释学、结构主义、解构主义、后现代主义，等等。它们都直接或间接地影响甚至改变着中国人文社会科学的观念和研究格局，其作用有积极的方面，但也存在食洋不化、简单搬用的情况。如果说在一定的时期里借鉴西方人文社会科学的研究范式有其必要性和可能性的话，则今天我们应当立足于我国人文社会科学20多年来取得的丰硕理论成果，吸收优秀历史文化遗产，努力做出符合时代的理论和方法论创造。

2. 克服对于马克思主义某些理论原则的简单化理解和简单套用

要注意克服对于马克思主义某些理论原则的简单化理解和在相关人文社会科学研究中的简单套用，克服以不正当的意识形态需要来冲击或取代学科发展和学术研究。中国的人文社会科学研究应当坚持马克思主义的指导地位，这是不言而喻的，但必须以发展着的马克思主义来指导，并以此来发挥和提升马克思主义哲学的当代价值。20多年来，我们努力消除对于马克思主义的种种简单化和教条化的理解，力图在“回到马克思”或“重新理解马克思”的旗帜下发掘和阐发马克思主义的当代性和当代意义，并取得了积极的成果。目前的任务是一方面巩固和发展这方面的研究，另一方面更加积极主动地将这些成果转化为科学合理的研究范式与方法，从而更好地发挥其指导功能。应当看到，马克思当年提出的关于“人的科学”的思想迄今仍然具有非常积极的启发意义，应当在新的历史条件下加以发掘和发挥。人文社会科学的发展既是马克思主义在当代中国发展的重要学术基础，也是其发挥社会作用的重要场所和领域。

3. 克服学科际的壁垒与隔障

长期以来，我们在自然科学普遍范式与人文社会科学特殊范式之间的关系上左右摇摆，要么不加分析地简单套用自然科学范式和方法，

要么完全加以拒斥。人文社会科学的具体学科之间也存在着明显的“学科壁垒”和“范式隔阂”,有些甚至存在严重的误解。某些研究者存在很浓的“学科沙文主义”“学科歧视”和“话语霸权”倾向。这些都妨碍了各学科的健康发展和学科际的有效沟通,妨碍了当代学术的新分化与新整合。

4. 消除妨碍人文社会科学范式转换和创新的消极因素

要注意消除妨碍人文社会科学范式转换和创新的种种消极因素,比如:新旧范式的“通约性”和“比较性”障碍,阶级、意识形态、文化、种族、民族、宗教信仰的差异、对立及对于人文社会科学研究的影响,意识形态与科学性、真理性与合理性在人文社会科学研究中的合理调试,人文社会科学与自然科学在基础和本质方面的相通与相异,不同学科、学派之间的“门户之见”,严密求实的科学态度和宽松自由的学术氛围的养成,等等。

三、预测人文社会科学范式转换的基本方向

从总体上看,我们应依据我国的情况来批判性地借鉴与合理运用西方人文社会科学的积极成果与方法,吸收中华民族优秀思想文化精华,提升和转化20多年来我国人文社会科学研究的丰硕成果,建构一系列能够适应知识社会并具有民族特色、本土风格和有效功能的人文社会科学研究范式与方法论原则。在当前要特别注意以下几个方面。

1. 在宏大趋势与具体细节之间保持张力

过去,我们的很多研究仅停留于一般的概念推演层面,既缺乏必要的理论高度,忽视了对于元问题的总体性思考,也缺乏对于具体问题的细致性思考。深入的研究应当是“顶天立地”的,一方面要求重视对宏大趋势和整体结构的把握,另一方面要能深入具体的细节和要素之中。只有在整体和系统的指导下去把握内部层次、结构和要素,又在基本要素、单元关系的基础上去把握整体和系统,才能达到人文社会科学的全面性要求。

2. 在同一性、简单性与多样性、复杂性之间保持张力

人文社会有机体既有与自然界相似和相同的客观性、普遍性、简单性、基元性、稳态性、必然性、重复性等,存在着线性因果关系,更有超越于自然现象的主观性、个别性、复合性、有机性、过程性、随机性、不可逆

性，存在着非线性因果关系，从总体上看是一个多因素、非线性、相互作用的有机复杂系统。过去我们比较多地关注人文社会科学与自然现象之间的相似性方面，自觉或不自觉地贯穿着一种简单性和还原论的原则，忽视了对于人文社会现象的特殊性和复杂性的探索，因而在实践中往往陷于简单化、一刀切，脱离了人类社会生活的实际。现代自然科学已经或正在走向复杂性，人文社会科学研究更应趋于复杂性和有机论。现代系统性科学和复杂性科学为人文社会科学研究提供了极为重要的方法论指导。

3. 在事实与价值、真理性与合理性之间保持张力①

人文社会科学研究也要面对事实，但这种社会事实与具有价值中立性的自然事实不同，是一种价值事实，具有价值多元性或价值非中立性。以各种形式自觉展开的社会活动都有一定的价值指向性，其结果均服从于和服务于一定价值主体的需要。在存在着利益差别的个体、群体、民族和国度之间，这种价值非中立性和价值指向性还常常造成价值取向和价值观念的冲突。一定主体的价值实现往往必然甚至必须以牺牲他人的价值为条件和代价。这种社会价值事实的内部冲突不仅作为一种对象性事实而影响到对它的认识和评价，还直接影响到作为社会成员的人文社会科学研究主体，对他们的认识活动和评价活动及其结果造成干扰和影响。这也从另一个侧面妨碍着人文社会科学研究的客观性和评价的公正性。在这种意义上，人文社会科学研究不仅有对于真理性的追求，还有对于价值和利益的追求，面临着合理性的问题。在这种背景下，我们应加强对于人文社会科学中价值事实和价值评价问题的研究，追寻真理性与价值性的科学、合理与统一，为建立更加科学合理的价值评价指标体系提供价值论和方法论指导。

4. 在科学性和意识形态性之间保持张力

人文社会科学研究有其科学性和学术性的要求，也必然受到价值性尤其是意识形态性的影响和制约。在阶级社会中，人文社会科学的价值导向性和行为规范性与社会的阶级性和意识形态性内在相关。阶级社会中物质利益的分化与冲突必然导致价值取向的分化与冲突。当代世界正经历着经济全球化和世界一体化的深刻变革，但这并没有取

---

① 欧阳康.合理性与当代人文社会科学[J].中国社会科学，2001(4)：16-25，203.

消各民族、各阶级、各国家和各种文化形态之间在价值观念和意识形态方面的矛盾与冲突。区域经济一体化正在以其特有的方式加速着世界的多极化进程。东、西、南、北之间的差距和纷争，从根本上说是因为利益需要和价值观念的分化与对立。多年来，西方发达国家从来也没有放弃和淡化过他们的意识形态立场和文化价值观念，甚至力图将其尽快彻底推行到全世界。各民族国家尤其是发展中国家如何在全球化的背景下保持自己的主权独立和文化价值，已经成为十分紧迫的普遍性问题。

5. 在定量化的实证性研究与非量化的解释性研究之间保持张力

从方法论上来看，借鉴自然科学的实证化和定量化方法对于人文社会科学研究的当代发展仍然具有非常重要的意义，是促使人文社会科学成为比较严密的科学的基础性方面。但由于人文社会问题的复杂性、多样性，尤其是涉及精神的交流和思想的沟通，人文社会科学研究具有个性化、非量化和多义性的特点，因此又必须运用理解和解释的方法。西方实证主义和人本主义在描述、说明与理解、解释之间划出一条绝对的界限，搞非此即彼。在我们看来，说明和理解之间并不是完全对立、水火不容的，而是可以相互补充的，这里问题的关键是要自觉地立足于人文社会现象的复杂性和多样性，并在其间保持张力。多样的和复杂的人文社会现象不可能用单一的方法加以把握，而需要对多种多样的方法的综合性运用。我们认为，人文社会科学研究既应当是实证性的，也应当是规范性的，既应重视文本的制约作用，又应注意解释和理解的相对性和个体性，努力建构科学合理的解释模型，以特殊有效的方式合理地进入和走出社会理解中的解释学循环。从心态的角度来看，由排他、互斥走向共生、包容，也许是发展当代人文社会科学最为重要的前提条件。

四、探索人文社会科学的哲学基础

当代人文社会科学的发展需要更加坚实的哲学基础，为此需要从各方面展开思路。

1. 探索人文社会科学的本体论基础

在近代西方科学哲学的发展历程中存在着一种拒斥形而上学的倾向。实际上，本体论作为一种真正的哲学问题是无法回避也无法抛弃的，本体论思维方式集中体现着哲学思维最为重要的致极性和超越性特征。[①] 人文社会科学研究需要自己的本体论基础，这就是社会历史本体论，即对作为研究对象的人类社会历史的本质追问和规律性探析。历史唯物主义使人类社会的自我认识在历史上第一次达到了科学，但它也需要不断地发展。我们认为，应当在自然历史过程、自主创造过程和自我意识过程三者的统一中理解人类社会历史，并从自我意识的高度来定位人文社会科学在人类精神生活中的指导地位和导向作用，以为人文社会科学研究提供哲学意义上的对象性前提和方法论基础。

2. 探析人文社会活动的价值论基础

人是追求价值和创造理想世界的高等动物，人类社会活动区别于动物本能活动的关键之处就是对于价值的追求与创造。只有从价值论的角度考察社会历史和人文社会科学研究活动，才能把握住人类社会生存发展的本质规定，揭示出人类文化创造与传承的真谛。当前我国的改革开放和社会主义市场经济建设，实际上是价值观念的一次根本性变革。它要求我们立足于真正的马克思主义和社会主义，对中国传统文化价值观念和当代西方文化价值观念进行一种新的整合与创造，在经济、政治、思想、道德、文化和社会生活的各个方面各个领域中建构起一整套科学合理的思想理论和价值观念体系，并使之成为全民族的共同意识和自觉选择，以促进全民族的意志统一，激励他们共同奋斗。而这又不可能自发地实现，这就必须大力发展人文社会科学，对转型期的中国与世界进行全面系统的专门科学研究，在此基础上有效发挥人文社会科学的科学认识、价值导向和行为规范功能。

3. 探析人文社会科学研究的解释学基础

人文社会科学研究首先是一种认识活动，但又不是传统意义上的纯粹认识活动，而是包含着价值评价和意义阐释的活动，因此也是一种解释学意义上的活动。过去我们仅仅从认知的角度来看待和考察人文社会科学，现在看来是非常不够的。人文社会科学作为人类社会自我认识的专门化和理论化形式，有其解释学的内涵，对此需要进行专门研究与深入探讨。

---

① 欧阳康，张明仓. 马克思本体论批判的价值取向及其当代意义[J]. 中国社会科学，2002(6)：47-57，205.

五、激发人文社会科学研究的方法论创新

知识经济和信息社会对当代人文社会科学的创新既提出了紧迫的要求，也提供了极好的机遇。人文社会科学创新包含思想观念创新、研究范式创新、理论内容创新、结构与体系创新、方法论创新、管理模式创新等。范式转换与方法论创新在其中具有前提性和决定性意义。具体说来，方法论创新应当从以下方面全面展开。

1. 大视野

在研究视野上，应当关注当代人类实践、科学和哲学的最新发展，立足于全球化和知识经济的发展趋势来看人文社会科学的当代发展，注意把握人文社会科学与自然科学和工程技术的内在相关性。

2. 新模式

在研究模式上，从亦步亦趋地推介国外人文社会科学成果转为利用一切优秀人文社会科学资源来解决当代中国的人文社会问题；特别注意创造性地阐发并运用马克思关于“人的科学”的思想及其在当代的方法论意义，积极开展晚期资本主义社会批判与文化批判，探索中国特色社会主义的特殊困难与问题，造就一种积极主动具有自我诠释及保护功能的既本土化又具有世界视野和自我创新功能的中国人文社会科学研究体系或模式。

3. 多视角

在研究思路上，由单一的和分化的研究思路走向多视角和多样化的研究思路，由个体化的单兵作战转向群体性的协同攻关，由单纯的认知转向认知、解释、评价、预见、决策等的统一，由被动防守转向主动进取，由阐释、论证转向批判、反思、建构、创造。

4. 综合化

在研究手段上，特别注意跨学科的交叉与整合，重视第一手的调查统计与科学研究，自觉运用现代系统科学的理论与方法，探索复杂性、巨系统、多变量、个性化的人文社会系统工程及其复合性解释系统与实践运作。

第十二章　加强理论创新提升民族精神

理论创新在当代中国的改革开放和社会主义现代化建设中具有极为重要的作用和功能，在实践基础上的理论创新应当成为社会发展和变革的先导，并进一步推动制度创新、科技创新、文化创新以及其他各方面的创新。新中国成立以来，中国共产党的理论创新过程，就是一部带领中华民族不断奋斗的史诗，塑造了伟大的民族精神。笔者认为加强理论创新，需要做到以下几点：重视理论创新的特殊功能；超越理论创新的现实障碍；发挥理论创新的先导作用；透析理论创新的特殊困难；树立复杂性思维。

理论创新在当代中国的改革开放和社会主义现代化建设中具有极为重要的作用和功能，在实践基础上的理论创新应当成为社会发展和变革的先导，我们应当努力通过理论创新推动制度创新、科技创新、文化创新以及其他各方面的创新。应该说，毛泽东思想、邓小平理论、"三个代表"重要思想、科学发展观等，都是中国共产党人在中华民族近代发展史上最为重要的理论创新，表明了我们党在思想理论建设中的高度自觉性，意味着中华民族的自我意识在理论层面的一次时代性升华。对于人文社会科学工作者来说，最为重要的就是要把贯穿在其中的创新精神、批判精神、开拓精神自觉地贯彻到理论研究的各项具体工作之中，解放思想，实事求是，与时俱进，大力推动自己在各个方面、各个部门和各种具体问题研究中的思想探索与理论创新。应该说，这是高速发展的中国特色社会主义现代化建设对于哲学社会科学创新所提出的紧迫要求，对于进一步全面提升中华民族的民族精神具有至关重要的作用。

一、重视理论创新的特殊功能

理论是民族精神的核心。就其科学内容及其正面表达而言，哲学社会科学可以看作是理论化、系统化的民族精神。从发生学的意义上看，一定民族在其产生和形成的过程中必然要求造就一定的民族精神，它是一定民族赖以生存和发展的精神支柱，是一定民族成员生产和生活不可或缺的精神家园，也是民族凝聚与民族整合不可或缺的精神力量。随着一定民族的发展与成熟，民族精神也在不断系统化、条理化、规范化，不断地向着理论层面提升，走上学科化和科学化的发展道路，也就相应地产生了我们今天所说的人文社会学说和与之相应的人文社会科学。

1. 社会认识的三个层次

随着作为学科的人文社会科学的形成，一定民族的精神世界也就相应地发生层次性和功能性的分化。按照社会认识论的理解，大体可以分为三个基本的层面：日常的社会心理层面，决策的社会规划层面，阐释的社会理论层面。[①] 日常的社会心理层面的精神现象主要是民族

① 参见拙著《社会认识论导论》(中国社会科学出版社 1990 年版)第 6 章。

大众在日常生活中对于所在社会的即时社会现象的直观性认识和反映，与大众传播媒体的作用密切相关，并以一定的社会思潮与社会心理的形式表现出来，具有直观性、零散性、多样性、流动性和易变性等特点，既直接来源于生活，但又影响着人们的现实生活。决策的社会规划层面的精神现象主要是社会管理和社会决策人员和机构对于社会事务的运行、发展与变革的认识、规划和决策，既依托于一定的社会思潮和社会心理基础，又在一定的社会理论的指导下进行，并通过一定的组织系统而实施，具有前瞻性、规范性、组织性、操作性等特点。阐释的社会理论层面的精神现象以人文社会科学为主要学科形式，以深度揭示和解释社会本质与规律为基础，以建构科学合理的社会生产方式、生活方式、思维方式、情感方式、价值观念、理想信念为价值导向，为民族凝聚和发展提供理论支撑和精神保障，具有系统性、深刻性、解释性、相对稳定性和价值导向性等特点，是对人类或一定民族的精神世界在社会理论层面上的集中表达。正是在这种意义上，马克思说过，真正的哲学必然是时代精神的精华。哲学社会科学的使命就是使一个民族的民族精神不断地在理论层面上得到提升。

民族精神不是一种永恒不变的东西，而是随着时代的发展不断变化和发展的。民族进步要通过民族精神的时代性提升来表达，也需要发展着的社会理论来指导。一般说来，这种发展过程是一个以社会心理的优先变动为先导，进而引起社会规划与社会决策的相应变革，引起社会理论更新的动态过程。在这种意义上，理论变革的进展一般相对滞后于社会实践和社会心理的变化，它主要是对社会发展和社会思潮变迁做总结、概括和提升。但人们在思想和理论层面的自觉性程度和预见性水平的不断提高，客观要求理论变革走在社会实践与社会发展的前面，以便超前发展，预见社会发展未来，指导现行的实践。这就是理论的先导功能。

2. 马克思主义的中国化历程

回顾中华民族在20世纪的思想历程，我们看到，社会理论的每一次时代性变革都要求并带来了民族精神的时代性提升。孙中山的三民主义，表达了中华民族的先进思想家在没有接触到马克思主义之前所能达到的最高理论水准，为近代民族的觉醒和奋起奠定了一定的思想基础，开拓了中国旧民主主义革命的历史进程。毛泽东思想的产生、形成和发展，是马克思主义与中国无产阶级革命实践相结合所产生的最重要的理论成果，是在民族危亡和争取国家主权独立时期中国化了的马克思主义。它代表着中华民族自我意识发展的时代性水平，开创了中国新民主主义革命的全新阶段，为中华民族的解放和中华人民共和国的建立奠定了最为重要的思想理论基础。邓小平理论是马克思主义与中国社会主义建设实践相结合所产生的重要理论成果，是在新的建设与发展时期中国化了的马克思主义。中国特色社会主义现代化建设的理论与实践，不仅消除了过去人们对于马克思主义和社会主义的种种思想误区，而且高度激发中华民族的聪明智慧并将其有效组织起来，凝聚成为发展生产、振兴经济、促进民族伟大复兴的巨大力量。"三个代表"重要思想则在高新科学技术革命和经济全球化深入发展的时代性背景下，从党的建设的思想高度上为社会主义的发展指出了更加明确的探索和发展方向①，而它的全面落实和实现则要求全民族有更高的自觉性和更加有效的创新性。

3. 发挥理论的先导功能

由此我们看到，随着时代的发展、民族的进步、民众活动中的自觉性的增强，理论的先导功能显得越来越重要。而理论要发挥先导功能首先要求理论本身具有创新性，因此理论创新成为实践创新、制度创新、文化创新和一切创新的先导。马克思曾经指出："正确的理论必须结合具体情况并根据现存条件加以阐明和发挥。"②因此，真正的哲学不能满足于仅仅做"密纳发的黄昏才起飞的猫头鹰"，跟在实践的后面总结经验，批判反思；而应当成为"高卢雄鸡"，报晓黎明，预示未来，引导先进。因此，哲学社会科学的发展与变革应当先于社会历史的发展与变革。正是在这种意义上，我们可以说，哲学社会科学的创新对我们民族精神的创新肩负着一种特殊的历史责任——要把它由不自觉提高到自觉，由比较低的层次提高到比较高的层次，由不成熟提升为成熟，并使之能够沿着科学化和合理化的道路不断提升。这也就是哲学社会科学创新的功能。

---

① 欧阳康."三个代表"思想与21世纪的中国与世界[J].理论月刊，2002(12)：7-12.

② 马克思恩格斯全集：第27卷[M].北京，人民出版社，1972：433.

二、超越理论创新的现实障碍

理论创新何以成为当今中国的一个重要话题？我们认为，这突出表明了民族进步对于理论创新的需要与我们在理论创新方面的不自觉、不得力之间所形成的巨大反差。为什么当前我们的理论创新不能满足社会的现实理论需求？除了大众的创新自觉性还非常不够以外，实际生活中也存在着若干妨碍创新的障碍，需要大力加以克服。

1. 克服价值因素对理论勇气的阻碍，大力增强勇于创新的锐气

人文社会科学的创新与自然科学和技术的创新有许多共同点，但由于对象的差异而有一种根本性的不同，这就是它所指向的不是价值中立的自然事实，而是价值非中立和具有多元性的社会事物。因此，它不仅仅是一种认知和思维活动，而且是、甚至更是一种理解和价值活动，是一种功利性极强的利益调整活动。人文社会科学的创新往往意味着对原有的话语格局、政治格局、经济格局、文化格局的打破，意味着对于话语权利、政治权利、经济权利和文化权利的再分配。从某种意义上讲，在创新的时代，具有更强的创新能力的人将优先掌握新的话语权利、新的政治权利、新的经济权利以及新的文化权利。既然是一种利益的再分配，也就会产生出新的权利、格局与旧的权利、格局之间的碰撞。在这种碰撞面前，是否有足够的理性，尤其是是否有足够的勇气去突破各种形式的压制与束缚，就成为一个关键性的问题。改革是创新，但改革与创新不能不受到来自各方面因素的影响与制约，有时还要付出很大的代价，做出很大的牺牲。迄今为止，我们的社会对于创新的接受度和宽容度还是非常有限的，需要不断地提高。在某种意义上，呼吁创新就是要提高各方面对于创新的接受度和容忍度。我们今天处于一个有利于创新的大好时代，大家都在呼吁和期盼创新，但是如果在实践创新的过程中，我们不能勇敢地突破原来的话语、政治、经济、文化格局等，创新就无异于是一种空想。有学者提出理论创新要有冒险精神，不仅要尊重权威，还要敢于挑战权威、超越权威，这样才能超越创新困境。这实际上提出了创新在整个社会发展中的必要性与它所面临的各种制约因素之间的巨大碰撞。

2. 克服人的惰性与社会不良因素障碍，大力提升理论创新能力

我们都对中华民族在21世纪的伟大复兴寄予厚望，但是我们还有必要从人性和民族性的角度来考察为什么我们中华民族今天如此强调创新。从民族性的角度来看,我们必须正视的一个历史事实,就是近代以来中华民族在世界现代化的进程中远远落伍,而这种落伍最重要的表现就是我们的创新精神和创新能力的落伍。笔者认为,就人处理与外部世界的关系的能力和功能方面而言,人性有两个基本的方面:一是消极的和被动性的方面,二是积极的和主动性的方面。而依据这两个方面,人性在活动中有两种典型的表现:一种是继承和守成性的活动,另一种是开拓和创造性的活动。对于具体的人来说,继承和守成的活动常常是现实的、显性的、直接的、大量的、常规的,开拓和创造性活动则常常是潜在的、隐性的、间接的、个别的、特异的。要把人的开拓性和创造性潜能真正发掘出来,不仅仅要求有相应的社会因素,还尤其需要人对自身、对人性的深度反思,需要对自己创造能力的深度发掘与发挥。在我们现实的人的生活中,开拓、创新并不都是自觉的,也不一定是快乐的。因为开拓、创新常常意味着困惑、困难、痛苦,甚至有可能引来灾难。在这种背景下,人性的发挥尤其是人的创造能力的发挥就尤其需要社会体制的激发与保障。

历史地看,长期占据统治地位的中国封建专制体制实际上约束和妨碍了中华民族的创新精神和创新能力。这种障碍因素来自政治的、经济的、文化的等多种方面,也与我们的教育体制有着深刻的关系。在中国实施了1300多年的科举制实际上是把我们的知识分子引导到了一个“八股文”的思维模式中。这种思维模式的特点是让思想在既定的框架中运动,让未来在过去的逻辑中运行,这当然很难得到真正的发现、发明与创造。20世纪里,我们先后陷入对当代资本主义、社会主义、马克思主义和中国传统文化的种种误解,导致了理论上和实践中的许多失误,这不仅妨碍了社会的发展与进步,也使得我们的民族自我意识中充满了种种迷茫与困惑。1978年的关于实践是检验真理的唯一标准讨论发生以来,通过一次次的拨乱反正、解放思想、超越误解、克服盲区,中华民族的自我意识得以合理恢复和健康提升,人民的个性意识得到了发掘和发扬,大众的聪明才智得到了发挥和释放,并且取得了前所未有的成果与进步。但这仅仅是一个开头。中华民族的伟大复兴要求伟大的精神支柱,呼唤着崇高的精神境界,需要伟大的创新精神。这造成了对于理论创新和实践创新的巨大需求,要求进一步解放和发展全党和全民族的创新能力。

三、发挥理论创新的先导作用

当前，我们特别强调理论创新是为了更好地发挥科学理论在中国特色社会主义现代化建设实践中的先导作用。改革开放初期，由于长期处于对现代化和社会主义的误解之中，对于社会主义和现代化如何在中国的大地上内在结合，还缺乏足够清晰的认识，而中国社会发展又不可能停顿和等待，因此我们只好“摸着石头过河”。应该说，这固然是一种无可奈何，却也表明了我们积极探索、谋求发展的勇气和魄力。30多年来，正是凭借着这种勇气和胆识，也凭借着全党和全民族的智慧，我国的社会主义现代化建设既在实践中取得了巨大的成就，造就了一个初步的总体性的小康社会，又在理论上取得了丰硕成果，这就是在实践中发展了马克思主义、毛泽东思想，造就了邓小平理论，形成了“三个代表”重要思想，提出了科学发展观等。新的实践需求和理论需求正是在这样的基点上形成的。

当前，全国人民都在为全面建设小康社会的发展战略和伟大目标而奋斗。这个目标既融汇了世界现代化发展进程的基本要求，又不是对西方现代化的简单照搬；既体现了社会主义的根本原则，又不是对社会主义理念的僵死套用；既要求自觉地向迄今为止人类所获得的一切优秀文明成果学习，更要求中华民族的自主创造和自我发展。因此，它既需要理论创新，也需要实践创新。为了使这样一场伟大的实践能够更加持续协调、适速高效和自觉合理地展开，理论创新必须走在实践创新的前面。科技创新、制度创新、文化创新和各个具体领域的创新都是既有各自的特殊内涵和运行规律，又都离不开哲学世界观的统摄，离不开人文社会科学价值论规范和方法论的指导。这就要求我们不断解放思想、实事求是、与时俱进、勇于开拓，善于在解放思想中统一思想，用发展着的马克思主义指导发展着的新的实践。

具体说来，理论创新对于民族精神的先导作用在当前突出地表现在以下几个主要方面。

（1）科学建构马克思主义的当代形态，确立邓小平理论和“三个代表”重要思想在当代中华民族自我意识中的核心和指导地位，促使全党全国人民更加自觉地坚持解放思想、实事求是、与时俱进、开拓创新的思想路线，建立和运用科学合理的思维方式和认识方法。

(2) 深化对于当代资本主义和当代社会主义的科学认识，继续超越对于它们的各种误解和教条化理解，完善中国特色社会主义的理论、原则和体系，为全面加速我国经济、政治、法律和执政党建设，促进社会各方面的和谐、持续、协调发展提供更加明晰的理论指导和价值导向。

(3) 深入认识世界现代化和经济全球化的历史趋势，立足中国的国情，合理建构全面小康社会的动态发展模型和有效实施步骤，使社会主义的伟大理想能够在全面小康社会中闪光，并产生对全体民族成员更大的感召力和吸引力，真正成为大众能够为之而自觉奋斗的共同目标。

(4) 深入认识世界文明发展趋势和中国传统文化现代化的科学途径，建构与社会主义现代化相适应的道德规范、理想信念和文化体系，促进科学文化与人文文化在实践中的沟通与融汇，切实提升全民族的思想水平、精神状态和道德境界。

四、透析理论创新的特殊困难

理论创新，这里主要是指人文社会科学创新，它既有特殊的必要，也面临着特殊的困难，是人文社会科学作为一种复杂性的科学对于理论研究的要求和挑战。要想自觉推进理论创新，就必须对人文社会科学的复杂性问题有足够清晰的了解和把握。

应该说，走近复杂性是当代人文社会科学探索的一个重要趋势，也凸现了人文社会科学研究和理论创新的特殊任务与特别困难。在人文社会科学的发展历程中，曾经经历了由借鉴自然科学的原则与方法到逐渐创制自己的独特原则与方法的过程。如果说对于自然的科学认识在原则上已经由历史上较多地关注简单性和还原论而转向在今天更加自觉地走向复杂性和有机论，则人文社会科学由于其对象本身的复杂性和研究目的的价值性而从来就应当是复杂的、多样的和有机的。人文社会科学研究中的复杂性问题至少可以从以下几个方面来加以探索。

1. 研究对象的复杂性

从根本上说，学科的特点源于对象的特点，又表现着对象的特点。作为统一的宇宙的内在组成部分，人文社会现象与自然现象有很多相同的性质和规定性，并由此而保持着与物质世界的内在联系。因此，人文社会现象与自然现象一样具有某些客观性、确定性、普遍性和可量化性，可以通过观察等手段对其加以客观、实证的解析与说明。然而，人文社会现象，尤其是人的思维、情感、意志和行为等不仅有自然物质世界的各种特性，还具有许多它们所不具有的高级和复杂的特性，例如主观性、非确定性、个别性和非量化性等，它们本质上是个意义世界、价值世界，不可能仅仅被客观地加以解析和说明，还必须通过理解等更加复杂的方法才能真正把握。主要有以下三个方面。

（1）人文社会现象不是一种纯粹客观的物质运动过程，而是人的自觉的活动过程。主观性是社会事实的内在组成部分，人的动机、愿望、信念、希望等作为人的内在要素支配着人的行为，并通过人的活动及其结果而对象化、现实化、社会化，成为现实社会存在的内容。人文社会科学研究以社会现象为对象，就不能不面对社会现象中的主观方面、精神方面，并对其加以说明。对精神世界的把握只有通过精神的沟通而达到，思想的精髓只有通过思想来领悟。马克斯·韦伯说："在社会科学中，我们关心的是心理的和精神的现象，而关于这些现象的移情理解无疑是与一般精确自然科学的方案能够或力图解决的问题明显不同的。"①

（2）社会现象不是一个纯粹的事实世界，而是一个文化世界，而文化世界的核心是价值和意义，具有强烈的个体性、多元性、习得性、偶然性。人文社会科学以社会现象为对象，就不能不对社会现象的价值和意义做出判断和评价，而且在某种意义上可以说，对社会现象的价值和意义做出恰当的评价和判断，帮助人们和社会建立起合理的价值观念和评价体系，引导人们的价值追求，正是人文社会科学的最为重要的社会功能。

（3）社会现象是一个语言的世界，对于思想的表达与交流和对于语言的运用与解读构成了社会生活的重要内容。恩斯特·卡西尔认为，人是创造和运用语言的动物，人不仅生活在一个物理的世界和生物的世界，也生活在一个社会的和语言的世界。语言构成了人文世界的重要内容。作为话语的语言实现在社会生活中具有非常重要的作用和意义，它们构成了人文世界的重要内容，也是人文科学研究的最基本对

① 马克斯·韦伯. 社会科学方法论[M]. 李秋零，田薇，译. 北京：华夏出版社，1999：44.

象。对于话语世界的意义解读和理解是一项非常复杂的任务。

2. 学科性质的复杂性

人文社会科学作为当代大科学体系的内在组成部分，必然具有所有大科学体系的基本要求和基本规定，与自然科学有许多相同的性质和特点，也必须遵循当代科学研究的一般原则。但作为当代科学体系中具有特殊使命的组成部分，人文社会科学又有许多自己的性质、特点和功能。其最根本的特点是在价值特性上具有非中立性和价值多元性。这正是社会事实区别于自然事实的重要价值特点之一，也是人文社会科学有别于自然科学的关键之点。①

3. 研究方法的复杂性

从方法论的角度来看，人文社会科学研究作为一种科学研究，必然有许多与自然科学研究相通的地方，也可以借鉴自然科学的许多方法，而且与自然科学越是接近的学科越能够借鉴自然科学的方法。但由于人文社会现象的特殊性和人文社会科学学科的特殊性，人文社会科学研究要达到自己更加复杂的目的和要求，也必然要求特殊的和多样的方法。从总体上看，人文世界、文化世界、精神世界作为意义世界、价值世界，涉及人的主观方面，并与人的信念、动机、思维、情感、需要、愿望等密切相关，具有强烈的个体性、价值性、习得性、偶然性，不存在像自然世界中那种强烈的和普遍有效的因果性，也不可能都通过经验的观察来客观地加以描述和解析，而必须借助于个体的交往来加以理解和解释。因此，理解基础上的解释和解释性的理解是人文社会科学最重要的方法论基础，也是其最本质的特征。理解和解释的过程本质上就是一个视界融合的历史性过程。在这个过程中，理解者的主观世界与作为“文本”的人文世界之间达成了一致与融合，人们由此求得对于文化世界的理解和解释。在这种意义上，人文社会科学研究模式在很大程度上具有主观性、解释性、定性化、个性化、多元化和非累积性的特点。

五、以复杂性的思维推进理论创新

解决复杂性的问题需要复杂性的思维，复杂性的范式。当前，理论

---

① 欧阳康.人文社会科学哲学[M].武汉：武汉大学出版社，2001：20-21.

创新中的重要方面就是要自觉地走向复杂性，以复杂性的心态和复杂性的思维来解决人文社会科学研究中的复杂性问题。

复杂性思维是一种在视角、思路和功能上与简单性思维有着很大区别的思维方式。有学者对二者的差别做了如下的概括。

（1）对世界上事物的看法：简单性思维认为世界上万事万物都是部分的集合，事物的本质不在它的整体中，而是由组成部分来决定的；复杂性思维认为世界上万事万物都是有机的系统整体，都具有其组成要素在各自孤立状态下所不具有的新质。

（2）对组成要素之间关系的看法：简单性思维认为组成要素之间只有简单的线性关系，因此可以割断联系来研究部分；复杂性思维认为组成要素之间存在着复杂的非线性关系，因此必须以整合的思维方式去考察整体与部分之间的关系。

（3）对因果关系的看法：简单性思维认为事物的变化服从机械因果律，即一个原因必然决定一个结果，而这个结果作为原因又必然决定下一结果，其初始原因乃是外力的“第一次推动”，变化过程中无任何偶然性发生；复杂性思维认为事物在系统整体的变化过程中服从因果反馈规律，不同的原因可以导致同一结果，不同的结果可能有同一原因，系统具有变无序为有序的自组织能力，它善于在随机涨落中把偶然性和必然性统一起来。

（4）对运动过程是否可逆的看法：简单性思维认为事物的运动过程是可逆的，亦即不存在着“时间之矢”的问题，运动方程对时间的反演是对称的，因此事物不会有演化的历史；复杂性思维认为时间是与不可逆相联系着的，因此万事万物都有其演化发展的历程，必须用理性观念把时间看成是物质世界进化的度量。

（5）对整体最优化的看法：简单性思维认为部分看上去好（或坏），整体就一定好（或坏），采取的是一种“由分至总”的评价方式；复杂性思维认为局部最优服从整体最优，有时甚至要牺牲局部最优或保持次优以确保整体效益的优化，采取的是从整体出发、深入部分，再回到整体的思维方式。[①]

当然，在科学研究的实践中，简单性与复杂性并不都是如此泾渭分

① 杨中楷，刘永振．从简单性到复杂性[J]．系统辩证学学报，2002(4)：45-48.

明的，而往往是互渗互补的，它们分别体现着科学研究的两种路向：从多样性走向统一性和简明性；从单一性走向多样性和多变性。因此，强调复杂性并不是对简单性的否定和抛弃，尤其不是不要简单性，而是辩证否定，是扬弃，是在保持简单性的前提下对复杂性的一种特别关注。过去我们由于过多地依赖简单性思维和方法，忽视了对于复杂性的重视与探索，从而难以有效地理解和应对复杂局面，因此要特别强调对复杂性的关注与探索，重视对于复杂性范式的运用。[①] 这是人文社会现象本身所具有的复杂性的要求，也是在当代发展人文社会科学的客观要求。具体而言，除了上面已经谈到的内容以外，我们认为还应当注意以下几个方面。

1. 自觉面向多因素构成的复杂巨系统进行综合性思考，从分门别类切实走向系统综合

人文社会系统是一个由近乎无限方面、无限层次和无限具体要素以近乎无限的关系和形式有机组织起来的复杂巨系统，包含着自然的、社会的、人性的，物质的、精神的，信息的、经济的、政治的、文化的、科学的、工程的、技术的，个体的、民族的、国度的，理性的、情感的、意志的、认知的、价值的、审美的，客观的、主观的、实践的系统等，构成了近乎无限复杂的立体有机网络系统。这每一个方面、每一个层次和每一个要素都有近乎无限的具体样态，并与其他的所有方面有着近乎无限的具体联系方式。它们都对系统的整体发挥着绝对不能忽视的作用，直接或间接地影响着系统的整体功能，因此完全有必要也有可能对它们做出细致入微的具体分析。但它们各自的作用在很大的程度上又都是由整体所赋予的，并只有在整体系统中才能实际和有效地发挥出其作用与功能，因此，又必须把所有的要素都纳入整体和系统之中来加以思考，只有这样才能既把握要素，也把握整体。从这种意义上讲，只有在最深度的分化和最宏大的综合中保持张力，才能达到对于现代人文社会系统的完全性把握。

2. 自觉面向充满随机变量的动态不可逆过程进行历时性思考

人类社会是由无数有目的、有意识的人及其活动构成的，每一个人的活动都有其自觉的目的，有其价值取向，但在不同的目的和价值取向

---

① 吴彤．复杂性范式的兴起[J]．科学技术与辩证法，2001(6)：20-24．

之间却存在着差异、矛盾与冲突，这就必然造成个别和局部的自觉性与整体的自发性和盲目性的巨大反差，造成目的的预期性与结果的非预期性的巨大反差。社会过程是一个不可逆的过程，在存在个体、阶级、阶层差别和矛盾冲突的情况下还会产生出更加尖锐、更加复杂的情况，产生出许多人为的偶然性、突变性、随机性。人文社会科学研究的根本目的是促进社会进步，然而社会进步的历程中却充满了偶然与随机因素。多因素、多变量的非线性相互作用要求人文社会科学研究对一切问题保持清醒的头脑，留有足够的余地，以真正防患于未然。

3. 自觉面向多元价值取向和内在冲突格局进行选择性思考

人文社会科学创新本质上是一种价值选择，它包含着认知，但更多的是一种评价，是在各种利弊之间做出自己的价值选择。而在当今世界，价值分化和利益冲突显得格外明显，而且不论是在全球范围内还是在个人之间都鲜明地表现出来。实际上是从全球到个体形成了一个非常复杂的网络状的价值体系，在许多价值要素和线条之间形成了许多纽结。在这些纽结中有许多因素在价值上是矛盾、相悖甚至冲突的，做出一种选择就会触及相关的一大片价值关系，遭遇到广泛的价值碰撞。在这种情况面前，能否合理地做出最佳的价值选择，这对人们的理性和价值评价标准无疑是一种严峻的挑战。

4. 自觉参与多学科、多层次主体共同协作进行整合性思考

人文社会科学的创新需要个体的努力，但绝对不是只需要个体的努力就足够了的。自然科学比较强调团队精神，而过去人文社会科学则往往是个体性作战，这可能强化了我们的个性但却妨碍了我们跨学科的协同。现代社会中的情况越来越复杂，要求社会中多方面、多层次主体的共同参与，这本身就是对主体的一种全新要求，也是推进创新所必需的一种主体性条件。

5. 自觉运用现代科学技术和网络系统进行人机协调性思考

今天的人文社会科学面临着非常复杂的对象和任务，要处理各类巨量的信息，已经无法继续简单依赖人脑来有效进行，而是必须借助各种类型的先进的工具，尤其是计算机和网络信息系统。人脑的智能需要通过人工智能得以强化和发挥，为此又需要一种全新的工作和思维方式，也需要不断地发展我们的能力。

6. 自觉在原始性创造与实践性应用之间进行一体性思考

人文社会科学发展到今天，积累了许多问题，也有很多成果，但具有原创性意义的成果还不多。这一方面是因为人文社会科学研究要取得真正的原创性非常不易，另一方面也是因为人文社会科学具有很强的实践性和应用性。我们应当继续追求原创性，但也应当关注并深入研究那些具有很强的实践性和应用性的问题，对它们作一体化的思考，探寻理论与实践之间内在沟通和互动的有效途径。

通过以上多方面和多层次的努力，我国哲学社会科学工作者应当而且也有可能通过自己的创造性劳动为民族精神的时代性提升和中华民族的伟大复兴做出更大的贡献。

第三编

文化与价值

第十三章 “文化围城”及其超越[①]

笔者对于文化问题的探讨有一个特殊的视角，即“文化围城”与价值碰撞。钱钟书先生的“围城”直接看来是在谈婚姻、家庭和爱情，实质上是在揭示东西方文化的碰撞。笔者由此引出了对于“文化围城”的探索与思考，并从理性化、工业化、市场化、都市化、民主化、法制化等六个方面探讨西方现代化的含义，梳理中华民族对于现代化的认识和实践历程，主张在全球化时代弘扬和培育民族精神。

① 本文是根据作者 2002 年 5 月 17 日在北京师范大学的演讲整理修改而成的。

今天很高兴来到北京师范大学与同学们进行交流。谢谢刚才主持人的很多美誉之词，事实上是不敢当的。现在中国哲学发展处于一个蓬勃时期，而北京师范大学既有优良的传统，又异军突起，取得了辉煌的成就。所以，我能够来到这里与大家进行交流觉得非常荣幸。今天我想谈一谈我对于跨文化交流中“围城”现象的一些切身体会和思考，并特别希望今天下午是一场真正的对话。在我看来，真正有价值、有意义的是对话中的碰撞——心灵的碰撞、学术的碰撞、人性的碰撞——在这种碰撞的不经意间就能出现火花，而这种火花能给我们带来很多启示。所以，在座的如果对什么问题感兴趣，可以从现在开始考虑，通过小纸条的形式递上来，我们大家一块儿讨论。

一、“围城”与“文化围城”

我们先来谈一下第一个问题——“围城”与“文化围城”这个问题的提出。

1. 关于“围城”与《围城》

大家知道，如果把“围城”加上一个书名号，实际上它是一本书的书名，即钱钟书先生写的一本小说《围城》。书中主要描写的是 20 世纪三四十年代的一批知识分子，从海外回到中国后，所感受到的中国的社会与文化，尤其是他们在中国文化与西方文化相互碰撞中所遇到的各种困惑，以及钱钟书先生以他独特的眼光对这种困惑的解答。《围城》是在西方社会有较大影响的一本中国小说，也可以说是在中国现代小说中被翻译成外文传到西方去的、为数不多的作品之一，并在西方世界引起了一定的反响。在过去我们刚刚读到这本书的时候，总感觉它背后还隐含着一些东西。这些东西并没有很直接地表达，但是在我们生活中间却很容易感受得到，从而就对它产生了一种很独特的兴趣。在这本书中有两个比喻，相信看过的同学对它都有深刻的印象，不会忘记。那是两个对婚姻的比喻，一个来自法文谚语，一个来自英文谚语。一个说婚姻就像一个黄金做的鸟笼，黄金鸟笼外面的鸟觉得这个黄金鸟笼好，拼命地想飞进去，而在黄金鸟笼里面的鸟却拼命地想飞出来，这是非常典型的；另外一个比喻是把婚姻比喻为城堡，城外面的人想冲进去，城里面的人想冲出来。我想，我们在座的各位多多少少现在也面临着这样的困惑。还没有谈恋爱、还没有找到可心的人的人还在努力地寻找,但已经找到了对象或结了婚的人则有进了“鸟笼”之感。很多人说,结婚就等于走进了坟墓,所以会有开掘坟墓的行动。当然这两个比喻是极而言之的,我觉得实际上它是以婚姻为典型代表的一种文化心态。大家知道,婚姻问题绝不是一个简单的生理问题。马克思曾经说过,婚姻是人与人之间的最自然的关系,但恰恰是这种最自然的关系从一开始就涉及人的类关系,即涉及男性和女性这两个人类最大的类,当然现在有了中性人。我们现在暂时不去考虑中性人的问题,这是一个新的社会文化伦理问题。钱钟书先生的这本《围城》在我们过去,特别是改革开放以后,当我们中国社会面对着西方文化冲击的时候,引起了大家的普遍关注与喜爱,大家从中悟出了很多东西,得到了很多启示。

2. 关于“文化围城”

我自己给“围城”加上了一个“文化”作定语,形成了一个新的概念,叫“文化围城”。对于“文化围城”,我是到了英国以后逐步感受到的。1995 年 9 月到 1996 年 9 月,我应英国文化委员会的邀请和资助,到英国伦敦大学哲学系做博士后访问研究。在此之前,我于 1991 年开始有机会出国,到这次出国前已经去过了一些地方,如阿根廷、美国、加拿大、德国等,但在各个地方待的时间都不是很长。但那次去是我在国外待的时间较长的一次,感受就有些不一样了。英国有很深厚的文化底蕴,有着非常强大的哲学背景。尤其是在牛津大学和剑桥大学,我在那里活动比较多。我们这批人花着英国政府提供的钱,住着英国人的房子,吃着英国的食物,学着英国文化,照理说应该感恩才是。但多少有些出乎意料的是,去了没多久,不少人就感到不习惯,开始不断地骂英国。这都是我们开始去的时候没有想到的。以前就有一个非常强烈的愿望,想到一个西方国家待一段比较长的时间,好好学习西方文化。但实际上我们才刚刚待了三四个月,心态就开始反弹,而且反弹得如此厉害。后来那些先到的人就告诉我们说这是一种普遍现象,这种感觉大概要持续一年。如果这一年你骂过去了,你还能继续待下去,那就证明要么你进步了,要么你退步了。什么是进步了呢? 就是说明你融入了英国文化里去了;说退步了,就是说你被英国文化给同化了。当然,这里所说的英国文化是指英国文化中的保守因素。1995 年到 1996 年的那段时间应该是我们国家改革开放势头非常迅猛的发展时期,而英国则是保守党执政的最后时期。中国的开放心态与英国的保守主义形成了鲜明的对照。这样我就感觉到一个问题：我们很多人在改革开放后对西方文化都有一种非常强烈的向往，希望能够向西方学习，但当我们真正身处那个文化之中的时候却感觉到非常地格格不入。

后来，牛津大学中国问题研究中心请我去做一次演讲，我便想出这样一个题目，就是"'文化围城'及其超越"问题。从这种意义上也可以说，我今天谈这个问题的思想缘由要回溯到 1996 年在英国牛津大学的那次英文演讲。这个概念大概算是我"发明"的，为此我为我的英国朋友做了一番解释，解释什么是《围城》，什么叫"文化围城"。好在当时《围城》这本书已经翻译成英文，在西方出版了，并产生了一定的影响。当时我与一些西方学者，也包括一些中国朋友，在一起进行交流，大家都有一个共同的感受，认为在东西方文化的碰撞之间存在着一种非常普遍的文化隔障或壁垒，因而引出了一些文化误解和文化冲突。我把这种现象叫作"围城"现象。可以说，这种现象是以两种非常极端的方式或两种典型的方式表现出来的。

(1) 有些中国人向往着西方的文化与文明，甚至否定中国传统文化，主张全盘西化。在座的同学可能与我们当年的感受不一样了。我记得我们 1977 年考上大学，当时中国社会正处于一个积极地走向现代化的过程。那么什么是现代化？那时在很大的程度上把它看作是西方化，是对中国的传统文化的革命或超越，因此要抛弃传统。

(2) 一些西方人特别看好中国文化和东方文化。1992 年，我在加拿大访问期间，应邀去了美国的一所大学，遇到了一位美国教授。他非常郑重地告诉我（也许很多人不相信），他一直坚信，21 世纪是中国文化的世纪。后来我在英国期间接触到一些英国的朋友，他们也有这样类似的看法。这样就使我感觉到有一种比较奇异的现象：在中国文化氛围中生活的人力图逃出这样一种生活氛围，走向西方文明；而在西方社会当中有很多人看好东方文明、东方文化、中国文化。1998 年，我在美国访问期间应邀到纽约州立大学布法罗分校哲学系做一个有关中国的马克思主义哲学的演讲，其间我拜访了该系的前系主任皮特·赫尔(Peter Hare)教授。他是一个非常著名的研究英美哲学的专家。我对他做了当代美国哲学走向的学术采访。在访问的最后，我向他提出了一个问题。我说，这篇访谈可能被译成中文，在中国刊物上发表，你有什么对中国读者说的呢？他说："与一些人一样，我也相信，如果说 20

世纪是美国的世纪,21 世纪注定是中国的世纪。”我回来以后整理了录音,准备送出去发表的时候,这句话引起了我的注意。当时我想,他这样说是不是要安慰我呢? 你一个中国人大老远地来采访我,我借此机会表示一下友好,礼貌性地让你高兴一下,也表示一下对中国人的尊重? 于是,我给他发了一个电子邮件,说你能不能就你谈的最后一句话做一个解释,他很快给我回了一个电子邮件,肯定了这种说法。他说,这种观点是在英国杂志《经济学人》的一篇文章中看到的,该文还陈述了中国文化将成为 21 世纪世界文化主流的六条理由。(我的这篇采访文章已经发表在《哲学动态》1998 年第 11 期上了。)

3. 关于“现代化的围城”

为什么我又在今天把这个“文化围城”的问题重新提出来呢? 这是因为最近对此又有了一些新的感受,最直接的就是对于现代化的不同看法。一个是如何看待发生在美国的“9·11”事件。2001 年 6 月,我有机会应邀作为北美代表团成员到古巴参加第 13 届北美和古巴哲学家与社会科学家大会,后应邀到美国、加拿大的一些高校和研究机构讲学,前后在北美大约待了三个月的时间。我曾经在纽约曼哈顿岛对面的长岛的一个美国友人家住了半个月,2001 年 8 月 15 日我离开纽约,到西部洛杉矶去访问和讲学。今天看来是留下了一个遗憾。我当时在世贸大厦下面逗留了将近一个小时,但是没有上去。其原因是因为 1991 年去美国的时候我曾上去过了,还有一个原因是因为上去要收点费用。当时我心里想,反正已经上去过了,曼哈顿十几年来在建筑方面也没有什么大的变化,城市景观没有什么新鲜的。现在看来是个很大的遗憾了。“9·11”事件的当天晚上,一个朋友打电话给我,叫我快看凤凰卫视,我就看见了第二架飞机撞向了第二幢大楼。当时我还以为是惊险大片,在知道真情后感到非常震撼。我很快给我的一些美国朋友发电子邮件,了解他们的情况,致以关切与问候。回来的电子邮件很多,大多数都表示感谢,其中有一份电子邮件,直到今天我仍然珍藏着,这是一个美国教授发给我的。他在邮件中谈到了应该怎么样看待“9·11”事件。他说,“9·11”事件既不是对纽约的轰炸,也不是对美国人民的轰炸,而是对于资本主义的轰炸,对于全球化的轰炸,是对美国所主导的全球化的轰炸。大家也许记得,“9·11”事件发生后,我国大学生与社会的反应可以说是多种多样的。把“9·11”事件与反现代化联系起来,这个邮件对我的心灵产生了又一次强烈的冲击与震撼。这就提出了一个非常特殊的问题——该如何看待现代化与全球化。

引起我思考现代化的又一个契机是我对后现代主义研究中心的访问。2001年8月中旬我离开纽约以后,到美国西部洛杉矶附近的克莱蒙顿市的过程哲学研究中心访问。在那里我也做了一次讲座,并接触到一些非常优秀的后现代主义学者,包括科布(John Cobb)、格里芬(David Griffin)教授等几位建设性的后现代主义大师。后现代主义的存在实际上是对现代化的一种特殊的反叛和批评。后现代主义对于现代性的批评比我们中国人、比其他国家任何人都要严厉得多、深刻得多,因为他们就生活在现代化当中,有对现代化的各方面的深度体验、感受与思考。

由此我更加深刻地感到,如果说现代化是一种文化现象,那么这里实际上也存在着一种非常深刻的"围城"现象。这种"围城"现象就在于在现代化之外的人、发展中国家、第三世界国家,尤其是像我们中国这样的国家还在努力地追寻现代化、发展现代化,而生活于现代化当中的人们却在不断地反思与严厉批评现代化。这里就需要我们有一个深度的思考和探索,为什么会出现这样一种"围城"现象?"围城"现象的实质是什么?这种"围城"究竟是必然的和不可避免的,还是在一个特定的历史条件下的局部的或暂时的现象?"现代化围城"是否可以超越?是否能够真正超越?如何才能有所超越?我想今天与大家共同探讨。

当然,这个"围城"还有另外一种形式,就是"刘姥姥进了大观园",在这个大观园待不住,还要回到自己的乡下去。我们中国也有一些固守中国传统文化的人,就像西方社会中有那么一批人至今固守着"欧洲中心主义"或"西方中心主义"一样,目前尤其典型的是"美国中心主义"。大家都非常关心中美关系问题。可以说,全部中美关系,以至于整个世界的国际关系,都面临着如何解答与美国中心主义的关系问题和这种中心主义所带来的问题。所以,我觉得这种"文化围城"是两极相通,一极是"城里的人想出去,城外面的人想进来";一极是"城里的人不想出来,城外面的人不想进来"。这两种形式表现不一样,但实质是一样的,需要加以深度反思和透析。

二、"文化围城"的哲学解读

从哲学的角度来考察这个"文化围城"的问题,有很多方面都可以进行探索。我想主要从以下三个角度来谈。

1. 从文化本体论的角度谈

我们知道,哲学研究有很多分支,其中本体论(或本根论)是最早的。如果要追溯起来,人类的思维从动物思维进入人类的理性思维经过了一个重要的阶段,即神话的阶段。神话发展到高级的时期就出现了一种探索,那就是对于世界本原的探索。在神话中,最典型、最具有本体意义的看法就是认为海洋或水,或者说海洋中的水是世界万物之源,海洋之神造就了整个世界。这样一种神话被哲学家们进一步提升,提升出了一个非常重要的概念与命题——水是万物的始基。这是第一个重要的哲学命题。后来,柏拉图提出理念和共相,亚里士多德提出实体和本体等一系列概念、范畴、命题,这意味着他们的思维上升到了哲学的本体论思维。我自己认为,从发生学的意义上说,人类之真正作为人类而存在,是以他们能够反射出自己的智慧为标志的,在于他们的思维上升到了哲理的水平,而反映哲学水平的就是由当年的苏格拉底、柏拉图、亚里士多德等对这种本体论的追寻。这在中国哲学里叫作本根论的追求,其实这个本根也是可以解释的。有的人认为,中国没有哲学,他们说孔夫子的学说什么时候讲过一个本体;但有的人说,老子里面讲的"道"就是一个本体,那个概念的提出时间以及它的抽象程度都不亚于西方。在此,我要解那个"文化围城"之谜,也要回到这个本体或本根的角度来回答问题。

从文化本体论的角度来看,"文化围城"实际上是文化的两个根本特性的一种外在的表现。任何文化,它之所以成为一种文化,在于它有某些特殊的规定性。文化不是一个抽象的概念,但对它的定义则有许多,有的人说有 100 多个,也有的人说有 200 多个。我们认为,真正意义上的文化,在最初都是作为民族文化而出现的。所有文化之所以能够成为一种现实、民族的文化,它必须有一种特殊的力量,叫作内聚力。一定的人群、一定的部落、一定的氏族,在一定的地域中生活在一起,形成了一些共同的生活方式,有了相应的生产方式,有了自己的思维方式,也有了自己的情感方式,这时候他们就作为一个相对独立、内在趋同而又区别于其他民族的文化实体而存在。这样一些东西是各个民族文化必然具有的一种内在的本质规定和特性，是内聚力的基础，也是各种民族文化之根，这种根把民族当中的所有成员牢牢地系到了一起。他们在不同的地区或者多多少少会有一些差异，如长相会有点不同，生活方式会有点不同，思维方式会多少有点不一样，但是他们都分享着共同的东西。离开了这样一种内聚力，这个民族就不可能成其为民族，这种文化就不可能成其为文化。除了这个内聚力以外，它还必须另外有一种力量，叫作扩散力。一种民族文化在与其他民族文化相互交往的时候必然展示出一种相互排斥的力量，这种力量使一个民族成其为这个民族而不是其他民族。我们在座的不知道有没有从少数民族来的。很多人去过云南昆明的民族村，那个民族村非常漂亮，展示了几十个少数民族的文化。每一个民族都以自己的特色，自己特殊的服饰、语言，内在的信仰、内在的思维模式等来形成一种特殊的主体。在我国的台北、在美国的夏威夷也有类似的民族村。不同的民族文化发生碰撞的时候，内聚力越强，扩散力就越强，排斥力也就相应变强。我认为，这是各民族文化间发生关系时两个根本性的因素。如果从这样一个角度来考察东西方文化，那大家明显可以看到文化之间的巨大差异。在欧洲内部的不同民族之间也有很大的差异。当我到美国、加拿大去时，也能够感觉得到其中各个不同民族之间的深度差异，以及一种潜在的或非常显性的排斥力。

1992 年，加拿大政府邀请和资助我去加拿大做了一个课题，叫作“加拿大多元文化主义”(Canadian Multi-culturalism)。加拿大议会在 1971 年通过了世界上第一个国家级的多元文化主义法案。为什么要提多元文化主义呢？实际上是要从根本上解决英裔加拿大人和法裔加拿大人以及其他来源的加拿大人之间的深刻文化冲突。大家都知道，英国和法国都是老牌的资本主义国家，他们先后进入加拿大，在加拿大这样一块土地上，尤其是在魁北克省进行了激烈的斗争。历史地看，英国与法国之间为了争夺殖民地和世界资源而结为世仇，他们越过重洋，把这种世仇带到了加拿大，在加拿大这块土地上开始了几百年的、长期的文化斗争。实际上直到今天，加拿大的国土上也是两种语言并存，但在不同的地区有不同的情况：西部的温哥华市是英语的天下；东部的多伦多市大部分人说英语，小部分人说法语；到了他们的首都渥太华，英语和法语同时并用，处于平权的地位；再到蒙特利尔市，是以法语为主、英语为辅；而到了魁北克市，则是法语一统天下。在魁北克市，你有可能遇到非常尴尬的情况。当你用英语去问路的时候，当地人会用流利的英语告诉你，他不会说英语。他们拒绝回答你用英语提出的问题。我觉得，这就是非常典型的民族间的文化冲突，把在欧洲的争斗转移到其他地方去仍然有很深刻的影响。所以，由这个"文化围城"讲到民族文化，再讲到全球化问题，我都要谈到一个文化内在冲撞的问题。它的内部存在着一个"根"的问题，简而言之，就是文化本根意义上的问题。因为它只有依靠这样一种内聚力，才能形成一种文化；它要保持自己的文化特质，必然要向外排斥和扩张。而这种彼此的排斥与扩张就是造成文化隔障的最重要的文化本体论基础。当然，在不同文化之间也还应该有一些基于人类生命与生存的共性的和相通的东西，只有这样才谈得上不同文化之间的交流和碰撞问题。我想这是一个方面的解释吧。

2. 从价值论的角度解读

大家也许知道，过去在哲学里没有价值论这一内容，后来一些学者开始提出这样一个问题，开创了这样一个领域并开展研究，取得了丰硕的成果。以前在我们的传统观念里，价值理论是西方资产阶级的学说，一直处于被排斥的地位，现在却成为最有生机的一个领域。价值论的研究对于我们当今世界来说显得格外重要。文化的碰撞本质上就是一种价值的碰撞。文化的沟通如果说是有意义的，恰恰就在于它有一种价值观念的交流和共享。大家知道，价值观念是可以共享的，但价值是不能够共享的。比如说像这瓶水可以喝，大家有共识，但一旦我喝了这瓶水，那么在座的各位就不喝了。在有限的资源下，物体的价值是难以共享的，但价值观念是可以共享的，是可以相互交流和借鉴的。大家知道，哈佛大学有一个非常著名的教授，叫亨廷顿，他写了一本非常著名的书叫作《文明的冲突与世界秩序的重建》。什么是文明的冲突？文明的冲突在本质上就是价值的冲突。各种文明体系在本质上就是一种价值体系，东西方文明之间的碰撞本质上就是一种价值碰撞。

文化之间的价值碰撞是非常普遍和尖锐的。我在 1997 年 11 月到美国华盛顿参加一个国际学术会议，随后应美国国际研究交流协会的邀请和资助，在离白宫不远的 H 街办公室做过 4 个月的研究，研究的主题是"亚洲价值观"(Asian values)。这个题目主要是由东道主提出的，他们希望听到一个中国学者对于亚洲价值观问题的看法。大家知道，西方的现代化进程，实际上就是塑造西方价值观的进程，而在世界现代化的发展过程中会产生出一些反西方现代化模式的东西，亚洲价值观就是其中之一。亚洲价值观最早是新加坡学者提出来的，被李光耀等重要人物所肯定，并成为一些亚洲国家的共同旗帜，成为对于有亚洲特色的现代化发展道路的一种探索和实践。它实际上反映了亚洲的这些后发国家在寻找和塑造自己的价值和价值理念，寻找不同于西方现代化的价值观念和价值体系。大家知道，西方文明在长期发展中形成了自己的价值核心，许多西方人认为，这些价值因素是有普遍意义的，应当推广到全世界，要求东方人的现代化也按照西方人的现代化的模式来走。从社会的角度看，西方价值观有三大因素：第一个是自由经济，在经济层面是一种市场经济；第二个是民主政治，就是议会民主；第三个是清教伦理。这三个方面构成了西方价值论的核心。东方的亚洲，近二三十年崛起了“四小龙”，“四小龙”的崛起被叫作“东亚崛起”，或叫亚洲发展道路。这些亚洲国家和地区接受了西方价值观的一些内容，但并没有全部接受，而是有自己的选择和创造。比如：他们接受了西方的自由经济，认为这是个好东西，要学习；但是他们认为，他们对西方式的民主政治不能全部接受，而要搞一种新的中央集权，把它叫作新权威主义；然后第三个方面，你西方有新教伦理，但是对不起，我们有我们的亚洲伦理，亚洲伦理的核心是孔夫子伦理或者叫儒教伦理。这场争论也涉及对于人权的不同理解，展示出了东西方文化在现代化问题上的深刻价值碰撞。亚洲价值观经受了亚洲金融风暴的冲击，到今天为止围绕亚洲价值观的争论也没有结束。像担任过马来西亚总理的马哈蒂尔，依然把亚洲价值观这面大旗高高举起。我举这个例子是想说明对文化碰撞的深度分析绕不开这个价值问题。实际上，整个现代化的过程就是价值建构过程。我们向西方学习，学什么？在五四时期我们提出了两个价值要素：一个是民主，一个是科学。当然现在我们知道，现代化有比科学和民主更多的东西。这就是我做的第二个层次的分析，是从价值论的角度来揳入的。

3. 从认识论或者诠释学的角度分析

进一步可以从认识论或者诠释学的角度来分析“文化围城”的客观性和必然性。大家知道，所谓文化碰撞实际上恰恰是在文化交流和文化理解中产生的。文化交流的核心是要促进文化的相互了解，尤其是理解。我们过去讲哲学比较关注认识论，强调主体对于客体的把握。而实际上在文化交往中，我们传统的那种认识论可以用，但是是不够的。我自己比较倾向于用一种文化诠释学或解释学的理论与方法来解决类似的问题。如果说我们开始讲的第一个问题是文化本体论，第二个问题是文化价值论，那么第三个问题就可以把它叫作文化诠释学，因为文化或者说人与人之间的认识不同于人对物的认识。当人认识物的时候，相对而言，这个物是比较被动的，它是作为一个客观的、自在的存在，作为一个认识的对象。你去认识它，它不太可能以自己的主动来应对你的主动。但在文化交往中间存在着一种非常复杂的现象，它是一种互动的过程，双方互为主体、客体，构成一种互相的沟通、理解与交往。这时候仅仅简单地讲一个单向的认识就不够了，尤其是还有我们前面所讲到的价值论因素，它会对人们的认识尤其是对意义的理解发生影响，所以现代认识论要走向诠释学。我从读硕士时起就开始研究认识论，后来在读博士期间研究社会认识论，现在我得出一个比较明确的看法，即在社会历史领域，也包括社会认识论领域，要更多地接受诠释学或者说解释学的思想观念与方法。

如果从文化诠释学这个角度来看"文化围城"，实际上就提出了这样一个问题——跨文化之间的理解是否和何以可能？我觉得对这个问题直到今天为止还不能够认为已经找到了确切的答案。我们不愿意走向文化不可沟通论，不愿意承认不同文化之间完全不可沟通，但是我们也确实看到在不同文化之间非常难以沟通。比如说我们经常讲宗教，如果我们要了解西方文化，就必须经常接触他们的宗教、教堂及一些虔诚的信仰者，所以我有时向虔诚的信仰者们请教一个问题：你是什么时候开始信教的？有些人可能从一出生就开始了，从小信教，他就很难从不信教的角度来考虑问题。但是有时候我也会遇到这样一些人，他们不是从小就开始信教的，是后来信教的。这样就可以提出一个问题：从原来不信教到现在信教，你觉得在什么条件下，你变得更能理解宗教？这里就面临着这样一个悖论，你不信教的时候你不可能理解宗教，因为你不可能像一个虔诚的教徒那样去读《圣经》，不可能真正理解上帝对于人类的慈爱。但不信教的人更难理解宗教。我有过一个非常有意思的经历。2000 年 7 月，我去温哥华讲学，协助接待我的小姐是一个非常虔诚的教徒，她虔诚到什么样的程度呢？她说我买这个车都是上帝的启示。当时她开车来机场接我，开的是一个较大的车，大概是个越野车。我出于好奇，随便问她为什么要买这种车。她说，这是上帝告诉她的，当她要想买一辆车的时候，她不知道该买一辆什么样的，她感到困惑，于是就祈祷。在祈祷后，就有一个声音告诉她，让她去买这样一辆车。当时她不知道什么地方有这样一种车，然后就四处打电话问，居然问到一个地方确实有这样一种车，而且这种车只剩下最后一辆，还在 on sale(降价)。你们说我是该信还是不信？所以我觉得，如果你不信仰宗教，你是很难理解它和它的信徒的。

但是如果你信了这个宗教，也未必能真正理解它。我记得 1992 年我在多伦多访问，正赶上过感恩节，当地很多华人都去了教堂。大家都知道，感恩节是一个庆祝丰收的节日。所以到了那天，人们就把果品、食物等拿到教堂去，大家一起做礼拜，而且还有一顿很丰盛的饭可以吃。结束以后，别人带去的东西你如喜欢还可以带点回去。这对留学生来说是一件非常惬意的事。在那里我遇到了一位台湾来的教士，记得他自我介绍说姓王。他看我像一个大学教授，就向我宣传一个重要的问题，并说关系着人类的命运。什么问题呢？那就是七天以后地球就要毁灭了，我们现在应该去做什么，等等。整个吃饭时间他一直非常热心地谈，动员我参加他们的一些活动来拯救这个地球。当然了，我毕竟是个无神论者，而且感到他说的那些东西终归是难以令人信服的。碰巧的是，七天以后我又见到了他，两个人好像都觉得有点尴尬。从这里我就感觉到，在文化理解方面确实存在很大的隔障。我还记得在英国的时候注意到这样一个现象，当时利物浦有一个电子邮件网在讨论一些怎样学习哲学、怎样学习历史之类的问题。我在那儿看到这样一场讨论，网上发表了几十篇文章来讨论怎么样来学习康德哲学，尤其是他的《纯粹理性批判》。一是在哪里学习最好。一些英国人说，要学习康德哲学，尤其是这本很难读的《纯粹理性批判》，那就一定要到德国去学，要在德国文化氛围中学。而德国人却说，这个《纯粹理性批判》他们也读不懂，是到了美国以后才读懂的。二是用什么语言来读最好。英国人说，要读懂这个《纯粹理性批判》一定要读德文原著。而德国学生却说，我只是在读到英文版的《纯粹理性批判》的时候，我才觉得自己读懂了一点点。如果从文化诠释这个角度来说，这可以联想到很多问题。

我们今天看到的东西方文化的碰撞，语言问题是一个重大的问题。即使语言问题解决了，是不是这个问题就真正地解决了呢？我看也不一定。

三、西方现代化的含义

以上分别从本体论、价值论和认识论的角度解读“文化围城”，从中可以看出，“文化围城”的产生不是偶然的，而是有原因和根据的，是有特定文化基础的，需要我们认真加以对待。这里值得重视的是，“围城”现象不仅发生在历史上，也发生在现实中，尤其是当世界现代化如火如荼地发展并推广到全世界各地的时候，现代化也产生了一种类似的“围城”现象。立足于前面的分析，下面我们来谈谈这样的“围城”所带来的一些思想误区以及我们应如何超越它的问题。

这里我想谈一下关于现代化的正解与误解的问题。前面我谈到，近来对于现代化有非常激烈的争论。过去我们对现代化是有很多的误解的。在我小的时候，什么叫现代化呢？就是“楼上楼下，电灯电话”，如果要用苏联人的话来说就是“土豆烧牛肉”。到 1964 年，第三届全国人民代表大会提出现代化就是“四化”——工业现代化、农业现代化、科技现代化、国防现代化。这对不对呢？肯定是对的。那全不全呢？现在想想，肯定是不那么全面的。它只告诉了我们，要到哪些部类里去搞现代化，但并没有告诉我们现代化的本来含义。如何理解现代化，如何根据我国的实际推进现代化，仍需要我们进一步去探索。下面我们看一下西方现代化的基本要素。

1. 理性化——工业革命

西方现代化是以宣传资产阶级思想文化为主要内容的思想革命，是一个理性化的进程。大家知道，现代化的思想源头应该追溯到文艺复兴时期。文艺复兴——我们知道——名义上是要张扬复兴古希腊、古罗马文化，实际上是要张扬资产阶级思想文化。文艺复兴的直接历史前提是对于中世纪政教合一的宗教文化的反叛，以人性对抗神性，以人权对抗神权。那么人性是什么？人的最高的本性是他的理性，而不是他的信仰。张扬人性，就是要宣传理性，以理性来对抗神性。因此，理性化是现代化的首要含义。

2. 工业化——产业革命

西方现代化是以张扬自然科学和技术为主要内容的大机器生产和与之相适应的工业革命，是一个工业化的过程。人们追求理性解放，那么解放理性去干什么呢？去认识自然，去发展科学，去发明和运用技术，并把科学技术运用于生产，尤其是现代化大生产。大家还记得那部著名的美国电影——卓别林主演的《摩登时代》，影片中的每一个人都变成了生产线上的局部，一个螺丝钉，但整合起来就形成了巨大的生产力。工业化是现代化的生产基础。如果说理性化是一面高举起来的思想旗帜，那么这种工业化就是现代化的生产和生活基础。

3. 市场化——商业革命

西方现代化是以航海和跨国贸易为主要内容的商业革命，是一个市场化的过程。工业生产不同于农业生产和个体生产，它生产的产品不是为生产者本身的需要而生产的，而是为市场的需要生产的。大生产要求有大市场，国内市场不够了就要开拓国际市场。应该说，市场不是资本主义所独有的，也不是现代化所独有的。在古希腊雅典时期就已经有了市场。但现在是一种国际的市场，是随着航海贸易而发展起来的。哥伦布发现北美大陆，开拓了资本主义的北美殖民地和北美市场。

4. 都市化——城市革命

西方现代化是以生产社会化和服务规模化为主要内容的城市革命，是一个都市化进程。我们今天看到纽约、伦敦这样的大都市就是现代化的产物，是现代化过程中必然出现的现象。一个工厂、一所大学造就一个城市、一个都市。都市化是现代化的重要标志之一。

5. 民主化——政治革命

西方现代化是以建立资产阶级的民主政治为主要内容的政治革命，是一个民主化的进程。资产阶级的市场经济要求与之相应的政治体制，这就有了资产阶级的民主政治体制，它保护资本主义的私有制与市场经济。

6. 法制化——法律革命

西方现代化是以建立能够保护以资产阶级民主政治的法律体系为主要内容的法律革命，是一个法制化的过程。民主政治必须通过法律体制来保证，这是西方文明的一个重要特征。我们看了 2000 年美国总统的选举，出现很大争议，选不出来了。怎么办？交给联邦法院，由那里的九个大法官来最终裁决。当时我就问我的一些美国朋友，如果法官裁决出来你们不服，怎么办？他们说，大法官裁决出来的结果没有不服的，在所有真正美国公民的心里，这九个大法官就代表了他们对民主和法制的全部希望。不管怎么样，五比四总是会有一个结果的，只要裁决出来就无条件服从。最终果然如此。

我觉得整个西方现代化就建立在这六大基础之上，当然还可能会有其他要素，但是这六大要素是非常重要的。

由此可以看出，我们过去对于现代化的理解是不太全面甚至有很大的片面性。像过去说的四个现代化，只强调了其中的物质生产和科学技术方面，但缺少一些重要内容。我们过去有过对现代化很强烈的追求，而且有过很不切实际的信心，如“十年赶英，十五年超美”。这些口号就是建立在对现代化很深的误解上的。又如，1958 年为什么会大炼钢铁？因为在当时看来，现代化就等于工业化，工业化就是重工业化，重工业化就是钢产量要上去。当时我们相信，如果一年能够炼出 1500 万吨钢，那我们就可以赶上英国，接近美国，我们就现代化了，所以要全民大炼钢铁。应该说，直到今天，我们仍然面临着对现代化进行重新认识和重新定位的问题，而西方现代化走到今天、走到一个全球化的格局，实际上给我们提出了更多、更复杂的问题。

四、20 世纪世界现代化走向全球化的历史进程

要对我国在 21 世纪的现代化进程有一个科学合理的定位，就有必要对 20 世纪西方现代化的发展进程有一个准确的把握，因为它造就了今天的世界格局，并将对 21 世纪的人类发生历史性的影响。从总体上看，20 世纪是现代化走向全球化的过程，20 世纪的全球化进程大体上可以分为以下几个阶段。

1. 20 世纪初到 1945 年，反法西斯联盟与法西斯联盟在全球范围内的殊死较量

从 20 世纪初到第二次世界大战结束，这一时期的现代化的主要特征集中表现为反法西斯联盟与法西斯联盟在全球范围内的殊死较量。这是 20 世纪的一件大事，也是经过了几百年的发展以后，资本主义的现代化产生出来的一种全球化的趋势。遗憾的是，它是以一种特殊的、

畸形的方式，也就是战争的形式表现出来的。我们大家知道，在人类历史上还没有过哪一个事件能够把世界上几乎所有的国家都纳入这样一场全球性的战争中去，并形成真正的世界阵营和世界战场。

2. 从1945年后到20世纪70年代，社会主义与资本主义两大阵营的对抗

这个时期主要是形成了社会主义与资本主义两种现代化的模式。意识形态的因素加入了现代化的进程当中，形成了由“两个超级大国”所主导的社会主义与资本主义的两大阵营。这个现象是非常值得关注的。在这一段时间里，现代化超越了意识形态，成为不同国家共同追求的目标，并产生出社会主义与资本主义两种现代化的模式。

3. 20世纪70年代到90年代，“三个世界”的形成

这一段时间的显著特征是意识形态经过冷战时期而逐渐淡化，并以现代化的发展水平为标志形成了对“三个世界”的划分，其主要特征是三个世界的形成。大家知道，“三个世界”的划分实际上是以现代化的水平为标志的。在第一世界里面，既有资本主义的美国，也有社会主义的苏联；在第二世界里面，既有社会主义的东德，也有西方的英、法、西德等比较发达的资本主义国家；在第三世界里面，则更是复杂、多样的。

4. 20世纪的最后10年，“一超多强”世界格局的形成

苏联解体后，整个世界的发展出现了全新的格局，有人把它叫作“一超多强”的世界格局。从综合实力来看，只有一个超级大国，即美国。所谓“多强”，实际上是从不同的角度来看的。如果从军事方面来讲，美国与俄罗斯可以被看作是“两强”。至今为止，俄罗斯仍然是能够在军事上与美国叫板的国家，无论是从航天航空，还是核武器、常规武器，都是如此。因为在军事上，俄罗斯仍然有相当的实力。如果从经济上来讲，人们普遍认为，今天（2002年）世界有“三强”：美国、欧盟和日本。这种经济上的“三强”格局为我们留下了很多值得关注的问题，尤其是欧盟的一体化运动。从政治的角度来看，我们经常看到“五极”在世界上起着重要的作用，一个是美国，一个是欧盟，一个是俄罗斯，一个是中国，还有一个是日本。日本虽然不是安理会的常任理事国，但它的政治地位是由它的经济地位做后盾的，而且它的政治要求在最近表现得非常明显，值得注意。

在今天"一超多强"的世界格局中，有两点需要特别思考。其一，多强中的国家与地区在军事、经济和政治等方面发展严重不平衡。不平衡就会生变，而朝哪个方向变、怎么变，取决于力量对比及其变化，这是一个互相制约的过程，要求我们对其有所预见和准备。其二，中国问题在这里相应地凸现出来了。今天的中国已经作为一个政治大国登上了世界舞台，大家都把中国当作世界格局中的重要一极，这同时也就赋予了我们相应的责任。我们是否有足够的经济和军事实力来履行作为政治大国的责任呢？现在我们经常听到一些对中国的评论，心里面不是很舒服。比如，过去西方人对中国人很看不起，叫"东亚病夫"，听了不舒服。现在一些人对中国别有用心，宣传"中国威胁论"，听了也不是很舒服。我们中国人永远不称霸，什么时候想到要威胁别人呢？当然，"中国威胁论"实际上也从另一种角度对我国改革开放成果和社会主义现代化建设成果作了一种肯定。然而我更觉得，中国的现代化正处于一个特殊的关口，我们应该保持更加冷静的头脑，要有一个更加明智的决策。

五、中华民族对于现代化的认识历程

中国的现代化还有很长的路要走，因为我们有过对于现代化的太多误解与耽误。从历史的角度来看，我们中国人对现代化的认识与接受都经历了一个比较复杂的过程。近代以来，中华民族对于现代化认识的历程，大体上可以分为这样几个阶段。

1. 畏惧现代化：1840 年到辛亥革命前

从总体上来看，这一时期我们中国人是畏惧现代化的。这是因为现代化从一开始就以一种不友善的姿态出现在中国人面前，是西方人用现代化的洋枪、洋炮打开了我们的国门，也打掉了当时的中国人长期拥有的作为一个"天朝大国"的骄傲。所以，中国人对于现代化从一开始就不怀好感，就有一种有意或无意的畏惧和拒斥的心理。我认为，这是一个非常令人遗憾的历史性根源。在这一段时间里，尽管也出现了洋务运动，但其根本目的是"师夷长技以制夷"，是要以西方现代化的手段来抵制西方现代化。

2. 追寻现代化：辛亥革命到五四运动时期

辛亥革命是中华民族走向觉醒的重要一步，五四运动则在思想上进一步有所提升。当时北大学生高举“科学”与“民主”两面大旗，就是抓住了现代化的两个核心要素，它对于唤起全国人民的觉醒发挥了积极作用。但在这段时期，人们在对现代化进行追寻的时候，又产生了对中国传统文化的某种误解。

3. 远离现代化：国内革命战争、抗日战争到1949年解放战争结束

由于长期的国内革命战争、抗日战争、解放战争，这一段时期中华民族一直处于民族存亡的危难关头，其主要任务是解决国家主权和民族独立问题。因此，中国人根本顾不上现代化，在实践中仍然是远离现代化的。尽管民国政府引进了一些西方先进的军事装备，但那是为了打仗，真正的民族工业并没有得到很好的发展。

4. 误解现代化：1949年到1966年

这一段期间，民族工业有所发展，但人们对现代化有很多误解，并由此而产生了实践的失误。这个时期的“大跃进”和人民公社化运动等，基本上是由于对现代化的误解而造成的实践失误。

5. 拒斥现代化：“文革”时期

从总体上看，“文革”是一个拒斥现代化的年代。其最典型的口号是“宁要社会主义的草，不要资本主义的苗”，这代表了当时整个社会意识形态的基本价值取向。这一时期由于受到特殊历史背景的影响，我国的现代化进程遭遇了巨大的曲折。每每回想起中国社会发展的波澜曲折，我们总是非常感慨。

6. 创造现代化：1978年至今

在全党和全国经历了漫长的困惑之后，终于走上了自觉地建设社会主义市场经济和现代化的道路。中国特色社会主义现代化，既不是西方现代化的简单移植，也不是已有的社会主义的简单再现，而是社会主义与现代化在中国历史与现实文化基础之上的全新结合与创造，是中华民族走向复兴的必由之路，具有极为重要的世界意义。

六、深化我们的思想认识

在我们今天走向现代化的过程中，还有其他几个问题应当加深认识，并给予高度的重视。

1. 关于进一步正确地认识当代资本主义的问题

过去我们对此也存在很大的误解。我们这一代人对于整个资本主义的认识从一开始就采取了一种非常严厉的，甚至是极端的批判和拒斥态度，这在很大程度上妨碍了我们确定正确的社会发展方向。关于资本主义，我们当时学习的主要是列宁写的《帝国主义是资本主义的最高阶段》，认为到1919年之后，资本主义走到了帝国主义阶段，是垂死的和腐朽的。然而快一个世纪过去了，当代资本主义似乎是垂而不死、腐而不朽，完全超出了我们的预料。怎么看待和理解这个事实呢？我认为，在20世纪的西方现代化走向全球化这样一个发展历程中，西方资本主义国家极大地强化了他们的学习能力和自我调整能力，而他们学习的对象在很大程度上就是社会主义。在某种意义上，正是与社会主义的竞争与较量，才促使了资本主义在20世纪中的不断自我调整。我们知道，在20世纪30年代资本主义世界的经济危机之后，西方经济学界盛行的是凯恩斯主义，西方国家政府强化了对经济的宏观调控，而不再是完全依靠价值规律对经济进行自发调控的经济运行模式，这就为西方经济发展留下了更大的发展空间。这样一搞就是几十年。我们过去是把西方国家的东西和资本主义的东西等同起来，然后又把资本主义的东西都看作是坏的东西而加以拒斥，这就把我们与资本主义世界整个地隔离和对立起来，减少了自己的学习范围和空间。最近20多年来，我们是以一种非常开放的心态向世界各国的一切先进和优秀的文化学习，并取得了很大的成就。这种心态和道路还应当继续保持下去。

2. 关于什么是社会主义和如何建设社会主义的问题

我们过去对社会主义的认识中存在着一个很大的思想误区，即认为什么是社会主义的问题早就已经由马克思和恩格斯解决了，我们现在的任务是按照他们已经设计好的社会主义的蓝图来施工、来建设，由此产生出了谁是正宗的社会主义的争论。历史上，中国和其他的社会主义国家在建立了社会主义制度后不久就陷入谁是正宗社会主义的争论之中，这种社会主义国家内部的纷争有时候甚至超越了社会主义与资本主义之间的斗争，这是一个非常值得关注的现象。2001年我到古巴去开会和访问，对这一问题也特别有感触。古巴是一个非常值得研究的国家，它是在比较特殊的背景下走上社会主义道路的——实际上，它在争取民族独立的过程中既面临着美国的巨大压力，又面临着苏联强大的诱惑和支持，于是在1959年建国两年之后宣布走上社会主义道路。几十年来，古巴人民在卡斯特罗总统的领导下、在美国的眼皮子底下（在地理位置上距离美国不到100海里）搞社会主义，保持了一种高度的民族气节，这是让人感到非常钦佩的。在访问古巴之后，我确实为中国能够较早地走上改革开放和中国特色社会主义发展道路而自豪，为自己能够作为一个中国人而觉得庆幸。对于什么是真正的社会主义，特别是社会主义能不能发展市场经济，中国的实践已经做出了正确的回答。直到今天为止，古巴在发展经济方面主要还是计划经济，可以辅以适当的市场调节，还不能说是市场经济。在这样的背景下来看中国，就是要重新认识社会主义的问题。什么是社会主义和怎样建设社会主义的问题不是两个问题，而是一个问题；社会主义是什么和好不好，取决于我们怎样建设它和建设得怎么样。

3. 关于如何看待当代中国所取得的成就和面对的挑战的问题

中国今天搞的这种社会主义到底好不好？对于这个问题，人们可能会有不同的看法，但历史已经对此做出了回答，而且国内外也基本形成了共识。我谈一点我自己的一个经历。1994年我到德国柏林参加第16届国际政治学大会，主持了一个有关发展中国家问题的分会。在会上，我报告了中国改革开放和社会主义市场经济建设的情况。在讨论的时候，大家发言非常热烈。美国一位非常知名的教授说，如今中国走的这样一条路，也许就是像中国这样的后发国家可以采取的、能够获得最大效益的而且又较小震荡的道路。其他一些国家，如来自俄罗斯和波兰等国的代表也认为，他们的国家如果能够早些向中国学习，他们的今天也许会比现在更好。因此，我们国家走过的道路从总体上看是顺利的、成功的，虽然也出现了一些问题，但这是发展中的问题，可以在更大的发展中得到更好的解决。我相信，我们可以通过不断地重新认识社会主义和资本主义，更加积极地建设社会主义，从而更加自觉地走出“围城”。当然，这种“围城”在新的历史条件下还会不断地生成，还会出现各种新的情况。比如说，我们面临着经济全球化趋势的挑战，面临着加入WTO的机遇与挑战。在这里挑战是现实的，而机遇则是潜在的，只有成功地应对了挑战才能抓住机遇。我们应当在全球化的过程中保持中华民族的凝聚力，保持我们的文化特性，使中国能够对世界文化和人类文明做出更大的贡献。

4. 关于中华文化对未来世界的责任和贡献的问题

前面我提到很多西方人对中国文化寄予厚望，现在作为中国人，我们应当给自己提出下面的问题：我们是否能够胜任这样一种期待？应当如何做，才能为人类文化的未来发展做出我们的独特贡献？其实这里还存在着很多悖论性的问题。例如：我们发展市场经济就面临着拜金主义的冲击；我们强调个性、张扬个性，却又可能面临社会的无序、理想的破灭；我们重视人民生活与利益，但又必须警惕过度的世俗化的冲击；等等。因此，如果说我今天的发言要有一个结束语，那我就愿意借此机会呼吁中华民族的每个成员都能站出来，强化责任意识，并且积极地追寻与塑造崇高。这种崇高既包括民族的自强，也有政党的自觉，更需要个人理想境界的不断提升。只有一个本身富于崇高理想并能为其不懈奋斗的民族，才能把这些美好的理想变成现实并带给人类。而这一点可能正是中华民族对于21世纪人类的最重要的贡献。

第十四章 全球化与民族精神[①]

——中华民族的反思与超越

当代文化冲突的一种体现是全球化与民族化的矛盾。笔者尝试清理现代化、全球化、经济全球化、文化全球化等基本概念，提出并探讨中华民族对于现代化的认识历程和当前面临的挑战：在和平与发展成为世界主题的背景下如何保护自己的主权独立和国家安全；在经济全球化的历史进程中如何寻找高效而又富于特色的现代化发展道路；在政治多极化的进程中如何有效发挥作为一个政治大国的责任和义务；在知识经济时代如何保持民族精神的科学性和活力；在世界文化的多元化发展和文明的冲突中如何保持和发展中华民族文化的先进性。笔者认为，培育和弘扬民族精神对于应对全球化挑战和中华民族伟大复兴具有极其重要的意义。

---

① 本文是根据作者2004年4月22日在华中科技大学民族精神研究院“弘扬和培育民族精神”系列学术讲座所做的学术报告整理修改而成的。

全球化与民族精神问题可以说是一个至大无外、至小无内的问题。全球化涉及地球生命圈中的每一个地区、国家、民族、城市、村落，以至每一个个体。民族精神问题作为民族问题的内核，不仅关乎所有的民族成员，也决定着民族的生存状态和发展活力。对全球化问题和对民族精神问题的关注又离不开我们的每一个个体自身。同样处于现代化和全球化的历史进程之中，不同民族和不同个体的感受与认识可能有很多的相似之处，也会有很多不同之处。全面把握现代化和全球化的实质内涵，认真反思近代以来中华民族的发展轨迹，提升中华民族的民族精神，对于当代中国和世界的未来都具有非常重要的意义。

一、全球化、现代化及其实质

1. 考察全球化的三种视角

什么是全球化？英文是 globalization。对此人们可以从各种角度来加以探讨。我们可以给它下一个简单的定义：它是一种现代性的全球性扩张。对此可以从三个角度来加以分析和定位。

(1) 空间的角度。全球化无疑首先是一个空间的概念，它意味着整个地球变成了一个整体，全球在空间意义上一体化了。对于全球一体化的空间意义，我们是可以通过经验来感受的。借助于现代化的交通工具，20 多小时人们就可以周游全球，全球一体化和全球村落已经成为现实。全世界的国家可以约定在同样的时间做同样的事情，形成一种互动机制。而借助于现代网络系统，人们更是手指一点就超越了国界，漫游了全球。我想这是真正意义上的全球化，借助于现代化的信息传输，我们可以在思想和生活中超越现实和地域的空间隔离走向全球。

(2) 时间的角度。全球化同时也是一个时间的概念。1492 年 10 月，哥伦布发现北美新大陆。这可以看作是现代化向全球性的地域扩张的一个历史性的起点。地球本来是一个整体，但大海把地球的陆地隔成了若干大洲和岛屿，形成了各地四海相隔的地理格局，所有的国家、民族、个体都分别生活在特定的空间中。以哥伦布发现北美新大陆作为一个起点，欧洲人跨越了大海带来的隔离走向了世界，并且向北美以至世界传播了一种特殊的社会运动，这就是现代化，同时也传播了一种特殊的经济制度和政治制度，代表了资本主义的全球性扩张。

（3）内容的角度。全球化是一种特殊的有内涵的运动，是现代化的全球性扩张。现代化的历史性进程通过几百年的努力在全世界几乎每一个角度广泛展开和深度推进，正在造成一个真正意义上的全球现代化的社会。现代化是全球化的具体内容。

2. 什么是现代化

那么到底什么是现代化呢？应该说，对于现代化的这个概念，大家并不陌生，但要深究起来，就不是那么清楚了，看法也不那么一致了。一般比较熟悉的说法是“四化”：工业现代化、农业现代化、科学技术现代化、国防现代化。但是严格说来，这只是指出了应当在哪些部类或行业里搞现代化，并没有告诉我们现代化应当具有什么样的内容和特点。

从学术的角度看，对于现代化的问题，中国学者从 20 世纪以来一直在探讨，形成了很多思想和观点。罗荣渠在他的《现代化新论》一书中对现代化做了四个方面的界说：第一，现代化是在近代资本主义兴起的特定国际关系格局下，经济上落后的国家通过技术革命在经济上和技术上赶上先进国家的一种运动，也就是说，现代化是后发国家对于发达国家的一种追赶运动；第二，现代化是指人类社会从传统的农业社会向现代工业社会转变的历史进程；第三，现代化是自科技革命以来人类急剧变动的过程和经历；第四，现代化是人们的一种心理感受，是一种价值观念和生活方式转变的过程。以上四个方面大体勾勒了现代化的主要方面，但还难以让我们非常直接和清晰地去把握现代化的具体内涵。何为现代化，需要我们结合国情来探索。西方是现代化的发源地，西方现代化大体包含“六化”，可以作为我们探索现代化的参考和鉴诫。

第一是理性化，是以宣传资产阶级的思想文化为主要内容的一次思想文化革命；第二是工业化，是以自然科学和工程技术为主导的大机器工业生产和与之相适应的工业革命；第三是市场化，是以跨国航海贸易为主要内容，拓展国际市场的商业革命；第四是都市化，是以生活规模化和服务社会化为主要内容的城市革命，都市化的水平表征着现代化的水平；第五是民主化，要求建立能够保护资本主义私有制的民主政治和与之相应的政治革命；第六是法制化，要求建立能够保护资产阶级的民主政治的法律体系和与之相适应的法制革命。[①]

以上"六化"不一定特别全面和准确，但它们至少是西方现代化的真实内容，也是在西方近代文明发展历程中人们所努力追寻的六种价值。现代化就是对于某些特殊价值的追寻和创造的运动。这种创造最初只是发生在近代以来的西方社会，然后逐渐地扩展到全世界，初步走向了全球化。

3. 现代化与全球化

由上我们看到，现代化与全球化既内在相关又有所区别。现代化强调的主要是一种价值取向，全球化是现代化在特定的时期所达到的一种规模和水平。现代化从产生的那一天起就有国际化和全球化的冲动。在 20 世纪之前，现代化不断地趋于国际化，但还没有达到全球化的水平。在 20 世纪里，现代化由一种国度性和地域性的价值创造运动扩展为一种全球性的共同的价值创造运动。

二、经济全球化与文化全球化及其挑战

对于全球化，过去大家关注比较多的是经济全球化，大家普遍承认的也是经济全球化。有没有文化全球化？这在学界是存在着巨大的争论的。有的人认为，文化全球化是不可能的，也是不应当的。我们可以通过分析经济全球化的内容来看由此带来的文化全球性的问题。

1. 经济全球化的内容和实质

什么是经济全球化？我们可以从以下的角度来加以考察。

(1) 经济全球化是一种跨国公司的全球性扩张。经济全球化不是由国家、政府来推动的，而是由企业来推动的，这里主要指的是一些巨大的跨国企业。据统计，在 1997 年的时候，世界上最大的 100 个经济实体中，有 51 个是企业，有 49 个是国家。也就是说，某一些企业拥有的资产超出了相当数量的国家所拥有的资产。比如著名的美国通用电气公司，它每年的营业额达到了 1683 亿美元。这是什么概念呢？这意味着这个公司一年的营业额相当于当年中国一年的全部出口额。全球最大的零售公司沃尔玛(Wall Mart)的年营业额也达到了 1250 亿美

---

① 欧阳康.现代化的"围城"及其超越——兼谈建设性后现代主义的价值取向及其启示[J].求是学刊,2003(1):39-43.

元。在全球化的背景下，这些超大型的跨国公司不仅影响着一些国家的政策，也在一定程度上影响着国际局势的演变，推动着经济的全球化发展。

（2）经济全球化也意味着市场经济的全球性扩展。市场化是工业化的重要条件。在全球化的背景下，全球的市场连为一体。市场的全球化拓展，不仅意味着其在实践上可以跨越大洋，而且意味着不同地区的人们在生活中已经在进行同质量的消费。全球市场中的商品基本上都在相似的价格水平上波动。

（3）经济全球化的重要技术依托是全球通信体系。人造地球卫星上天对于信息全球化传输发挥了特殊的作用。正是信息的全球性、同时性传输为金融体系、市场体系的全球化提供了可能。

（4）经济全球化是全球性的协作组织和协作行动。联合国就是一种全球性的政治组织和外交组织，最大的全球性经济组织是世界贸易组织。它们都是全球性的组织机构，都是借助于全球性通信技术的发展而推动着市场的全球化和经济的全球化的。

2. 文化全球化的基本内涵

有没有文化全球化？我以为，如果要想找到像经济全球化那样的一体化、同质化的文化全球化，那是没有的，但是这并不排除在经济全球化的过程中，文化的全球性流通和全球性扩展，包括文化的全球性碰撞、冲突与融通。具体说来大体有以下几个方面。

（1）民族文化的全球性传播，并获得世界性品格。经济全球化带来了民族文化的全球性传播，并使某些民族文化获得了世界性品格。西方文化的全球性传播和影响，改变着世界的样态。各种民族文化也借助于人民的交往和媒体的传播而走向世界。当今世界许多国家的人民对中国文化抱有特殊的好感、寄予厚望，这超出了我们的想象和预期。这是中华文化的一种世界性的传播，是在世界性传播中所获得的世界性品格。其实，所有的民族文化在它的世界性传播中都有可能获得一种世界性品格，甚至是全球性的品格。

（2）全球性的文化学习运动。如果说以前文化传播主要还是民族文化在客观意义上的世界性传播，那么在今天，比较自觉和聪明的国家与民族都在向其他国家和其他民族学习。不光是学习其他民族优秀的东西，而且努力把它们移植到本土上。中国在近代以来一直在或被动或主动地学习西方文化，聪明的西方人也在自觉地学习东方文化。我们一直批评美国的自由主义和个人主义，实际上最近30年来，英美学术思潮的主流是反对自由主义和个人主义，大力呼吁回到亚里士多德的整体主义，倡导对于美德的追寻。正是在双向甚至多向的文化学习中，各民族文化得以重建和提升，产生出全球性的文化学习和文化趋同现象。

(3) 全球性的共同文化创造。在全球化的历史进程中，我们越来越发现，人类不仅仅生活在一个唯一的地球生命圈里面，而且在不同的地域和民族之间存在着许多内在的共性的方面，也就是人之为人在共同生命圈中必然创生的共同文化现象。这里不仅有人性的共同基础，也有很多共同的利益，这就是为什么现在有了全球伦理、全球性的绿色和平运动、全球性的生态保护运动等。在这样的意义上，尽管全球各地的人们有着巨大的语言、肤色、文化的差异，但他们在现代化的全球性扩展运动中却不断地创造着共同的或相似的文化，这个意义上的新文化有很多是属于人类所共有的东西。

(4) 文化全球化也不排除少数发达国家以多种方式推行文化扩张。美国作为"世界警察"不仅仅从政治上要求各国与它保持一致，如通过年度的人权报告对别国指手画脚，还借助各种手段把他们的思想文化尤其是价值观念扩展到全球。对此，他们是非常自觉并且从来也没有放松过。在美国总统心目中，"American values"(美国价值)就是他的最高价值，美国的国家利益高于一切。西方人要把他们的价值观推向全世界，这是无须怀疑的事情，区别只在于我们如何看待和应对他们。文化的全球性扩张、传播、较量、矛盾、冲突都是有的，因此我们不能仅仅只关心经济的全球化方面，也应当去关注全球化进程中的文化问题。各个学科的人都应当从自己的角度关心文化问题，尤其是应当积极应对这样一种复杂的碰撞与挑战。

三、中华民族对于现代化和全球化的认识历程

中华民族文化几千年绵延不绝，是为数不多的没有中断的文化，这是值得骄傲的地方。但是也正是因为这样，它没有经历过内生性的重大变革，这是中华文化的另外一个方面。因为文化长期延续，在这个延续中没有发生巨大的革命性的变革，所以，我们只能在近代以来世界现代化的进程中逐渐地去认识自我、反思自我、超越自我，这是一个非常

漫长而又痛苦的过程。中华民族在近代以来的心路历程，大体上经历了六个阶段，或者说经历了六种心态。

1. 1840年鸦片战争到辛亥革命前

从1840年鸦片战争到辛亥革命前，近代中华民族首先产生的是民族屈辱意识。中国作为一个天朝大国，在近代以来闭关锁国，对西方的政治革命、思想革命、工业革命毫不知觉。直到有一天帝国主义的洋枪洋炮打开了我们的国门，才知道这个世界已经变化了。现代化就是以这样的一种方式走入了中国人的生活和心中。因此，现代化首先不是作为中国人民的朋友，而是作为敌人、对手、欺负者来到我们身边的。因此，中华民族从一开始就对现代化不那么理解、亲近甚至是非常抗拒。中华民族的近代史可以说是一部屈辱史，屈辱于现代化的冲击。因此，中华民族在认识和处理与世界现代化关系的过程中的第一步就没有走好，并深刻地影响了后来的发展。

2. 从辛亥革命到五四运动

从辛亥革命到五四运动，中华民族先进思想家的心态发生了巨大的变化，这个时候产生出了一种特殊的意识，叫作民族批判意识。当时北京大学的先进思想家和学子们高举“科学”与“民主”两面旗帜，高喊要走现代化的道路。向哪里走？向西方走。中华民族开始自觉地追寻现代化。这是中华民族一次巨大的思想启蒙和对于现代化的追寻。由此而产生出强烈的民族批判意识，并涌现出了许多思想家，站出来批判中国的国民性，在唤起中华民族自我觉醒方面起了极为重要的作用。

3. 从五四运动到1949年

从五四运动到1949年中华人民共和国成立，这段时间里中华民族远离了现代化。在这段时间里经历了国内革命战争、抗日战争和解放战争，中国面临着亡国灭种的危险，救亡图存成了中华民族的主题，中华民族的思想兴奋点是一种民族危亡意识。在这种背景下，我们没有精力去搞现代化。但抗日战争和解放战争的胜利为中华民族带来了新生，促进了中华历史的巨大进步。

4. 1949年到1966年

这一阶段大体上是从1949年到1966年，新中国开始了社会主义的现代化建设。由于外部环境恶劣，只能靠独立自主，由此产生了强烈的民族自强意识。“独立自主，自力更生，艰苦奋斗，勤俭建国”，这种意识是非常可贵的。但是非常遗憾，当时存在着对现代化的诸多误解。一是把现代化理解为工业化尤其是重工业化，甚至是钢产量；二是低估了现代化的难度，要 10 年赶英，15 年超美，因此出现“大跃进”等盲动。

5. 1966 年到 1976 年

1966 年到 1976 年，中华民族产生出一种极度的民族革命意识。当时的中国人毫无保留地、积极地投入“文化大革命”中，产生了我们这个民族的亢奋的精神状态，也是一种相当迷惘的状态。这一时期我们有三大口号：第一个口号是“反帝”，所有的西方国家都是帝国主义，打倒帝国主义是我们喊得最响亮的，这就把西方国家全部拒斥了；第二个口号是“反修”，其他的大部分社会主义国家都是修正主义的，只有阿尔巴利亚是欧洲的一盏社会主义明灯，这就把其他社会主义也反掉了；第三个口号是“反封建”，把我们整个传统文化都反掉了。当时我们自信手中还有一件武器就是马克思主义，但是其中又包含着许多来自苏联的简单化和教条化误解。所以当时表面看来轰轰烈烈，但实际上是十分空虚的。这是我们民族发展的一个非常艰难的时期。

6. 1978 年以来至今

1978 年以来到现在，全国人民集中力量在做一件事情——创造现代化，并产生出了一种伟大的民族精神。20 多年来我们取得的成就是令人难以置信的。现在西方对中国有两种说法，一个是“中国威胁论”，另一个是“中国崩溃论”。听到这些说法，我们当然并不舒服，但这也从一个方面说明了中国的进步。从某种意义上可以说，西方人在关注着中国，看到了中国正日益强盛，尽管我们并不想威胁任何人。至于崩溃问题，如果中国的经济在世界上无足轻重，即便你要崩溃，西方人也不会关心和感兴趣。因此，这两种说法都从反面说明，中国进步到了西方人不得不关注的地步，这说明了中国对世界的影响的增大，说明了实力对比的某些变化。世界关注中国，这既是好事，也是挑战。它要求我们把自己的事做得更好，以应对世界的挑战。

四、当代中华民族在全球化背景中面临的挑战

1. 在和平与发展成为世界主题的背景下如何保护自己的主权独立和国家安全

在和平与发展成为世界主题的背景下，如何保护自己的主权独立

和国家安全，这是一个全新的问题。邓小平提出，和平与发展是时代的主题。但在新世纪，和平和发展都有了新的内容，需要我们去认识和对待。一般说来，和平是相对于战争而言的。什么情况下会发生战争？国家主权和领土完整受到侵犯或伤害的时候。因此，保卫和平和主权，就是守住我们的边界，现在我们的边界也不是没有问题，但是现在看来那些问题并非迫在眉睫，更现实、更重要、也更危险的是我们的经济主权、信息主权和文化主权。今天的和平观、主权观、国家安全观都有很多新的问题，给我们提出了更高的要求。

2. 在经济全球化的历史进程中如何寻找高效而又富于特色的现代化发展道路

在经济全球化的历史进程中如何寻找高效而又富于特色的现代化发展道路？我们过去曾经希望能够简单地模拟西方社会的现代化发展模式，现在看来是不可能的。整个东亚的现代化就是走着一条与西方不同的道路。这涉及"Asian values"，即亚洲价值观的问题。现在我们加入了 WTO，如何应对它所带来的更加严峻的挑战，创造出新的高效发展的道路，是对我们的挑战。

3. 在政治多极化的进程中如何有效地履行作为一个政治大国的责任和义务

与经济全球化相伴发生的是政治多极化的问题。通常认为，今天的世界政治舞台上有五强：美国、俄罗斯、欧盟、日本、中国。中国已经作为一个政治大国登上了世界的舞台，但是要在这样复杂的世界政治格局中发挥自己作为大国的作用，这既需要勇气，更需要智慧。

4. 在知识经济时代如何保持中华民族精神的科学性和活力

知识经济和科技革命对我们提出了全新的要求，我们这个民族在精神上和实践中如何保持自己的活力，仅仅靠我们的传统是不够的。我们坚信，中华民族传统文化中蕴含着许多今天仍然可以也应该吸收、借鉴和发掘的东西，但也应当清醒地看到，仅仅依赖它们绝对不可能直接满足中国现代化的精神需要。在这种意义上，对于中华民族精神有一个重建和重塑的问题，而这个背景就是知识经济和科技革命。科学的落后造成了中华民族精神中科学内涵的匮乏，这需要补课、充实、提高。要让我们的民族精神充满科学精神和与科学精神相适应的人文精神，实现对于传统文化的创造性的转换，实现科学精神与人文精神在中华民族精神中的有机统一。

5. 在世界文化的多元化发展和文明的冲突中如何保持和发展中华民族文化的先进性

亨廷顿的《文明的冲突与世界秩序的重建》出版以后受到了严厉的批评，现在看来有些问题还可以做些检讨和反思。从总体上看，20 世纪后半叶就是一个意识形态逐渐淡化的过程，亨廷顿指出了这一点应该说是没有太大的错误的，而问题在于文明的冲突是否就是 21 世纪的世界主题？基督教文化、伊斯兰文化和儒家文化是否真的会成为 21 世纪里的世界冲突的根源？这对儒家文化来说确实是有一个重新认识、重新理解和重新进行一种创造性转化的问题。中华民族在 21 世纪里以什么文化形态展示于世人，如何参与到世界文化的创造中，如何展示自己的特殊魅力，这都需要我们加紧进行新文化的创造。发展创新的、先进的文化是时代赋予中华民族的重要任务。

五、着力弘扬和培育中华民族精神

综观 1978 年以来我国的发展历程，我们由比较片面地理解现代化到比较全面地理解现代化，由过去讲的搞“四个现代化”、重视器物现代化走向了对现代化的全面建设。在这种意义上，精神问题重新凸现出来，这是中华民族全面发展的客观必然，是一种内在性的需求，也是一种内生性的革命。它要求在经济发展、政治发展、文化发展等方面保持协调和持续的态势，尤其是提出了精神家园的重振、重塑、重建问题，这就是弘扬和培育民族精神的问题。

如何做好这个课题，我们的基本想法是要充分学习和把握已有的学术成果，并找准存在的问题，理清我们的研究思路。为此我们对过去的研究做了细致的扫描，搜索到的文章就有几百篇，书有近百本，成果是非常丰硕的。但严格说来，这方面的研究也还存在以下一些问题或缺失。

第一，缺乏系统性。对于民族精神问题的研究主要定位于历史学的研究，也有人把它定位于社会学的研究，或者定位于文化学的研究。研究者都是从各自所在的学科来研究它，仅看到了民族精神的某些方面，而缺乏整体性和系统性的把握。我们看到，民族精神是一个综合性的东西，是一个内核性的问题，仅仅从单一方面进行研究是不行的，需要系统性的和综合性的研究。

第二，缺乏实证性。对于什么是民族精神，民族精神在我们的生活中是怎么样表现出来的，民众对于民族精神的认同方式与程度等都缺乏实证的调查，没有量化的依据，大而化之，说不清楚，这种研究很难说是科学的、客观的。科学的研究一定要以对当代中华民族的实际精神状况的全面、客观把握作为全部研究的出发点。

第三，缺乏比较性。我们研究的是中华民族精神的问题，但中华民族精神的特点只有在与其他民族的比较中才能凸现出来，但是过去我们恰恰缺少对于其他国家和民族是如何培育和弘扬他们的民族精神的研究。没有比较就没有鉴别，通过比较才可以学习和借鉴。

第四，缺乏时代性。对于民族精神的当代发展，在现代化和全球化的进程中需要一种什么样的民族精神，缺乏具有足够哲理高度的理论研究。马克思说，真正的哲学是时代精神的精华，哲学家们要站在时代的高度，不仅仅是做“黄昏才起飞的密纳发猫头鹰”，还要做“高卢雄鸡”，去预见未来、引导现实，因此必须有足够的时代感。

第五，缺乏对策性。大家都在谈民族精神，但是对于如何更加有效地培育和弘扬民族精神却缺乏具体的对策研究，少有具有很强针对性、可操作性的政策建议和措施。

正是针对以上的缺失，我们又逐步提出了以下五个方面的研究构想。

第一，历史研究。要全面研究中华民族精神的来龙去脉及其变化发展的内在机制，准确地认识民族精神中优秀的、有生命力的积极因素与消极的、不合理因素，以便科学合理地批判性继承和创造性发展，为民族精神的培育和弘扬提供经验和科学依据。如果没有足够的历史感，民族精神的研究就没有历史的渊源，没有根基。

第二，学理研究。深入系统的理论研究是高屋建瓴地培育和弘扬民族精神的必要理论前提和充分思想保障。因此，我们需要对民族精神的概念、命题、理论等做深度发掘，揭示民族精神的性质、特点和功能，厘清它与其他各方面的关系，把基本问题在学理的层面上研究清楚。

第三，实证研究。对于当前我国民族精神认同现状的准确把握是有效培育和弘扬民族精神的客观基础。因此，我们拟借助于我校的民族精神调查中心广泛开展社会调查。我们提出了“四个一百”——一百个学校、一百个农村、一百个乡镇、一百个企事业单位。这个任务非常复杂，非常重大，也非常重要。

第四，比较研究。比较研究就是要落实民族精神研究中的国际视野和全球观念，在不同的文化传统和民族精神之间进行全方位的比较分析。我们重点选择有代表性的国家、民族和地区来加以对比分析。比如，中华民族精神与基督教精神、日耳曼精神、犹太精神、伊斯兰教精神等的比较，中国与日本、韩国、新加坡等的比较，中国内部不同地区的比较等。

第五，对策研究。民族精神研究不能坐而论道，必须付诸实践。因此，我们希望不仅仅发表学术论文、出版学术专著，还必须开展对策研究，就如何更加有效地培育和弘扬民族精神提出可供操作的政策和措施，以帮助领导决策，并指导我们自己的实践。

第十五章　当前中国文化建设的资源选择与价值取向

进入 21 世纪，国内学界围绕“复兴国学”再次展开了热烈的讨论甚至是激烈的争论。这些讨论和争论涉及如何科学合理地选择当代中国文化构建的思想资源、发展中国文化体系应坚持的价值取向等问题。笔者认为，应当辩证地看待争论中的不同意见，应当努力超越文化选择中的误区，以开放心态努力发掘多元复合的文化资源，坚持传承、批判、整合、创新的价值取向，在当前中国特色社会主义现代化建设的进程中探寻创建当代中国文化的科学、合理、有效途径。

近来国内学界围绕“复兴国学”再次展开了热烈讨论甚至是激烈的争论。[①] 照理说，在当代中国的现代文化建设中本来就需要尽可能广泛地吸收各种有益的思想文化资源，而提出“复兴国学”无非是表达了在中国传统思想文化中寻找思想资源的一种积极尝试，不应当有过大的争议和分歧。但实际上人们的认识却差距甚大，这就让我们不得不更加深入地思考一些前提性的问题。综观交锋中的不同意见，我们感到，除了对一些基本概念和基本问题的理解差异较大外，还涉及如何科学合理地选择当代中国文化构建的思想资源，也涉及发展中国文化体系的价值取向等重要问题。本文认为，应当努力超越文化选择中的误区，以开放心态努力发掘多元复合的文化资源，坚持传承、批判、整合、创新的价值取向，在当前中国特色社会主义现代化建设的进程中探寻创建现代中国文化的科学、合理、有效的途径。

一、从关于“国学”的可能界说谈起

什么是国学？国学包含什么内容？国学是个中性概念还是价值概念？如何科学合理地界说国学？这是复兴国学讨论中首先需要厘清的问题。对此，学术界存在着不同的看法，而这也是争论的起点。我们认为，对于国学的界说至少要有以下几个维度。

1. 国度之维

何为国学？普遍认为，国学又称“国故学”，指一个国家所固有的和特有的学术。一个在思想上成熟的国家和民族应当也一定会有自己的学术，它们的总和可以被称为国学。因此，国学是一个国家的学术之根本和总和。在这种意义上，国学是个中性的概念，适用于任何国家。任何国家都会有自己的国学。在这种意义上使用国学概念，谈论复兴国学，意味着对于一个国家的总体性学术的重视与振兴，是一个非常广泛而普遍的现象，应该说不会引起什么重大的争议。

2. 地域之维

在中国，国学意味着什么？就其地域规定而言，国学是相对于西学

① 纪宝成. 重估国学的价值[N]. 南方周末，2005-05-26. 袁伟时. 评纪宝成校长的“重振国学”论[N]. 新京报，2005-06-03. 徐友渔. 当代中国社会思想：国学热和文化保守主义[J]. 社会科学论坛，2006(2)：66-77. 彭永捷. 国学：我们能期望什么[J]. 人民论坛，2006(4)：62-64. 陈壁生. “国学复兴”不过是场大众狂欢？[N]. 南方日报，2005-09-01.

而言的，指的是中学。张岱年先生曾说："国学是中国学术的简称。"[①]从这种意义上谈国学，就有了明显的价值取向，意味着在中学与西学之间做出选择。中学和西学孰优孰劣，这恰好是近代以来中国学术的重大争论问题。

3. 时间之维

就其历史与时代规定而言，国学是相对于新学而言的，指的是旧学，包括了西学传入以前中国原有的全部学术，也就是指中国的传统学术。在这种意义上讲复兴国学，就有了新学与旧学的比较之意，意味着在新学与旧学之间的一种价值评价与价值选择。

4. 内容之维

国学包含着哪些具体内容呢？人们往往是在非常不同的内涵和外延上谈论国学的，其至少有以下三个不同的具体层次或内涵：儒学、孔学或中国传统文化。

儒学也许是使用得最为广泛的。在一般意义上提到国学，不少人会直接地想到儒学，并认为儒学是中国传统学术的核心。正是如此，一旦谈到"复兴国学"，就难免把它与多年来颇有争议的"儒学复兴"联系起来。由于历来对儒学有着非常不同的看法，因此对儒学的态度则直接决定了或影响着人们对复兴国学的态度。能否在复兴国学的名义下复兴儒学呢？这显然会有争议。

在较狭窄的意义上，有人认为，国学的核心是孔学，认为孔子学说是中国学术之精华，也是国学最为重要的内容。[②] 有人甚至把孔学尊为孔教，把儒学尊为儒教。[③] 这涉及更为复杂的问题，即孔学或儒学的宗教性问题。且不说关于能否将孔学或儒学看成宗教，人们已有很多不同的看法，对于能否在今天的中国复兴某种具有宗教意味的东西，人们显然会有更大的争议。

在更加宽泛的意义上，有人把国学界定为中国传统学术，包含了儒释道各家各派。这种界说试图超越有关孔学与儒学的争论，但难免陷入一个更加复杂的问题域，那就是如何确定国学的边界，以及在如此宽

---

① 张岱年. 国学今论[M]. 沈阳：辽宁教育出版社，1991：1.

② 朱方榈. 伟大的孔子思想是祖国统一的重要基石[J]. 桂林市教育学院学报(综合版)，2000(4)：8-10.

③ 彭燕韩. 香港孔教的理论与实践[J]. 世界宗教文化，2004(2)：21-22.

泛的意义上复兴国学是否必要和可能。

5. 价值之维

无论是在何种意义上界说国学，都难以回避一个更为重要和根本的问题，这就是对它的价值评价：国学到底是好是坏，是优是劣，是否能够满足现代中国的价值需求。对此的回答直接影响着对复兴国学的认同与反对。应该说，无论是孔学、儒学还是中国传统文化，作为一种中国所独有的社会历史文化现象，都不是价值中立的，而是价值多元的和非中立的，它们在历史上发挥过多种作用，有好有坏，有优有劣，有长有短，相应地也难免存在着对它们的非常不同的评价和取舍态度。主张复兴国学，首先就意味着对于这个非常复杂的价值现象做出评价与选择。主张复兴国学，意味着对于国学价值的基本认可。那么如何看待国学所具有的历史局限与问题呢？或者更进一步说，应当如何评价中国传统思想文化呢？

也许正是意识到了国学概念可能具有的歧义性，有学者主张从积极的和建设性的方面去界说国学，认为国学是中国传统学术，是中华传统文化的精华，它沉淀于历史的长河，而又升华于现代的社会，既是延续传统的纽带，又是开创未来的阶梯。国学乃是使中国人之所以成为中国人，中华文化之所以自立于世界文化之林，并对人类进步做出特殊贡献的民族文化体系。[①] 这种界说的用意无疑是好的，表明了复兴国学的积极和建设性的价值取向，但却难免或多或少有些理想主义的色彩，因为这既脱离了中国传统思想文化本身所具有的多种属性、多元价值和功能复杂性，也很难让所有人都从这种角度来看待和认同国学。

由上我们看到，国学是个高度复合和复杂的概念，对它的界说注定要在中学与西学、旧学与新学、优学与劣学等复杂的价值关系中展开，涉及历史与现实、传统与现代、理论与实践等复杂关系，对这个概念的使用本身就意味着对于一种复杂的社会历史文化现象的价值评价和取舍态度，难免存在不同的看法和态度。因此，对于复兴国学问题存在不同看法甚至争论是必然的，也是正常的，而问题在于应找寻认识国学和对待国学的科学方法与合理视角，并对某些根本性和前提性问题有个恰当的认识。

① 纪宝成. 重估国学的价值[N]. 南方周末，2005-05-26.

二、如何看待国学在近代以来的衰微

在关于国学命运的讨论中有一个更为复杂和困难的问题：我们今天以国学来表示的历史文化本身的价值多样性，不仅仅存在于非常复杂的历史文化事件中，还会引发出许多非常复杂的历史后果，并必然引出不同历史时期和不同社会群体对它们的不同态度。在人类文明的发展历史上有一种非常普遍的现象，那就是历史上的各种事件并不会简单消失，而是以一定的方式影响到后来的社会发展，并由此而累积到历史的发展进程及其结果之中，进而转化为一定的历史前提。今天被称为国学的中国历史文化也是如此，它在历史进程中已经经过了无数的历史沧桑，涉及许多非常敏感的历史事件，并已经转化为非常特殊的历史前提。因此，一旦谈到复兴国学，必然涉及对这些历史事件和历史前提的评价或再评价，并成为国学争论中的前提性问题。有的时候，对于这些前提性问题的争论甚至会超过对于问题本身的争论，而澄清这些前提性问题则对于达到这些复杂问题的合理理解具有特别重要的意义。

例如，如何看待国学在近代以来所受的冲击，就是此类非常重要的前提性问题之一。

主张复兴国学，是以不满国学在当前中国的式微作为自己的前提的，这就涉及一些更加深层的问题：如何看待国学在近代以来的式微？国学在近代以来为什么会式微？如何评价导致国学式微的那些因素、运动与事件？

有学者把国学在近代以来的式微归结为20世纪的几次文化运动，并为论证复兴国学的必要性而对包含新文化运动等在内的一系列文化事件做了一揽子的批评，引起了激烈的争论，并由此引发了人们对于“复兴国学”的尖锐质疑。[①] 这里提出了一些更加尖锐的问题：复兴国学是否一定要以否认新文化运动和20世纪的文化变革为前提？如何看待和评价新文化运动以来中国社会的进步与发展？如何看待中华民族在20世纪里的时代主题与主要任务？

① 纪宝成.重估国学的价值[N].南方周末，2005-05-26.袁伟时.评纪宝成校长的“重振国学”论[N].新京报，2005-06-03.

对于具体历史事件的评价要放到一个更大的发展背景之中才能更加准确。对于国学命运的探讨不能离开中国社会长期历史发展的复杂背景,也离不开中国赖以生存和发展的国际环境。近代以来,中国社会的演变是在与世界现代化的互动关系中展开的,离开了与西方文化的互动就很难说得清楚。在某种意义上,与其说应关注国学的命运,不如说应当关注国学与现代化的关系。应该说,真正对国学造成冲击的是中国和世界的现代化运动。

什么是现代化?从时间特性上来看,现代化意味着时代化,是一种指向并趋于未来的社会进化。从空间特性上来看,现代化意味着全球化、世界化,是一个更广泛、全面和彻底地向世界开放的进程。从内容方面来看,现代化意味着更加科学化、组织化和合理化。在现代化的进程中,人们创造出并掌握和运用最先进的科学技术和生产方式,从而以更加合理的方式从事与自然之间的物质、信息和能量变换;人们建立并完善更加和谐、协调的社会机体和组织形式,从而以更加合理的方式从事人与人之间的社会交往;人们在更加先进和科学的社会政治思想和道德文化观念的支配下从事一切社会活动,从而更加自觉地促进从个体到社会的更加全面、充分的自由发展。[①] 具体说来,现代化的内容可以从理性化、工业化、市场化、都市化、民主化和法制化等方面来加以概括。[②] 因此,现代化意味着对旧有的、过时的、传统的生产方式、生活方式、思维方式、评价方式的实际批判和扬弃,意味着对于全新的文化体系和思想观念的建构和创造。

中华民族对于现代化的认识与认同经历了一个非常艰难的过程。从鸦片战争到五四运动之前,中国人总体上处于对现代化的无知和恐惧之中。西方人用现代化的洋枪洋炮打开了我们的国门,也打掉了当时的中国人长期保有的作为天朝大国的迷梦,所以中国人对于现代化从一开始就有一种有意或者无意的畏惧和拒斥的心理。尽管在这一段时间里也产生了洋务运动,但其根本目的是"师夷之长技以制夷",以西方现代化的物质手段来抵御西方现代化。当时中国社会运动在时间特

---

① 欧阳康.马克思现代化理论的价值取向及其当代意义[J].江海学刊,2006(1):31-38,238.欧阳康.哲学视野中的现代性问题[J].社会科学战线,2005(3):30-33.

② 欧阳康.现代化的"围城"及其超越——兼谈建设性后现代主义的价值取向及其启示[J].求是学刊,2003(1):39-43.

性上的慢节奏、低速度，在空间特性上的范围狭隘、封闭性强，在内容和方式上的陈旧、落后、保守等，表明它在发展程度上远远落后于当代世界发展的先进水平，长此以往，势必成为人类的负担、世界的“胞瘤”。马克思在谈到当时中国的落后状况时曾经严肃而深刻地指出：“一个人口几乎占人类三分之一的大帝国，不顾时势，安于现状，人为地隔绝于世并因此竭力以天朝尽善尽美的幻想自欺。这样一个帝国注定最后要在一场殊死的决斗中被打垮。”①

新文化运动代表了中国先进思想家追寻现代化的价值诉求。它结束了近代中国的妄自尊大和闭关自守，把中华民族的视野引向了人类文明发展大道。新文化运动的根本意义在于要求中国社会开放于世界现代化运动，并引入了现代化的核心价值观念，以其冲击长期以来的封建专制和精神枷锁，希望能够构建一种符合世界发展趋势和时代要求的现代文化。而作为这一切变革的思想文化前提的，是包括鲁迅在内的先进思想家们对于以孔子学说为主要内容的儒家思想的批判，对于封建专制的批判，对于国民性的反省与批判等。从某种意义上可以说，这是中华民族的一次重要的思想解放，也是中国社会发展的重要契机。② 如果没有新文化运动和与之相应的思想启蒙与思想变革，很难想象马克思主义能否顺利地进入中国并为大众所选择和接受，很难想象科学与民主能否如此大规模地进入广大民众的视野，也很难想象 20 世纪的中国社会文化会如何发展，会走到什么方向。

由此是否可以说，国学在近代中国的式微，是带有历史必然性的，是有其正常性的甚至是必要性的？新文化运动对于孔学、儒学或国学的批判，不仅是西学与中学的较量，甚至在本质上是现代性与传统性的一次深刻较量，可以看作是中国走向现代化道路所必需的思想清理与自我超越的过程。国学的衰微，从根本上说，还是由于自身的问题，由于其既没能内生出中国的现代化因素，也难以直接适应世界现代化的变革要求，从而必然受到冲击。尽管在新文化运动中也难免存在着一些人对于国学的过度贬斥和过分冲击，但就其主流来看，这场运动主要

---

① 马克思恩格斯选集：第 1 卷[M]. 北京：人民出版社，1995：632.

② 黄学多. 五四新文化运动与中国人的现代化[J]. 湖南财经高等专科学校学报，2002(2)：87-89. 李萌羽，温奉桥. 全球化视野中的文化选择——兼论“五四”新文化运动的价值悖论[J]. 青岛大学师范学院学报，2004(2)：24-33.

是在思想领域展开的，是在为中国社会的现代化发展而从事着历史清理与思想批判，这种清理与批判是当时中国社会进步的必要前提。

当然，国学在20世纪的中国也受到过非分的待遇与冲击。“文化大革命”期间，中国在反封建的旗帜下，对孔学、儒学以至所有中国传统思想文化进行了一次不合理的批判和不加分析的否定。“文化大革命”的错误之所以需要也特别应该记取，在于当时的中国在很大程度上没有准确领会马克思主义，同时也在“反帝”和“反修”的旗帜下不加分析地拒斥了世界现代化和文化进步。也正是由于认识到这种失误，中国共产党人要在现代化的自觉历史进程中以特殊的方式来表达对于中国优秀传统文化的应有尊重和恰当重视。

三、如何看待国学所具有的历史意义与当代意义

如何看待国学所具有的历史意义与时代意义？对于这个问题的回答决定着对于复兴国学的根本态度。章太炎先生早就指出：“国学在中国有数千年的历史，我们过去的智识和他发生密切的因果联系；因此我们急要明白，国学的精华何在？他以后还有存在的价值没有？如果国学是腐败的骸骨，不该容他存留着，我们可赶快涤除净尽。如其中尚包含着精金，也应该从速发掘。”[①]由于迄今人们对于国学的内涵和外延实际上还缺乏统一的认识，因此也很难简单地谈国学的价值。但人们一般不会否定儒学是国学的核心，因此我们大体可以在对儒学命运的分析中探讨国学的历史意义。

科学合理地看待儒学或中国传统文化，需要有科学合理的视角与方法。马克思在谈到政治经济学的方法时写道：“哪怕是最抽象的范畴，虽然正是由于它们的抽象而适用于一切时代，但是就这个抽象的规定性本身来说，同样是历史关系的产物，而且只有对于这些关系并在这些关系之内才具有充分的适用性。”“资产阶级社会是最发达的和最多样性的生产组织。因此，那些表现它的各种关系的范畴以及对于它的结构的理解，同时也能使我们透视一切已经覆灭的社会形式的结构和生产关系。资产阶级社会借这些社会形式的残片和因素建立起来，其中一部分是还未克服的遗物，继续在这里存留着，一部分原来只是征兆

① 章太炎.国学概论[M].曹聚仁，记录.成都：巴蜀书社，1987：1.

的东西，发展到具有充分的意义……因此，资产阶级经济为古代经济等等提供了钥匙。”[①]马克思的这些话，对于我们认识儒学和中国传统文化及其当代价值具有十分重要的方法论意义。从人类社会进化发展的总过程来考察儒学和传统文化的社会作用与历史意义，它们必然包含着两个基本的方面。一方面，传统文化作为一定时代的人们以一定方式的活动处理自身与外部世界关系所创获的积极成果，必然有其地域性、时代性的印记，包含着对当时的时代、民族和地域具有充分意义的东西。但这些东西一旦超越了具体的历史时代，则会逐渐丧失其意义，成为过时的和陈旧的东西，甚至作为消极的和保守落后的力量，与新经济、新政治和新文化相抵触和冲突，妨碍社会的现代化进程。因此，要把传统文化转变为现代文化的一部分，就不能不加分析地把传统文化全盘接受过来并不加改变地忠实保存着，而必须对其狭隘性、封闭性、保守性以至于反动的方面进行深刻的批判，扬弃其过时的、陈旧的和落后的东西，这是真正有效地继承和弘扬优秀传统文化的必要前提条件。而另一方面，人与世界的关系尽管在不同的时代、地域和民族中有不同的广度和深度，有不同的形式和内容，但又是一种普遍的和必然的关系。相应地，人们在具体的地域、国度和民族中处理自身与世界关系的活动及其产品又总是有其超地域、超国度、超民族的普遍的和共同的方面。尽管这些东西在当时往往只是以征兆、端倪或萌芽的形式存在着，但它们却使得传统文化具有某些超地域、超民族和超时代的普遍意义，并且作为文化系统中的萌生因素而代表着一定文化系统的发展方向。弘扬传统文化，就是要认识和发掘传统文化中这些具有超时代意义的普遍的、共同的、永久性成分的东西，在人与世界关系的现代水平上进行新的创造，使之得以发育、成长、展开，并得到充实和完善，成为现代文化体系和人类文化世界的内在组成部分。儒学和中国传统文化的情况也是如此。从总体上看，儒学思想大体可以分为三个层面：其一，以孔孟思想为核心的儒学，由孔子、孟子所首创，后经董仲舒、二程、朱熹等人发展和完善，是中国小农经济宗法封建社会结构的集中的理论和学术表达，是历代封建王朝的统治思想的理论基础，在漫长的封建社会中得到了完备的发展和充分的应用；其二，在较为具体的层面上，是具

① 马克思恩格斯选集：第2卷[M].北京：人民出版社，1995：23.

有各种具体内容的观念和可操作的规范，包括政治观念和政治规范、法律观念和法制规范、道德观念和伦理规范，等等。这些内容有些是为中国封建社会所独有的，有些则是其他社会所共有的。这些观念和规范使儒学具体化为可操作的政策、法令和准则，支配着社会生活；其三，在日常生活层面上，则是各种具体的行为规范和操作规定，比如处事原则、行为习惯、风俗民情、情感偏好、心理特质等，这些东西，有的是直观的、显明的，有的是潜在的、隐含的，但它们都渗透到人们的社会心理和日常生活之中，有意或无意、自觉或不自觉地发生着作用。

儒学的以上三个层次中都包含着两个方面的内容：一是属于中国封建宗法社会所特有的东西；二是属于人类生产生活活动中共性的、普遍性的东西，是人与世界关系中共同具有和普遍面临的东西。那些为中国封建社会所独有的和特有的东西，尤其为封建统治者所需要和钟爱，从而能够得到充分发展和发挥作用的条件，并得以发挥其功能。也正因为如此，它们也只能适合于中国封建社会这一特定的时空和发展阶段，一旦脱离了这一特定的社会环境就丧失了其功能。那些作为人类生存活动和发展所面临的普遍共同内容方面的东西，则不仅能够超越中国封建社会阶段而流传和发生作用，并且能够超越国界和民族差异为其他民族、其他国度所吸收和借鉴，从而获得某种超时代、超国度的意义。这些内容正是儒家思想中的积极方面。稍加分析就不难看出，儒家思想中至今为东南亚国家乃至国际学术界、思想界所称道和赞颂的东西，如“天人合一”“中庸之道”“己所不欲、勿施于人”等，正是这些具有超国度、超时代意义的东西。

对中华民族来说，弘扬民族优秀传统文化，当然不是只弘扬和学习儒学，还需要弘扬和学习包括儒释道各家各派在内的所有优秀的历史文化，也不是全面复兴和尊崇儒学，而是批判和扬弃儒学中那些只适合封建宗法社会的思想理论规范和准则，梳理和发掘那些适合人类共同生活而于今天仍有意义的东西，使其在新的条件下得到强化和发展。因此，批判和扬弃儒家思想中在封建社会阶段已经获得充分发展并得以充分发挥作用但已丧失现代意义的东西，发掘和完善儒家思想中以萌芽形式存在、反映人与世界关系的普遍特性而今天仍有积极意义的内容，根据新时期人与世界关系的特点而加以改建和创造，是建设中国特色社会主义新文化的必由之路。

四、在传承、批判、整合、创新中构建中国当代文化

讨论“复兴国学”，还须回答一个前提性问题：什么叫“复兴”？一般说来，一则为“复”，有回复、恢复、回归、继承、传承之意；二则为“兴”，有振兴、兴起、重构、重建、创新之意。对这两个方面含义的不同侧面的强调，实际上根据的是对国学价值的不同评估，也表达着对中国文化未来走向的不同价值期盼。应该说，仅仅从回复和传承的含义上来理解复兴国学的看法并不可取，也不为多数，大多数人都希望通过复兴国学而推动国学的现代振兴与现代发展。因此还需要深入地回答这样几个问题：应当如何看待当今中国的文化需求和文化走向？如何更好地发掘和运用当代中国文化构建的可能思想文化资源？中国文化构建过程中应当采取什么样的价值取向？

从总体上看，当今中国的文化构建至少有三个方面的思想文化资源：一是包含孔学、儒学在内的中国传统文化；二是以西方现代化为主导的世界现代化和全球化文化资源；三是中国共产党领导中国人民在20世纪特别是1949年以来对现代化的理论探索与实践创造。这三个方面的思想文化资源大体上代表了古与今、中与外、理论与实践的历史性遗留与未来的可能性发展空间，构成了当代中国文化构建所不可或缺的多元复合思想文化资源。一方面，当代中国文化构建离不开这个多元复合文化系统中的任何一个方面；另一方面，这三个方面中的任何一个方面都无法单独满足构建中国现代文化的时代重任，都只有纳入当代中国文化宏大系统并加入文化整合运动的创造性进程中才能得到恰当的定位和发展，并发挥出自己的积极价值与功能。

国学的当代价值只有在这个多元复合的文化体系中才能得到科学合理的定位和有效的开掘与发挥。一方面，我们要深刻批判历史虚无主义，肃清其巨大危害，正确认识国学和中国传统文化的积极时代价值，对复兴国学和发展国学的努力持开放心态和积极态度；另一方面，我们也要防止回到历史复古主义的窠臼，要深刻认识孔学、儒学、国学和中国传统文化在性质与功能方面的有限性，给予其恰当的定位和适度的期望，以科学的批判精神和整合创新态度来对待它们，积极促进它们的时代性发展与创新。

这里的关键之点在于不能指望国学能够直接地和现成地解决当前

中国文化的一切问题或主要问题。因为这里还涉及两个内在相关的根本性问题:一是当今中国文化建设中存在的最大和最根本的问题是否主要是由于缺乏儒学或国学或中国传统文化所造成的;二是国学是否能够满足这种需求及其满足的程度如何。

从总体上来看,我们认为,当今中国的最高价值目标还是要加速现代化、世界化、全球化的历史进程,提高现代化的层次和水平,为此我们必须继续向世界开放,向西方先进文化学习。而中国和世界的现代化进程主要不是由于缺乏国学所造成的,也不大可能直接产生出对原来意义上的国学的需要。无论是现代中国还是当今世界所面临的各种问题,也绝不是传统的国学可以或能够直接解决的。因此,我们还需要对传统国学保持批判的态度与超越的精神,并促使其发生创造性转化。

我们应当对古今和中西文化的互动与整合保持更加积极的态度,并在传承、批判、整合和创新中探索中国当代文化的发展道路。我们应当把孔学、儒学或国学作为现代中国哲学与文化的重要思想来源,并通过激发其内在的活力,进而影响和引领文化系统的发展,使其向着现代化的方向进化,积极融入当代中国和世界文化,成为当代中国新文化体系的内在组成部分。

积极学习和引进西方先进文化,对于激发中华文化的内在活力具有极为重要的意义。我们绝不能全盘西化、搞文化殖民,也绝不能闭关自守、妄自尊大,而应以更加积极的心态对待外来先进文化,使传统文化中那些具有超时代意义的因素、萌芽,在与外来文化中的先进因素的交汇中被激活、再生、活化、发展,进而在新的条件下得以发育、成长和完善。

当代中国的文化建设应当立足于当代中华民族的生产实践、生活世界和生命体验,并成为社会进步的观念表现和思想引领。相应地,中国社会文化现代化的历史进程,就是在弘扬中国传统文化、学习世界先进文化和创造当代中国文化这三位一体的活动过程中持续展开的一场全面而又深刻的文化变革运动。这三个方面既相互制约、互为条件,又相互促进、互为因果,还相互转化、互为动力,构成了中国现代化持续展开的实现机制。而外来文化的中国化、民族化,传统文化的时代化、世界化,以及基于上述二者对中国当代民族文化的整合、重构和再创造,三位一体地构成了中国文化现代化的实现过程。

参考文献

1. 南文瑛.中国应当创立新国学[J].出版参考,2006(32):10-11.

2. 丛一.理性地审视时下的“国学热”[J].中国质量,2006(10):59-60.

3. 李春青.关于儒学现代意义的几点思考[J].三峡大学学报(人文社会科学版),2006(6):5-9.

4. 曾加荣.从“国学热”谈民族文化的振兴[J].理论界,2006(8):92-94.

5. 刘锋,熊建,刘曙昌.全球化浪潮与国学的创新[J].江西社会科学,2004(10):25-31.

6. 曾庆瑞.我们怎样面对“国学复兴”的浪潮[J].现代传播,2005(6):29-31.

7. 王德峰.依中国文化精神建设当代国学[J].复旦学报(社会科学版),2006(5):89-94.

8. 黄秋平.国学:积极振兴还是全面复兴——兼论国学的价值思想[J].艺术评论,2006(9):73-74.

9. 贾松青.国学现代化与当代中国文化建设[J].社会科学研究,2006(6):1-6.

第十六章　人文精神与科学精神的融通和共建

当代文化冲突的又一表现是科学精神与人文精神的分化与对立。笔者从人与自然、人与社会、人与自我等方面透视当前人类面临的“现代病”，希望能够消除误解与片面性，促进科技与人文的良性健康互动，重塑当代科学精神，提升当代人文精神，增强当代青年的科学素养和人文素养。

提出人文精神与科学精神的融通与共建，有其鲜明的针对性：第一，在实践中人文发展与科技进步存在分化、对立甚至冲突；第二，在思想上对人文精神与科学精神的理解存在偏执与片面。相应地，要达到人文精神与科学精神的融通与共建，其前提便是消除对人文精神和科学精神各自及其相互关系的片面理解，在对人文精神与科学精神的全面理解中塑造当代人类精神，促进人文文化和科技文化的健康互动与协调发展。

一、正视“现代病”，透析人文与科技对立

当代理论界对于人文精神与科学精神关系的关注根源于人文与科技的现实对立与冲突。

从历史的角度看，人文与科技的分化尤其是对立，主要是近代科学技术产生以来的事。在近代以前，人文与科技之间在较低的水平上处于不分化状态，其间很难说有明显的对立与冲突。近代以来，科学技术的发现、发明和广泛运用，一方面极大地强化了人的认识和实践能力，发展了人的主体性，创造出了巨大的物质和精神财富，改变了人的生产方式、生活方式、思维方式、情感方式等，拓展了人的生活和发展空间，产生出了巨大的正面效应，另一方面也加剧了人类与自然、个人与社会、人的生活世界与心灵世界之间关系的分化与对立，[①]在现实社会中造成了人文文化与科技文化的分化与对立，相应地在精神上带来了人文精神与科学精神的分化与对立。正是这两个方面的问题相互交错，演化出了当前人类社会的各种“现代病”。

首先，在人与自然的关系问题上，生态问题、环境问题、资源问题、气候问题、物种问题等日趋严重，以致造成人类的生存危机和发展受限。人类长期积累、发展而形成的近乎无限的建设能力，由于其不合理运用，正在转化为同样近乎无限的破坏能力，毁灭着人类自身生存的家园。人们在今天到处感受到的“天灾”，实际上不少是“人祸”，是人类自身不合理实践的后果。

其次，在人与社会的关系方面，阶层矛盾、阶级矛盾、民族矛盾、国家矛盾等并未随着社会财富的迅速增长和全球一体化的进程而消失或

① 斯诺. 两种文化[M]. 纪树立，译. 北京：生活 · 读书 · 新知三联书店，1994.

减弱,而是以更加复杂多变的形式存在,并时常以异常尖锐的形式表现出来。20世纪以来,人类先后经历了两次世界大战的劫难,在半个世纪的冷战历程中,各种形式的局部战争从没间断,人们时时感受到世界大战的阴云。现实的各种社会矛盾与冲突都是在高新科学技术的支撑下和组织下展开的,从而变得更加错综复杂。

最后,在人的精神生活领域,最值得关注的便是拜金主义的横行、物欲主义的泛滥、精神家园的迷失、人文关怀的淡漠、行为方式的失范等。这种种现象被叫作人文精神的失落。人们的物质生活条件的改善并没有带来其道德思想观念的相应进步,恰恰相反,人们看到的更多的是道德滑坡、精神匮乏和日益严峻的吸毒、暴力、性犯罪等。它们以极端个性化的方式表达着人性中最丑恶的那些方面。造就了现代文明的人类,不得不苦涩地品尝和咽下一颗颗自己酿成的苦果。

综观当代人类所面临的"现代病",其根源在于人文与科技的分化和对立,而又正是这种现实的分化与对立造成了人类精神世界的分化,造成了人文精神与科学精神的对立。

二、克服片面理解,重塑当代科学精神

从某种意义上可以说,当代人文精神与科学精神的对立根源于现代科学技术和工业的双重效应。现代科学技术和工业一方面造就了当代人类文明,另一方面带来了人性的扭曲和压抑。正是对科学技术及其功能的反思中产生出对于科学精神的种种片面理解。

1. 以强调"实证性"为主要标志的科学主义的科学观

实证,即可检验性、可验证性、可证实性。这正是近代经典自然科学的最本质规定和最基本要求。一种观察陈述或假说,只有得到足够充分的实证材料和实验结果的支持,才被认为是科学的。因此,客观性、准确性、确定性和可重复性等,是实证的基本内涵,也是科学性的基本要求。近代以来,自然科学的巨大成功为科学主义思潮的产生奠定了基础。科学主义者根据经验证实原则划分科学与非科学,认为只有自然科学才能满足经验证实原则,只有自然科学才是科学。他们强调尊重科学,这本来是无可厚非的。但他们把科学等同于自然科学,又把自然科学抬高到至上的、唯一的地位,把科学文化与人文文化绝对对立起来,以科学文化否定和反对人文文化,这就走向了极端。这正如普特

南所言："科学的成功把哲学家们催眠到如此程度，以致认为，在我们愿意称之为科学的东西之外，根本无法设想知识和理性的可能性。"[①]这种意义上的科学精神实际上是与人文精神相对立的自然科学精神。

2. 以片面强调"功利性"为主要特点的狭隘功利主义科学观

功利是人类活动所追求的目标之一。科学和技术应当是有功效的，能够满足人们的一定需要，帮助人们达到一定的目的。在这种意义上，科学和技术具有功利性，具有工具价值。大力发展科学技术之所以有必要，从一定意义上说，正是源于对科学技术的功利价值的一种积极追求。但是，科学技术不仅有工具价值，也有其他价值，比如伦理和道德价值、人道价值等。科学技术的这些不同价值之间有时是统一的、一致的，有时则不一定是一致的，有时又恰恰是相悖的。由于社会的复杂性，尤其是在不同社会个体、群体以至阶级、国家之间存在利益分化的条件下，科学技术的功利价值也会发生分化，服从于不同的需要，运用于不同的目的。科学技术可以是创造幸福生活的工具，也可以成为毁灭人类幸福的手段，其关键之点，是看其服从于和服务于何人的何种目的。近现代的科学技术既造就了现代人类文明，也带来了人性的异化、片面化。可以说，各种类别和形式的核武器、洲际导弹等是现代最尖端科学技术的综合结晶，但它们恰恰又是对于人类自身的和平与安全的最大威胁，成为军国主义、霸权主义的必要支撑。因此，关注和重视科学技术，不能仅仅看其工具价值，即看其能够做什么，还必须看其道德价值、人道价值等，即看其服务于什么目的。狭隘功利主义科学观单单关注科学技术的工具价值，片面强调科学技术的实际效用，仅仅注重科学技术的手段意义，置科学技术的其他价值于不顾，在实践中往往导致科学技术的误用和异化。这种意义上的科学精神实际上成了庸俗的功利精神。

重塑当代科学精神，需要一种大科学观，密切关注当代自然科学、人文科学和社会科学的相关发展及其精神实质，特别重视科学的人文目的和人文意义，把科学看作是人类文化发展进化的内在组成部分和积极动力，把科学精神看作是人类精神的核心内容之一。对于科学的现代理解，是科学精神的基础。科学是什么？这可以从不同方面来回

---

① 普特南. 理性、真理与历史[M]. 上海：上海译文出版社，1997：196.

答。在我们看来，第一，从人与世界关系的角度看，科学是人类掌握世界的一种基本方式，这种方式有别于人类对于世界的实践、艺术、宗教和哲学的掌握方式；第二，从人类的文化创造活动来看，科学是人类文化系统中一个特殊的子系统，它对于人类文化的发展具有十分重要的基础性和"制导"性作用；第三，就其存在的方式而言，科学是一种具有内在逻辑结构的理论体系，它以具有严格规定性的人工语言符号系统为工具，以一种逻辑化和体系化的方式再现对象的本质、结构和规律；第四，就其目的和本性而言，科学是一种探索和求知的人类活动，它的焦点始终指向那知与不知、似知与非知、略知与详知、假知与真知的边界，去变不知为知、变似知为实知、变略知为详知、变伪知为真知，去拓展人类认识的广度、深度和真度；第五，就其功能而言，科学又是一种发现和证明真理的方法，它要借助于实验的、实践的、逻辑的等种种手段，去证伪或证实知识的真理性、科学性；第六，科学又是一种特殊的评价体系和检测系统，成为衡量是否具有科学信念和服从科学规律，衡量不同个体、集团乃至民族的智慧和文化发展水平的重要标尺。[①] 由上可以看出，科学精神包含了实证性又不能仅仅归结为实证性，科学精神包含着功利追求但又不能仅仅看作是功利性意向。科学精神体现着人类的真理性追求与创造。

三、消除诸多误解，重建当代人文精神

与对科学的片面理解相关联，对于人文精神也有种种误解。

1. 把人文精神等同于文人精神，将其看作是知识分子阶层所独有的一种精神追求[②]

知识分子是社会生活中最敏感的一群人，尤其是人文知识分子对于人文精神的价值具有更自觉的意识，对人文精神的话题有着更热切的关注，对于弘扬人文精神也有更迫切的愿望。这是完全可以理解的。但如果把人文精神仅仅看作是专属于知识分子或人文知识分子圈的东西而使之与社会大众相隔离，则这种人文精神必然失去其最广泛的基础，而飘浮在半空。在当代社会中，社会生产和社会生活的知识含量越

① 欧阳康.哲学研究方法论[M].武汉:武汉大学出版社,1998:412-413.

② 冯虞章.试谈人文精神[J].新华文摘,1998(9):148.

来越高，社会大众的知识水准也不断提升，知识分子与非知识分子之间的界限也越来越模糊，甚至产生出带有极高科技含量和功效的“知识经济”。在这种情况下，简单地把人文精神等同于文人精神，把对人文精神的关注局限在狭小的知识圈，把人文精神建设仅仅看作是一种话语的解读与交流，无益于社会文明的发展和精神的进步。

2. 中国传统文化中以重人伦、轻科技为表征的人文主义

中国传统文化中历来有轻科技、重人伦的特点。中国的人文主义者重义轻利、重本轻用、重价值理性轻工具理性，实际上把人文精神等同于伦理精神。① 中国古代曾经有过领先于当时世界的发明与创造，但当科学技术在近代西方迅速发展之时，却自觉不自觉地隔离于科技世界之外，视西方科学技术为“奇技淫巧”而不屑一顾，直到被帝国主义列强用洋枪洋炮轰开大门才幡然醒悟，其根本之点就在于对人文精神的片面理解。时至今日，我们还不能不反复强调科学技术现代化在社会现代化中的特殊地位和作用。

3. 现代西方以反对科学主义为主要目标的人本主义

与西方的科学主义者不同，人文主义者反对理性，把非理性看作是人之本，实际上把人文精神等同于非理性精神。理性和非理性都是人所具有的两种不同的特性。完整的人是理性和非理性的统一。然而，随着人的发展和社会文明的演化，人的内部构成发生了分化，人的理性方面主要与科学、技术的发现和发明相联系，促进着社会生产力的发展，并在社会文明的更新与转换中，尤其是在当代工业技术文明的巨大成功中得到了极为充分的展示。与之相适应，尊崇理性、张扬理性、发展理性成为长期以来的主导性思想潮流，而理性主义则作为主导性和统摄性哲学思潮占据着统治地位，这是不难理解的，也是必然的。然而，正是理性的这种超常发展和理性主义的过度张扬，带来了人性结构的内部严重失衡状态。理性的发展在一定程度上是以对非理性的抑制、压抑甚至牺牲为代价的。理性的极度张扬造成了非理性的极度失落。人的片面化、平面化、单调化成为普遍现象。② 人性的扭曲带来人

---

① 冯天瑜. 人文论丛[M]. 武汉：武汉大学出版社，1998：57.

② 赫伯特・马尔库塞. 单向度的人——发达工业社会意识形态研究[M]. 上海：上海译文出版社，1989.

的个性的丧失或减弱，造成了广泛而又深刻的个性问题。正是在对理性的反省和批判中提出了拯救和保护人的非理性方面的必要性，非理性主义也由此而崛起。就其源头而言，非理性主义可以追溯到与古希腊文化几乎同时代的希伯来文化；就其观念表现而言，则可以在尼采、叔本华的唯意志主义，柏格森的生命哲学，海德格尔和萨特的存在主义中找到自己的代言人。这些非理性主义哲学各有其特点，但也至少有一个共同点，就是把人看作是世界之本，又把非理性看作是人之本，把人看作是非理性的人。[①] 在他们看来，要确立人的本体地位，就必须让人的非理性、本能、潜意识从理性、社会性、自觉性的压抑和统摄之下释放出来，给人以自由。而为了发挥和理解人的非理性，就必须摒弃理性的方法、逻辑的方法，而诉诸直觉、顿悟、灵感等非理性方法。因此在他们看来，弘扬人文精神，就是弘扬非理性精神。

在我们看来，人文精神就是人之为人的一种理性意识、情感体验、生命追求、理论阐释、评价体系、价值观念和实践规范，是人类以文明之道大化于天下的生命大智慧，是人对于人自身命运的终极关怀，是人的安身立命之所在。它既活跃于精英文化之中，也存在于大众文化之中；它既为知识分子所特有，也为社会大众所共有；它既是一种理性意识，也是一种非理性的体验；它既表现为一定的知识形态，也蕴含着一定的价值观念；它既是一种积极的生命追求，也是一种现实的行为规范。重建当代人文精神，需要从科学与人文的两极对立的思维模式中超拔出来，超越于对人文精神的片面和狭隘理解，立足于人类的整体发展、长远发展和根本发展来反思人类精神的当代建设。

四、立足当代实践，探寻融通共建途径

科学精神和人文精神都是人类精神所必不可少的内在组成部分，也是人类实践所不可或缺的精神动力。当代人类实践的健康发展对人文精神和科学精神的融通与共建既提出了紧迫要求，也奠定了现实基础。立足当代人类实践，贯通古今、融汇中西、回到原典、致力创新、加速分化、促进综合，在新的时代条件下共建人文精神和科学精神，促进

① 威廉·巴雷特著．非理性的人——存在主义哲学研究[M]．上海：上海译文出版社，1992.

人类精神的健康发展，这正是中华民族在21世纪的历史责任。具体说来，我们应当在以下方面自觉努力。

1. 在实践层面上，自觉促进科技文化与人文文化的相互渗透与统一建构

就其具体形态、直接功能和作用方式而言，科技文化与人文文化也许是有所不同的，但就其作为人类统一的文化创造的目标、过程和产品而言，它们又是内在相通的。目前人类已经进入了高科技的时代，要防止、克服或削弱高科技可能带来的非人化后果，有必要大力发展人文文化，强化高科技时代的人文精神。①

（1）就其历时性特点而言，高科技时代的人文精神应该是对人类的文明传统和文化教育的认同和珍视，是对人的现实存在的思考，是对人的价值、人的生存意义和生活质量的关注，对他人、对社会、对人类进步事业的投入与奉献，又是对人类未来命运与归宿、痛苦与解脱、幸福与追求的思考与探索，是对个人发展和人类未来的殷切关注，是在科学的逻辑与历史的逻辑相一致的大视野中用健全而深邃的理性之光观照人的终极价值而产生出的自觉态度。

（2）在共时态意义上，人文精神是在高科技—人—自然—社会这个大系统中体现出来的人的素质与人格及其自我意识，是对高科技时代人与自然的关系、人与社会的关系和人与人自身关系的一种自觉认识、洞悉和把握。它要求人借助于高科技而与自然和谐相处，保护人类家园，借助于高科技而完善社会的管理和控制，使之更具有人道性，借助于高科技而达到自身的自觉意识。与此同时，当代人文精神也离不开科学精神，只有自觉地把科学精神内蕴于宏大的人文精神，人文精神才更富于清晰性、准确性，才能更好地指导人类实践。

2. 在科学层面上，要建立一种包含自然科学、人文科学和社会科学的大科学观

要在自然—人—社会相统一的基础上，发展和发挥自然科学、人文科学和社会科学的内在相通性，建立一种真正的大科学观，而这种大科学观中又蕴含了人文科学和社会科学的内在气质和广博内容，从而具有更加广阔的科学视野。

① 欧阳友权．培育高科技时代的人文精神[N]．光明时报，1993-03-08(7)．

(1) 就人与外部世界的关系而言,强调人文精神与科学精神的融通与共建,意味着要在合目的性与合规律性之间保持张力。合规律性,体现着外部客观性对人的制约和限定,体现着人对客观规律性的尊重与服从。合目的性则体现着人的主体性尺度,它根据人的内在需要和对需要的认识,依托于人的主体能力,表达着人对外部世界的需求与向往,引导着人的主体性活动方向。合规律性与合目的性的统一,体现着物的外在尺度与人的内在尺度的统一,体现在人对自身和外部世界及其相互关系的自觉认识和掌握。

(2) 就人的内在心灵世界而言,强调人文精神与科学精神的融通与共建,要求人们在人的理性与非理性之间保持张力。理性和非理性都是人的本有属性,它们之间应当是内在统一的。人的理性与非理性的内在冲突本身是外部世界的矛盾冲突的一种内在表现方式。而理性与非理性的内在冲突又加剧了外部世界的分化与冲突。我们认为,健全的人类精神应当是理性与非理性之间内在统一的真精神,它们共同构成健康的人类精神所不可分割的内在组成部分。

3. 在价值层面上要促进真、善、美的内在统一

就人的价值取向而言,强调人文精神与科学精神的融通与共建,就是要强化人对于真、善、美及其内在和谐性的自觉追求。哲学就是爱智慧,真正有智慧的人应当自觉追求真、善、美的和谐与统一。对真理的探索、对善的追求和对美的创造是健康人类的统一目标,它们在人们实际活动中是实际地融为一体的。它们之间的统一性在主体方面看是作为主体的内在认知定式中三个相互联系的组成部分而协调地发生作用的。① 认知定式是主体观念地把握客体的内部准备状态,是主体在认识中所具有的主动性、能动性的内部根据。求真、求善和求美,则是主体内部认知定式的基本内容和基本倾向,它们作为主体的内驱力促使主体在认识活动中同时从真、善、美各个方面去把握对象,并力求在观念中使之统一起来,实现对客体的全面的观念掌握。

真、善、美在观念中的统一,最终是通过实践活动而得到巩固和实现的。对象世界本身的规律性只有在运动过程中才能实际地展开并被真实地掌握。主体、客体之间的关系中的价值因素只有在相互之间的

① 欧阳康.社会认识论导论[M].北京:中国社会科学出版社,1990:173.

动态接触中才能有所实现，而社会生活中的美更是一种只有在运动中才能表现的和谐、有序与完善。因此，无论是对真、善、美的观念追求还是实际创造，都只有在人们的实际活动中才能得到实现。在人们的实际活动中，对真、善、美的统一追求贯穿在人们的活动动机、活动方式和活动效果之中，并且通过动机、方式与效果的内在统一性在活动的发起、过程的推进中得到贯彻，并在活动的结果中得到表现和实现。[①] 在不同的历史条件下，人们活动的水平和方式有其时代性特点，真、善、美的统一也有不同的具体形式和水平。人类历史的发展和进化过程，是包含着真、善、美的人类精神不断在更高的水平和更完善的程度上实现统一的过程。

① 欧阳康.社会认识方法论[M].武汉：武汉大学出版社，1998：513.

第十七章　当代青年的科学素养与人文境界[①]

当前人类面临的一个重要社会问题，就是科技与人文的分离甚至是对峙，这主要表现为工具理性与价值理性的冲突、文化价值和意义的缺失、生活世界与神圣世界的分化与对立、个性自由与制度法规的对立和冲突、民族认同与全球体系的冲突等。面对这一问题，笔者指出，当代青年应该有一种大科学观、大技术观、新的发明观和新的人性观，要为科学理性提供价值导向，为人文精神增加科学内涵，有利于促进人的自由全面发展。

① 本文根据作者于2007年4月4日在湖北省亿利达青少年发明工作研讨会上的报告整理而成。

当前人类面临的一个重要社会问题，就是科技与人文的分离甚至是对峙。比如，我们今天在座的诸位中学同学，从高中二年级起就开始分理科班和文科班了。在高考时，你必须决定，你是考理科，还是考文科；在大学里你必须决定，你是以理工科的学习为主，还是以人文社会科学的学习为主。尽管已经有很多人对这个问题提出了批评，但是我们现在的科学研究体系和高等教育体系，仍然按照这样的分工在进行。一般来讲，今天是一个科技发明与创新的会议，大家可能觉得我是不是应该更多地谈一谈有关科技方面的，这有道理；但是换一个角度，我也觉得，在我们今天强调科学技术发明的同时，还需要有一种新的观念，还需要关注科技发展的人文方面，还应该加深对于科技、人文关系的认识。下面我从四个方面展开。

一、从新的时代背景看科技和人文

为什么要和大家一道来谈这个题目，主要有以下几个方面的考虑。

1. 我们应该有一种大科学观

一谈到科学，通常我们马上会想到自然科学，会想到以牛顿为代表的自然科学家们所创造的自然科学——以经典的力学为代表，以数理化作为主要的学科支撑，包含天文、地理、生物等诸多学科领域。这种科学观是否正确呢？当然不能说它不对，因为我们今天的科学体制还是这样来设置的。我们的中国科学院就是在这样的科学观意义上建设的。但是这种科学观全面不全面呢？从现在的角度来看，应该是不全面的。大家知道，我们还有一个中国社会科学院，就其级别而言，它是与中国科学院一样的级别。但是中国科学院占了一个全称的科学概念，而中国社会科学院用了一个二级的社会科学概念。这就表明了，我们从中央到地方，从政策到现实的方针、措施，都还停留在一种传统的科学观上。应该说，近代以来，自然科学迅速发展并取得了巨大的成就，因而也使自然科学获得了一种特殊的权威性，成为人类理性的王冠。科学使人的理性得到了最大限度的发挥和表现，也成为一种裁判，成为一种标准，以至于任何事情、任何思想、任何假设只有被证明为科学之后，才被人们所接受、所承认，才能够得到及时的传播。然而，我们应当看到，19 世纪下半叶以来，尤其是第二次世界大战以来，整个的科学体系发生了很大的变化。人文社会科学的研究借助于自然科学的理论与方法，得到了发展。就是在这样一种发展的基础上，人文社会科学也发展出了自己的理论和方法，以至有人说，人文社会科学也已经成为像自然科学一样的“硬科学”。所以我们认为，今天来讲科学的学习、科技的发明与创造，应当有一种大科学观，这是我要讲的第一点。

2. 我们应该有一种大技术观

过去我们讲的技术就是工程技术，就是修路、造桥，就是开矿、冶炼，就是去发明我们的计算机，发明我们的网络。但是在今天，人文社会的工程和技术方面变得格外的重要，社会管理是工程，社会生活是系统，社会组织需要科学。因此，人文社会生活变得更加系统化、组织化、形式化、合理化，人文社会技术也变得越来越重要了。一项大的社会工程能够把各方面的发明和技术整合起来，造福于人类。而这一方面恰恰在很大程度上为我们所忽视。在这种意义上，今天我们所讲的技术发明与创造，不再仅仅是一些具体生活中的操作性问题，而是涉及社会生活观念的变革，涉及社会组织方式的变革，涉及社会工程的实施，等等。所以一种大的工程观和技术观，可以指导我们去更好地进行技术设计与创造。

3. 我们应该有一种新的发明观

什么叫发明？如果就其本来的含义，发明就是要创造出在人类的历史上从来没有过的东西。“发现”和“发明”是两个概念。“发现”是一个认识论意义上的概念。我们发现一个东西，就是这个东西已经存在，但是我们并不知道，于是我们去把它发现出来，去认识它，去加以理解和阐发。而“发明”就是要创造出从来没有过的东西。这个从来没有，到底是指我从来没有，还是指我们的群体从来没有，是指我们的一个地区从来没有，还是指我们的一个行业从来没有，还是指我们人类从来没有，这可以有很多的标准、很多的层次，也可以有不同的价值意义。因此，发明应当是以人类作为发明的单位，也就是去做出人类历史上从来没有过的东西。当然我们也看到，对于我们青少年来说，这种标准和要求很明显是偏高的。在今天的时代里，每一个人一方面生活在一个全球化时代，都应当通晓人类文明发展的进程，通晓人类技术应用的各个领域和方面，但是毋庸讳言，我们的生活又还受到现实地域和空间的隔离。在这种意义上，我们的科学技术的发明实际上是可以分成若干个层次的。比如说，从专利的意义上，我们有中国的专利和世界的专利，获得中国的专利，那就是中国的唯一；但是获得中国的唯一并不等于是世界的唯一，因为世界的唯一还需要得到其他各国的承认，而这样一种承认和保护就表明了“发明”所具有的地域性，表明了“发明”所具有的行业性。由于人类生活是分为各个民族和地域的，因此，如果说我们有一种大的科学观和大的技术观，发明的含义就会有所扩展，不同地域的生活也可能会有不同的意义和层次的发展。

4. 我们应该有一种新的人性观

发明意味着什么？从哲学的角度来看，发明就是对我们人性中间最具有前瞻性、创造性的这部分能量的一种发掘和发挥。人性是非常复杂的，它包含着很多方面，可以从很多角度去分析它。而从发明的角度来看，我以为其最少有两个方面：一个是学习与守成，一个是变革与创新。也就是说，所有的人都要经过一定的学习，都要去吸收前人的、他人的、社会的、群体的成果，并使自己得以生存；但是，人不仅是由这一方面的因素造成的，他还需要去不断地变革与创新，而创新的意识和能力也是人类或个体所潜在具有的。每一个成熟的人都有这样一种潜意识，都有这种潜能，但是能否把这一方面的才华发掘出来、展示出来，这就取决于个体的努力。我们有这么多的同学，这么多的老师，有多少人关注着发明，有多少人实现了发明？大家知道，这只是我们生活中很小的一部分。这种状况表明，从发明的角度来看待人性，在我们人性的潜能中还有极大的可以开垦的“处女地”，还有极大的发展空间。加强科技与人文的互动对于我们今天的人、对于我们的社会、对于我们的教育，也包括对于我们今天的人类整个文明的进步，具有特殊的意义。

二、从人性高度看科学技术发明及其特点

如何从科学技术发明的角度来理解人性，或者从人性的角度来理解科学技术发明，这个问题可能带有比较多的学理性，但是这种学理性思考可以帮助我们更好地理解日常的学习和生活，也帮助我们更好地理解科技发明，尤其是在什么情况下，人才会去做出创造性的、前瞻性的、开拓性的以及变革性的思想和行动。我们每天都在进行着规范的生活，尤其是我们的同学和老师，大家每天早上起来，进入我们的学习或是教学中，要么去学习，要么去教书；要么去上班，要么去开会，等等。我们每天都按照一定的日程在运行，我们的机体和生活都按照一定的

规则和一定的逻辑在运行。而创新意味着突破我们生活的规则，意味着我们的思维要走出我们的常规，要走向一种特异性的思维。那么这种特异性思维在什么条件下才会产生？在什么条件下人们才会去琢磨一种与常人不一样的、带有独创性的，甚至是全新的、人类创造性的思维呢？如果我们从这样的角度来理解人性，或者从这样一个角度来看待发明，我们就能看出，发明有这样几个特点。

1. 发明是逻辑与非逻辑的统一

没有逻辑不可能有发明，所有的发明都是沿着已有的逻辑所做的进一步推演和扩展。如果没有逻辑，一个人不可能进入正常的生活，更谈不上有意义的发明，因为所有的人类现实生活早都被人们发明过了，也是人们过去发明的一种结果。在这个已经形成的发明的世界之中，蕴含着人们的理性的逻辑，也蕴含着实践的逻辑，而这些逻辑规定了我们的生活，比如：我们每天走哪一条路，每一次上课以什么方式来进行教学，以什么方式作为开头进行演讲；每一个人在自己的文章中，应以什么方式来表达自己的思想，遇到一个问题又以什么方式来解读，等等。人们自然地会形成一套逻辑，包括思维的逻辑和行为的逻辑。而且作为成人的思维和行为逻辑的形成过程，就是人的生命历程，也是人的成长和发展过程，是让我们成为逻辑化的人的过程。如果没有这样一套与他人和社会相协调的逻辑，那我们就无法在社会生活中立足，更难以发展。在某种意义上，我们所有的教育就是要让我们的思维走向逻辑化，而且只有当我们以逻辑化的思维来进行生活的时候，我们才会被这个社会认同，才能够融入这个社会当中。但是在这个过程中又蕴藏了一些危险，那就是使人们的思想变得常规化了，而这样一种常规化又恰恰有可能磨灭人的创造本能。在这样的意义上，我想，发明首先要允许逻辑，又要超越逻辑。刚才我看到外面展示的一个最简单、也是最直观的一个小发明：在我们的房间里有很多角落，那么怎么才能把这些角落清扫干净呢？大家一般会把拖把变一个角度去使用，但有一个同学非常聪明，做了一个前面是45度角的拖把，这样一下子就能把角落里拖干净了。这就不是一种常规性的思维，而是一种特异性的思维，它超越了我们制造拖把的一般的理念和逻辑。这种逻辑就是生活的逻辑，这种逻辑就是对象的和需要的逻辑。而我们的任务就在于，帮助你把这个对象所需要的逻辑转换为思维的逻辑，并使自己的思维超越传统的逻辑的规范。这就成了发明，成了创新。

再比如，2006 年在上海复旦大学举办了我国第九届“挑战杯”全国大学生课外学术科技作品竞赛，华中科技大学获得了优胜杯。我去参加开幕式，看到了很多展出的极富创意的小发明，其中给我印象很深的是一个“曲谱自动翻页器”。我女儿小时候学习拉小提琴，那时她经常会碰到一个自己难以解决的问题——即她在拉提琴的时候怎么去翻谱子。曲子是连贯的，要是自己去翻谱子，就要停止拉小提琴，但是又不可能老是有一个人在旁边专门给她翻谱子。正是为了解决这方面的需要，不同的学校不约而同地发明了好几个能自动翻谱子的仪器，叫作“曲谱自动翻页器”。这是一个电动的翻谱仪，通过脚来控制曲谱的翻页，解决了演员演奏时的困难。该仪器看起来挺简单，做起来就不那么容易了，关键是要控制好电动机，从而控制好翻页的幅度。这样的东西看着并不那么起眼，但也超越了我们的常规，我的手不能用了，我的脚也不能用了吗？我可以用脚去操作，并借助于现代的科技去控制它。很多类似的发明就产生于我们的进一步追问中，意味着我们对常规的、逻辑的超越，这恰恰也是对我们教育的一种挑战。我们的教育把大家教育成了一个逻辑的人，而发明是要求我们去超越逻辑，超越已有的、现成的一些逻辑。

2. 发明意味着理性与非理性的互动

人都是有理性的。逻辑是什么？逻辑是理性的一种形式化的表现，也是规范化的一种表达。人们的理性通常是用规范化和形式化的东西来加以表达的，但是在搞发明的时候，则要运用大量的直觉、灵感、顿悟。马克思讲过，人是有意识的存在物。而在人的意识中包含着两个基本方面，一个是我们大家熟悉和重视的理性，另一个是大家经常感受到但又不一定很重视的非理性。人们天天都在讲理性，尤其是近代以来，科学发明成为理性张扬的成果。

文艺复兴以来，在西方世界有一场理性化的运动。文艺复兴名义上是要复兴古希腊、古罗马的文化，实际上是要张扬资产阶级的文化。资产阶级文化的核心是什么？是理性。为什么呢？因为在整个文艺复兴之前的中世纪里，人的理性受到了非理性的极大压制。这种非理性的力量就是宗教，是信仰。熟悉历史的同学都知道，在欧洲的历史上，曾经有过千年的黑暗中世纪时期，一千多年的历史时期中，人们的理性压抑在神性的光辉之中。理性与非理性的矛盾展示为理解与信仰的矛盾。理性主义者说，我信仰，是因为我理解；而信仰主义者则说，我理解，是因为我信仰。二者的区别不是有没有理性和信仰的问题，而是认为二者中谁是最根本的要素的问题。

近代以来，理性主义者获得了极大的胜利。恩格斯说，人类在近代以来树立了一个前所未有的法庭，叫作理性的法庭。人类用理性来检验一切，评价一切存在的合法性。有了理性的张扬，才有了科学，所以科学是理性的最高表现；而理性的胜利，就是科学的胜利。同时，理性带来了一个极大的问题，就是对人的非理性的压抑。对非理性的过度压抑，造成了非理性的反弹，产生了具有广泛影响的非理性主义，甚至在20世纪里造成了理性主义与非理性主义双峰并列和对立的情况。然而在现实中，理性对非理性的压抑在我们的生活中确实是存在的。例如，我们在座的有多少同学还有足够的时间和精力去关注你自己所喜爱的各种社会事物，如音乐、舞蹈、艺术、绘画、文学等，或大家的情感、意志和欲望等，它们都得到了必要的尊重和保护吗？对非理性的压抑从某种意义上说，既是对于人性的片面化，也是对人的创造能力和热情的压抑，因为创造是需要激情、直觉和顿悟等非理性因素的。大家都知道，牛顿发现万有引力是起因于一个苹果掉到了他的头上。这些苹果不知道多少次掉到了多少人的头上，但没有人想起要研究一下苹果为什么往地上掉而不是往天上掉的问题，而牛顿就研究了。为什么呢？因为他对世界观察入微，有丰富的生活体验，并保持着对生活的挚爱，充满了对未知世界的激情和好奇。应当看到，人的非理性因素，包括直觉、顿悟、情感、欲望等，都可能是创新的重要源泉。所以，我们要重新认识人性，认识我们心中的、内在的、不同的要素，认识在人类生活，尤其是在个体创新活动中的特殊的作用。

3. 发明是形式化与非形式化的统一

由于逻辑，由于理性，由于规范，我们的生活世界，我们外部世界的一切都变得形式化了，而每一种形式就代表着某些价值取向，而且这些形式一旦产生，就具有一定的稳定性，甚至会成为束缚我们的东西。比如，我们的房子一般要做成四角见方的，很少有做成圆形的，更不会做成三角形的。再比如，如果把一张桌子做成了五角星形的，别人就会觉得这还是一张桌子吗？做一个门，做成一个拱形门，大家就会觉得很有艺术性。哥特式的建筑，一看就是欧洲的风格；雕梁画栋大屋顶，一看就是中国的特色。西方的油画与中国的水墨画，其风格迥异，表现力各有不同。为什么？因为人们的头脑中渗透着很多形式化的东西。从一定意义上来说，形式化是个好东西，形式化与标准化是联系在一起的。现代科学的最大的进步，就是为了全球化的需要、为了国际市场的需要，把很多东西做成一样的形式、一样的规格、一样的机制，使不同国家之间的同类产品之间可以互通互换。比如，相邻国家之间火车铁轨的宽度如果是统一的，就可以直接开过去，非常方便；抗日战争时期东北三省的小火车，当时就和全国其他地方的铁轨不一样，因此就带来了很多麻烦。在内容与形式的关系上，一方面是内容决定形式，而另一方面，不同的形式又可以表示不同的内容。同样的产品，可以用不同的材料制作，如用铁做、用铜做、用泥土做、用塑料做，等等。材料上虽然不同，但形式上却是一样的；同样的材料，也可以做出非常不同的形式，表达出非常不同的内容。形式化是必要的，但把一定的形式固定化、标准化，也可能会造成一种僵化的东西，从而约束和妨碍我们思想的展开和实践的创新。因此，在很多时候，发明就是突破原有的、大家习以为常的形式，提出新的、从来没有的形式。我们的任务就在于要不断创造出新的、以前没有的形式。这也是发明非常重要的方面。

4. 发明是规范性与非规范性的统一

所谓规范，主要是针对人的行为而言的，其中包含着社会规范和个人规范两个基本的方面。一个社会有很多规范，但最根本的是人的行为规范。社会规范是在社会发展的长期历史进程中形成的，而人的行为规范则是在人成长发展的过程中培养、教化和习得的。大家知道，人与动物的最大区别就在于，动物的行为主要是依靠先天的遗传，而人的行为主要靠后天的习得。人的行动是我们人在所有动物中需要最长时间来教育和培育的。为什么？因为人的生活规范最为复杂。动物的生命活动很简单，而且越是低等的动物，越是容易继承它的先辈的生活模式，因为这种生活模式就是本能模式。比如蚂蚁，从孵出来，就按照它的前辈的所有的习性、所有的能力去成长。动物在它的成长过程中会自发地接受所属物种遗传给它的全部习性；而要把一个人培养成为一个社会人，大约要用十八年的时间。十八岁的时候举行成人仪式，表明他已成为一个符合社会规范的人。符合社会规范的行为就是好的行为，不符合的行为就是坏的行为。规范的价值就是提供一个好坏是非、善恶美丑、正误优劣的标准。如果大家都没有规范，就等于没有共识、没有统一意志。但是，值得注意的是，每一种规范同时就是对我们思想的一种约束，它给我们指出了一定的方向、方式和道路，同时也妨碍我们去找更多的路，去探寻不同的方向，去创造不同的模式。没有规范，我们会感到困难；有了规范，我们也可能产生一些盲区和误区，妨碍新的追求与新的创造。这既是规范的力量，也是规范的缺陷。在这样的意义上，我们可以说，所谓发明与创造是对于人性的超越，是对于人性中那些长期形成的、逻辑的、理性的、形式的和规范的超越。超越容易吗？超越非常难。为什么？因为要形成一定的社会规范非常难，每个人要通过十七八年的培育才能够习得这种规范，之后你想在一个不长的时间里来超越它，这无疑是很困难的。所以我们认为，诸位科技发现、发明与创造者的工作是非常伟大的、光荣的，但是也是非常艰巨的。我们有时候看到，一些富于创造性的同学可能会在自己的行为中或生活中的某些方面表现出某种怪异，这也许就是他们突破规范的努力的一种泛化或辐射，这就需要大家去认识、去理解，并给予必要的宽容。

三、透析科技与人文之间的对峙和冲突

刚才我讲到，发明意味着要处理好人性中的那些逻辑的与非逻辑的、理性的与非理性的、形式化的与非形式化的、规范化与非规范化的对立与统一关系。这些对立和统一，就其社会表现而言，展现为科学文化与人文文化的对立与统一。人性的冲突是内部根源，文化的冲突是外在表现，而科技与人文的分离使人性的内部冲突变得更加尖锐和复杂。大家知道，从历史的角度来看，人文的方面是最早出现的，是人类与生俱来的。从有人的那一天开始，就有了人类社会，有了人的集体性生活方式，这些生活方式及其延续就形成了一定的传统，而这种传统就是通常我们所讲的人文传统。近代以来，科学的发生和发展创造了一种文化，这就是我们今天所讲的科学文化。科学文化与我们日常生活的文化和传统的文化既相关联，又有它的特殊性，其最根本就是创造了一套特殊的语言符号系统，形成了数学、物理、化学等不同的学科，并且变得越来越职业化、专业化、抽象化，从而使科技文化与人文文化这两种文化之间产生对立。由于科学技术所取得的成就越来越大，科技文

化也变得越来越强势，相应带来的是人文文化的衰退。科学的强大也直接地影响着教育的方式和内容，学科学、爱科学成为所有学校教育的最高信条。科学教育的强力凸显也使得人文教育相形见绌，受到冲击，被人们所忽视。关于科技与人文的冲突可以从很多角度来加以分析。这里重点分析以下几点。

1. 工具理性与价值理性的冲突

对这两个概念大家可能会感到比较陌生。前面讲到，科学是理性智慧的发挥和实现。而就其功能而言，理性可以分为工具理性与价值理性这两个基本方面，有时人们也把它们看作是两种理性。工具理性强调理性的工具和桥梁的作用，也就是要去解决问题，要去“搭桥”，要去“制造工具”，要去寻找途径，要去创制方法等。价值理性是强调理性的价值、目的和意义，是要去追寻目的、探讨意义、讲求价值、提升品位等。工具理性和价值理性二者之间本来应当是一体的，但有时也可能会出现分化和对立。就其本来的功能，科学应当是实现人类目的手段，是促进人类文明进步和人的发展的工具。但是由于对手段的过度重视，因而可能会把手段本身变成目的，把科学变成最高的东西，忘记了科学是人们追求生活美好、追求人性完美的工具。科学技术的进步本来应当成为促进人性全面发展的手段，结果它却变成了使人性片面化发展的手段，这既是人文学者非常担忧，也是科学家不愿意看到的。所以很多科学家大声疾呼，要防止科学的负面效应，或者按照哲学的讲法，叫作防止科学的反主体性效应。科学发展和技术的应用本来应当造福人类，促进人的发展，如果变成了妨碍人的生存和发展的因素，这是非常不可取的，也是非常值得警惕的。

2. 文化价值和意义的缺失

当人们以一种规范化的、形式化的、科学化的方式来看待社会生活的一切的时候，恰恰忽视了人的生存价值的目标。在古代的中华文化和西方文化中，人都具有最高的地位和价值，人被看作是“万物的尺度”。后来人的这种地位被科学所取代，生活的意义也被人们所忽略了。于是人们惊呼出现了信仰的空白，或者信仰的缺失，或者信仰的迷茫。这种信仰当然不仅仅是指宗教信仰，也包含非宗教信仰。人是需要理想的，对于理想的追求会转换为某种信仰，这种信仰可以是宗教信仰，也可以是非宗教的信仰。一些西方学者认为，在科学化时代受冲击最大的是宗教。我曾经与美国的后现代主义学者——小约翰·科布先生有过一个关于后现代主义的对话。我问他:为什么会有这么多人来反对科学、主张后现代思想呢?他回答说:最根本的原因是,在科学发展的过程中,宗教前所未有地受到了冲击。这对于我们中国人来说,就是我们中国的传统文化受到了冲击。中国曾经经历了五四运动。当我们高举"科学"与"民主"两面大旗的时候,中国的传统文化受到了"摧枯拉朽"式的扫荡,这一方面使中国走进了现代化,同时也使中国传统文化变得式微,甚至走向片面发展的道路。20世纪以来,随着中国的多次战争和历次政治运动,社会的价值理想和社会观念经历了多次的调整甚至震荡,我们由在历史上重视人文而缺少科学变成了现在高度重视科学而对人文方面多少有所忽视。

3. 生活世界与神圣世界的分化与对立

我们天天生活于其中的世界就是我们的生活世界,它包含了我们的衣食住行。而神圣世界既包含了前面讲的宗教世界,也包含了我们心灵中的道德世界。德国著名的哲学家康德曾经说:在我的心中有两个东西是最神圣的,一个是天上闪耀着的星空,另外一个是我心中的道德律令,天上的星空中有自然的规律,那是自然的法则,而道德则是我内在心灵中最神圣的东西,那是人类的最高法则,这两者构成了一个完美世界中的最高的和最神圣的东西。我们尊重科学就是尊重外部世界的规律。我们也应当尊重道德,那是尊重我们的内在心灵世界。但在科学的强大影响下,外部世界得到了尊重,而人的心灵世界却往往被忽略了。这就会造成生活世界与神圣世界的分化与对立。人是追求和创造理想世界的动物,对神圣的崇高追求就是对于人的生命意义的追求。神圣是人类生存的价值,指引着人的活动的方向。人经常会问自己,我为什么要活着,尤其是在面临着人生的巨大艰难与困苦的时候,其实就是在追问生命的价值和意义。社会上不时有人轻生,包括一些大学生也无端地放弃了自己年轻的生命,其实质就在于对生命未来价值和意义的绝望。我们每个人的生命都是非常短暂的,有限的,大不了一百岁,但是对于整个人类世界不过就是一个瞬间,所以我们都是人类历史上的过客。作为过客的生命值不值得珍惜?这取决于我们对作为过客的生命价值的认识。如果对于生命的未来丧失了信心,没有了理想、没有了神圣、没有了追求,那么活一天、活两天与活十年和活一百年是一样的。但如果你有了对生命价值的理解和追求，你就会用有限的时间去创造属于你自己的未来，你就觉得生命是非常有意义的。美德、理想和崇高是我们生命的最重要的动力。

4. 个性自由与制度法规的对立和冲突

个性是每个正常人都应当也一定会有的。人的最大的特点不仅在于作为人的类性而区别于动物，而且在于作为独立的个体而区别于他人。人与非人的区别在于人的类性，人与他人的区别在于人的个性。动物不太追求这样一种特殊性，所有的动物都有大体一样的能力、一样的生活、一样的习性，而人不一样，人总是要追求一个具有自己个体性的、独特的生活，这是人的本性。马克思说，人的最高的本性就是自由的、自觉的活动，因此人要追求自由、追求全面发展。马克思同时又讲，每个人的自由全面发展是一切人的自由全面发展的条件，只有每一个人都自由全面地发展起来了，人类的自由全面发展才是可能的。但人的个性在科学的时代是很容易被淹没、被忽视的。科学时代的教育本质是一种规范性的教育，即以同样的标准来要求所有的人。今天，我们所有的同学，特别是要参加高考的同学，都按照这一套一套的试题，拼命地去做，要去达到那个统一的标准。在规范化和标准化的过程中淹没的往往就是人的特色与个性。中华传统文化本来就比较强调集体、忽略个体，现在这种倾向又被现代科学和技术从另一个方面来加以强化了，这就需要我们在新的时代条件下更好地尊重个人、发展个人、张扬个性。发现和发明都是极具个性的事情。我们不希望走向个人主义，但是尊重个人是社会文明的首要前提，也是从事发明的首要前提。没有个性自由，何谈创造发明。

5. 民族认同与全球体系的冲突

民族文化是每一个民族成员的身份证。作为中国人，大家都是黑头发、黑眼珠、黄皮肤，这是我们的种族遗传密码，而中华文化则是我们的民族文化密码。在全球化的时代，不同地域、民族和国家的政治经济生活都被纳入全球一体化的体系，越来越趋于一致或相似，所剩下的、不多的内容就是民族文化的差异和特色。全球化冲击着民族文化的独立性，造成了民族文化之间的激烈冲突与碰撞，也带来了某些民族的生存危机与文化困惑。中华民族的伟大复兴，要借助于现代科学和技术，必须加入全球化进程，与此同时，也需要保持我们的民族认同与文化特色。唯有如此，我们方能不断获得新的发展，方能更好地保持我们的文化认同与民族特色。

四、超越对立，走向和谐

超越哪些对立？刚才我谈了五大对立。如何走向和谐？我们在发展的方向上至少要遵循三个方面的目标。

1. 为科学理性提供价值导向

科学技术本身是价值中立的，它们的功能取决于我们怎么使用它们，使它们服务于什么目的和方向。我访问过日本广岛，那是人类历史上第一个被用于实战的原子弹轰炸的地方。去参观那里的原子弹爆炸纪念馆，心情格外复杂和沉重。从理论上来讲，这颗原子弹是一颗正义之弹，是作为反法西斯联盟成员的美国扔向法西斯联盟成员日本的炸弹，它代表了正义，代表着正义对于法西斯的惩罚，促使了日本天皇的投降，加速了第二次世界大战的结束。因此，当时全世界爱好和平、反法西斯的人民都赞扬原子弹的投放。原子弹的第一次应用，就声张了正义，这是科学为人类文明做出的重要贡献。但是当你到了现场以后，当你从照片上看到整个广岛被夷为一片废墟的时候，当你想到有 10 多万人的生命在瞬间被摧毁，甚至连尸骨都被烟化了的时候，你也会强烈地感觉到原子弹的爆炸同时也是一种罪恶，因为遭受这一灾难的主要是日本的民众。这就是科学的两面性，也是技术的两面性。可以说，现代科学技术有多大的能量，它就可能造就多大的成就，同时也可能产生多大的破坏。日本著名学者池田大作先生讲得好，他说人类通过数千年的努力而形成的近乎无限的建设能力，由于其不合理的使用，正在转化为近乎无限的破坏能力。我们今天谈到的所有的天灾，在某种意义上都可以看作是人灾，是以天灾方式表现出来的人灾。这样一种情况表明，科学理性的使用，就其方向、本质和目的而言，是需要人文价值给它定向的。社会生活的一个重要特点就是社会事件的价值的非中立性，所有的科学技术，其使用都取决于使用者的目的、目标，而其后果又往往是非理性的、非预期的。这里的情况非常复杂。在某种意义上，对于我们今天的人类来说，控制科学技术的发展方向和使用范围，比发现、发明科学技术要困难得多。大家知道，今天的世界之所以保持着总体的和平，是因为人类有太多的原子弹，它们可能造成地球的毁灭，可能变成一场没有赢家的战争，并由此而成为保持世界和平的力量。世界的和平是靠世界毁灭的危险来维系的，这种和平无疑是非常脆弱的，也是充满着危机的。这从一个侧面表明，科学技术的发展确实需要人文价值为其做出合理的定位和方向性的引领。

2. 为人文精神增加科学内涵

中国有非常悠久的历史文化传统，有世界上最值得称道的深厚人文底蕴。但是近年来，人们围绕着是否要复兴国学的问题，产生了巨大的争论。我应一个重要杂志社的邀请，也参加了这样一场讨论。中国的国学是否应当和可能在中国复兴，这还值得讨论吗？但恰恰出乎我的预料，讨论的热烈程度超出了我们的预想，甚至出现了激烈的争论。关于国学的讨论实际上是要重新审视和检讨近代以来中国文化的发展，其中一个重要的方面就是中国悠久的人文传统确实没有孕育出现代科学。为什么？应当如何看？大家知道，现代科学和技术是从西方传来的，近代中国人注意到现代化和现代科学技术，是因为它们是洋枪、洋炮的技术支撑，所以很长一段时间里中国人对现代化都不怀好感，这是非常遗憾的事情。现代化是人类文明的进步，科学技术是现代化的支撑力量，而现代化来到中国人的面前是作为欺负中国人的力量来的。人们会进一步地追问，明清之际在中国有所萌芽的科学技术和资本主义，为什么没有发展起来，没有促进中国社会的进一步发展呢？我们的传统人文精神中缺少了科学技术的内涵，这是否是一种缺失？这里面有很多值得去探讨的问题。从今天来看，一个走向现代化的中国社会能否仅仅依靠传统的人文精神来解决我们今天面临的复杂问题。大家都知道，回答是否定的。我们既要弘扬人文精神，但又不可能仅仅指望原来的这种没有产生出近代科学技术的人文精神——这种本身就需要改造、提升和重塑的人文精神——来现成地解决中国社会的问题。靠什么来改造、提升和重塑中华民族的人文精神呢？一个重要的方面是要加进科学精神的内涵，加进时代精神的内涵，这样中华文化才能在传统的基础上有所光大，才能获得符合时代要求的人文精神。所以，一方面我们要大力弘扬以爱国主义为核心的民族精神，另一个方面要大力倡导以改革开放为核心的时代精神。

3. 有利于促进人的自由全面发展

自由而全面的发展，这是人类追寻的永恒目标，也是每一个人发展的应有方向。科学技术产生于人类社会的发展需要，也应当能够有助于人的自由全面发展。对于自由，不同的时代和不同的国度会有不同的理解。一般人会认为，自由就是随心所欲，想干什么就干什么。英国著名哲学家柏林爵士曾经区分过两种自由，可以供我们参考。柏林爵士认为，人的自由可以分为两种，一种自由叫作积极自由，即自由地决定和选择去做某些事情，其英语为“free to”，用英语表述即“free to do something”，另一种自由叫作消极自由，其英语为“free from”，即从某些约束下获得自由，用英语表述即“free from some limitation”。应该说，人，不论是人类还是个体，总是受到某种限制的。从人类的角度来看有自然的限制，从个体的角度来看有他人和集体的限制。任何事情的发生都是有条件的，要受到时间、地点和条件的限制。因此，人的自由首先在于从外部限制中寻得自由，即“to be free from the outside limitation”。但人又必须把这种消极自由转化为积极自由，即通过自己的意愿做出某些选择或做某些事情，即“to be free to choice or to do some thing as one’s wish”。大家想一想，我们要的自由是一种什么样的自由呢？是一种不受班级的约束、不受学校的约束、不受社会的约束的自由，还是我们去自主地创造性地发挥个人的潜能，去开发人类文明的新生面的这样一种自由？我们向往自由，往往是向往从社会和他人那里获得自由。而更高的自由在于我们自由地去创造和去实现自己的理想。应该说，科学发现、科学发明、科技创造一定是“free to do something”，而在这个过程中，人本身也获得了自由全面的发展。马克思所讲的人的自由全面发展，并没有否定人所受的各种限制，而是要求人要通过自主的行动去认识限制、顺应限制、运用限制、超越限制。科学技术的作用正在于帮助人们实现这种转化，去争取和实现自由，去促进个人和社会的全面发展。

第四编

学生事务与思政教育

第十八章　管理 服务 引领[①]

——中国高校学生事务的探索与思考

在当代中国迅速加入全球化的历史进程中，当前中国的高等教育和大学建设也在积极借鉴世界发达国家高等教育的经验，学生事务作为高校育人事业的重要方面，也应当在全球化的视野中做好自身的定位。高校学生事务担负着多种职能，就其根本点而言，可以分为三个基本方面：管理、服务与引领。管理是为了使学校生活更加规范和有序，服务是为学生的健康成长创造更好的条件，引领是为了指导学生成长的正确方向。管理育人、服务育人、引领育人，其目的在于激发学生自我发展的积极性和创造性，提高大学生自我发展的动力和能力。

① 本文根据作者 2005 年 11 月 5 日在“高校学生事务国际学术研讨会”上的发言整理而成，收入本书时有修改。

一、我国高校学生事务工作发展的历史脉络

1. 中国高校学生事务工作的起源

中国高校学生事务工作起源于20世纪初的政治学校和军事学校。在当时的特殊情况下，学校的各项工作都服从于政治和军事的需要，学生工作首先体现为为政治和军事服务，其目的在于培养政治、军事过硬的人才。

2. 1949年以来我国高校学生事务管理工作的发展与变革

1949年以来，随着社会政治经济和教育形势的变化，我国高校学生事务管理经历了不断的发展与变革。学生事务工作的发展历程大体上可以分为五个时期，各个时期又都有着不同的特点。

(1) 1949—1956年，新中国成立初期，学生事务管理工作主要强调政治教育，以加强党的领导。高校设立了马克思主义理论课程，学生事务管理工作在党的领导下，依靠共青团和学生会来展开。学生工作关注学生的一般发展，针对性的服务和指导较少。

(2) 1957—1965年，我国进入全面建设社会主义时期，高等教育强调学生德育、智育和体育的协调发展，学生事务管理工作是学生教务管理工作的保证，坚持加强共产主义信仰和政治教育，开始培养学生的自学能力及学习的主动性和创新性，教育学生如何处理个人与集体之间的关系。

(3) 1966—1976年，该时期社会和高校都处于无序状态，高校停课闹革命，学生事务管理工作也陷入瘫痪状态。其间部分高校接收工农兵学员，并提出了工农兵“上大学、管大学和改造大学”等口号，注重发挥学员的自主管理能力和作用；学工、学农和学军在学校教育中占了很大比重。

(4) 1977—1999年，以1977年恢复高考作为发端，在改革开放和社会主义经济建设的推动下，中国高等教育获得了全面发展，学生事务工作向着科学化和规范化的方向发展，建立健全了学生事务管理工作和教务管理工作的新制度，如学生学籍管理制度、升留级制度、思想和政治教育制度、学术和教学制度、作息制度等，学位制度更加完善，学生管理工作更加科学、更加民主，同时鼓励学生自我管理。

(5) 1999 年至今，我国高校经历了合并、重组和扩招，学校规模迅速扩大，学生数量急剧增加，在不长的时间里实现了由“精英教育”向“大众教育”的转型，学生事务工作也相应地发生了深刻的变化：学校管理迅速转型，专业结构几经调整；素质教育引起全社会高度重视，管理工作也由“应试教育”向“素质教育”转变，更加重视学生个性培养和实践能力训练；学生事务工作逐渐走向专业化和国际化；高校越来越重视培养学生的综合素质，并注意通过社会实践、社团活动和各种科技文化活动来提高学生的组织能力、动手能力、创新能力等素质；面向学生的服务体系也越来越完善，心理咨询、就业指导、经济资助等各项服务工作也取得了长足发展。

二、当前中国高等学校学生事务工作的目标、机构、内容和特点

1. 中国高校学生事务管理的基本目标

在现阶段，中国高校学生事务工作的目标是培养社会主义合格建设者和可靠接班人。其基本任务如下。

(1) 以理想信念教育为核心，深入进行树立正确的世界观、人生观和价值观的教育。

(2) 以爱国主义教育为重点，深入进行弘扬和培育民族精神的教育。

(3) 以基本道德规范为基础，深入进行培养公民道德的教育，引导大学生自觉遵守“爱国守法、明礼诚信、团结友善、勤俭自强、敬业奉献”的基本道德规范。

(4) 以大学生全面发展为目标，深入开展素质教育，促进大学生思想道德素质、科学文化素质和健康素质的协调发展，引导大学生勤于学习、善于创造、甘于奉献，成为一代“有理想、有道德、有文化、有纪律”的社会主义新人。

2. 中国高校学生事务管理的一般组织结构和内部分工

在高校学生事务管理系统(见图 1)中，最上层是学校党委和行政双重领导下的学生工作委员会，由一名副校长或副书记作为负责人。第二层是学生工作处、院系、招生就业处、校团委及其下属职能科室。有

的学校学生工作处和招生就业处合署办公。处长和团委书记分别从不同侧面负责学生事务管理系统的全面运作，副处长分管具体工作。此外，各院系有分管学生工作的党委副书记，设立学生工作组，由学生工作处和院系共同领导，直接面对学生开展工作。

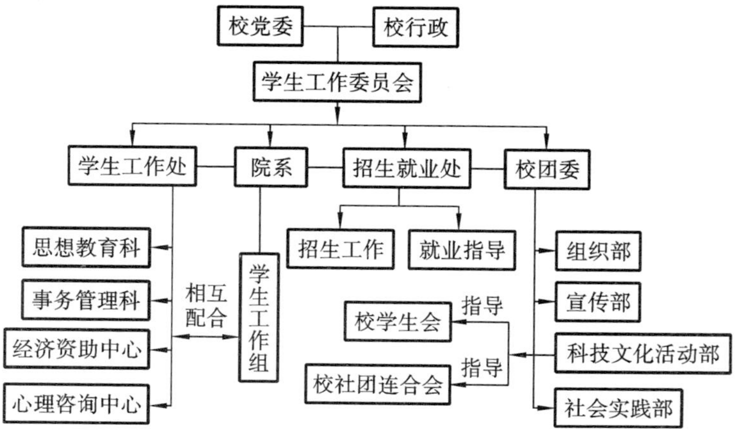

图 1　中国高校学生事务管理的一般组织结构

3. 学生事务工作的内容及特点

1）管理工作

(1) 管理工作的主要内容有以下四个方面。

①学籍管理。管理内容包括学籍的学期和年度的注册与管理。

②学业管理。管理内容包括课堂纪律的管理、早晚自习的管理和学业指导等。

③宿舍管理。学生基本都是集中居住，管理内容包括宿舍的安全管理、环境卫生管理和宿舍文化建设等。

④奖励和处分。对优秀的集体和个人进行表彰，对违纪学生进行处分。

(2) 管理工作的主要特点有以下三个方面。

①强调管理制度的科学性、完整性和规范性。各高校目前都制定了比较完整的学生管理制度，各项管理工作都有明确的规定。

②注重对学生的引导和激励，而不是简单的约束。通过各种类型的奖励（优良学风班，优秀党、团支部，优秀寝室，三好学生等）和对先进典型的宣传来促进管理工作。

③学生的集中居住为各项管理工作的顺利开展奠定了良好的

基础。

2）服务工作

（1）服务工作的主要内容有以下三个方面。

①勤工助学与经济资助：为学生提供贷款、补助和勤工助学岗位，为贫困学生提供经济支持。

②就业指导：联系用人单位、提供就业信息、组织招聘会、开展就业指导、宣传就业政策、提供就业服务、办理就业离校手续等。

③心理健康辅导：心理普查、心理咨询、心理知识讲座等。

（2）服务工作的主要特点有以下两个方面。

①强调工作的主动性和全程性。学生工作干部应主动去了解学生的需要，为学生提供全面和周到的服务，但这种服务又有别于国外高校的那种“窗口式”服务。

②服务提供者的职业化和专家化水平还有待提高。对学生的具体事务服务做得非常细致，而对规划、指导、咨询等方面的工作做得不够且专业化程度不高。

3）教育和引领工作

（1）教育和引领工作的主要内容有以下三个方面。

①通过各种科技、文化、体育和实践活动，培养学生的综合素质。

②通过日常思想教育和学生党、团组织活动，对学生进行理想、信念教育和爱国主义教育。

③辅导员、班主任等与学生保持密切联系，与学生进行深入的思想交流。

（2）教育和引领工作的主要特点有以下四个方面。

①有明确的教育目标，即培养社会主义事业的合格建设者和可靠接班人。

②配备有一支庞大的专职学生工作队伍与学生进行密切联系和交流，平均每200名学生配有一名专职辅导员，每个班级配有一名兼职班主任。

③学校安排有专门的思想教育课程，并有专职教师授课，成为思想政治教育的主渠道。

④各班级和年级均设有党支部和团支部，配合学校开展思想教育和管理工作。

三、华中科技大学学生事务工作的格局和理念

1. 华中科技大学的人才培养目标

华中科技大学的人才培养目标与国家对于高等人才的培养要求是一致的，这就是要培养社会主义合格建设者和可靠接班人。根据我校的特点，我们提出了更加具体的要求，这就是培养“顶天、立地、有本事”的人，对学生中的部分拔尖人才进行有针对性的更高层次的培养，为他们将来成为政治精英、学术大师和工商巨子奠定基础。“顶天”，就是要有崇高的理想、坚定的信念、昂扬的激情和正确的方向；“立地”，就是能够求真务实、踏实苦干、团结合作，有艰苦朴素的作风；“有本事”，就是要有分析问题和解决问题的能力，掌握科学创新的方法。

华中科技大学的学生事务工作即是围绕上述人才培养目标而展开的，是高校育人工作的内在组成部分，力求做到“管理”“服务”和“引领”这三方面功能的统一。“管理”是为了使学校生活更加规范和有序，“服务”是为学生健康成长创造更好的条件，“引领”是为学生成长指引正确的方向。管理育人、服务育人、引领育人，都是为了激发学生自我发展的积极性和创造性，提高他们自我发展的动力和能力。

2. 华中科技大学学生事务工作的特点

1）依托大学生发展研究指导中心，促进学生事务工作队伍的职业化和专家化

华中科技大学大学生发展指导研究中心是为了加强我校的学生事务工作，为达到学生事务工作队伍的职业化和专家化而成立的一个专门机构。下设心理学、形势政策、就业指导、军事理论等几个教研室。通过近两年的建设，我校学生事务工作人员中已经有 26 人从事各相关理论课教学，占学生事务工作人员总数的 20%。

学校健全了学生思想政治教育职称系列，分别设立了初级、中级、副高、正高职称；将学生事务工作人员的职称评定工作进行单列，并制定了比较合理的职称评定细则。对学生思想政治教育职称的评定坚持研究能力、研究成果和工作实绩相结合的方针，部分工作实绩突出、研究能力强的学生事务工作人员可以晋升教授。

为了学习其他国家和我国港、澳、台地区高校在学生事务工作方面

的先进经验，2003 年至今，我校分别选派教师到美国高校和我国香港科技大学等进行访问研究。目前我校已和香港科技大学签订了合作协议，每年派 4 名教师到香港进行访问研究。

2）制定大学生发展指导大纲，使整个学生事务工作更为完整、更加清晰、形成体系

为了帮助学生尽快适应大学生活，明确发展目标，形成比较成熟的政治思想，完成大学时期的转折，更好地进行自我完善和发展，华中科技大学研究制定了贯穿于整个大学阶段的、科学完整的教育大纲，即《华中科技大学本、专科学生发展指导大纲》。

《华中科技大学本、专科学生发展指导大纲》共分为理想信念、环境适应、社会交往、职业规划、身心健康、文化与美学、学会独立思考、参与社会实践等八个部分。

《华中科技大学本、专科学生发展指导大纲》的出台在中国高校当中是一个创举，它为学生在每个阶段的自我管理和自我发展提供了一个大的框架和思路，有助于学生的人格完善和身心健康，为大学生更好地成长、成才指明了方向；同时，它也为从事大学生发展指导工作的教师在制定实施方案时提供了重要的依据，确立了学生在不同发展阶段成长目标。

3）着力于精英学生教育培养，举办学生党员骨干培训班

从 2003 年开始，华中科技大学从全校的学生党员中选拔了共 300 名优秀的学生党员骨干，举办了多期学生党员骨干培训班。培训班学员由院系推荐，学生工作处组织面试确定。

培训时间为一年，上半年集中组织学习，主要是理论学习、专家论坛、形势政策培训等，目标是培养学生的政治信仰、理论水平和思维方式，强化学员的纪律观念，拓宽学生的视野，让他们了解世界，了解国家的大政方针。

下半年各小组自己制订成长计划，主要进行访问参观、社会实践、素质拓展、身体锻炼、各类文体竞赛等，引导学生深入社会、关注民生，培养学生的意志品质、身体素质、社会责任感和集体荣誉感以及组织管理能力等。培训班每 10 人成立一个小组，每个小组有一个专门成长导师。学生党员骨干培训班也被大家誉为“喻家山下的黄埔军校”。

3. 华中科技大学学生事务管理中的几个理念

1）理想信念与道德灵性

使学生学会洞察当代中国和世界的发展趋势，明确自己作为大学生应承担的对家庭、对国家乃至整个人类命运的责任，将个人奋斗与国家发展和整个人类的进步紧密联系起来，逐步确立正确的个人中长期发展目标，并努力探寻达到此目标和理想的方法。

引导学生不断从新的高度和角度加深对中国共产党的认识，使学生确立坚定的共产主义信念，形成个人道德标准，培养明辨是非的能力，了解人生的目的和意义，形成并确立正确的价值观。

2）沟通交往与领导意识

使学生具备社会意识和国际意识，学会在跨文化环境中从容地生活和工作。学会接受差异，容纳多元；学会关心他人，学习表达与沟通，避免冲突、化解矛盾；学会情绪管理，学习组织技巧，参与团队合作。培养有效的人际交往和团队合作能力，培育领导的意识、才能和艺术；培养参与群体决策和做出独立决定的能力。

3）职业规划与自我发展

使学生能够正确处理社会需要与个人需要、责任和权利之间的关系，明确所选职业对自己、对国家和对社会的独特作用。学会分析就业形势，熟练掌握求职技巧，探索并确定长期工作的计划和目标。

4）身体与心理健康

使学生明确拥有良好的生理和心理素质的重要性，培养良好的卫生和运动习惯，保持健康的体魄，了解饮食及营养科学；掌握心理调适的基本知识、方法和技巧，能主动通过心理咨询和服务寻求帮助。

四、探讨我国高校学生事务工作的发展方向

高校培养的学生将是中国政治、经济、文化建设和参与国际交流与竞争的骨干力量。随着全球经济一体化趋势的发展，高校培养的学生无论是否具有参加国际竞争的准备，都要面临国际竞争的现实。这就要求我国高等教育能够培养出大量具有国际视野和国际交往能力、熟悉国际规则的高素质国际型人才。我们的高等教育要进入世界经济社会发展的大循环中，培养在国际舞台上更加活跃的大学生。这也是高校学生工作面临的现实课题。

(1) 高校学生事务的定位要服从于高等教育的育人目标和高层次专业人才的成长规律，有利于高等教育的事业发展和人才的健康成长，有利于优秀人才的个性化发展。

(2) 高校的学生事务工作者必须首先有国际化的视野，除了保持社会主义大学在办学上的一些优势以外，还要积极学习国外高校在学生社团活动、学生职业生涯规划指导、心理辅导、队伍专家化建设等方面好的经验和做法。

(3) 开设国际学生事务论坛，组织相关讲座，让学生了解国际高等教育的情况，引导学生学习国外大学生一些好的做法和成长方式，促进他们自我教育、自我提高。

(4) 组织部分优秀的学生走出去，到境外去学习参观访问，并邀请国外高校或我国港、澳、台高校师生组团来我校和我们进行交流。积极组织学生参加一些国际竞赛，如国际辩论赛、国际知名的学科竞赛和技能竞赛、文化赛事等，培养学生参与国际竞争的意识。

(5) 开设全球热点问题论坛，引导学生关注国际社会，关注一些全球性的问题。

第十九章 加强和改进大学生思想政治教育

大学生思想政治教育是当代中国大学教育中的重要组成部分，对于大学生的政治素质、思想品行、道德情操、学习态度和学术品格具有重要的管理、服务和引领作用，是希望工程、民心工程和基础工程——培养社会主义合格建设者和可靠接班人，确保党和国家事业兴旺发达的希望工程；推进高等教育行稳致远、办好让人民满意的教育的民心工程；提高全民族素质、建设社会主义精神文明的基础工程。我们应当在新的历史时期，以改革创新精神大力加强和改进大学生思想政治教育。

大学教育在当前中国的国民教育体系中居于重要地位，担负着培养中国特色社会主义现代化事业的合格建设者和可靠接班人的崇高使命。大学生思想政治教育是当代中国大学教育中的重要组成部分，对于大学生的政治素质、思想品行、道德情操、学习态度和学术品格具有重要的管理、服务和引领作用。新时期的大学生思想政治教育受到党中央和全社会的密切关注，面临着全新的时代背景和工作对象，应对着许多突出的机遇和挑战，需要着力予以改进和加强。本文分析当代大学生的思想状况及其特点，总结我校思想政治教育的优良传统和成功经验，探讨当前存在的问题与挑战，提出进一步加强的思路与举措。

一、当前大学思想政治教育的使命与对象

深刻认识当前大学生思想政治教育的使命和机遇，全面把握当代大学生的思想政治和心理行为特点，是做好大学生思想政治教育工作的重要前提和对象性基础。

1. 新时期大学生思想政治教育面临的机遇和发展空间

教育部部长周济指出，大学生思想政治教育工作是希望工程、民心工程和基础工程。它是培养社会主义合格建设者和可靠接班人，确保党和国家事业兴旺发达的希望工程；它是实践推进高等教育行稳致远、办好让人民满意的教育的民心工程；它是提高全民族素质、建设社会主义精神文明的基础工程。这个概括非常准确。面向未来，它寄托着人民的希望；面向民众，它要让人民放心；对于提高全民族的素质，它是一项基础性的建设。

当前大学生思想政治教育工作面临着前所未有的机遇，因为不仅有大学生全面健康成长的需要，也有党中央和全社会前所未有的重视。2004 年 2 月，中共中央、国务院发布了《关于进一步加强和改进未成年人思想道德建设的若干意见》。2004 年 10 月，中共中央、国务院发出《关于进一步加强和改进大学生思想政治教育的意见》。如果说前一个文件直接面向社会、面向基层，同时也包含了大学生，而后一个文件则是专门针对大学生的。在不到半年的时间里，党中央、国务院连续下发两个关于思想政治教育工作的文件，召开了两次全国性的重要会议，胡锦涛总书记出席两次会议并讲话，这也许是前所未有的。为了落实好这些文件，教育部等部门出台了十几个配套文件。教育部等五部委（中

宣部、中组部、教育部、中央党校、团中央等)联合举办了一系列培训班。十多个部长给所有的班讲课,培训班的规格之高是前所未有的。中央和各界的重视实际上给我们提供了巨大的发展机遇,给学生工作者施展自己的才华提供了巨大的舞台,也提供了巨大的发展空间。现在就看谁能够更好地抓住这个机遇,在学生事务的宏大舞台上设计、规划、实施一套套能够产生实效的"歌剧""舞剧""电视剧",能够做出实事、实绩和实效来。这对于我们学校来说也是如此。

2. 探析当代大学生的思想政治状况

我们应当抓住前所未有的机遇,保持清醒的头脑,认真研究当代大学生的思想道德状况,以便有针对性地开展工作。

对于当代大学生思想政治状况的评估,无非是两个方面。一个方面是正面的、积极的和建设性的方面,另一个方面是一些负面的、消极的和批评性的方面。

从总体上看,当代大学生思想政治状况积极健康向上,主流是好的。他们胸怀远大理想,勇于自立自强,乐于接受新生事物,热爱党、热爱祖国、热爱社会主义,坚决拥护党的路线方针政策,高度认同邓小平理论和"三个代表"重要思想,充分信赖以胡锦涛为总书记的党中央,对走社会主义道路和全面建设小康社会的宏伟目标充满信心,这是一个基本的判断。而与这个基本判断相应的,还有当代大学生的特点和优势,这突出地表现在他们在以下几个方面的意识特别强烈:第一是自强意识,第二是创新意识,第三是成才意识,第四是创业意识。当代大学生有他们的特性,比如说独立性、选择性、多变性和差异性。这几个特性显得尤为突出。这些都使我们对当代大学生充满了信心。

当然也不排除在当代大学生中存在着各种各样的问题。对于这些问题我们也可以从各种角度来概括。国内有人对极少数大学生存在的问题做了八个方面的概括。这八个方面是:政治信仰迷茫,理想信念模糊,价值取向扭曲,诚信意识淡薄,社会责任感缺乏,艰苦奋斗精神淡化,团结协作观念较差,心理素质欠佳。应该说,这八种情况在极少数大学生身上确实是存在的,但把它们集中起来,就显得问题比较严峻。当然,这种概括是否准确?问题到底严重到什么程度?应当如何来做工作?这都是可以讨论的。我希望大家来研究和探讨,尤其是要搞清我们学校的情况到底如何。

3. 如何看待80后大学生所具有的优势与劣势

我想提供一个我自己的分析思路，与大家一块儿讨论。当代大学生基本上都是20世纪80年代以后出生的大学生。据有关资料，当前在校的大学生，从本科生到博士生，大多是在1980年到1990年间出生的，所以大体可以统称为80后。正确认识80后大学生是做好当前学生工作的前提。我认为，80后大学生们在很多方面具有两重性，甚至是多重性。他们有很多优点，但换一个角度看，这些优点又可能是一些缺点，是一些弱项。他们确实有某些弱项，但如果引导得好，这些弱项也有可能转化为优点。其关键是在于我们如何正确地看待和有效地做工作。我们要有科学合理的思路和方法，还要找到一些观测点，以求达到比较全面、准确的认识。这里我想提出几个观测点，重点考察他们在面对一些复杂关系时的态度。

第一个观测点，国际视野、开放心态与文化根基和文化定力之间的关系。国际视野、开放心态是当代大学生的优长，但是与之相比，他们的文化根基尤其是文化定力则显得不足，容易动摇、摇摆，缺乏足够自信。这种情况在一些突发事件中就会表现得格外突出。不少80后大学生对自身这一群体有很多批判与自责，既表达了他们对自我的不满，也表明了他们自我反思和批判的勇气。

第二个观测点，时代意识、创新意识与历史意识、民族情怀之间的关系。80后大学生的时代意识和创新意识强，这是他们的显著优点，但相比之下他们的历史意识方面比较淡薄，对于中国的历史、世界的历史、民族传统文化的学习和传承相对匮乏。因此，他们的民族情怀容易走向两极。他们平时不太关心民族命运，专注于自己的学习与工作。其民族情怀往往在遇到一些国际政治矛盾与文化冲突时才会集中表现出来，即表现出很好的民族情结，彰显出爱国主义情怀。但由于缺乏历史的根基，有时又容易走向极端，产生某些偏执的情绪或狭隘的情绪，甚至做出某些狭隘民族主义的举动。

第三个观测点，主流政治认同与多元价值取向之间的关系。80后大学生是在改革开放的背景下，在中国共产党领导的中国特色社会主义现代化建设的发展历程中成长起来的，对于中国共产党、社会主义、马克思主义有着基本的政治认同。但他们的成长过程同时也是我们社会价值取向走向多元化、多样化、多层次化、多类别化的过程。多样化是社会的一种进步，但这个进步也会对社会成员尤其是青年中的部分人的主流政治认同产生一定的不利影响，使得他们的主流价值淡化，核心价值模糊，这是我们需要关注的。如何引导当代大学生更长期、自觉、集中和坚定不移地坚持社会主义核心价值体系，是当前思想政治教育的重要方面。

第四个观测点，市场竞争与道德规范的关系。80后大学生基本上是在市场经济条件下成长起来的，直接或间接地受着市场经济法则的影响，其行为规范更多地受到竞争原则的支配，而其行为道德规范体系本身却有待建立和调试。这一方面是由于他们对于优秀道德规范缺乏必要的了解和实践，另一方面也在于我国的社会道德体制正处于市场经济条件下的现代转型时期。如何在传统与现代的结合中建立起适当的道德规范体系，并使之为广大青年所自觉接受和遵循，这对于中国社会来说是非常紧迫而又尖锐的问题，对于80后大学生们来说更是如此。

第五个观测点，强烈的个性意识与团结合作精神的关系。新一代大学生普遍具有强烈的个性意识，这是市场经济的要求，也是改革开放以来中国社会尊重个性、发展个性所取得的积极成果。但从另一个角度看，他们的团结协作精神则相对薄弱，有时难以适应高度社会化和协同化的社会的要求。如何既能保持和发展个性，又能与他人和谐相处、合作共事，并成为社会团体中的有机成员，这是当代大学生有待探讨和加强的重要方面。

第六个观测点，尊重个人利益与强化社会责任的关系。当今的中国社会非常尊重个人利益，注意保护个人权益，这是社会发展的要求，也是社会进步的表现。但与个人权益相对存在的是社会责任与义务。相比之下，80后的大学生不少是独生子女，是在家长的全心呵护下成长起来的，多少带有以自我为中心的特点，相应地，他们维护个人权益的意识较强，而对他人、对家庭、对社会的责任感则相对较弱。当他们进入社会的责任体系并需要对自己的行动承担全部责任的时候，往往显得缺少心理准备和能力准备。如何正确处理个人的权利与义务的关系，处理对于社会的奉献与获得之间的关系，是当代大学生需要研究和加强的方面。

第七个观测点，理想和现实功利的关系。当代大学生常常处于理想与现实的矛盾与冲突之中。一方面，他们富于理想，希望能够成大才、成就大事业，但又往往受到现实功利的直接影响，显得比较世俗和功利。由于对这二者的关系难以妥当处理，因此，他们的理想往往容易动摇，容易走向虚无缥缈，走向极端，走向急功近利等。

以上观测表明，我们应当更加深入地了解和理解当代大学生，把握80后大学生的特点，更加有的放矢地开展工作。

二、华中科技大学学生工作的经验与优势

在新的形势下做好学生工作，一定要继承和发挥我们学校学生工作的所有优长和经验。华中科技大学的学生工作具有优良的传统，形成了很多独具特色的做法，取得了很好的成效。这里我尝试从以下十个方面来加以概括和总结，与大家共同探讨。

第一，历届党政主要领导对学生工作的高度重视和大力支持。这应当是我们的一个突出优势。这一方面，我们最少可以回溯到朱九思老院长，回溯到黄树槐校长、杨叔子校长，回溯到周济校长，还有樊明武校长和李培根校长、朱玉泉书记等，他们对于学生和学校学生工作表示了极大关心。现任校长李培根院士一再表示，我最关心的永远是学生。这种关心学生和关心学生工作的传统，是我们做好学生工作的最重要的政治和领导优势之一。

第二，我校对于大学生全面素质教育的倡导、普及、深化和持久推行。过去一般讲的是大学生文化素质教育，现在看来仅仅讲文化素质教育还是不够的，应是全面素质教育。10多年来，对于理工医等专业的大学生我们强调文化素质，而对文科学生我们又强调科技素质，实施全面素质教育。截至2008年6月，我们的文化素质教育讲座已经举办了1300多期了。刘献君副书记等强调在专业教育中渗透人文教育，得到了教育部领导的肯定和赞扬，形成了我们的特色，在国内处于领先地位。

第三，以学习和发展为中心而开展的第二课堂，包括各种形式的科技创新和社会实践，包括我们主办的大学生创新基地、创业基地，等等。这方面的活动不仅活跃了学校生活，也培养了人，还在国内的许多大赛中拿了大奖，为学校争得了荣誉。这方面学校有投入，也希望有很好的回报，回报于学生和社会。

第四，积极开展学生党建工作，尤其是“支部建在班上”，成为我们学校的一个非常成功的经验，已在全国高校积极推广。做好学生党建工作对于培养合格的社会主义事业接班人和建设者的意义非常重大。

第五，异常活跃的学生工作和共青团工作。学生部和共青团应该说是大学生思想政治教育的两条主线、两个主要的渠道、两个主要的阵地，它们都发挥了很好的作用。

第六，异彩纷呈的大学生社团活动，是我们的第三条战线。我们学校有100多个大学生社团，它们以各种学生喜闻乐见的形式，把同学们吸引到这些社团的活动之中，发展自己的个性，丰富了校园生活。

第七，以专业化发展的人文社会科学学科作为依托，思想政治教育课和哲学社会科学课的教师都是大学生思想政治教育的基本队伍。而我们的思想政治理论课和哲学社会科学课，又都得益于我们学校文科的专业化发展，得到了很好的依托与支撑，提高了教学和科研的水平。

第八，有一大批热心于学生工作的专业课老师和干部，他们自觉地、积极地参与到我们的学生思想政治教育之中，发挥了非常积极的作用，创造了很多非常好的经验。

第九，有一大批高素质的学生工作专职干部队伍，包括党的、团的干部和辅导员等，这是我们最重要、最坚强的基本队伍。这个队伍是我们全部工作的基础。这些同志乐于奉献，不计名利，特别能战斗。他们不仅在学生工作中，而且在学校的整个发展中都扮演了非常重要的角色。

第十，各个院系都有自己的坚强的工作群体，得到了院系领导和教师的支持。各个院系都形成了自己的主打阵地，有“拳头产品”，异彩纷呈，特色鲜明，有的还做成了“品牌”。当然，各院系之间的工作也有差异，这是正常的。

以上不一定是我们的全部，但大体包含了主要的方面，是我们应当继续继承和发扬的。立足于这些经验，我们才能进一步创新。

三、华中科技大学学生工作面临的问题与挑战

我们讲了十条经验，还有没有问题呢？我想不可能十全十美，总还是有问题、有挑战的。当前我们工作中还存在一些问题，包括我们大学生思想政治教育队伍中间还存在着一些问题。只有找准了问题才有进

一步努力的方向。

1. 学生的总体思想素质良好与学习过程中的两极分化的问题

我们的学生从总体上看是处于当代大学生的较高层面，这是由我们学校在国内高校的地位和我们新生录取的层次决定的。只有考得高分的学生才能被录取到我校，而一般说来高分学生综合素质都是较好的。但通过一段时间的学习，学生中就会发生比较突出的两极分化的情况。优秀的更优秀，而另一些人会掉队，以致要“挂课”、留级，因为作弊、违纪而退学甚至被开除的也偶有发生。学生中不能正常完成学业的人数比例尽管不大，但对于这些学生所在的家庭来说却是百分之百。这是让人非常痛心和担忧的。尽管在学生中发生分化是有必然性的，但这些曾经优秀的学生进校后发生这样的不正常变化，也值得探讨。我们需要一种有效的机制来提高优秀生的比例，更需要有效的办法来降低落伍生的比例，防止对于个人和家庭的悲剧的发生，减少对于社会和家庭的损失。

2. 对学生党员的大比例发展和后续教育的问题

我们学校的党建工作抓得很紧，在学生中发展党员的数量和比例也较大。应该说，对于培养和发展学生党员已经形成了一套行之有效的严格程序和考察培养办法。但对于预备期的党员和转正后的党员如何继续保持先进性，则缺乏足够的重视。常常有这种情况，一旦进入预备期，无论是对于党员个人还是组织来说，其标准就降低为不出事、不出问题，以便按期转正。而一旦转正了，则又有万事大吉之感，放松了要求，也放松了管理。这是与保持与提升共产党员先进性的要求不相适应的。

3. 丰富的大学生科技、文化、体育、社会实践活动与相应的资金、场地不足的矛盾问题

这主要是经费和保障条件方面的问题。应该说我校学生的住宿条件、生活条件、教学用房、体育设施都是很好的，但由于学校的学生人数很多，要举行一些大型的活动确实缺乏场地。这需要逐步解决。另外学生教育和活动经费，学校已经按照国家的有关规定下拨，但相对于非常活跃的学生活动的需要仍显不足。我们要在开源和节流两个方面同时加强工作，积极动员、吸引社会各界力量以各种方式来支持我们的教育事业，支持华中科技大学的发展。

4. 各部门、各方面力量如何形成合力、形成全员育人的良好状态问题

我们所有的教师和干部、所有部门都有育人的责任。教学育人、科研育人、管理育人、服务育人，学校的各个部门要协调起来，形成一个全员育人的有机系统。

5. 学生思想政治教育工作队伍还需要不断提升水平

从总体上看，我们有一支非常好的学生工作队伍，有一批非常好的学生工作干部，但这个队伍中的干部之间在精神状态、工作热情、工作能力、工作方法、工作效果等方面还存在一定差距，各院系之间的发展也很不平衡，甚至有的人还不能适应新时期大学生思想政治教育的要求。这其中有的问题比较突出，需要专门研讨。例如，辅导员的队伍到底是专职好还是兼职好？如何建立一支职业化和专业化的学生工作队伍？思想政治理论课作为学生思想政治教育的主渠道，如何进一步提高水平、走专业化的道路？如何让所有哲学社会科学的课程和教师都更好地担负起思想政治教育的责任？如何给我们的专职学生工作干部以更大的发展空间，提供更多的发展机会？我们的共青团组织如何更好地发挥作用？如何使各院系的团委书记更具有权威性，更能够有职有权地开展工作？如何使学生工作队伍更好地成为锻炼和培养年轻干部的摇篮？

四、以改革创新精神推进华中科技大学思想政治教育

我们总的想法是要继承和发扬我们过去的一切优秀传统和好的做法，在此基础上再来进行创新。现提出一些不成熟的想法，供大家讨论。

1. 加强理论研究，探索育人规律

要在新的形势下做好学生工作，需要有更高的起点，要有创新的思路，这也取决于我们对新时期大学生思想政治教育工作的认识程度和水平。在某种程度上讲，认识到什么程度，就自觉到什么程度，就会有多少创新点子，就会有多高的实践效率，因此，要加强对于新时期大学生思想政治教育规律和特点的研究。我们可以办一个思想政治教育的杂志，给我们的党团干部和辅导员提供一个发表自己言论的机会和场所，使大家的思想探讨能够成为公开发表的学术成果。这对于回顾工

作、总结经验、探索理论、推进创新都会有很大的帮助。做好这项工作的前提是大家能够不断地探索和思考，能够写出好的文章，不断地推进理论创新和实践创新。

2. 健全管理机制，推进制度创新

要大力推进学生思想政治教育工作的管理创新和机制创新。管理创新和机制创新是从根本上提高工作水平的制度保障。为了贯彻落实中共中央、国务院发布的《关于进一步加强和改进大学生思想政治的意见》，我校先后下发了22个配套文件。我们要持续地抓好这些文件的落实工作，从思想上、组织上、政策上和措施上全面解决相关问题，推动学生工作的不断深化。最重要的还是要制定有针对性的落实措施，既符合党中央的要求，又符合学校的实际，既有具体的思路和政策，又有切实可行的措施和办法，具有科学性、合理性、可操作性。要善于吸引各方面的资源，将其投入学生工作中间去。我们工作的成功与否，取决于我们能否有足够的能力去把各方面的资源，包括我们的行政资源、教学资源等，吸引到我们的工作中来，为学生的健康成长服务。

3. 强化责任意识，努力创造卓越

华中科技大学的社会责任是什么？一般说来，大学应当做到教书育人、科学研究、社会服务三位一体。作为一个国家重点大学，我们更应当通过加快建设世界知名高水平大学而更好地发挥我们的社会功能。这要求我们深切地认识到自己的责任，并通过我们卓越的工作来履行社会责任。学生工作应当为创建知名高水平大学做出应有的贡献。我们的责任有不同的类别，分为不同的层次：有的属于强制性的责任；有的属于比较软性的责任；有的属于不能履行就会受到追究的责任；有的是不能履行也没有人追究的责任，但是如果你履行了，你有可能会对学校和学生发展带来积极效应。比如我们现在都讲究问责制，问谁的责？问我们所有人的责任。我们的责任体系实际上是分层的，分出很多的类别。比如说，有的工作不做就会造成事业的损失，就会造成学生的损失，就会造成学校的损失，那这一类工作是属于强制性的。我们辅导员，或者说我们的各级干部，当然要把自己的强制性责任搞清楚，这是我们学生工作的底线，这些工作是绝对不能耽误的，耽误了就要出问题。而更重要的责任是发展的责任，我不希望我们所有的人都只是保证“天天不出事”，而是要谋求发展，在发展中提升我们学生工作的水平，促进学生的发展。我们要有强烈的责任意识，还要对责任层次有非常清晰的把握：哪些责任是我们绝对不能耽误的，是我们的底线，哪些责任是我们在保证底线的同时还要努力去谋求发展的。

4. 明确工作目标，善于抓住重点

我们的工作可能会有很多方面的内容，就学生的特点而言，要善于在“三个基本层次”上开展工作。

第一个层次就是面向我们大多数的学生，希望通过学校的科学管理制度和有效运行机制而使尽可能多的学生顺利地完成学业。

第二个层次就是面向我们的特殊困难生，要特别去爱护和帮助那些有困难的学生。这种困难可能是来自多方面的，有的可能是经济困难，有的可能是学习困难，也有的可能是心理困难。任何方面的困难都会影响大学生的学习与生活，而这几个方面的困难往往是联系到一块的，并使得问题变得格外复杂。这部分有困难的学生就其人数而言可能只是很少一部分，但是可能要占去大家所有时间和精力中的很大分量。针对这一批学生的特殊困难，帮助他们从各种角度去解决，这是我们工作的重点。让困难学生能够毕业，体现的是党和社会对他们的关怀。

第三个层次就是优异学生的特殊发展问题。我们当然要培育优才，为优秀学生的特优化发展提供他们所需要的无限的空间，他们能够“跳”多高，我们就帮助他们“跳”多高。

以上三个基本层次之间不是截然分离的，而是相互渗透、彼此影响和不断变化的。

5. 培养“有理论的实践者”，塑造“会实践的思想者”

加强队伍建设，提升工作水平，做好学生工作，离不开高水平的学生工作队伍，离不开辅导员的工作。我们要着力于建设一支高素质、专业化的思想政治教育专业队伍，把提高学生工作专职队伍的思想认识和理论水平作为下一步工作的重点，使他们能成为“有理论的实践者”和“会实践的思想者”。优秀的学生工作者，既要有正确的、深厚的理论修养，又要能深入学生工作实践的第一线，在理论与实践的结合上发挥作用。为此，应当从以下方面来努力：

第一，要有正确的政治方向；

第二，要有宏大的视野、宽阔的胸怀；

第三，要有敏锐的洞察力，能够明察秋毫于初始；

第四，要有相当的理论水准，能够有说服力和感召力地开展工作；

第五，要有高度的社会责任感和工作激情；

第六，要有求真务实的工作作风；

第七，要有创新的手段和方法。

为了达到这样的要求，我们要加强对学生工作干部的培训，通过校内校外、国内国外的各种途径提高学生工作干部和辅导员的水平，让在职辅导员和团的干部走专业化、职业化的道路。鼓励他们在职攻读学位，提高学历和学位层次，提高实际工作水平。我们的学生工作干部，就是一个熔炉。当我们把热情投向我们的学生、投向我们的工作的时候，我们就使这个熔炉的温度升高了，不仅仅提升了我们的对象，也熔炼和锤炼了我们自身，也能够让我们自身得到发展。在某种意义上，我们自身的境界决定了我们工作的水平。

6. 加强全员育人，激励全员自育

我们应当以激发和引导学生的自我教育和自我培养作为学生工作的主要方向。全员自育是与全员育人相对应的一种教育观念。全员育人是从教育者的角度提出的，而全员自育是从受教育者的角度提出的。在教育系统中，被教育者不应当是完全被动的，而应当是主动的。自育就是自我教育。而任何教育都只有通过受教育者的自我努力才能真正发挥作用，自我教育把受教育者转化成了教育的主体。党的先进性教育只有转化为党员的自我教育才能真正发挥作用，这对于大学生的思想政治教育也一样。只有所有大学生都把自我教育和自我发展作为自己的事情来加以自觉推进，才能实际地取得成效。我们做学生工作的任务就是努力促进这种转化。具体说来，这里有一些关键的环节需要注意：要努力激发自我发展愿望，引导自我发展方向，提供自我发展空间，创造自我发展氛围，发掘自我调控潜能，倡导个性化的发展道路。

7. 加强学习，提高工作技巧

要善于把握工作的有利时机，尤其是一些关键性的环节，积极、有效地开展工作。比如，对于我们所有学生来说，能否搞好大学的学习，新生阶段是非常重要的。我们的迎新工作就是一次大学开放日，就是对我们新生的第一次教育。如果说以前他们是抱着一种朦胧的美好感觉，报考了华中科技大学。而当他走进了华中科技大学的大门，现实地踏在了华中科技大学的土地上，他的第一感觉如何，对他在四年的所有行为、他的感情、他的理性都有非常强烈的指导作用。比如说军训，它对于中学生向大学生的转化，尽快融入班级、融入大学生活，发挥着非常重要的作用。我们把军事训练改为军政训练，加入了对于新生进校后的许多适应性教育内容，对于大学生的成人和成才发挥了积极作用。再比如说，进校后的第一堂课、第一次讨论、第一次发言、第一次作业、第一次考试，包括辅导员跟他的第一次谈话，所有的“第一次”都是非常重要的，都会为他们在大学里的全面发展奠定非常重要的基础。抓住时机，事半功倍。学生工作应当成为一门艺术。

8. 创造学工品牌，鼓励特色创新

要鼓励和支持各个院系创造性地开展工作，创造出各自的特色，造就我们学校大学生思想政治教育百花齐放、繁花似锦的局面。要着力创造学生工作品牌，提升学生工作的水平。近年来，我们先后创建了“烈士寻亲”“衣援西部”“公德长征”“红色寻访”“党旗领航工程”“三个两百”等一批学生活动品牌。这些活动对于学生发展发挥了积极作用，要进一步把它们灌注到各个院系的活动中去，并引出更加丰富多彩的内容。我们对于各院系的学生工作既要普遍动员、基本要求、强化主线、统一规范，又要鼓励特色、支持创新、发展优长、扶持重点。我们要建立起科学的评价机制、竞争机制、发展机制，鼓励冒尖、激励创新、奖励先进，支持大家发挥积极性和主动性，把我们各方面的工作做好。我们应当通过做好学生工作为学校的大发展做出我们应有的贡献。

第二十章　提升党员先进性带动全员自育[①]

中国的事情要靠党的领导，靠发挥党员的先锋模范作用。学生党建工作是全部学生工作的核心，把学生党员的先进性提升起来，更有利于把全体学生引向正确的方向。笔者指出，做好学生工作，应将学生中存在的问题分为三个层次：学生中普遍存在的问题；处于特殊困难中的学生面临的问题；优异的学生存在的问题。并针对这些问题，通过提高党员先进性来带动全员自育。

① 本文是根据作者在华中科技大学 2007 年学生工作暑期研讨会上的讲话整理而成的。

在新的时代条件下，如何抓好学生工作，这是我们大家都在思考的一个问题。我们认为，中国的事情要靠党的领导，靠发挥七千多万党员的先锋模范作用；学校的发展也要依靠党的组织，依靠师生党员的先锋模范作用；要做好学生工作，也需要发挥党组织的作用。如果我们真正把党的组织建设好了，把教师党员和学生党员的先进性提升起来了，就会更有力量，更有利于把全体学生引领到一个正确的方向。因此，学生党建工作是全部学生工作的核心，是龙头，是一条主线，也是我们当前应该抓紧抓好的一项重要工作。我们应当以提升学生党员的先进性来带动我们的学生工作，促进全员自育。

一、学生党建工作中增强先进性的必要性

通过提高党员的先进性带动全员自育，首先是要提高认识、认清形势、明确责任。

认识天下大势是我们全部工作的依据。一项工作能否获得成功，其关键在于能否把握其内在的规律，能否预见其未来的发展走向。从这种意义上讲，我觉得抓好学生党建工作，最少是以下三个方面的需要。

1. 深入贯彻中央文件精神的需要

这是中国高等教育和全部教育中的核心要求。中共中央、国务院发布的《关于进一步加强和改进大学生思想政治的意见》的核心是要提升全体党员的先进性和全体大学生的思想政治素质。最近教育部提出了新世纪质量工程。那么，什么是质量工程中的核心质量？什么又是核心价值呢？我认为，党的价值、党性的价值、党旗的价值是所有质量中的核心质量，是各种价值中的最高价值。我们的党员、党员干部、党的组织如何更好地发挥作用，这对于进一步贯彻落实《关于进一步加强和改进大学生思想政治的意见》和实施教育部的新世纪质量工程具有重要的意义。

2. 保持我校本科教育的精英品格的需要

中国高等教育经过近年来的几次扩招，实际上已经由精英教育转向大众教育。但是，我一直在思考一个问题：转向大众教育意味着什么？是否意味着高等教育质量标准的降低？是否意味着现在进入大学的学生只能接受更差一些的、更低一些的、更粗放一些的教育？这种理

解恐怕是不对的。我认为，在今天中国高等教育向大众化转型的过程中，华中科技大学作为国家的研究型重点大学，应当继续保持其本科教育的精英品格。我这样说还是比较保守的，留有余地的。我不敢说我们现在实行的还是精英教育，而是希望能够保持精英教育的品格。真正的精英教育可能有很多的指标，其中的一个指标就是不能搞大班课，要搞小班课。原则上一个班的学生不能超出 30 个人，否则教师的视野、关注面就难以覆盖，就难以把握学生的行为和思想的动向，难以有效地应对和回答学生中的问题。这方面我们现在看起来很难做得到。当然，精英教育关键还是一个对教育质量的要求。从中国高等教育发展的总体来看，我们过去所讲的"精英"主要讲的是人数，师生比例较小，而不意味着我们过去的教育质量水平就有多高；如果过去的教育水平本来就不够高，而我们现在的高等教育由精英型转向大众化就意味着教育水平可以进一步降低的话，那就会使中国高等教育在教育质量和教学水平上出现很大的问题。在中国高等教育转型的过程中，中国的高等教育仍然是分层次的。有一些高校主要是从事本科层面的教育，有一些是从事研究生层面的教育，还有一些主要是从事专科、高职高专层面的教育。但是像华中科技大学这样的一些重点研究型大学，它的本科教育仍然应当保持精英的品格。我们提出的"一流本科、一流教学"的本科办学目标，就是反映了我校作为一个高水平、研究型大学对于本科教学和本科培养工作的基本定位。

3. 是"办尽可能好的教育"的需要

"办尽可能好的教育"是学校提出的一种自我约束与自我激励。我们学生工作部门的同志们应当探讨的问题是：如何做尽可能好的学生工作？如何在学校的"尽可能好的教育"中发挥学生工作队伍的最大作用、最好作用？

什么是尽可能好的学生工作？按照我自己的理解，可以从两个方向来探讨。

一个方向是从学校、从作为管理者的角度来看，要提供最有利于学生成长、成才的环境、管理和服务。学生工作的职责是什么？首先是管理，其次是服务，更重要的还有一个引领的问题。对大学生和研究生做好管理、服务、引领的工作，是我们的责任。这是我们站在学生的外部，作为学生的直接管理者和责任人，应该做的工作。

另外一个方向是从学生的角度来看，就是能够让最大多数的学生以最大的热情，尽快、尽好地发展自我。在某种意义上，我们全部工作的目标就是让学生更好地自我发展。这就是“全员育人”和“全员自育”的关系。全员育人是为了全员自育，全员自育是全员育人最根本的目标，也是衡量全员育人是否有成效以及它的成效的好坏、优劣、大小的重要标准。学校做的全部工作，学生工作干部所做的全部努力，都只有依靠学生自身的发展才能得到落实和实现。大学生的成长是离不开学校环境、离不开教师的教育和帮助的，但环境和教师的作用一定要通过学生们自己的作用才能进入他们的心灵。外部环境再好，如果没有与他们的心灵发生真实的碰撞，那就很难对他们发生作用。所以我们全部的教书和育人工作，最后都只有通过学生们的自我发展才能实现，大家只有都具有“我愿意发展，我有热情发展，我知道该往哪个方向发展，我会发展”的想法，才会去自觉地发展自身。党员是怎么形成的？党的先进性是怎么形成的？无非是他有一种内在冲动，勇于去“过五关斩六将”，只有这样，才能从这么多同学中脱颖而出，成为先进分子。

由上可以说，我们做好学生工作，既是大形势的需要，也是促进同学现实发展的需要。

二、找准现存问题，明确工作方向

要增强工作的针对性、提升我们的工作，就必须特别关注当前学生中存在的问题。按照我的思路，大体上有三个层面的问题。

1. 大面积的学生培养中的问题

最广大的学生是我们工作的主要对象。从大部分院系和学生来看，我们的学生工作总体上是很好的。华中科技大学享有“学在华中大”的美誉，现在仍然如此。社会各界、中学的领导和老师、学生家长等，他们热情地把孩子送到华中科技大学，说明了他们对我们的信任。我们一定要做好培养工作，以对得起大家的信任。但是在大面积的教育方面我们还有几个方面的问题。

(1) 从全员自育的角度来看，学生发展自我的自觉性的程度还不够高。是否绝大多数学生都非常清晰地认识到了“我要自我发展，我有强烈的自我发展愿望，我非常清晰我的发展方向”？

(2) 大家发展的目标和境界还不够高。即便有些学生已经认识到

“我要发展”，但是我的发展目标是什么，是能够顺利毕业，或是能找一个好的工作，还是未来要做出一番大事业，这对于他的人生定向非常重要，涉及职业生涯的设计。学生应有一种不断向前追求和提升的内在冲动，这种冲动应该是持续的，也应当是强劲的、高尚的。

(3) 有利于学生发展、帮助学生发展的制度还不够完善。这是衡量一个学校制度好坏优劣的重要方面。我们的学生管理、相关的党建管理方面还有很多进一步改进、提高的空间和余地。

(4) 效果还不够理想。什么叫理想？按照我的理解，就是最大多数学生能够以最大热情去最好、最快地发展自我。我们能够做到吗？这样的学生占了多大比例？我们发展的速度怎么样？我们现在的招生情况确实很好。一大批高分的好学生来到了我们学校。这么优秀的学生来到了我校，我们能不能保证他们毕业的时候还都这么优秀，或者最大比例的学生还能保持优秀，甚至出现部分更优秀的学生？我们应当对这个问题做些量化的研究。

2. 帮扶困难学生的工作中所存在的问题

我们工作的一个重要方面就是要加强对于困难学生的帮扶。对于这个层面的工作，我觉得有几个突出的问题。第一个问题是存在的问题的类型偏多，或者说非常复杂。学生的困难大体可分为四类：经济困难，学习困难，心理困难和行动困难。其中行动困难的学生比较少，主要是经济、学习和心理困难三类。这三大类的学生都在以各种各样的方式显示自己的问题的严峻性和复杂性。当然，这种复杂性是社会问题复杂性的一个反映，其中既有正常的方面，也可能会有非正常的方面，这需要我们认真对待，即不同的问题需要不同的处置和应对方式。第二个问题就是困难学生所占的比例偏大。这里有些情况可能是不以我们的意志为转移的。比如说，经济困难的学生的比例偏高，占总数的20%以上，这是由他们的家庭情况造成的。但是学习方面的困难就值得我们去研究，哪些是在中学时代就造成的，哪些是在大学阶段产生的？而心理方面的障碍，哪些是原来就有的，哪些是在他们进入大学后产生的？在新的条件下会产生新问题，这是正常的，但是这里面一定会有不正常的因素。这就涉及环境设计和制度设计。我们应为他们顺利地实现良好的、健康的转型提供恰当的环境、氛围、制度，尤其是个案的帮助。第三点，问题的严峻性和极端性越来越突出。就其程度而言，我们发现，有时候会在没有任何明显征兆和准备的情况下发生各种各样的极端问题。我们应当对一些问题的突发性和非预期性有更加深入的认识，并能从正面来学习和吸收一些东西。

3. 优异发展的学生群体中存在的问题

优秀学生代表着我们的教育水平，尽可能多地培养优异的学生是我们的共同期盼。这方面我觉得有三个问题。第一个就是优异学生的比例仍然偏低。我们能不能定个标准看一看，在每年所招收的本科生、硕士生和博士生中有多少确实称得上是优异的。例如，我们能有多少学生获得"微软创新杯""挑战杯"这样的大奖？有多少能在国际和国内的建设与发展中做出贡献？第二个问题就是典型性不够高。近年来，我们学校虽然涌现了英勇救人的胡吉伟同学等典型，但在学习、发展和社会服务等方面涌现出来的典型还比较少，造成全国性影响的还不多。第三个问题就是辐射度不够。先进典型不够典型，因此产生的辐射效应不够强，影响力也不够大。如何更好地发挥先进典型的作用，这也是一个重要的问题。

三、采取切实措施，带动全员自育

通过提高先进性来带动全员自育，就是要把我们的工作最大限度地转化为学生发展自我的热情和能力。全员自育意味着学生的自我管理、自我教育、自我发展和自我塑造。从教育的角度来看，这就是教育和自育之间互动的问题，所有的教育只有通过自育才能发挥作用；从人性的角度来看，所有的外因都只有转化为内因才能发挥作用。这里关键的问题是怎样转化，怎样去促进其转化，这是我们要集中思考的问题。对此我想谈以下几个想法，和大家进行交流。

1. 激发最大多数学生自我发展的热情和动力

这是全部学生工作的重要前提。任何学生，只有具有发展自我的欲望、有对未来的冲动和向往，他才会努力去超越现实。发展就是对现实的超越。怎么超越？我们认为，人的内部有两种力量，这两种力量始终在发生着矛盾和冲突。一种是保守性的力量，这种力量使人安于现状，倾向于封闭，倾向于平庸，因为平庸不用费劲。一种是变革和创新的力量，而发展意味着改变，改变意味着付出，付出就要有牺牲，就要有精力和能量的投入，还有可能会受到外部环境的制约。外部环境不都是鼓励先进的，你先进我就落后，这是相对的。这个相对地位一旦改变，就意味着话语权的改变、利益的改变、荣誉的改变。一个人靠什么来发展自我？靠的是强烈的发展自我的欲望。那么，怎样激发人的发展欲望呢？这有很多途径。

（1）要走进历史，增强历史责任感。要在学习历史的过程中加深对时代的理解。例如，我校的“烈士寻亲”就是这种帮助学生走进历史的活动。一个历史情景为什么会改变一群人，无非是这一群人看到了一个伟大的历史，看到了一个悲壮的历史，看到了一个与今天充满血肉联系的历史。这个历史造就的幸福由现代人享受了，而这个历史造成的后果也应当由现代人去承担。当他承担这样一种责任时，他就把自己的行动和一个伟大的目标联系起来了，这个时候他就有超越性的冲动。为了他人、为了一份没有找到的爱、为了一份特殊的历史责任，他可能会做出让家长和老师感觉到一夜变得成熟的事，所以历史能感动人。我们很多院系组织“重走长征之路，开展红色寻访”活动，取得了很好的效果。历史是我们把握时代最重要的参照尺度。如果我们的年轻的朋友缺少对革命历史的了解，缺乏对整个改革开放历史背景的了解，不懂人类文明进化和发展的历史，何谈珍惜今天。因此，要加强历史教育。

（2）要关注他人与社会，走出自我中心。自我中心就是仅仅关心自我，让世界的一切以自我为中心来旋转。而一旦关注他人和社会以后，你会感觉到，自己的个人定位有一个很大空间，每一个人的存在都依赖于他人而存在，也是一种为他人的存在，这是人的社会性的一个突出表征。在这样的社会性面前，人们会产生一种社会责任感。比如，我们希望大家在生活中要讲公德，这就是社会性的一种表现。公德就是处理个人和他人关系的一种有效约束，当个人的利益和现实的行为与他人的利益和社会的规范发生矛盾和冲突的时候，我们应恰当约束自身，使我们的行为服从于一个更大的社会规范的要求。我们的“公德长征”活动要解决的就是日常生活中的公共道德问题。其实，常识的问题往往最能检验人的道德底线。现代伦理学有一个概念叫作“底线伦理”。人之为人在于有伦理，如果没有这条线，那么人不比动物好多少，甚至不如动物。越是公德、越是常识、越是普遍的事情，就越是难以做到的事情，也越需要我们去注意。

（3）要面向社会的困难和问题。新闻学院一些学生在去了河南“癌症村”进行调研后，极大地增进了对于社会特殊人群的了解和理解。我们不少同学在“衣援西部”“烈士寻亲”“西部支教”等活动中受到了很好的锻炼和教育。我也和大家一道去过一些地方，每去一次都有一些特殊的感受，有时比我当年在农村插队和工厂做工时候的感觉还要强烈。面对社会的困难，人就会有一种沉甸甸的感觉。将解决社会的困难转化为自身的责任，这样个人的生命就有意义了。前些时间有报道说，一位教授在举目无亲的情况下养了一条狗，受到很大的心灵慰藉，后来狗死了，他花了10万元为狗举行厚葬。这件事引起了很大的争议。它也从另一个角度表明了，当一个人处于特殊的困难中时，他所需要的社会交往和心灵慰藉在他的生命中有多么重要的地位。当一个人的生命和另外一个人的生命或一群生命联系起来的时候，他的生命就展示出了价值。特别是如果有一批比你的生命状态要差得多的人需要你去帮助的时候，你会感到你自己的生命价值。

2. 提供足够的发展空间和机遇

为所有学生提供尽可能多、尽可能好的发展空间，这是我们学校应该做的最基本、也是最重要的事情。为所有学生的发展公平地提供尽可能多、尽可能好的发展空间和机遇，是我们的责任。实际上，公平是社会对于个人的责任。什么叫公平？公平首先是机会的平等。公平不仅仅是意味着结果的均等，公平首先意味着机会的平等。一个社会和一个学校是否给他的成员以足够的机会，实际上彰显着一个社会、一个学校的发展状态。华中科技大学在这个方面是付出了极大的努力的。例如，校学工处、校团委组织了“三个两百”工程，即为培养更多的政治精英、学术大师和工商巨子，分别举办了党员骨干培训班、创业培训班和科技创新训练营。近年来，每年还从新生中各选拔200名学生来进行专门的培训，使他们能够获得更多的发展机会和条件，并收到了很好的效果。我们办的各种类型的精英大赛，机会都是均等的，所有学生都可以申请。我们曾经做过这样的承诺，给我们的学生提供其发展所需要的一切机会和空间。通俗地说就是，让学生能跳多高就跳多高，如果房顶限制了，我们就把房顶拆了重盖。华中科技大学给学生提供了很多科技创新方面的发展机会。相比之下，也许我们在社会、政治、文化方面所创造的机会还不够。以后我们还要努力给政治与管理方面的发展提供机会，包括使学生党员干部有更多的发展机会。我们要给学生党支部书记以足够高的地位。要让支部书记这一职位成为一个值得尊敬的岗位。为什么？因为支部书记代表着基层党组织。党支部书记表现不好就应该把他撤下来。在这个岗位上一定是要表现好的，一定是要有足够的威信的。要让党支部成为学生工作中最重要的一个组织，让党支部书记在学生干部中享有崇高的地位。这样既给这一部分学生提供了空间、提供了舞台，也给其他学生做出了榜样，指明了发展的方向。

3. 引领发展的正确方向

学生的发展有自发的方面，也有需要自觉规范的方面。我们不能认为学生的发展是完全靠引领的，但引领是不可缺少的，也是很重要的。甚至可以说，引领的水平和引领的正确与否决定着优秀学生的发展水平，当然也决定着帮助困难学生解决困难的水平。这里大体上涉及以下几个方面。

(1) 坚定正确的政治方向。什么是正确的政治方向？就是去爱国、爱人民、爱学校、爱他人，也要爱自己。为了他人舍得牺牲奉献。牺牲时间是牺牲，牺牲精力也是牺牲，把自己的智慧奉献出去也是牺牲！政治素质的好坏不是靠讲得好，更重要的是做得好，在行动中体现出来。

(2) 坚持正确的学术方向。学术方向中最核心的就是学风问题。我经常在想，如果一个学生在中学时是诚实的，到了大学以后学会了作弊、学会了抄袭，那么这个大学是白上了，还不如不上。因为他把"手"学坏了，把观念学坏了，把风气学坏了。而这样的情况现在看来不在少数。我自己被任命为教育部学风建设委员会的副主任。我经常在想，为什么中央尤其是教育部今天如此强调学风问题。因为调查显示，这方面的状况到了非常严峻的境地。不光是学生中有问题，教师中也有很多问题。这是教育在市场的大浪潮下所面临的冲击之一。在这种冲击下，如何保持"学在华中大"的好作风，需要我们做出努力。前些时间有位老师给我写了一封信。他说，仅仅讲"学在华中大"是不对的，还要讲"学好在华中大"。光是学不行，要看学习的效果怎么样。学好有很多标准：掌握知识，掌握技能，会创新，等等。我觉得，更关键、更根本的还是学风建设。这个也是学术活动的前提。如果没有了一个好的学风，那还会有好的学习吗？

(3) 发展健康的人格。这个方向的引领非常重要。现在的大学生的出生时间基本上是从1985年到1989年这个时段的，研究生则在从1983年到1985年这个时段。这一批学生是在什么环境下成长的呢？是在一个多元价值取向不断发展的历程中成长的。中国社会已经走向改革开放，在由计划经济转向市场经济，由过去的两种公有制转向多种所有制，由过去单一的爱国主义、革命英雄主义的价值取向走向多元的价值取向。他们是在这样一个背景中生长的。这个时期中的一个突出问题就是在多元价值取向之下，主流价值取向不突出，核心价值被淡化。这是当代中国最大的问题。中央为什么特别提出构建社会主义核心价值体系的问题？这是因为核心价值观被多元价值取向分解了、淡化了、边缘化了。对于每个人尤其是大学生来说，如何在多元化的价值体系中做出合理的选择，成为一个严峻的挑战。当代大学生还有另外一个问题，那就是在整个家庭、在两三代人的呵护下“自我中心”式地成长起来。什么叫自我中心？自我中心就是认为个人价值最重要，最高地位的价值就是个人价值，我的利益高于一切。在这样一种背景下，人格和价值取向就会出现很多问题。在自我中心的条件下，他不会考虑他人、家庭和社会。例如，一位老师曾经讲到这样一个案例。一个学生自杀了，他的父母处理完他的丧事后，连孩子的骨灰都不带回去。他们说：“我们把你养了这么多年，你竟然仅仅因为一个失恋、一个小挫折，就放弃了家庭责任，我们还要你的骨灰干什么？”这件事我听后感到非常震惊，这也许表明学生自杀对家长的极度伤害。实际上，每个人在社会上有多种角色，当你从事一个角色的时候都有可能旁及其他角色，这对所有学生来说是难以处理好的复杂问题。这个关系体系就是一个价值体系。这个价值体系如果处理不好，很难想象他能够处理好个人与社会的关系，很难想象他能处理好现实与个人未来发展的关系。从引领发展方向的角度看，我们确实要加强大学生的职业生涯规划和理想信念教育。理想信念是一个比较宏大的问题。根据理想信念来设计职业生涯规划，然后根据现实的可能性去找一份工作，来实现自己的理想，这是所有大学生都应当自觉和勇敢地去做的。

4. 创设最优秀的制度

我们要发挥学生工作干部和党员干部的作用，更要建立和健全我们的制度，做到制度育人。在这方面我们某些院系做出了一些很好的经验：要巩固党支部的地位，要发挥党组织、党支部、党小组的作用；要旗帜鲜明，增强党的干部，特别是党支部书记的权威，形成领导核心；要积极支持党组织活动，包括经费的支持，等等。各个院系之间应当做到经验共享。一个院系的新经验，如果大家觉得好，就应通过学工部、研工部、团委、组织部的力量，把它转换为全校各个院系学生工作的共同形式。有的院系制定了发展党员应当经过的七个环节，使得发展工作更加规范。有的院系在有党员的宿舍实行挂牌制等，这也很有创意。如果所有学生党员在床前都有一个牌子，门口都有一面党旗，在行动中他就随时都会想到自己是一名共产党员。党员要有一点特殊的自我要求，要有一些先进的规范，并在学习和生活中表现出来，也能接受党外群众的监督。各个岗位的党员先进性是因人、因岗、因事而异的，在不同的场景下、在不同的问题中、在不同情景中会有不同的要求，尤其是面临一些突发事件，面临着一些复杂情况时，会有更高的要求。发挥党员的作用要靠个人自觉，也要有制度保障。在我们现有的活动经费中，应拿出足够的经费作为党的活动经费，党的活动经费要优先保证。

5. 抓住关键性环节

提升党员的先进性是一个过程，要贯穿在党员生活与活动的全过程和各方面。过去我们对入党前教育抓得比较多一些，一旦培养对象成为预备党员，就好像是万事大吉了。此时大家的心理预期就是不要出问题。这是不对的，至少是不够的。要把入党前、入党中和入党后各个环节都抓紧。

在我们的大学生教育中有一个重要的环节，即新生入学教育。这是一个非常重要的关键环节。从一个中学生转变成一个大学生，意味着一次革命性的转变。大学四年能不能学好，甚至这一辈子能不能走好，这一步转换非常关键。为什么？因为在中学时代，学生们的目标是非常明确的，那就是考大学，就是要应对几门主课的考试。在中学时期，中学生的人生最高目标就是进大学。但是进大学后目标是什么，这一点绝大部分中学生还没来得及思考，就走进了大学，之后就会产生一种新的盲目性。大学时期是大学生成人、成才的关键时期。我们的新大学生基本上在16岁到20岁之间，这恰恰是大学生成长为成熟的人、完整的人和去面对各种社会挑战的关键时期。大学生过去一直是作为学习者而生活的，现在要结束他作为学习者的身份，要作为一个成熟的主体进入社会。作为一个主体意味着什么？意味着要承担自己全部生命发展的责任。而这样一种责任是他们以前想都没想过的。要顺利地实现这种转变，需要一个好的开头。这个任务是在我们的新生入学教育时期首先面对的。我认为，新生入学教育不仅包括军训任务，或者说军政训练任务，还有更好地开展入学教育和转型教育的任务。我们希望学工部门和各院系一定要把学生进校的这一段时间，尤其是这半年的新生教育抓好。一年级的辅导员一定要选最优秀的辅导员。这些辅导员应该具有最强的责任感、最好的爱心，最有理论素养，同时也是最了解学生的人。他们的权威性在某种意义上可能会影响学生的一生。他们的工作做得好了，学生进一步接受教育的基础就扎实了。所以，我们要对新生辅导员专门开展集体培训，帮助他们提高水平。千万不要以为本科生、研究生留校被选拔为辅导员了，他就当然能够当好辅导员。能够当好一个学生，不一定能当好一个辅导员；即便他能够当好，我们也要强化他的责任。因此，我们要对每年的新生辅导员进行系统培训，向他们提出要求。他的头半年的工作可能会决定一个学生今后三年半的发展状态。学生进入良好的状态，有了好的班级体系，有了好的发展方向，今后的发展就顺利了。同时，要在整个军训期间增加一些环节，强化开好头的意识，帮助学生转型。

6. 构建良好的氛围

一个良好的氛围意味着什么？我觉得最少可以从三个方面来衡量。

（1）要能够激励先进，要能够使学生们入校后好好学习、好好工作、好好表现、好好进步。在一个积极、健康的环境里面，要使大家觉得不进步不行，使大家比学、比进步，过去我们叫作“比学赶帮超”。要有这样一种劲头。

（2）要能够宽容失败，同时要帮助后进。宽容绝对不是纵容，它要给后进者以信心去发展自我，而不是把后进者甩到一边去，如果甩到一边去那就叫不宽容。实际上，不少学生进校之后都会经历挫折。他们过去在各个中学或班级里都是尖子学生，有“天之骄子”之感，但进入大学以后，发现周围强手如林，因而会产生一种挫折感。在新的环境中，他的第一次考试、第一次演讲、第一次唱歌、第一次班会等，可能会成功，可能会遭到挫折。大家应该能够想到，对一个学生来说，一个成功的开头意味着什么。所以，帮助学生尽快地适应新的环境，需要互助，需要宽容。宽容是人类最大的美德之一。

（3）要有足够的自由。前面我们谈到学生管理一定要规范化，但绝不是要妨碍学生的发展自由。一个好的体制、好的氛围，一定要给学生的个性自由发展留下足够的空间。大学教育是中学教育的接力赛，我们是在管理学生的22岁以前的最后四年，之前的18年的养成教育对他们在大学的发展有很大的作用，他们的优缺点都会继续表现出来。我们的任务就是要想办法把他们的优点发挥出来，对他们的缺点加以纠正，同时促进他们的自由发展。精英很难说是培养出来的，真正的人才都是自由发展的人才。

第二十一章　强化责任意识 创新学生工作[①]

社会责任是表征人成熟的重要因素，能够履行社会责任是人之为人的根本之处，是人区别于动物的根本之处。学生工作要强化责任意识，要对国家、对社会、对人民负责，要加强队伍建设和学风建设。笔者指出，学生干部在履行社会责任时，要善于把握时代和学校的发展趋势，明确工作目标；要善于找准工作对象的现状与特点；要善于抓住工作的重点；要善于把握工作的有利时机；要善于吸引各方面的资源，将其投入学生工作中间去；要善于在工作中不断地发展和提升自我。

---

① 本文是根据作者在华中科技大学2006年学生工作暑期研讨会上的总结讲话整理而成的。

我校 2006 年学生工作暑期研讨会，不论是从内容上还是从形式上，不论是从提出的问题还是从大家的探讨与解读方面，都取得了非常丰硕的成果。当前学校工作的主题就是围绕增强各层次、各方面、各类别的责任意识，推进学校的持续、快速发展。我们学生工作如何在学校的工作中发挥应有的作用，这是我们大家实际上已经在认真思考，也是在认真实践的一个问题。在开幕式上我提出了本次会议的主题，即“新时期学生工作的责任与使命”，并提出了七个具体问题供大家思考：学生工作在学校工作中的定位与使命如何？学生工作的灵魂是什么？学生工作干部的责任是什么？新时期我校学生工作面临哪些机遇和挑战？我校学生工作的传统与优势何在？当前我校学生工作的困难与问题何在？创新学生工作有些什么好的思路与方法？这些问题不是一时半会儿可以说清的，但值得大家去思考与探讨。这里我重点谈以下几个问题。

一、社会责任意味着什么

社会责任，从哲学的角度看，是指责任最终要回溯到人性上。哲学的特点是有终极关怀，要寻根究底、追踪溯源。如果对责任追溯到最根本处，这就是人的社会性。所谓社会责任，实际上是人成熟的一个重要的因素，也是一个重要的标志。我们每一个人出生以后，在他的成长过程中，可能有很多要素表征着人的成长，表征着人的发展。而具有强烈的责任意识和能够担当一定的社会责任，是个体人成长为社会人的一个重要因素，也是一个重要标志。看一看我们身边的孩子的成长过程。当他刚生下来的时候，他是不会有责任感的，他只会索取；他需要什么，他就向外部“申请”，不管是以哭的方式还是笑的方式，不管是以沉默的方式还是张扬的方式。而当他真正有了一点责任感时，他就能够按照父母或老师的希望和要求来支配自己的行动，做某些有意义和价值的事情，哪怕是搬个凳子、洗个手绢，这就是在履行责任了。实际上在人类发展过程中的每一个阶段，都是责任在激励着、召唤着、促使着、引领着人的成长。通常所说的 18 岁成人，就是指成为一个能够自觉地履行社会责任的人，也是一个能够对自己负责的人。对于责任的认识和践履，实际上是一个人成熟的重要标志。我们培养一个人，把他叫作接班人，叫作建设者，实际上就是指他能够履行各种社会责任。

能够履行社会责任是人之为人的根本之处，是人区别于动物的最本质之处。社会的传承，不同于自然的传承，区别之处在于对社会责任的自觉认识和实践。实际上，动物对它的种群也是有责任的。高等动物也有一定的社会性，从学术的角度我们把它叫作“社群性”。很多动物看起来是分别地和独立地生活的，而实际上它们也在特殊的时刻以很大的代价承载着种群延续的责任。我曾无意中看了一个有关鳄鱼的纪录片。一般来讲，人们都以为鳄鱼是非常凶残的。但是，为了种群的传宗接代，鳄鱼在产卵之后，要用3个多月时间几乎是不吃不喝地守在那里，直到把小鳄鱼孵化出来，并把它们送到安全的地方。这是大自然种群的一种自然的生命延续，也可以说是动物的种群责任。人的最根本的特性在于他的社会性，而人的社会性往往是通过履行社会责任来实现的。马克思讲过，人的本质在其现实性上是一切社会关系的总和。所谓人是社会关系的总和，就在于每一个具体的人凝结着他所处的那个时代的全部社会的关系，他是一个交汇点。每一个人一旦成熟，就一定会有很多的社会角色，而一个社会角色就意味着一种社会责任。自杀实际上就是对社会责任的自我放弃，他以结束自己的生命的方式宣布不再承担任何责任，包括他的家庭，他作为儿女、作为父母、作为夫妻的责任，等等。所以，从学理的角度来看，社会责任表征着人与人、人与社会、人与自我之间的相互依赖、相互制约和相互满足的关系。在这种意义上，社会责任也是人的价值的一个基本的衡量点。不同的社会责任意味着不同的社会价值，不同的人又会有不同的社会价值，而这些社会价值又是通过人的社会责任来表现和实现的。一个人在幼儿园里当了班长，在小学当了班长，到中学当了班长，或到大学当了班长，不管在哪一个阶段他都会有相应的社会责任。

随着人的不断成熟，人的社会责任在不断增强，人的责任意识也在不断增强。社会责任是客观的，社会责任意识则是主观的。是否有对责任的足够认识，表征着人的自觉性程度，也是衡量一个人的成熟程度的重要标准。作为高层次专门人才的大学生，他们承担着重要的社会责任，也应当有足够自觉的责任意识。学生工作干部要培养具有自觉责任意识的大学生，就一定要有更高、更充分的责任意识。在这种意义上，我们就可以理解为什么周济部长会把爱心与责任看作是师德之魂了。爱心，可能是自发的、本能的。动物也是有爱心的，包括鳄鱼。大家知道，鳄鱼的牙齿是锋利而有力的，但是它会非常轻柔地把它孵出的小鳄鱼含在嘴里，并将其从产卵孵化的地方送到水中安全的地方。爱心也可能是一种出于道义的东西，而人类强调的恰恰就是这种出自道义的爱心与责任。如果一个社会没有了责任，那还是社会吗？之所以构成一个社会，就在于它是一个责任体系，而且是一个责任的网络体系，每一个人都对他人承担着太多的责任。我们每一个人，不论是作为儿子还是女儿，作为父亲还是母亲，作为妻子还是丈夫，作为学生还是教师，作为管理者还是被管理者，身上都有着无数的社会角色，而这每一个社会角色都是一种社会责任。在这样一种意义上，我认为，责任意识无论怎么强调都是不过分的，责任意识的自觉性程度无论多高都是不会过分的。这是我想谈的第一点体会。

二、华中科技大学的社会责任是什么

华中科技大学的社会责任，就是它作为一个现代大学、作为一个高层次大学、作为一个向着世界知名高水平大学发展的大学，社会对它的需要和期盼以及我们能够实现的程度。

从一般意义上来讲，现代大学有三重功能：第一，直接的功能，教书育人，培养社会文明的传承者；第二，科学研究，引领知识创新；第三，社会服务，推动社会进步。其中，教书育人是最基本和最重要的，是高校区别于其他研究机构等的重要使命。以所拥有的优质教育资源培育出社会未来需要的高层次专业人才是我们学校最基本的责任，也是最重要的责任。华中科技大学的学生是非常优秀的学生，如何使这些优秀的学生变成优秀的人才，实际上是对我们办学水平的非常严峻的挑战。每年我们招收的本科生和研究生，都是作为激烈竞争的成功者而得以进校的。在他们毕业的时候如果再考核一次，他们中还有多少人能够保持这样的排名和地位呢，这恐怕就很难说了。记得我在接手学生工作后不久就发现一个问题，华中科技大学所招收的优秀学生通过在校四年的学习，他们内部所发生的分化远远超出了他们进校时的差距。进校的时候他们之间的考分是有差距的，大约 50 分左右，但到毕业的时候学生之间的差距比这个要大得多，有的学生甚至无法按时完成学业。为什么？我们这样一个优秀的学校，如何能够造就优秀的学生，怎样能够保证所有进来的优秀学生都能变成优秀的人才。这不仅需要我们的努力，而且对我们是一个挑战。当然，其中也有学生自身的自我教化问题。如果他们以前能够走进这样一个优秀生的行列，通过在大学四年的学习，不是能都走得更好吗？这就是需要我们各位老师去实现的。衡量办学的水平有很多标准，最终的成果还是要看我们育人的情况。因此对于这个问题，我们应当有一种特殊的责任感。

三、学生工作在华中科技大学的未来发展中的责任

把学生工作提到什么高度来认识？从总体上说，就是要对国家、对社会、对人民负责，而从我们学校的发展来看，它是华中科技大学建设世界知名高水平大学的关键因素之一。很难想象，一个不能培养优秀人才的学校怎么能够成为世界知名高水平大学。因此，学生工作在整个学校的工作中居于一个基础性的地位，也是一个非常核心的地位。华中科技大学的社会责任与我们学生工作在华中科技大学发展中的社会责任是联系在一起的。我们学校的声誉最终还是要靠我们培养的学生的声誉来得到张扬。如果我们培养的学生没有那么优秀，我们的学校不被认为是优秀的，那么我们的学生工作也不能认为在学校发展中尽到了应有的责任。

学生工作如何促进学校的发展，这是我们应当着重思考的。我们学生工作干部作为华中科技大学的一群特殊的教师，与我们的专业课教师相比，在这个方面无疑承担着一种特殊的责任。专业教师的责任，主要的还是在于传授知识、讲授方法，当然也包含着如何育人的方面。我们专业课教师的每一堂课都在育人。但是真正跟我们学生接触得最多的、联系最密切的、能够引起我们学生生活和生命意识改变的，还是我们在座的各位学生工作干部。学生通常对班主任和辅导员都有着一份特殊的感情。例如，毕业生返校，不一定能够把自己的专业课老师都拜访完，但一定会想办法去看看自己曾经的班主任或辅导员。为什么？因为大家从事的是一种特殊的工作，在学生的发展中曾起到过一种非常特殊的作用。我们通过我们的工作直接影响了学生的思想品行和生活习惯，直接影响到他们的价值取向和他们的行为模式，也直接关涉他们的情感，关涉他们的自我的定位。因此，我们各位对于自己的责任，确实要有一种非常特殊的和清晰的自我意识。从国家到学校，为什么会在这样一个特殊的时刻，尤其重视辅导员？我们颁发的辅导员工作

条例，包括我们学校已经出台的和准备出台的各个文件，也是想尽办法为大家创造尽可能好的工作条件，提供尽可能好的工作环境。我认为，辅导员工作和学生工作这些岗位都不是简单的工作，而是意味着一份特殊的职责，而且是非常神圣的责任，它对我们学生的影响是非常直接的，也是非常重大的。这正是我们学生工作在学校发展的特殊时期和特殊阶段中的特殊使命。

四、学生工作干部的地位和作用

学生工作重要，那么靠谁来做？毛泽东有一句话很经典："政治路线确定之后，干部就是决定的因素。"在座的诸位就是对于学生发展起着最重要作用的一批干部。当然还有很多其他的干部也很重要，尤其是各个单位的党政一把手。因此，我们要深切地认识到自己的责任。有人说，有什么样的辅导员，就会带出一批什么样的学生。的确如此。它从一个非常鲜明的角度表明：作为辅导员，我们的一言一行、我们的工作状态、我们的精神状态、我们的工作技能对这项工作具有特殊意义。

这里我想专门谈一下处于"2＋2"模式中的这一批辅导员的问题。近年来，我们选拔了一批优秀的本科生来担任辅导员。他们工作两年后再去上两年的研究生，所以被叫作"2＋2"的辅导员。应该说，这种做法既有好处，但也有问题。最大的好处是保证了我们辅导员队伍的流动性，不断地有"新鲜的血液"进入辅导员队伍；最大的问题在于他们能否有足够的责任心和时间精力来做好这两年的工作。应该说，这些辅导员对他们自己的未来人生的基本定位，是要走向未来的学习、走向教师、走向科研的。对于他们来说，学生工作具有过渡性和暂时性。但我们希望，即便是对这些过渡性的工作，他们在这两年期间也要有足够的投入。我有一个建议，到两年工作结束时，要对他们在此期间的工作表现做一个评估，并将其作为他们能否继续攻读研究生的一个必要的条件。我们的目的就是要保证这支工作队伍有充足的时间和精力投入，有足够的爱心，并能够承担责任。我们希望各个院系对于他们要敢于管理，要严格要求。我们的所有辅导员在工作期间都要将足够的时间和精力投入学生工作中去。

大家刚才谈到两个兴奋点：一个是队伍建设，一个是学风建设。学风建设，现在作为一项非常突出的任务，既是现实的功利的要求，更是我们的事业长远发展的要求。我们要维系和发展社会上始终在赞扬的“学在华工”“学在华中大”，这不是那么一件容易的事。这么多的考生选择华中科技大学，是学生对学校的期盼，是家长对学校的期盼，也是社会对于学校能够严格管理、保证学生最大范围内成才的一种期望。但是要做到这一点，就要通过相应的计划和措施，通过学工处、研工处、团委所做的工作。我们各个部门的工作规划，实际上都是帮助大家在履行自己的责任的同时，能够有一个最好的工作环境，能够有一些刚性的东西来提供保障，同时还有一些柔性的东西来体现我们的人性化。在这里可能有三个主要的矛盾：第一，刚性与柔性的关系，可能大家会把刚性看得比较重，刚性当然是不能放松的，但柔性的也很重要；第二，强制与自控，很多责任是要强制执行的，更重要的是自觉地执行；第三，激励与惩罚的关系，我们也可以说，整个的工作体系和责任体系就是一个双向的东西，它既包括激励措施，也包括惩戒措施。

五、学生干部履行社会责任的工作技巧

大家选择担任辅导员的工作，不管是两年或是更长时期，总是对它有一个工作期盼的。我相信大家作为优秀的一员，能给我们带来活力，但是也要提高工作技巧。我认为，应该从以下几个方面来提高。

1. 要善于把握时代和学校的发展趋势，明确我们的工作目标

我们前面之所以要从大到小往下推理，实际上表明了我们的学生工作应当在一个更大的工作范围里来定位。应该说，我们学校的发展目标，时代对高等学校发展的需要，就是我们学生工作的目标。在这个问题上，我们不论是对于时代、社会、中国、现代化进程，还是对我们学校的发展，都要善于学习。我们要有一个宏大的视野，要把我们每个人眼前的事做得具体一点，这样你会觉得，你的局部工作是有非常宏大的背景和价值的，你的这一点局部的工作会产生意想不到的效应。

2. 要善于找准工作对象的现状与特点

怎样找准工作对象的现状和特点呢？那就是要特别注意分析我们的学生，一定要走近学生，他们就是你的工作对象。我们对学校本科生和研究生的思想素质、政治素质、业务素质、心理状态等应该有全面和清晰的了解。如果没有这个清晰的了解，全部工作就是盲目的。希望

辅导员至少要跟每个学生都谈一次话，至少每一周都要听一点课，至少每月走进一次学生宿舍，至少每学期与学生家长联系一次，等等。只有你花了时间、花了精力走近学生，学生才能够走近你。大家知道，辅导员在学生的心目中是非常神圣、崇高而又多少有点敬畏的人，如果你不去主动走近他，你又指望有多少学生有足够的勇气走近你呢？更不用说你要做好工作。现在已有很多20世纪80年代出生的独生子女进入大学了，而且现在在座的很多独生子女也成为我们的管理者。我们现在有很多本科毕业生在做辅导员，在管研究生。本科毕业的学生去管研究生，能了解研究生吗？近来研究生里出现的问题有所增加。为什么？因为进入研究生阶段以后，学业方面的压力急剧增大，再加上学制缩短，学业压力加大，经济的拮据，爱情、婚姻和家庭的问题，都会凸显出来。过去不大的问题现在都变得非常突出，因为心理期盼和心理压力变了，需要我们给他们以更多的理解和关爱。希望各个院系要切实加强我们研究生管理体系和干部队伍的建设。

3. 要善于抓住工作的重点

我们的工作可能会有很多的内容。这里主要谈三个层次的工作。

第一个层次，从整体上来讲是让尽可能多的学生顺利地完成学业、顺利地毕业，这是我们学生工作成败的一个主要的评估指标。我们要尽可能地减少我们培养工作的“失败率”。我们有的学生在学校里学习了几年，最后拿不到毕业证书和学位证书，“失败”地离开了学校，甚至提前就由于种种原因而离开了学校。这是非常让人痛心的。这些事例在我们各位的手中可能只占据总体的二百分之一或三百分之一，但对于一个家庭来说就是百分之百。所以，我们要通过制度和全面的优秀管理来促使我们最大比例的学生能够顺利地毕业。

第二个层次，要关照好我们的特殊困难生。我们为什么于上学期在一号楼专门召开了一个范围较大的会议，成立大学生发展指导研究中心。我们把原来的两个中心整合起来，组织专人来做这件事情，就是为了加强这方面的工作。他们也已经拿出了自己的规划。我认为，帮助我们所有的困难学生渡过难关、顺利结业，这是我们爱心的最重要的表现。我们辅导员应当爱谁？对所有的学生都要爱，特别要去爱那些暂时有困难的学生。这个困难可能是来自多方面的：有的可能是在经济上有困难，有的可能是在学习上有困难，而且这些困难又都会与心理的困难联系到一起。我希望大家能够把自己的工作重心转向这部分人。尽管这可能只是很少的一部分人，但是要占去你的时间和精力中的很大的分量。针对这一批学生的特殊困难，从各种角度帮助他们解决困难，这是我们工作的重点。

第三个层次，优异同学的特殊发展问题。我们当然要培育优才，这是代表我们工作水平的重要方面。我们学工处、团委和研工部都做出了很好的计划。我们要提供给这些优秀学生发展所需要的无限空间，他们能够跳多高，我们就帮助他们跳多高。我们要为了培养出更多的学术大师、工商巨子、政治精英，而采取各种有效的措施与方法，给他们提供空间，甚至在这一部分同学身上做出更大的投入。这是办学的要求，也是我们学校的荣誉。

我希望大家对学生工作的三个层次有非常清醒的认识，并能主动工作，取得成效。我们应努力明确：在哪一些时期，对哪一些人应当施以什么样的管理和教育；哪一部分学生有什么需求，我们应该怎样去满足他们、保障他们。这样做既能使绝大部分学生和家长满意，又能够使我们的学校在中国乃至世界的高等教育发展、科技发展、文化发展中占领我们的应有之地。

4. 要善于把握工作的有利时机

我们要善于把握时机，抓住一些关键性的环节。比如，对于我们所有学生来说，新生入学这一阶段是最重要的。我们即将开始迎新。迎新工作也是一次“大学开放日”，也是对我们新生的第一次教育。如果说以前他们是抱着一种朦胧的感觉而报考了华中科技大学，那么现在他们走进了华中科技大学的校门，实实在在地站在了华中科技大学的土地上，他们的感觉如何？这第一感觉对他们所有的行为、所有的感情、所有的理性都有非常强烈的“制导”作用。再比如说军训，军训这个环节也是绝对不可少的。还有，军训之后所上的第一堂课、第一次讨论……所有的“第一”对于刚刚进校的大学生来说都是非常关键的，包括我们辅导员与他的第一次谈话。当他还朦朦胧胧对这个学校毫无所知的时候，你已经及时地进入他的心灵，他的感觉会怎样，那将是不言而喻的了。所以，这一交流要及时、要早，还要有一个恰当的时机。我们的学生工作就是要在有限的时间里让学生有尽可能多的“第一”体验或尝试，让他们“经风雨、见世面、长才干”。为此，我们需要抓住各种时机，给予学生更多的机会，让他们能不断地突破自我。

5. 要善于吸引各方面的资源，投入学生工作中间去

我们的一些学院，教学非常好，科研也非常好；社会服务非常好，学院建设非常好，学生工作也非常好；本科生工作非常好，研究生工作也非常好。他们最重要的经验就是各方面都在关心和支持学生工作，各种资源都在往学生身上汇集。做学生工作的辅导员老师和干部的责任，首先是身体力行，能够冲到第一线；更大的责任是做好“中介”，即作为一个学生联系学校、联系老师、联系干部、联系机关、联系社团的中介。我们工作的成功，取决于我们能否有足够的能力去把各方面的资源，包括我们的行政资源、教学资源以及其他各方面的资源，吸引到我们的工作中来。这主要是取决于我们的设计，取决于我们的魅力，更取决于我们的智慧。当然，我们还要通过各种途径，呼吁、促进、推动这一工作。我们希望以后的教师聘任条例里能够提出一个要求，即对于年轻教师、新到岗的博士，必须要走这一条路，走进我们的班级，走进学生工作。

6. 要善于在工作中不断地发展和提升自我

有这么一种说法，叫作教师的工作就像一根蜡烛，燃尽了自己，照亮了他人。这个话当然有道理，体现了一种奉献精神，但是我觉得它表达得还不全面。我希望我们的学生辅导员，我们的学生工作干部，就是一个“熔炉”。当我们把热情投向我们的学生、投向我们的工作的时候，我们要让这个“熔炉”的温度升高。这不仅仅提升了我们的对象，也熔炼和锤炼了我们自身，更能够使我们自身得到发展。在某种意义上，我们自身的境界决定了我们工作的水平。所以，大家千万不要以为我们已经具备了教育人的身份和资格。我经常讲，我们要有一种谦卑的心态。我们做工作的过程也就是在向我们的对象学习的过程，通过这个工作使我们自身不断地得到提高。我们当然不希望我们做工作是因为消耗了自己才成就了一番事业，而是希望我们自己和这个事业一块“燃烧”。我们的辅导员队伍既是我们育人的队伍，也是我们培育干部的队伍，还是我们学校未来的领导干部队伍的基础。我们为什么要给大家提供各种各样可能的发展空间？这种发展空间是在我们的工作中来实现的，而且我们大家自身提升的程度和速度决定着我们工作的水平和成效。因此，我们的工作过程也是一个不断学习的过程、提升的过程。

华中科技大学有着非常优良的学生工作传统，值得我们学习和借鉴、继承和发扬，同时，时代也需要我们不断地去创新。我们既要有极大的热情，又要有强烈的责任感。只要我们分工合作、共同努力，华中科技大学的学生工作一定能够有一个更加辉煌的现实和美好的未来。

第二十二章　文化素质教育的传承与创新

我国大学生文化素质教育自 1994 年提出后得到迅速发展。笔者回顾了我国大学生文化素质教育的发展历程，总结了其取得成功的基本经验，并对其面临的问题和挑战做了阐释，最后指出应在新的平台上提高创新文化素质教育：在更高的思想平台上理解和定位文化素质教育；由文化素质教育向全面素质教育拓展；由比较关注本科大学生扩展到关注研究生、教师及干部；由普遍性教育转向针对性教育；全员育人与全员自育相结合；由外在性走向内在性；加强实施文化素质教育的专业基础和力量。

大学生文化素质教育自1994年提出，现已经成为当代中国高校教育改革与发展中的重要战略选择。本文回顾我国高校文化素质教育的发展历程及其主要成就，探讨其主要经验，分析当前面临的挑战，提出未来的工作设想。本文认为，应当在传承已有经验的基础上着力创新，在新的时代背景中加强大学生文化素质教育。

一、中国高校文化素质教育的发展历程

中国大学自1994年以来开始开展文化素质教育，已取得了丰硕的成果。其发展大体上经历了两个主要阶段。

1. 1994年到1998年：发起和探索阶段

1994年，华中理工大学（现华中科技大学）在高校中首倡对理工科大学生开展文化素质教育，并得到了清华大学、北京大学等高校的积极响应，也得到了教育部高教司等主管部门的大力支持。当时文化素质教育的关注重点是“三个注”，即“注重素质教育，注视创新能力培养，注意个性发展”。1995年，教育部在华中理工大学召开了全国高等学校加强大学生文化素质教育试点院校的工作会议，正式提出了加强大学生文化素质教育的战略抉择。

2. 1998年以后：推广和提高阶段

1998年起，文化素质教育的主要任务是要提高水平和发挥作用，并提出了“三提高”的工作目标，即“提高大学生的文化素质，提高大学教师的文化素养，提高大学的文化品位与格调”，进一步拓展了文化素质教育的内涵。1998年，随着第一次全国普通高等学校教学工作会议的召开，教育部出台了《关于加强大学生文化素质教育的若干意见》。1999年，党中央、国务院《关于深化教育改革、全面推进素质教育的决定》颁布以后，教育部先后出台了一系列推进高校文化素质教育工作的重要措施。之后，加强文化素质教育、全面推进素质教育的工作在全国高校普遍展开。

在中国高校的文化素质教育的发展历程中，有两个非常重要的举措，它们对于领导和保障大学生文化素质教育发挥了非常重要的作用。

一是教育部设立了全国高校大学生文化素质教育指导委员会。该委员会邀请了全国高校的相关领导和著名学者担任委员，并负责指导

全国的大学生文化素质工作，研究和解决其中所出现的各种问题。该委员会已有两届，均由杨叔子院士担任主任委员，秘书处设在华中科技大学。该委员会每年召开一次全国性的工作会议，持续地推动和指导着高校的文化素质教育。

二是在大学设立了专门的大学生文化素质教育基地。该基地由教育部设立并授牌。第一批于1999年正式设立，共32个基地。由于不少单位是联合设立，共涉及53所学校；2005年增设了第二批，共61个，其中有14个基地为57所高校联合设立。截至2007年，我国高校共有93个教育部认可的大学生文化素质教育基地，遍布于近150所高校。这些基地得到了所在学校在人员、经费和政策等方面的有力支持和保障，它们具体组织实施文化素质教育，发挥了极为重要的作用。

在国内理工科大学中，华中科技大学率先倡导加强大学生文化素质教育。1996年，该校正式建立大学生文化素质教育基地。1999年，该基地得到教育部授牌，文化素质教育不断拓展并引向深化。学校以人文教育和科技教育相融合作为办学的指导思想之一，经过几年的探索，已初步形成了覆盖第一课堂、第二课堂和社会实践三个层次、六个方面的文化素质教育体系。这六个方面是：

(1) 实施按前三个学期不分专业、系科打通培养的方案，以强化基础教育和文化素质教育；

(2) 实行人文社会科学辅修专业制；

(3) 开设人文社会科学选修课，每年举行一次“中国语文水平达标考试”；

(4) 举办人文讲座和自然科学讲座，到2008年6月，人文讲座已达1380多期，“科学精神与实践”讲座30多期，每年出版一卷《中国大学人文启思录》，已出版六卷；

(5) 开展形式多样、内容高雅健康的校园文化、科技和艺术活动；

(6) 开展社会实践活动，并将其纳入课程体系。

华中科技大学的发展情况可以被看作是中国高校积极开展文化素质教育的一个缩影。

二、中国高校文化素质教育的基本经验

中国高校的文化素质教育能够不断扩展和深化，有很多经验值得

总结。本文着重提到以下几个方面。

1. 顺应天下之大势，恢复教育的本性

教育到底应当干什么？这对于所有教育者来说都是应当反思和探讨之事。文化素质教育要求我们去培养全面发展的人。这是教育的本质所规定的。关注文化素质教育，前提是要在新的思想高度上把握教育尤其高等教育的使命与责任，研究如何去实现教育的目的，解决好培养什么样的人和怎样培养人的问题。这实际上给我们提供了一个更好地把握教育制高点的平台，一种重要的研究思路和一个有利于发展的契机，也是分析和解决问题的一种重要方法。

2. 有一大批志士仁人的积极参与

教育部原副部长周远清，清华大学原党委副书记胡显章，北京大学原副校长王义遒，尤其是华中科技大学原校长杨叔子院士等，他们的远见卓识使得中国高校能够自觉提出、持续开展并不断推进文化素质教育。杨叔子教授作为一个科学院的院士，在科技领域已经做出了重大的成就，却又花了如此多的时间和精力来关注全国的文化素质教育事业。他的执着精神，让我们感动！不少学者对文化素质教育的执着程度，超出了一般年轻人的想象。他们把开展和推进文化素质当作他们的人生、生命的内在组成部分。这一批人的参与，从科学与人文结合的高度，给整个文化素质教育奠定了一个非常高的思想引领基础，同时也为我们大家树立了很好的学习榜样。

3. 各级组织和领导的高度重视与支持

教育部、各省市教育主管部门高度重视文化素质教育。现任教育部部长周济、副部长吴启迪等对文化素质教育都非常重视，一再强调各方面要给予充分的支持和保障。教育部高教司实施的领导组织作用非常得力。各高校党委、行政对文化素质教育一直是高度关注和大力支持，并在政策、经费、人力等各方面做了大力投入和实际支持，引导着文化素质教育发展的基本方向。

4. 各院系、各学科、各类别的多样化的创造

各个学校和各院系各学科的文化素质教育方面都创造出了各自的特色。应该说，多样化是文化素质教育的一个重要的特色。正是多样化使得高校的文化素质教育生动活泼、丰富多彩。

5. 建机制和抓基地建设，加强文化素质教育的组织保障

全国大学生文化素质教育指导委员会有委员、主任委员，有秘书处，同时又建有很多基地，这样就使得这项工作得以有组织地和有秩序地展开。

6. 广大师生的真诚拥护和积极参与

大学生文化素质教育得到了来自各学校和各岗位的广大师生的全力支持。

7. 理论创新和实践创新的内在结合

文化素质教育实际上是一项全新的事业。这项事业的展开和推进需要在思想理念上不断地变革、创新，不断地提高对于文化素质教育的思想理论认识，不断地丰富更新文化素质教育方式方法。这二者之间是互为条件和互相支撑的，使文化素质教育不断向前发展。

三、当前文化素质教育面临的问题与挑战

我们在总结经验的同时，还应当清醒看到我国高校文化素质教育在当前所存在的问题和所面临的挑战。主要包含以下几个方面。

1. 当前中国高等教育面临的类型和性质的转变

中国高等教育在过去的几年时间里由精英型教育迅速转变为大众化教育。在高等教育大众化以后，一方面是我们面对的学生数量空前、规模巨大，另一方面学生的情况也发生了很大变化和层次的分化。原来我们招收的都是一些最优秀的学生，现在由于招生人数剧增，录取考生分数必然相应有所下移。因此，学生的层次与素质也发生了内部分化。不同类别、不同层次、不同素质的学生都成为我们的教育对象，这对我们的高校教育和文化素质教育都提出了挑战。

2. 当前中国高等教育面临的运行机制的内部重组

目前，中国高等教育正处于建立现代大学制度的关键历史时期。相应地，我们的教学、科研、人事管理等各项体制都面临变革。十多年来，文化素质教育在发展，而我们的高等教育发展得更快，有的甚至超出了我们的预期，使我们在变化面前显得有些被动、有些束手无策。比如，实行教师聘任制后，文化素质教育的要求怎样纳入教师聘任制条例中去，这就需要专门对此进行研究，如哪些条款能够表征教师的文化素质，如何培养和提高教师自身的文化素养，等等。如果教师没有优秀的

文化素养，就很难培养出具有优秀文化素养的学生，甚至与学生对话都会觉得很困难。

3. 高校和社会的信息化、网络化带来的挑战

过去，我们的学生很愿意参加学校的各类集体活动，现在由于信息化、网络化越来越发达，他们往往独自生活于虚拟的网络空间之中，人际交往能力和合作协调意识也受到很大影响。近来大学里还出现了“同班不同学，同学不同班，同宿舍的同学还要通过 QQ 聊天”等现象。如何把他们从网络中吸引过来，让他们真正走出教室、走出宿舍、走到校园、走进社会，这是对我们的一个非常大的挑战。

4. 市场化和社会化的挑战

今天的大学生与过去的大学生有很多是一样的，但也有一点是不一样的，那就是：过去上学主要是国家出钱，给大家提供免费上大学的机会；而现在，很多学生已经变成通过自己或家庭部分付费来上大学，学生和家长成为教育事业发展的重要支持力量。既然如此，学生有权利对获得什么样的教育提出自己的要求，实际上这给教育者提出了很高要求。与此同时，在世俗化和功利化的社会中，家长和社会的选择也会受到很大的影响和冲击，给学生们的思想观念造成了很大的影响。

5. 文化素质教育在经历了 10 多年的发展后如何继续创新

文化素质教育在经历了 10 多年的发展后，应该如何继续创新，这对所有学校都是一个挑战。而对华中科技大学来说，则显得更加严峻。我们学校过去所做的事情已经成为大家学习的榜样。我们过去做过的，别人都做过了，甚至做得更好、更有创意。这时我们应该怎么办？我们再拿什么来保持领先？因此，我们必须继续创新、不断创新。

四、在新的平台上创新文化素质教育

如何在新的时代高度上创新文化素质教育？本文提出以下构想。

1. 要在更高的思想平台上理解和定位文化素质教育

文化素质教育仍然是全面素质教育的重要基础。文化素质教育如何与我们社会的变化、教育体制的变化、教育观念的变化以及我们师生情况的变化相适应，这需要专门探讨。长期以来我国高校的师生比是 1∶7或 1∶8 左右；经过几年的扩招，我们现在的师生比是 1∶18 或 1∶19，有的学校甚至达到了 1∶20。这种高师生比就意味着教育资源的不足。我们需要汇聚更多的教育资源并真正用于开展文化素质教育。

2. 由文化素质教育向全面素质教育拓展

过去，我们的提法是开展文化素质教育，而现在，我们的提法是进行全面素质教育，文化素质教育仍然是基础，但要进一步扩展和提升，这就要求我们有一种新的教育观、文化观和人才观。所有这些观念的变化，都需要在国际环境中定位，同时又要有中国特色。

3. 由比较关注本科大学生扩展到关注研究生、教师及干部

过去的文化素质教育主要是针对本科生展开的，我们在研究生方面也做了素质教育的尝试，但是相对于本科生的文化素质教育而言，研究生教育层次更多关注的是专业化发展，而对全面素质教育强调得不够，也结合得不够。但是现在看来，硕士研究生实际上相当于一个大学五年级的本科生，年龄相对来说较为年轻，其知识、社会阅历比较少。在这种背景下，研究生的素质教育，在某种意义上决定着我们国内的高层次人才培养的基本素质。我们发现，在当前的就业竞争中，一些研究生并不一定比我们的本科生更有竞争力。为什么？因为他们专注于专业学习，而对于全面扩展自身素质的事情没有引起足够重视。如果研究生本身在这方面缺乏自觉，而社会也不给他们提出更高要求，那就很难想象研究生能够做到全面发展。而研究生的片面发展给社会带来的负面影响将是巨大的和久远的。此外，对教师也要加强文化素质教育，这具有更加长远的和战略的意义。没有全面高素质的教师，要想培养出全面优秀的学生，这几乎是不可能的。

4. 由普遍性教育转向针对性教育

所谓针对性教育就是要针对当前中国大学生和研究生普遍存在的问题来开展文化素质教育。针对哪些问题呢？我认为要努力做到几个结合，主要有下面七个方面：

(1) 要增加和提升我们的人文选修课，这仍然是我们大学生文化素质教育的一个主战场，同时也要注意提高给文科生开设的理工、科技类的课程质量，强化科学精神，即要做到文理相结合；

(2) 要与思想政治教育相结合；

(3) 要与专业教育相结合；

(4) 要与师德教育相结合；

(5) 要与社会实践相结合;

(6) 要与科技创新相结合;

(7) 要与学生的心理、生理、健康教育,尤其是与职业生涯规划相结合。

当前,我们只有有针对性地开展全面素质教育,才能取得好的效果。

5. 全员育人与全员自育相结合

全员育人和全员自育是从学校工作和大学生自我教育这两个方面提出的两种育人方略。

全员育人、全方位育人、全过程育人是我国高校近年来比较常用的一种素质教育理念与方针。

(1) 全员育人,是指高校的所有人员,不管是学校与院系领导、教师、行政干部、科研人员、辅导员、班主任,还是后勤服务人员,都承担着教育人、培养人的责任,都应当以自己的方式参与到育人的工作中;全方位育人,是指把培育人的价值取向灌注到学校的各项工作中去,从各方面来育人,培育人的各个方面,促使学生全面健康发展;全过程育人,是指把育人工作贯穿到学生在校生活的各个发展阶段以至他们成长发展的全过程。我们注意根据学生在大学学习的各个发展阶段的不同特点来采取不同的教育方式和方法,使他们在学校生活的全过程都成为受教育和谋发展的动态过程。

(2) 全员自育是我在华中科技大学学生工作管理中提出的一个理论和工作原则,意指所有被教育者都承担着自我教育和自我发展的责任。所有来自外部的教育只有转换为被教育者的自我发展动力和自我发展能力才能发挥作用,因此,高校培养人和教育人的目标应当是帮助所有被教育者教育自己和发展自己。这就是"授人以鱼"不如"授人以渔",对学生实行被动灌输不如引导他们主动学习。因此,我们努力帮助学生认识和承担自己未来发展的责任和使命,并创造条件让他们自己承担党支部、团支部、学生会、班委会、兴趣社团、宿舍群体等各方面的管理工作,强调最大限度地发挥和提高所有学生的自我定向、自我规划、自我驱动、自我管理、自我调控、自我评价、自我发展的能力。

通过全员育人和全员自育的结合,我们着力于把文化素质教育转化为所有学生自己的愿望、自己的行动、自己的监督、自己的超越,在教育者、教育体系与被教育者间构建起一个比较完整的、良性的、健康互动的教育和自育体系。实践证明，这样全面的教育体系和自育体系的结合对于学生更加科学、合理地定位自我和发展自我发挥了非常积极的作用。

6. 由外在性走向内在性

过去我们开展文化素质教育的主要任务是组织各种活动，创造各种条件，让学生来参与，在形式上表现得轰轰烈烈，造成一种很好的氛围，这是非常必要和重要的。但这只是外在性的。我们以后的发展要注意扎扎实实，努力走进学生的思想深处、心灵深处和情感深处，尤其是引导学生经常反思和认识自己，提高自我发展和自我超越的能力。这就是我们说的发展内在性的东西。

7. 加强实施文化素质教育的专业基础和力量

加强实施文化素质教育的专业基础和力量，就是要求继续发展我们的人文社会科学学科，夯实我们高层次、高水平地实施文化素质教育的学科基础。文化素质教育应当提高到专业化的水平，而强大的人文社会科学学科是我们在专业水平上来开展文化素质教育的必要条件。只有借助于高水平的学科和教师，文化素质教育的水平才能不断地得到提升，才能真正走到学术的前沿、社会的前沿、思想的前沿和文化的前沿，才能对学生的健康成长发挥更大作用。

参考文献

1. 周济. 以素质教育为主题 着力完成“普及、发展、提高”三大任务[J]. 求是，2005(23)：8-10.

2. 周济. 在“纪念文化素质教育开展十周年暨高等学校第四次文化素质教育工作会议”上的讲话[R]. 2005-10-23.

3. 吴启迪. 在“纪念文化素质教育开展十周年暨高等学校第四次文化素质教育工作会议”上的讲话[R]. 2005-10-23.

4. 周远清，刘风泰，阎志坚. 从“三注”、“三提高”到“三结合”：由大学生文化素质教育看高等学校素质教育的深化[J]. 中国高等教育，2005(22)：3-5.

5. 杨叔子. 文明以止 化民成俗——纪念我国高等学校文化素质教育开展10周年[J]. 中国高教研究，2005(11)：1-6，23.

6. 杨叔子.关注和加强科学文化与人文文化的交融[J].华中科技大学学报(社会科学版),2006(1):97-98.

7. 胡显章,程钢.对文化素质教育的回顾与思考[J].中国大学教学,2005(12):40-42.

第五编

事业与人生

第二十三章　哲学 大学 人生[①]

哲学的发生是人类智慧和人类文明发展史上的一个重大事件，它使人类的理性和行动得到了一次革命性的提升，哲学的特点在于以致极性和超越性的方式寻根究底、追踪溯源，哲学的精神在于批判、超越与实践。大学的产生和哲学的产生之间有一种惊人的相似，它们都是人类走向成熟时期所产生的一种精神现象和社会现象，是为了满足精神延续的特殊需要。大学精神包括自由的学术精神、强烈的使命意识、永恒的道德追求、敏锐的时代精神和科学的批判精神。在大学教育的作用下，人可以处于不同的人生境界，这是人的超越性的必然产物。

① 本文是根据作者 2003 年 11 月 13 日在华中科技大学第 874 期人文讲座的报告整理修改而成的。

各位同学，大家晚上好！

非常高兴大家能够放弃一个愉快的，也许是非常浪漫的周末到这里来听一个可能是枯燥、乏味的讲座。今天的话题是“哲学 大学 人生”。这个话题是华中科技大学哲学系的学生给我出的一个命题作文。前几天，我到美国参加了一个有关高等教育改革的国际学术会，其间有机会去查看电子邮件，看到了哲学系学生给我的一个电子邮件，说他们准备搞一个“哲学与校园文化”的讨论，希望我能够做第一个讲座。他们为什么会搞这样一个讨论呢？我想有一个引子，就是在我们 2003 年 10 月 6 日的校庆大典中，下午有一个非常特殊的活动——慧源哲学茶座。在很热闹的校庆活动期间插进了一个非常冷静的哲学茶座，是希望增加校庆活动的学术含量。我们的茶座不仅请到了湖北省一批非常优秀的哲学工作者，而且还请到了全国人大常委会副委员长李铁映同志。他一直说他是一个哲学爱好者，而且一直在研究一些哲学的问题，写了一些哲学的文章。这次他是专程来武汉参加我们学校的校庆活动的。当时学校让我协助安排他在武汉的行程，为此我和他的秘书商讨，怎样能使他的这次武汉之行更有内涵，不虚此行。我们了解到，李铁映刚在《哲学研究》第 9 期以笔名发表了一篇文章，题目为《哲学是一把圣火》。当时我们还没有看到文章，但是一听到这篇文章的标题就感到非常有意思、有特色。我们每次看到奥运会上点燃圣火，我们也看到其他各种场合的圣火传递。他把哲学比作圣火，引起了我们极大的关注，同时我们也看到了他对哲学的浓厚兴趣。于是，我们就大胆地请他来参加我们的哲学茶座。当时我个人认为这是突发奇想，可让人没有想到的是他居然欣然接受了我们的邀请。在茶座上，哲学工作者有 20 多人，还有湖北省的党政领导，大家都谈了自己对哲学的历史、现状和未来发展的看法，李铁映同志也做了很精辟的演讲，最后还专门为我们题词——“哲学是一把圣火”。这件事在我们哲学专业的同学和老师中间引起了一定的反响。近年来，哲学发展处在一个比较困难的境地。大家知道，历来有所谓“经济繁荣、哲学贫困”的说法。有这样一位高层领导能与我们在这样的一种背景下一起探讨哲学，的确是一件幸事。当时我们关注的主要不是他能够提出多少全新的或者是独到的哲学见地，而是这样的一种互动，这样一种对于哲学的关心。在这次茶座上，李铁映同志提出了一个判断“哲学应当回答中华民族振兴中的重大问题”，这就要求哲学摆脱仅仅作为象牙塔里面的纯粹的学术研究，要求哲学走向社会、走进中国、走近中华民众，回到现实的生活中。哲学系的同学也许是由此而引发了一种构想——哲学要关心中华民族。那么哲学是不是也应当深入我们的校园，给予在大学校园生活的人们以启迪呢？我想是的。所以，我当时就给他们回了一个邮件，并告知我大概何时可以回到学校，回来以后如果有可能我愿意与大家搞一个座谈。当时我以为是与哲学专业的同学在一起座谈，后来他们说希望搞一个大型的讲座。我想能有一个机会与大家公开讨论和对话，这也是一件好事。这样也就有了今天的话题。

今天的讲座是一个很大的题目，比“哲学与校园文化”要广泛得多，因为“哲学”“大学”“人生”这三个问题都是很大的问题。

对于哲学，大家都知道，从古到今两千多年，那么多的哲学家们孜孜不倦，劳其心智、雪其黑发，使哲学获得了长足的发展，内容极为丰富和精深。关于大学，目前也处于翻天覆地的变化之中。我这次得到美国方面的全额资助，应邀到美国去参加一个关于高等教育改革的国际学术会议，并访问了好几所高校。其间，我专门应邀去著名的加州大学伯克利分校拜会了他们的副校长，交换了对校际交流方面的看法和设想。在这个过程中，我了解到当前西方高等教育的一些动向。关于人生的问题就更大了。我们在座的所有人都在过着自己的美好但多少也充满了艰辛的人生。那么，我们应当怎样来更好地看待和度过人生呢？面对这样复杂的问题，我应该在什么意义上来谈这些问题呢？在直观的意义上，我是一个学哲学的，又是一个在大学搞哲学研究、吃着大学的“哲学饭”并以此作为我的人生乐趣的人。从这个意义上讲，我可以来谈一下这个非常广泛的问题。但是我觉得那样谈还不够，因为那仅仅是我个人与哲学、大学和人生的关系，我能不能从更广泛的意义上来探讨一下哲学、大学和人生呢？

今天早上我偶然听到一个事件，这个事件发生的时候我正在从美国回国的飞机上。2003 年 11 月 10 日在清华大学召开了一个 SARS、AIDS 国际学术研讨会。在这个会上有两个非常耀眼的人物。一个是 21 岁的艾滋病病毒携带者，一个是美国前总统克林顿先生。美国前总统的出现比较耀眼，这可以理解。而艾滋病病毒携带者在电视上公开露面，则非常少见。过去在中国，这些人一般都是匿名遮面出现在公共场所，包括前一段时间我看到中央电视台做的一个采访，他们的图像和声音都是被处理过的。这样做是为了保护他们的隐私权。而这位21岁的年轻的艾滋病病毒携带者走到了清华大学的讲台上，把自己的身体状况、心理状况以及自己各种各样的感受曝光于媒体，曝光于全球。有人说，这是第一个敢于走上讲台把自己作为艾滋病病毒携带者的事实向全世界公布的人。而美国前总统克林顿先生不仅参加了这个会议，而且在听了这个年轻人的演讲以后还毫不犹豫地拥抱了他。拥抱一个艾滋病病毒的携带者，这意味着什么，大家对此可能会有不同的感想。这件事情被一个非常重要的报纸《国际先驱导报》做了重点报道，它把这一事件称为"面对艾滋病的拥抱哲学"。发生在清华大学，发生在一个中国人和一个美国人之间，发生在一个艾滋病病毒携带者和美国的前总统之间的这样一种拥抱意味着什么？何以把它称为一种拥抱的哲学？大家知道，在人类生活中，人们以多种方式在表达着情感，而这一点在东西方之间是有着巨大的差异的。西方人经常是见面就要拥抱，不管男女。现在这种事情在我们的校园里也经常看到了（笑声）。这样的一种拥抱，成为一种哲学，就是在拥抱中所体现出来的人与人的关系。大家知道，联合国秘书长安南先生的夫人曾经与中国的一个艾滋病患者亲切握手，此事被传为美谈。我们有一位非常著名的演员长期担任艾滋病防治的形象大使，他就是濮存昕。我想在这样的背景下，我们可以从一个全新的角度来反思一下与这样的一所大学、这样的一种哲学和这样的一些与人生相关的问题。过去我们小的时候是怕麻风病人，因为是绝症，又容易传染。得了这种病的人是要被隔离起来的。小时候只要一听到大人们说麻风病就害怕，听说有麻风病人下过河了，酷爱游泳的我有一段时间都不敢去河里游泳。这件事给我的印象很深。现在，与麻风病类似，如果某人一旦发现被感染艾滋病病毒，那么就很难再维持健康的、正常的人生了。所以由这样的一种畸形的或者被伤害的人生和由这样的人生所可能产生的特殊的心理，我们可以感受到人们和社会对哲学的需要。正是围绕这样的一个问题，下面我分三个方面谈一下。

一、哲学

我们还是从哲学谈起，从我的本行谈起。但因为是面对全校各专业的同学，所以我今天就讲得宽泛一些，希望能够引起更多的朋友对哲学的了解和兴趣。哲学在现在是比较遭受冷遇的一门学问。前面我谈了“哲学贫困”，这种感觉不仅仅是哲学家们感受到了，连社会的其他行业的人们也感受到了，甚至有很多人为我们的哲学感到惋惜，为我们“打抱不平”。记得我校哲学系新生进校后我们一起座谈时，他们问了我这样一个问题：“如果今天再给你一次机会，你还会选择哲学吗？”我诚恳地说：“我会的。”为什么？因为哲学已经成了我的生命的内在组成部分，成了我的生活态度和生活方式。有人说我们这些研究哲学的人挺“可怜”的，不仅是“自言自语”，而且是“自食其果”。但是，我倒是真切地感受到了哲学的力量，有时还感受到了哲学的繁荣，当然那是在一些比较特殊的场合，比如世界哲学大会的会场。我参加了最近的两次世界哲学大会。一次是 1998 年 8 月在美国的波士顿召开的第 20 届世界哲学大会。第一届世界哲学大会是在 1900 年召开的，通常每 5 年举行一次，到 1998 年已经是第 20 届了。当时在波士顿的大街小巷到处都是佩戴着“第 20 届世界哲学大会代表”胸牌的哲学家们，据说有 5000 多人。5000 多人聚到一起来研讨哲学，那个壮观的场面给我留下了非常深刻的印象。2003 年的暑假在土耳其的伊斯坦布尔召开了第 21 届世界哲学大会，当时的土耳其总统和总理等要员都先后参加了大会。第 20 届世界哲学大会的主题是“Philosophy Educating Humanity”，即“哲学教化人性”。从这个主题里大家可以想到哲学的使命和哲学的功能。第 21 届世界哲学大会的主题是“Philosophy Facing World Problems”，即“哲学面对世界问题”。仅就我参加的两次世界哲学大会而言，我自己深深地感觉到，哲学与世界的脉搏是在一起跳动、同步跳动的。从某种意义上讲，哲学家的脉搏也许跳动得还激烈一些，哲学家们在关注着民生、关注着世界。

这里我想谈几个最基本的哲学问题。

1. 哲学的思维

人类从什么时候开始了自己的哲学思维，在什么意义上提出了哲学的需求？这就要对哲学的发生做一个“发生学考察”。大家知道，现在科学的方法论里面有一种重要的方法叫作“发生学方法”。这种方法最早出现在生物学里，后来被瑞士的皮尔杰先生引用来研究认识论，并提出了发生认识论的理论与方法。我们曾经借助于这样的一种方法，对哲学的发生问题做过考察。通常认为，西方哲学史发端于一个重要的命题，即“水是万物的本原”。提出这个命题的是一个名叫泰勒斯的哲学家，从此以后人类的理性提升到了哲理的水平，而“人类的理性”这样的一种跃迁经历了一个漫长的过程。大家知道，从动物走向人，由“比较粗糙”的人走向“比较精致”的人的发展，经历了一个漫长的过程。而哲学思维的形成意味着人类的思维由神话思维经历理性思维，上升到了一种哲理思维。过去我们对古希腊的神话，包括对中国的神话仅仅是从一种虚幻的角度来加以审视，实际上它们是人类在理性成长过程中所获得的重要成果。因此，哲学的历史发生实际上已成为人类理性和精神自觉与成熟的一个重要标志。那么，人类在什么时候产生了对哲学问题的追问呢？当他感受到了对现实世界的不满，感受到了对现实世界的多种复杂因素的困惑时，他希望寻求一种特殊的解答，一种寻根究底、追踪溯源式的解答，这就是一种哲学式的解答。哲学的发生最初就是为了探究世界的本原，实际上哲学的发生经历了一个非常漫长的孕育过程，其中一个重要的激发因素和表现，就是对于“海洋之秘”和“海洋之神”的追寻。在古希腊的神话里有许多非常重要的神话都是关于海洋的。根据现在的科学研究，生命孕育于海洋之中，而水是形成和维系生命的最基本的要素。古希腊、古罗马的一些先哲们也许正是意识到了水的这种特殊功能，才提出了“水是万物的本原”这样一个在哲学发生史上极为重要的命题，以此来探索宇宙万事万物背后的共同本质，来关注现象背后的本质、在多种本质背后的深层本质、在多种原因中的根本原因，以至事物的极因。这就是最初的哲学命题、哲学思维和哲学追寻。所以我们认为，哲学思维在历史上对于人类发展所起的作用就是把不健全的人提升为健全的人，提升为达到哲学智慧和能够从事哲理思考的人。按照现代系统论的观点，在人类智慧的发展过程中，每一个不同的阶段会产生出不同的理性智慧水平，而智慧水平的提升，都是由于添加了新的要素。然而，当理性智慧一旦形成，就会作为一个新质要素而使人类智慧系统得到总体性的提升和改造，造就出全新的功能，并对人类的全部理性活动产生着极为深刻的影响，使人类的精神活动与实践活动都得到一种前所未有的提升。由此我们可以说，哲学的发生是人类智慧和人类文明发展的一个重大事件，它使人类的理性与行动得到了一次革命性的提升，也是人类文明进步的重要标志。

2. 哲学的条件

古希腊的哲学家，尤其是亚里士多德认为，哲学的探究需要三个基本的条件。第一个条件是“闲暇”。在忙忙碌碌、食不果腹、衣不遮体、饥寒交迫的背景下很难有真正意义上的哲学。所以有人说，只是在奴隶制产生以后才真正有了哲学，因为这个时候才有了剩余的产品，有了可以把一些人养起来进行超现实的哲学思考的可能。第二个条件是“惊奇”。有了闲暇，就能关注和思考四周，就可能产生一种惊奇、一种特殊的惊奇，并引发出一种寻根究底似的思考。第三个条件是“自由”。只有当人类具有自由思维的时候才能有哲学的思考。

迄今为止，我们仍然认为这三个条件是从事哲学研究的必要条件，当然还不是充分条件，还需要有其他的条件。我记得在我与学生们的交往过程中，他们多次问到我另一个问题：“你为什么爱好上了哲学？”我很坦白地告诉他们，我是出于对死亡的恐惧。我曾经插过队，当过知识青年，经历过在农村的艰辛。在农村时，为了当个“五好社员”，玩儿命地干活。当时也就是十五六岁吧。那一年在夏天晒谷子的时候，队里让我去当仓库保管员，每天在晒场晒谷子，担进担出，在酷暑之下翻晒粮食。结果，我长了满身的痱子，后来发展成满身的水疱，非常严重。那时是请当地的医生给我看的病，那人来了就给我打了一针青霉素，结果不知怎么回事，当时就休克了……假死过去一回，当然又活过来了。自打活过来了以后，我就产生了一种对死亡的恐惧，而且是真正的恐惧。记得当时我在那一个漫长的夜里，在思考着，或者说在体验着一种重要的“经历”，那就是死了以后的“永远”是什么含义。我们今天生活在世，这个世界的喜怒哀乐我们都知道，我们可以去参与、可以去表达对它们的各种各样的态度。但是当时我突然感受到，如果我那一次真的死掉了，那我就永远也不会知道世界上发生了什么、还会发生什么。我还在想，这个“永远”不知道与睡觉是不是一样的。睡觉睡过去了还可以醒过来，你可以再知道你当时不知道的事，别人以后也可以告诉你，在你睡觉期间发生了什么，而死了则永远也不知道了。我记得当时我曾经在那个漫长的深夜里躺在床上，思索着这样的一种“永远、永远、永远”，不知道世界会怎么样，我感受到了一种特殊的悲哀与恐惧……在现在看来，这就是对一些终极性问题的直觉；当然还有一些其他的因素，促使我去关注这些终极性的问题。今天上午我跟我的研究生讨论时我也谈到，这其实就是对“鬼神”的恐惧。在我曾经插队的地方有一座山叫交白山，山下是当时我们出村和回村都必须经过的一个山坳，山坳旁边还有一个小水库。据当地人说，山上有“吊死鬼”，水库里面有“落水鬼”。我那时为了回家或返回村子，经常是也必须是在半夜路过那个地方。每次我走到那个地方，头发就会不自觉地竖起来，如果再听到了什么东西跳到池塘里“扑通”的声音，那我就被吓得魂飞魄散。因此，我经常是背着背篓飞跑，而越是害怕就越跑，越跑那个背篓就越是打你的屁股，“嘣咚嘣咚”的，搞得整个人毛骨悚然，心跳欲出，以至于后来一到晚上，想到那个地方就不寒而栗。这是我个人的经历。但想一想我们早期的人类，他们在当时的条件下会遭遇到比我个人这样的感受不知道多多少倍的冲击、刺激和困惑，火山爆发、地震、雷电、暴雨、疾病等，各种各样的天灾人祸，直接威胁着人类的生存，而且得不到应有的解答与控制。于是，人类产生出了一种倾向：要寻求各种现象背后的存在与原因，我们把它叫作“终极的存在”；要探询各种事物的价值和决定价值的东西，我们把它叫作“终极的价值”；要寻求对哲学存在和价值的解读与解释，我们把它叫作“终极的解释”。所以我们认为，在学术的意义上，哲学的寻根究底集中表现为对终极存在、终极价值和终极解释的一种追寻。正是在这些对终极性的东西的不断追寻中，哲学找到了自己的用武之地，这也使得人类的理性不断地得到提升。这样，人类的好奇心得到了激发和张扬，思想的自由得以发挥，不断的追问转换为一种前提性的反思。这就是哲学的功能与价值。在这样的意义上，人类需要哲学。不仅是原始的人类需要哲学，进步的人类也需要哲学，当代的人类更需要哲学。哲学的理性之光照亮着人类文明的进程，人类的思维与情感、价值与理想都需要哲学的普照之光。因此，哲学成为人类理性的一种永恒追寻。

今天，尽管我们看到了哲学的贫困、哲学的衰落，但在某种意义上我们认为，这是一种正常的现象，因为在过去的一段时期里，哲学曾经被摆到了很不适当的地步。“田间哲学”“地头哲学”“板凳哲学”“桌子哲学”，到处都是哲学。实际上，如果到处都是哲学，也就没有了哲学。记得当时我们在农村插队的时候，动不动大家就坐到一块来学哲学、用哲学，并把它叫作“工农兵学哲学”。那样对待哲学，说老实话，在很大程度上是糟蹋了哲学。把哲学放到一种万用的地步上必然导致它的无用。“哲学万能论”和“哲学无用论”之间实际上只是一墙之隔。

3. 哲学的精神

对于我们当今的人类来说，哲学精神实际上仍然是人类精神的核心，也是民族精神的核心。一个民族作为一个民族而存在，是一定要有一种民族精神的，而在民族精神的多方面的丰富内容中间，有一种带有“基核性”的东西，那就是哲学的理念。哲学理念通过对于终极存在、终极价值和终极解释的不断追问而展示着自己的价值，推动着民族精神的进步，并成为其中的核心和灵魂，使这个民族产生出一种与其他民族不那么相同的精神结构、不那么一样的价值体系、不那么一样的解释模式，只有这样这个民族才能够成为一个相对独立的民族。今天的中国哲学界面临着一个背反性的困惑：我们中华民族到底有没有自己的哲学？我国学术界对此存在着很大的争论。一些学者认为，如果严格按照西方哲学的标准来衡量中国思想文化，我们中国就只有智慧而没有哲学；也有不少学者认为，中华民族长期延续而没有中断，其中必然有自己的哲学，但是这种哲学是以一种与西方哲学形态不同的方式存在并发生作用的。而问题在于，我们应该如何对它进行梳理、整理和提升。

在这个意义上，我们可以谈到哲学思维的两个最基本的特点，也算是我对哲学的一种领悟。我认为，哲学既然是要寻根究底、追踪溯源，要探寻终极存在、终极价值和终极解释，那它就必然具有两个特点：一个叫作“致极性”，一个叫作“超越性”。过去我们讲哲学有很多特点，如抽象性、思辨性、逻辑性等，这都是对的。但我认为，这两个特点可能是哲学思维最重要的特点。英国著名的数学家、哲学家罗素对于如何界说哲学曾经讲过一段非常重要的话。他说，在我们的世界中有两块地带，一块地带是有限世界，一块地带是无限世界。科学活跃在有限世界里面，而神学活跃在无限世界里面。在科学与神学之间，也就是我们所说的有限世界和无限世界之间，有一片无人地带，这一片地带就是哲学的地带。哲学处于有限世界与无限世界之间，那么如何才能实现这样一种从有限世界到无限世界的转换与过渡呢？有这样一件事令我至今难忘。记得我还在读硕士研究生时，曾经到北京大学去访问一位非常著名的哲学教授。我问他：“您搞了一辈子的哲学，您觉得哲学中最大的困惑是什么？”他回答说：“我觉得最大的困惑就是有限和无限的转换是何以成为可能的。”从那时起至今，我一直在思考这个问题。

4. 哲学的超越

过去我们讲得比较简单，就是超越有限进入无限，哲学好像就是一个无限的超越。后来我反复学习、反复思考，感觉到实际上每一种具体的哲学都很难说真正进入了无限。因为真正的无限世界是我们有限的人的理性和思维无论如何也难以把握的。在这样一种意义上，我认为，人类的理性在最大的程度上可能达到的是一种极限。黑格尔在他的很多著作中对有限与无限的转换中间的“度”做了很多探讨，他把它叫作“限制”或“限度”。那么哲学思维所追寻的最终的东西是不是最终的呢？不是，它无非是特定时代的人们可能达到的边界或极限，是有限与无限的边界。从无限到有限的转换中间有一个关键性的环节，这就是极限或限度。哲学研究的重要特性就是去追寻这种“至极”，去追寻世界现象背后的本质，追寻这个终极性，从而去达到和超越这种极限。世界有多级本质，哲学的探索是一个经历“初级本质→深层本质→终极本质”的发展过程，当然这个终极本质也是一个可以无限地探索和追究的东西。从这种意义上讲，哲学思维本质上是一种极限思维，由于这样的一种极限性的思维，人的理性能够不断地去提升，人类能够不断地探寻其边界。这就好像我们不断地吹气球，气球吹得越大，气球的边界也就越大，气球的有限空间和它所相关的外部空间的接壤处也就越大。

有人说，今天我们的知识在“爆炸”，“爆炸”就是不断膨胀的过程。而人类理性的“致极性”倾向要求我们紧紧地去追踪我们理性已经达到的极限，而且不断地寻求超越。每一个时代的人所可能达到的极限都是非常有限的。古代的哲学家们达到了他们在那个时代所能达到的极限，近代的哲学家们也不断地超越历史的极限，而现在的哲学家们又大大地超越了近代哲学家的极限，以至于黑格尔告诉我们，整个的哲学史就是今人和古人不断厮杀的历史，厮杀的结果就是使哲学史变成了一片坟场。后来的哲学家们都以质疑和超越先在的哲学家们作为自己的使命和前提，去探寻先哲们已经达到的极限与边界，而自己很快又被后起的哲学家所超越，这就促使哲学不断地自我更新和自我超越。

实际上，哲学的这种超越是通过两种方式来展开的。一种方式是哲学家的自我超越。例如，有的哲学家在自己的有生之年创造出了一个与自己的前半生完全不同的哲学体系，正如我们今天看到的，著名的哲学家维特根斯坦在学术的前期和后期之间有一个颠覆性和革命性的跃迁，以至于有人说他是两种哲学家和两种哲学体系的代表。另外一种方式，也是更多的情况，是后人对前人的超越，后人通过自己的学术努力创造出了新的哲学。这就提出了我们哲学工作者的使命，或者说使我们看到了哲学在社会中的特殊功能。在当今社会中，它要求我们去探寻人类理智已经达到的边界，并对它们加以反思和批判。

5. 哲学的反思

从一定的意义上讲，哲学是以两种形象或功能出现在社会中的。一方面，如黑格尔所言，哲学是黄昏才起飞的“密纳发的猫头鹰”。作为一种致极性的追寻，哲学的探索一定带有后思和反思的特点，是跟在事实的后面、跟在精神的发展历程的后面、跟在各种问题的后面不断地进行着的一种哲理性追问。所以黑格尔说，哲学是一门反思的学问。我当年在中国人民大学的第一位博士生导师是李秀林教授。我进校后跟了他半年，他就被发现得了癌症。在与癌症抗争半年之后，他不幸去世。后来我们在整理他的笔记时，发现在他的一个笔记本上写着这样一句话：“反思比反映更深刻！”并且加了重点号、感叹号。我们知道，人类有一种认知的能力叫“反映”，即通过我们的各种感觉而反映着外部世界。在反映的同时，人类还具有一个更高级的功能，那就是反思。黑格尔说：“反思以思想的内容为对象，力求思想自觉其为思想。”反思包含着评价，包含着批判。后来在李老师去世周年的时候，我们三个弟子就以《反思比反映更深刻》为题，在《光明日报》上发表了一篇纪念文章。我认为，在对于哲学的学习和理解中，掌握哲学的“致极性”和“超越性”特点，以及由此所要求的反思性和批判性精神是非常重要的。如果朋友们有意于亲近哲学，一定要重视把握哲学的这个特色，这也是黑格尔把哲学叫作黄昏才起飞的“密纳发的猫头鹰”，看作是对于整个人类文明进程的反思和追问的原因。

另外一个方面，正如马克思所言，哲学还应当像黎明前报晓的“高卢雄鸡”，能够预见未来、指导实践。哲学通过一系列的深层的致极性的追问，必然获得一种超越性的功能，不是仅仅跟在实践的后面“唠唠叨叨”，还要有可能去预见事物，尤其是重大的和复杂的事物的发展趋势。这样就产生了哲学对于社会、文明、人生的一种特殊的功能。这就是人类社会为什么会如此需要哲学的原因，这也就是李铁映同志谈到的哲学是一把“圣火”。哲学的目的是解放人的头脑，哲学家们的任务就是帮助人类理性地、不断地进行前提性反思与批判。一方面是走过了一段路就回头看一看，“总结，反思，批判”，从而不断地超越已经到达的智慧的限度；另一方面是不断地向前看，看人类文明发展的方向和趋势，看怎样做才是正当的、合理的、有效的，从而指导现实的实践。

总而言之，真正的哲学精神包含着这样的一种批判精神、一种超越精神、一种实践精神。实践精神是马克思哲学尤其强调的。马克思在他的《关于费尔巴哈的提纲》第十一条里写了这样一句话：“哲学家们只是以不同的方式解释世界，而问题在于改变世界。”1995 年，我曾到英国伦敦大学哲学系去做博士后。在到了伦敦后的第二天，我就去拜谒了马克思墓。马克思的墓碑上写着的就是这段话——“哲学家们只是以不同的方式解释世界，而问题在于改变世界”。它是马克思的墓志铭，可见其重要性。马克思主义哲学重视对世界的实践变革。因此，我们要发挥哲学的超越性品格和指导性功能。当然，哲学对于世界的改变是通过改变人们的世界观、价值观、历史观、人生观、道德观以及思维方式和情感方式等来实现的。学习哲学就是要努力把握哲学的本质规定，以真正哲学的方式来学习哲学、理解哲学、亲近哲学。

二、大学

大学是我们今天生活的家园，要在这个家园里生活好，就不能不关心和反思这个家园。这里我首先想问的问题是：人类在什么时候需要大学？大学究竟意味着什么？我们今天在座的各位作为大学生或作为大学的教师，是否对此都特别清楚？

1. 大学的产生

从历史的角度看，大学的产生实际上是人类历史进程中的一个比较特殊的和晚近的事件，是当人类获得了一种比较系统高深的知识之后才产生出来的一种比较特殊的知识传播机制，是学校长期发展和提升的产物。在我国，曾经成立过各种形式的学校，除了两千多年前孔夫子等办的学校外，比较有规模的大概要数湖南的“岳麓书院”了。在西方，也曾经有过古老形式的大学。比如古希腊时代就有过柏拉图学园、亚里士多德学园等。实际上柏拉图和亚里士多德都是思想家，都创建并借助于自己的特殊教育机制，把自己的思想和理念传播给社会，传播给后人。但那时的学园还很难说是真正的大学。我在研究这个问题时发现，大学的产生和哲学的发生之间有一种惊人的相似，即它们都是人类走向成熟时期所产生的一种精神现象和社会现象，是为了满足精神延续的特殊需要。大家知道，真正的大学发端于中世纪，中世纪的大学主要是神学院，当时天主教的大学占据了主导的地位。为什么？因为人类需要把这些当时看来最重要但却在神学的圣辉笼罩下的包括自然、社会和人生的知识传授给后代。有的人对整个中世纪持全部否定的态度，这种想法恐怕有些过于极端。我个人不是这样认为，至少中世纪孕育了大学。但是也应该看到，中世纪的历史确实对人类精神的发展起过压抑的作用。恩格斯曾经讲过，在欧洲千年的、黑暗的中世纪社会里，人们的智慧甚至低于蒙昧时期的人类。因为当时的人们不再用自己的思想来思考，而仅仅用一种思想来思想，那就是上帝的旨意。在那个时候，人们没有了独立思考，没有了思想的自由。当时最聪明的哲学家们借用了亚里士多德的方法去论证上帝的本体论存在，他们也需要对上帝的存在用哲学的方式做一种终极性的证明，其中有一些非常滑稽的命题，也许大家知道，比如"一个针尖上到底可以站几个天使"等，这样的命题在我们今天的人看来是非常滑稽的，但这些问题却是当时很多思想家，甚至伟大的思想家，用毕生的精力去论证的事情。在某种意义上他们也是以一种特殊的方式在进行着对于上帝的致极性论证，但遗憾的是这种论证走错了方向。

真正现代意义上的大学实际上仅仅只有一二百年的历史。在世界高等教育发展的历史上我们可以看到几个比较重大的事件。一个事件发生在1852年，牛津大学的一个著名的神学家、教育学家纽曼写了一本书——《大学的理念》。在这本书里，他提出了一种"liberal education"的理论，也可以说是一种文化教育，即艺术教育、通识教育、博雅教育，就像我们现在所说的素质教育。纽曼当时提出，大学的主要任务是传承知识、培养绅士。到了19世纪的末期，德国出了一位名叫洪堡的著名学者，他的理论和实践通常被认为是现代大学的开端。洪堡当时在柏林大学提出了一个重要的口号，就是"大学应当以学术研究为中心"，大学的任务不仅是传承知识，而且是创造知识、发展知识。从此，世界上的大学，尤其是欧洲的大学获得了一种全新的使命，即推进人类的智慧和知识的创造。这样，科学研究成为大学的重要任务，并由此而产生了大学发展史上的所谓“柏林模式”。至今为止，柏林模式仍然对当代高等教育发挥着重大的影响。在20世纪里，大学的使命在美国大学中得到进一步拓展，并受到美国实用主义哲学的影响，人们要求大学应当更加积极地为社会发展服务，大学也因此获得了它的第三个功能——服务社会。这样，大学不仅有教学的功能、科研的功能，同时还增加了一个为社会服务的功能。从此，整个当代世界的高等教育都向着“教学、科研、社会服务”这个三位一体的功能发展。当前，高等教育的功能还在继续向着多样化的方向拓展。

2. 中国大学的发展历程

中国大学的发展历史充满了曲折，甚至可以说是多灾多难的。中国最古老的、能够称得上有点大学味道的大概要数湖南的岳麓书院了。在那里大家可以看到“千年学府”“惟楚有才”的牌匾。中国一些现代大学源于在洋务运动中产生的大学堂。比如武汉大学的前身就可以追溯到张之洞等当年办的“自强学堂”。在1949年前，中国的大学得到了一定的发展。新中国成立以后，大学的发展经历了波澜曲折。下面我们来回顾一下从1949年以来中国大学发展历程中的几个重大的事件。

（1）1952年的院校调整。新中国成立以后，如何定位大学成为党和国家政府考虑的一个问题。因为一方面大学是个知识传播的阵地，而另一方面大学又兼有一种比较特殊的政治使命，那就是社会主义文化的教育与传承。当时，中央政府希望新中国的大学有两个特点：一是政治上要服从于中国共产党的领导，要服从于新时期的政治需要；二是大学应当直接服务于当时的社会生产和经济生活。当时全社会最重要、最紧迫的任务就是发展经济。所以，1952年对大学进行了院系调整，其价值取向集中在两个方面。

第一，大幅度缩减了人文社会学科，把原有的40多所综合性大学，缩减到了20多所，但是建立了许多单科性院校，如工学院、农学院、医学院、财经学院、政法学院等。像清华大学这样非常著名的综合性大学也被强行分开，变成了单纯的工科院校。我们学校的前身——华中工学院也是由此而产生的。

第二，把苏联的高等教育模式和学科建制几乎原封不动地搬了过来，建立了一个与生产甚至与产品直接相联系的学科体系。我们当时培养的人，其目的就是要能直接地、现成地进入社会的某些行业或工厂去生产出社会所需要的某一种产品。所以,当时中国的大学体系和学科建制都向着深度分化的方面走出了很关键的一步。当时的大学和学科分类分得非常细,我们的工学院就专门开设了国民经济最需要的一些专业——机械制造、电气工程、土木工程等。而对于当时的综合性大学来说,重点就是发展理科和文科,基本上没有工科。文史哲和数理化等基础学科被大大削弱了,这对后来中国高等教育的影响很大。

(2) 1958 年的中国"教育大跃进"。在 1958 年至 1960 年的三年里,我国的大学由 200 多所增加到了 400 多所,然后又增加到 1000 所左右。在短短的两三年中,大学数量就成倍上涨。之后大学又经过了一些调整。这是一个特殊的大学"冒进时代"。

(3) 1966 年至 1976 年时期。1966 年,全国高校开始停课闹革命,此时的中国高等教育遭遇到巨大的挫折。我们这一代人的学习经历甚至命运都是从这段时期开始被改变的。因而也有人说,我们这一代人是"不幸"的一代人。但是我并不这样看。我认为,我们是不幸中又万幸的一代人。我们的有幸在于两个方面。第一,我们有机会经历了共和国的波澜曲折,用我们的生命体验了共和国的发展历程,因此能够更好地理解共和国,珍惜今天的不易。我们知道食品的珍贵,我们知道教育的不易,我们知道工作机会的难得,我们也知道学术的发展对一个民族的重要意义,等等。第二,我们还可以通过自己的能力参与共和国的建设和创造,为之尽些微薄之力。20 世纪 70 年代初期,我们国家出现了一个比较特殊的现象——工农兵"上大学、管大学、改造大学"。那时,中国的高等教育高度政治化了。当然,这一时期中国也选拔和培养了一批优秀的人才。

(4) 1977 年恢复高考。1977 年高考制度恢复以后,中国的高等教育回到了正确的轨道上来,并且获得了前所未有的大发展。随着中国高等教育和学位制度的健全与发展,我们这一批人才有机会上大学、读硕士、攻博士、做博士后等。这期间,我们有时是赶上了"末班车",有时又是乘上了"首班车"。1998 年以后,中国的高等教育进入了全面、深入的大发展阶段。无论是在规模上、质量上还是在水平上,中国的高等教育都获得了史无前例的大发展。从此,我们的高等教育由精英教育走向了大众教育。

3. 当前中国高等教育发展中的矛盾

对照西方大学发展的历史，反思中国高等教育发展的历程，我个人认为，在大学中始终存在一些背反性的矛盾，这些矛盾是我们过去在大学生活中少有注意的，大学的管理者们也很少认真地对它们进行反思。这里我想主要有五对矛盾。

(1) 科学精神和人文精神的对立与冲突。我们的整个现代高等教育是在强化科学技术的背景下建设起来的，尤其是在1952年的院校调整后，我们更加关注的是自然科学和工程技术。当时大量建立的学院都是分门别类、条分缕析的一些工程性、应用性专业，文科和理科等基础性学科和专业被削弱了很多。这样的一种专业布局对于直接推动国民经济的发展曾一度产生了非常积极的作用，但是从科学和学术的角度来看，它们是违背科学体系的整体性和系统性要求的。由于这种体系存在的时间较长，这使我们今天的教育存在很大的片面性，带来了一些后患，以至于我们今天不得不以一种特殊的口号来强调"大学生文化素质教育"。大学生文化素质教育的核心就是要超越由于学科的过于单一而造成的学生知识体系和个人素质方面的片面性，使他们获得比较全面的发展。在这方面，华中科技大学具有良好的传统。当年的华中工学院在朱九思院长等老一辈领导的带领下，于20世纪80年代初就率先发展文科，走综合化的道路；后来杨叔子校长又率先开展大学生文化素质教育；周济校长注重学、研、产的协调发展，重视人文社会科学。目前，我们学校提出"国际化、研究型、综合化"的发展战略，继续大力发展人文社会科学，形成了学科门类比较齐全的文科院系格局，有了10多个文科本科专业、40多个硕士点、10多个博士点，整个文科的规模和水平在全国工科背景的高校中还是比较突出的。当然，与一些综合性大学相比，我们还有很大的差距。

从全国的角度来看，当我们过分强调科学教育、工程教育、技术教育时，我们在很大程度上是沿袭了近代的科学分类，忽视了人文社会科学和文化素质，把人片面化了，而这一点正是现代性的负面性和片面性之一。大家也许知道，有一本非常著名的书，叫作《单向度的人》，是由上海译文出版社出版的。所谓"单向度的人"实际上是对现代性和现代人的批评，认为现代社会重视理性而忽视了情感，把人培养成了片面性的人。我们的现代教育重视科学、忽视人文，也把人培养成了片面性的人;而另外一种片面性就是我们学文科的人普遍不懂自然科学,自然科学和工程技术方面的基础薄弱,很难使文科教育与现代自然科学和工程技术相结合。在这样的背景下,教育很难说是一种成功的和全面的教育。我这一次到美国去注意到,美国的很多大学非常关心这个问题,他们提出一些重要的观点,认为教育的目标是培养“whole person”,意为“一种完整的人、全面发展的人”;教育的性质应当是一种“liberary education”,即“博雅教育”,或“通识教育”;教育应当成为一种“life education”,意为“终身教育”。我认为,这些理念都是非常重要的。如何把科学教育与人文教育内在地结合起来,已成为当今一个非常普遍性的问题。

(2) 分化和综合的双向运动。这是与我前面谈到的 20 世纪 50 年代我国的院校调整密切相关的。1997 年以前,我们有 500 多个本科专业,后来通过一定的努力调整压缩到 270 多个。当时,我应邀参加了教育部的专业目录调整工作。当时调整的目标是“宽口径、厚基础、高素质”,但是要真正做到是非常不容易的。现在,我们的专业结构与西方大学的专业设置仍然有着很大的差距。我们学校积极推进的本科教学改革,为 2004 级以来的本科生制定一个新的课程体系和培养方案,其特点是把文科的 14 个专业的课程在前两年全部打通,建立一个人文社会科学的课程体系平台,其中有 12 门所有专业的学生都必修的人文社会科学基础课程,其目的是帮助同学们建立人文社会科学的总体知识结构,走到学科和知识体系的前沿,然后再去选择进一步学习的专业。这也许是全国高校中的第一个人文社会科学知识和课程平台,它对于克服当前学科分化所带来的问题或许可以发挥一些积极的作用。

(3) 人格与学术的分裂。近年来在高校和学术界,学术自由谈得比较多,已经成为大家的一种普遍追求,但是对于人格的修炼在很大程度上是被忽视了。我们看到,有很多人高分低能、品行堪忧,虽然有非常优秀的科学知识背景和能力,但在人格方面不能说是健全的,有的甚至是比较畸形的。这一现象在当今社会已经变得非常严重。我们希望,当代大学能够充分关注这些现象,并着力加以克服。

(4) 目的和手段的冲突。在高校里和社会上,学术变成了职业化的东西。有一些人为了谋生而做学问,这种学问恐怕很难做好。在我们哲学界,就有很多人非常担心哲学学术职业化所带来的问题甚至是危险。当你把哲学由一种比较专门的学术研究变成一种职业化工作的时候，它在很大程度上就走了样，就没有了自由，因此也难以有创造了。现在高校教师与干部都面临着一种困惑，这就是我们不得不去迎接各种形式的检查或评价，填写许多非常复杂的表格，接受各种严格的量化标准对我们的规范与约束，因此有时也不得不违心地或急功近利地去做一些事情。这实际上就是把目的和手段颠倒了。

（5）自由和失范的冲突。当我们强调学术自由精神的时候，一些人却忘记了学术的规范，以至于需要不断地进行学术打假，反对学术腐败。近年来，学术界对于学术规范的重视是以学术规范在相当的范围内和程度上丧失为前提的。学术自由和学术创造是以遵循学术规范为前提的，否则谈不上学术自由。学术自由绝对不是去自由地拿来别人的成果，然后署上自己的名字。学术失范可能毁灭学术。因此，强调学术规范建设在今天就显得格外重要了。

4. 当代中国大学的精神

在当前这种背景下，当代大学面临着大学精神重建的任务。那么，什么是大学精神呢？下面分五个方面来阐述。

（1）自由的学术精神。黑格尔有两句非常经典的话，一是“为真理而真理”，二是“为自由而自由”。我认为，它们也可以成为在座各位的座右铭。在认识的领域里应当追求真理，真理是认识的最高目标；在社会实践和价值领域里应当追寻自由，自由是实践的最高目标。认识与实践既是相互作用，也是相互支撑的。真理与自由也是如此。没有真理，不尊重客观规律，就不可能有自由；不能在实践中获得自由，真理也就失去了价值。因此，要坚持“为真理而真理”，“为自由而自由”。这就是真正意义上的学术精神。只有这样的精神才应当是当代大学的灵魂。

（2）强烈的使命意识。诸位今天能够走进大学，不管是工作还是学习，都是非常不容易的。这一点恰恰是由大学在当代社会生活分层中间的特殊地位决定的。当今社会的分层是一个必然的趋势。过去我们的分层不明显，所有人只要参加了工作，工资基本上是差不多的，干好干坏无所谓，工资是按照工作的年头涨的。但是今天的社会不一样了。社会的分化是社会进步的一个重要的条件，也是其积极的结果，它对每一个人都提出了非常严峻的挑战。每一个人无论以后生活在社会的哪一个层面，其结果都取决于自己的努力。在这样的意义上，大学在社会中有一种特殊的作用，而大学的人也应当有一种特殊的使命。

（3）永恒的道德追求。前面我们讲到学术与人格的分裂问题。改革开放以来，尤其是建设市场经济以来，我们在信仰方面、公德方面以及职业道德方面产生了一些负面问题。在学术圈里有一个比较大的争论是：改革开放以来，我们的道德状况是"爬坡了"还是"滑坡了"？也就是说，我们的道德是进步了还是退步了？应该说，经济的进步是比较明显的，我们的国民生产总值和人民生活水平都大大地进步了，但是道德状况怎么样却不那么令人满意。建立一种与社会主义市场经济相适应的道德体系，提升全社会的道德水准，是我们当今重要的时代性任务。

（4）敏锐的时代精神。大学的学脉应当和社会的血脉同步跳动，这样它才可以走在时代的前面。今天的大学的使命绝对不再仅仅是知识的传承，而应当是知识的创造，需要引导整个时代的进步。北京大学在这方面曾经发挥过非常积极的作用。五四时期的北大学子们高举"科学"和"民主"两面旗帜，呼唤中国社会的现代化的进程。这种作用现在还在持续。不光是北京大学，所有的高校都成为其所在地的思想最为活跃的人群中心，成为原创性思想的萌生地，这就是大学非常重要的使命。当然，在这个方面我们还需做出更大的努力。

（5）科学的批判精神。知识分子应当成为社会的脊梁，成为社会的良心。当年鲁迅先生讲的话在今天仍然是适用的。可惜随着我们整个社会的道德和学术失范，少数知识分子也变得越来越世俗化、功利化和平庸化了，批判精神和战斗力也大大下降了。只有保持科学的批判精神，勇于不断地超越，大学才能不断地进步、发展，社会也才能不断地进步、发展。

三、人生

接下来我简单谈一谈人生的问题。每一个人都关注和创造着自己的人生，每一个人都有自己的人生，但是每个人又都只能有一个非常有限的人生。最近我们看到了一位老人的去世在全世界引起了非常大的关注，那就是宋美龄女士。她跨越了三个世纪，目睹了中国与世界的风云变幻。过去由于意识形态的原因，我们对她一直是不太关注和不太报道的，但是实际上宋氏三姐妹影响了 20 世纪的中国，她们都受到了特殊的尊敬。

如何看待人生？下面我谈谈自己的几点领悟。

1. 人性和人的超越性

怎样来看待人性？我们每一个人都希望自己能够成为一个自觉的人、一个理想的人、一个不断实现理想的人。有一个非常著名的美国学者叫马斯洛，提出了人的“需要层次理论”，也叫作“人的价值追求和价值实现的层次理论”。他认为人的发展就是一个不断地追寻和实现更高的需要和价值的过程。作为当代的大学生，应当自觉地创造自己的人生。从中国的文化传统来看，一谈到人性或人生，往往从道德的角度来看问题，讲“善与恶”的问题。人性问题当然包含着道德问题，但还有更多的东西。西方哲学史所谈的人生与人性方面有很多可取之处，他们关于人和人性的界定是值得我们去了解的。比如，亚里士多德早就提出，人是理性的动物，理性是人性的最重要的方面。我前面谈到了哲学，哲学恰恰是理性向哲理层面的提升，是其中的最高的层面。再比如，亚里士多德也讲到，人是政治的动物，政治的动物实际上和社会的动物是非常相似的。富兰克林和培根都讲过类似的话，他们说，人是能够制造和运用工具的动物。康德曾经讲过，人是情感的动物，他还写了他的“三大批判”，强调人的“真、善、美，知、情、意”的统一。马克思则特别强调人是实践的动物。德国还有一位名叫恩斯特·卡西尔的著名学者，他则强调人是符号的动物。他曾写了一本非常重要的书，叫《人论》。书中提出了一个界定，说“人是符号化的动物”。恩斯特·卡西尔认为，动物生活在物理的世界里，而人则不仅仅生活在物理的世界里，还生活在生活世界，也就是符号化的世界里。语言符号是我们思维和表达不可或缺的工具。人类把自己内在的情感、理性要素外化、对象化和符号化，获得一个全新的符号化的世界。

2. 教育与人生境界

以上一系列对于人的不同界定，实际上是以不同的方式表达着人的最重要的特性，即人的可塑性、开放性和超越性。对人的理解要借助于非人，对生命的理解要借助于非生命。从低等动物到高等动物的发展，最重要的成就是提高了生命的可塑性。衡量生命体的层次高低，在很大程度上就是看其可塑性的大小。低等生命是不太可塑的。越是低等的动物越是在自己产生之初就接受了他的母体的信息，并在产生后不太长的时间里就完成了对于种群特性的学习和建构。比如最简单的细胞分裂，分裂出来的细胞与原细胞基本上是一样的。但是越是高等的生命，其可塑性就越强，就具有越大的开放性。人是迄今为止具有最大的可塑性和开放性的动物。低等动物生下来很快就可以适应外部环境，高等动物则需要一些时间由它们的父母来抚育它们，人则需要十几年的抚育、培育和教育，需要个体人的长期学习和修炼。人的成长和成熟时期占了整个人的平均生命周期的五分之一到四分之一左右的时间。这样一个漫长的孕育期、培育期和学习期既是人类的优势，也是人类所面临的挑战。因为这种可塑性既可以成为人类进步的条件，也可能成为人类不合理变异的机会。或者说，对于每一代人来说，既可能培养出符合要求的下一代，也可能培养出叛逆的下一代。人性能否在这种可塑性的过程中得到延续和提升，这既是对于个体的挑战，也是对于人类的挑战。实际上这也是对我们社会的教育体系的一种重要的检验，因为人性的传承与提升都是通过教育来实现的，是通过教育和自我教育、批判和自我批判、超越和自我超越来实现的。也就是说，教育在这当中起着一个极其重要的作用。

所以，当我们谈教育与人生、哲学与人生的时候，实际上是要探讨它们之间的比较特殊的、内在的相关性。当我们从这种角度来领悟人生的时候，可能会对我们的在校学习产生一种全新的认识。学习和教育实际上是人类的生命特征的一种塑造和实现方式，差异只在于塑造的速度和实现的好坏及水平如何。因此，如果我们从这样的角度来看哲学和大学，就可能会找到它们之间共同的、特殊的使命。

教育既是获得和培育人之为人的共性因素的手段，也是培养和造就人的个性的途径。我们不仅关注着所有的人都有的人性，还关注人的个性与境界。不同的人生可以分出若干的类别与境界。刚才我讲到，我们社会在当代已经出现了明显的分层，每一个人具体生活在哪个层次，实际上是对他的人性和能力的一种评估、检验和实现。从这样的角度可以更好地理解我们对于未来的职业的选择和社会对我们的选择。应当看到，社会只是平等地向所有成员提供了若干可能的空间，而谁能够真正被选上，或者说谁能抓住更多、更好的机会，完全取决于个人所做的努力和所创造的条件。在这样的背景下，人生的各种境界学说是非常值得关注的。我国著名学者冯友兰先生把“人生境界说”看作是中国哲学的最重要的特点。有些研究西方哲学的人可能会否定中国有西方意义上的哲学，但是他绝对不会否定中国的人生境界说和人生智慧说，因为它们在世界上是非常独到的。

冯友兰先生把人生境界分为以下四个层次：第一个层次是自然境界，这时人们对他所从事的活动还缺乏清楚的了解，因此其行为常常是按个人的习惯或社会的习俗来展开的，也就是“顺才或顺习”“不著不察”；第二个层次是功利境界，这时人们对自己所从事的活动有较清楚的了解，但其行为常常是在“为自己的利”的支配下展开的，从而未能把个人与社会统一起来；第三个层次是道德境界，这时人们的活动是以对社会做贡献为目的去“行义”，从而超越了个人与社会的对立；第四个层次是天地境界，人们不仅觉解到自己是社会的一分子，而且觉解到自己是宇宙的一分子，因而要对社会和宇宙均有所贡献。天地境界是最高境界，意味着达到“天人合一”。我们可以借鉴这种学说来对我们自己的人生境界做出定位和反思。

3. 当今大学生所面临的人生挑战

不同的人生境界和人生的分层与社会的分层是相匹配、相适应的。去选择和塑造何种层面的人生，这对我们每一个人来说都是一次严峻的挑战。而我们作为人、一个大写的人，也在选择和塑造着我们的未来。对于中国当代大学生来说，他们的人生受到的挑战很多，至少有以下五个方面。

（1）经济全球化对于国际化人才的挑战。当前的中国大学正在酝酿一种人事制度的改革，其目标就是要取消大学教师的终身制。比如，在职务的评审和人员的聘任中逐步实行西方一些大学早已实行的制度，如“非升即走，末位淘汰”。什么意思呢？假设你博士毕业了，在大学找到了工作，那么工作一段时间后则会面临评审或聘任压力。一般来说，你任讲师五年以后可以升为副教授，当了五年副教授之后可以任教授（当然，这要达到一定的任职条件）。如果你当了五年讲师以后你还升不上副教授，或者当了五年副教授还达不到教授的要求，并且没有改进的希望，按照一定的规则，对不起，你就要离开这个学校。而已经当了副教授或教授的也不轻松，要接受每年一度的考评。如果考评结果连续不合格，或者连续两三年的考评均位居末尾，那也会被淘汰。大家可能已经注意到，这方面的改革设想在北京大学引起了巨大的争论。

一些年轻的教师强烈抗议:为什么你们已经当了教授的就可以永远当下去,我们还没有当成的要经历这么多的磨难? 这个计划到目前为止好像还没有实施。但是我认为,它一定是中国高等教育发展的一个重要的方向。西方的高等教育有很多缺陷,但是这一条对于高等教育的发展是非常重要的。很多大学,包括哈佛大学,是不允许留自己的毕业生在本校工作的。北京大学也提出了类似的设想。当然这也会引起争论。有人说我们的本科生是最优秀的,硕士生是最优秀的,博士生是最优秀的,当然选留的教师也是最优秀的。然而你非要规定,在外面聘请的教师要占一定比例,那不是把外面的不那么优秀的教师引进到了我们这个最优秀的地方来了吗? 但是也有表示认同的:哈佛大学是不是最优秀的? 牛津大学是不是最优秀的? 他们的优秀学生毕业了也不能直接留校工作,必须到外面去闯荡一番,“打出了天下后”,再回到他们的母校来。这是高层次优秀人才的特殊筛选和淘汰机制,并不排除你回来,但是你必须要到“江湖上”去走上一遭,等到在“江湖上”大家认可你了,你再回来执教。这种聘任制的重要的特点就是面向全球来招聘和竞争。我有一个朋友在意大利拿了博士学位,在牛津做了三年的访问学者,然后到美国大学去竞争一个亚里士多德哲学的教职,他是在什么背景下竞争成功的呢? 有几十个人申请同一个工作职位,有 12 个人进入第二轮考察,有 3 个人进入最后的面试,最后只录用了 1 个人。他在这样的条件下竞争成功了。我想这样筛选出来的教师无疑是非常优秀的,我不能说他是全世界最优秀的,但是至少是所有申请者中最优秀的。我想中国高校以后一定会朝这个方向发展。以后各位面临的竞争应当是国际性的竞争。所以,对此大家要有足够的和充分的精神准备。

(2) 新科技革命对于创造性人才的挑战。科技革命实际上是人类创新的一种自觉的行为。马克思曾经有一个非常重要的观点。他说,工业是自然界无论如何也不可能自动发生的过程。农业是可以自然发生的,一粒种子掉到土壤里面,遇到了合适的水分、温度和养料等,它就可以完成自己生命的周期。但是工业是人化的过程,高新科学技术引导下的工业更是人化的过程,是一种高度创造性的劳动。所以,它对人才的创新性提出了极高的要求。这也正是现代教育强调创新性人才培养的特殊意义,我们就是要适应这样的社会挑战与选择。

(3) 市场经济对于个性化人才的挑战。市场经济最重要的淘汰机制就是个性化。市场只青睐那些具有个性的产品，只青睐那些别人所不具有而你所具有的产品。而要创造出个性化的产品，就需要有个性化的人才。市场化就是个性化，人才市场也是如此。表面看来，市场化是普遍化的，但是在产品的竞争中，需要极为强烈的个性化。因此，按照个性化的标准来塑造我们自身是绝对没有错的。当然，这也要符合国家的和国际的通行标准，即既要符合通行的标准，又要有个性化的创新。

(4) 科技与人文的当代融合对于复合型人才的挑战。今天我们需要的人才绝对不是简单地掌握了一门科学、一门工程或者一门技术的人。我最近看到《环球时报》上有一个招聘记者的广告，它专门提出了要招聘的人才的三类出身：一是学新闻出身，二是学中文出身，三是学哲学出身。我看到后就特别高兴，他们居然把学哲学出身也作为条件写进去了。我觉得这个招聘者是比较高明的。因为他们实际上意识到了一点，那就是具有哲学头脑的人所具有的可塑性。当然，我这里不是说所有搞哲学的人就都有哲学的头脑，也不是说只有搞哲学的人才有哲学的头脑。我是说，当你去关注哲学、领悟哲学和把握哲学后，你可能就具有一种特殊的适应性和特殊的可塑性，也具有一种宏观地把握对象的能力。我认为，这种能力对于成就大业是非常重要的。

(5) 能力和道德的结合对高境界人才的挑战。现在很多单位选拔人才非常重视其合作精神和团队精神。那么，有个性是不是意味着一定要跟别人闹矛盾呢？有个性是不是就一定会缺少合作精神和团队精神呢？不是的，这是两个不同的概念。优秀的个性是以不伤害和不妨碍他人为前提的，良好的个性只有在与他人的合作与互补之中才能最好地发挥和表现出来，并成为一种优点和长处。今天的事业没有无数人的合作是不可能的，人类是个体性和社群性的存在物，社群性是通过个性来支撑和丰富的，个体化的人只有到社群和团队中才能展示和发挥自己。大学的任务就是要造就高个性化的人和高水平的社群。这就是人的哲学，是人生的哲学，也是大学的哲学。

在这种意义上，哲学精神、大学精神和人生精神之间在本质上是高度一致的，也是内在相通的，更是互相支撑的，因为三者都处于人类智慧的高端，它们都是顶尖级的智慧，是最高层次的智慧。一句话，哲学、大学、人生的要求在本质精神上是一致的。正是在哲学精神、大学精神和人生精神的统摄下，通过在大学这样的特殊环境里的学习与训练，我们才可能使自己的人生变得更加丰富和精彩。

我衷心地祝愿各位都能在自己的有限的生命历程中创造和实现各自无限丰富和多彩的人生！

谢谢大家！

第二十四章　人生 事业 国家[①]

人生的最大价值在于创造出属于自己的那一份事业，这个事业可能是自己创造出来的，也可能是与许多人共同分享的，可能是默默无闻的，也可能是惊天动地的。在事业上的创造和成就，可以展示自己对国家、对社会、对民族的不同价值，这种价值就是人生价值。

① 本文是根据作者 2005 年 6 月 26 日做客校研究生会第 12 期“人生、事业、国家”对话活动时所做的主题发言整理而成的。

各位老师、各位同学，大家晚上好！

今天是一个心情比较复杂的日子。一方面，我们 2005 届的毕业生基本上已经离校，另一方面，2006 级的本科新生高考的分数线今天已经确定。在这样一个新老交替的时刻能够与大家一块交流一些想法，我感到非常高兴。

在来之前上网看到一则消息，说是嘉峪关有一位考生，因为高考估分只有 290 多分，想不通，就投湖自杀了。这就给了我一个强烈的心理刺激。面对“人生、事业、国家”这个比较普遍而又重要的课题，如何来处理好自己的人生、事业，如何来应对国家对我们的召唤？我想，这是所有的教师、所有的同学都必须面对的或不可回避的问题。

此时我最想谈的是，当我们面对事业的挑战、面对国家的呼唤时，应该如何来认识自我、提升自我和超越自我。在座的大多数都是研究生，大家自然对这样的话题比较关心。实际上，这也是关心我们自己的未来，关心自己将来的生存和发展空间。人生在什么意义上是有价值的呢？刚才提到的那位过早轻生的同学，他的行为使得他自己的人生价值过早地夭折，这是他自己的不幸、他家人的不幸，无疑也是国家的不幸、社会的不幸。在我们周围，这样的情况也时有发生。最近我看到一些材料，使我感到很震惊。据说在一些高校，新进校的大学生在经过心理测试以后，有 10％甚至 15％的人有不同程度的心理问题，有 3％～5％是急需进行心理干预的。在这样的一种精神状态和心理状态下走进校园的同学，他们如何才能更好地走向自己的人生，走入社会，去迎接民族和国家的呼唤呢？我想，这恐怕是一个比较严肃和沉重的问题。

一、人生、事业、国家的基本关系

首先，我想谈谈人生、事业、国家的基本关系。人生的最大价值是创造出属于自己的那一份事业。这个事业可能是自己创造出来的，在世界上是独有的，比如比尔·盖茨创造了在世界上独树一帜的微软；这个事业也可能是一项许多人所共有的事业，而自己在其中做出了特殊的贡献，刻下了自己的名字，如杨利伟随神舟五号宇宙飞船上天；这个事业也有可能是一项并不那么惊天动地的事业，但却由于自己能在其中默默无闻地奉献，这项事业便得到了蓬勃发展，等等。如何看待自己的价值，大家一直在探寻着。大家都希望有自己的事业，并把对事业的追求看作是实现人生价值的必要条件，也是价值实现的表征。那么，一项事业在什么意义上才是有价值的，值得我们去投入我们宝贵的人生呢？人生是非常有限的。一个人的有效工作时间最多也只有60多年。怎样选择我们的人生是与怎样选择我们的事业联系在一起的。一项事业在什么意义上是有价值的？我想，最关键的是要联系到我们的国家、我们的民族。我们的事业的真正价值在于能够满足社会和国家的需要。不仅仅如此，价值的真正实现还在于创造出国家和社会对个人及其事业的需要。这就是说，我们可能面对两种事业的选择：一种是社会的基础性事业，是社会的现有需要体系所呼唤的事业；另一种是更具有挑战性的事业，是创造出社会未来需要的事业。现有的社会体系可能孕育着某些潜在的需求，而这种需求需要我们去开发、需要我们去创造。创造需要的人生影响了社会，也影响了未来。这种创造需要的活动对今天的中国人来说显得如此的紧迫，如此的须臾不可离。这就告诉我们，需要实际上是被创造出来的。创造需要的人生影响着自己和他人的人生，创造需要的人生成就着事业，而创造需要的事业又有可能改变一个国家、一个民族。在这种意义上，我们可以依据自己对事业的选择，依据自己对事业的创造及其成就，展示自己对国家、对社会、对民族的不同价值，而这种价值就是人生价值。在这样的意义上，我们可以看到不同的人生所具有的不同的价值。我们每一个人无不是企盼着最大的价值。个人人生价值的最大实现需要每个人的最大的主动性、最大的创造性、最大的超越性。这就提出了一个问题：人如何来认识自我、提升自我和超越自我？

二、人性的塑造与人的自我提升

接着我想谈谈人性的塑造与人的自我提升问题。在每一个人的有限生涯中，他都经历着自然性、社会性、精神性多种因素的交织和互动，每一个人在自己的生命历程中都受到来自各方面的约束、制约和控制，所以人的超越性从本质上讲是对限定的超越。人不可能离开特定的、限定的和局域的环境而得到生存和发展，因此，在人的自我成长中，始终有一个对人性的自我反省、自我反思和自我总结的问题。那么，哪些东西值得我们去总结、去思考呢？从某种意义上讲，对这些问题有多么清晰的认识就决定着人生有多么自觉。那么，哪些问题值得我们去探讨呢？我想大概有以下几个方面。

1. 人的先天因素与他的文化塑造的关系

我们每一个人都无法逃避从父母那里接受的基因的影响，这使得我们每一个人具备了生物的生命的可能性，生命的获得性遗传在很大程度上决定着人的生物学和生理学的特征，甚至决定着人的某些性格气质方面的特征。这些因素影响着人生的成功与失败，但是它们的作用还要受到后天的、文化的、社会的等因素的调控。从发生学的角度看，人生的建构过程和成长过程，就是一个人在遗传因素的刺激下接受社会文化的塑造而不断向前提升的过程。在这里，教育无疑是进行文化塑造的最为重要的因素。人与人之间有多大的差距？就成功的人士来看，或者就作为自觉的主体及其所取得的成就来看，人们之间的差异是巨大的，但是他们之间在先天的差异方面却又是很小的。马克思曾经讲过，哲学家与农夫之间的天然的差异实际上比猎犬和家犬之间的差异要小得多。大家知道，越是低等的生物越是受制于天然的、自然的、遗传的因素，越是高等的生命越会拥有较长的生命孕育期和他的生长发展周期。而人具有最高的特殊性，也需要最长的生命周期来完成自己的成长过程。一般来说，人需要经历 18 年左右的时间才能成为一个独立的、成熟的、自主的人，这是一个漫长的过程。在这个过程中，人会受到很多因素的影响和制约，可能会发生很大的改变。我们作为一个成熟的人，首先要重视自己的遗传因素与社会因素的交互作用及其对我们未来的影响，从某种意义上讲，我们更看重后天的社会文化塑造对于人生价值的意义。

2. 人的外在可塑性与人的自我内在塑造性之间的关系

在人生的发展中，人无可回避地受到环境的影响，受到父母的抚育，受到学校的教育，受到社会的塑造。所有的外部因素都对人发生着非常积极的作用，但是所有这些因素都只有通过人的内在的力量才能真实地发挥作用。因此，我们重视对人的成长环境的塑造，尤其要关注人的自我塑造和自我提升。在某种意义上，随着知识水平和人的自主程度的不断提升，外在的力量就越需要通过内在的主动性来真实和有效地发挥作用。学校、社会、家庭要真正地对每一个个体发挥积极的作用，就必须重视人的自我发展。人最重要的使命就在于激发出自我塑造的内在冲动，发掘出自我塑造的内在能力。在人的被塑造和自我塑造之间，我们无疑更关注自我塑造。在学生工作中，我曾提出一个理念，叫作“全员育人和全员自育相结合”，就是出于这种考虑。实际上，我们全部的学校工作，包括我们自身的工作，其目的无非就是要把人的那些内在的、潜在的、隐性的、积极的因素都有效地调动和发挥出来。

3. 人的保守性与人的开放性和创造性之间的关系

一个人生活在社会中，他必然有着对环境的依赖，需要通过不断吸收自然、社会、精神的“养料”来培育自己，因此就表现出了对外部环境的依赖性。由于有对外部环境的依赖，那就必然会受到外部环境的制约，因此，人先天就具有某些保守的倾向。人的成长就是人的开放性、人的变异性、人的创造性不断生长、强化并且不断改变底蕴的进程。大家知道，我们在孩提时一般会听父母的话、老师的话，后来逐渐养成自己的主体人格：要说自己的话，要做自己的事，要进行独立的思考。这实际上就意味着人的创造性在不断增强，而这种创造性在人生中最为可贵，也是创造事业、成就事业、满足社会需要的一个必要条件。当然，从人性的角度来看，保守性往往是显性的，而创造性往往又是隐性的。从内在的角度来看，一个人要展示自己保守的、守成的方面是一件自然的事情，也是一件比较容易的事情，是一件不用付出很多努力的事情。而真正要想去开拓、去建构、去创新、去自我超越无疑是需要付出巨大的努力的。或许我们绞尽脑汁、用尽心思、费尽心力，有时候也难以获得如愿的成功。在这样的意义上，人是否能够认识和激发自己的创造性，有意识地培育自己的创造性，不断地提升自己的创造性，实际上成了导致人生差异性的必要前提。从社会的角度来看，社会往往宽容和承认人的保守的一面，因为保守意味着对社会的肯定和信任，因为保守承认现实的格局，因为保守意味着在同样的条件下与他人做同样的事情。而一旦要做出变革创新，就意味着现有格局的改变。这种格局可能是话语格局，可能是利益格局，也可能是权力格局，而这种格局的打破通常意味着他人利益的丧失。由于这种原因，社会往往对变革创新持不宽容的态度，甚至是采取一种打击排斥的态度。在这样的情况下，一个人是否还有勇气和能力来发挥或发掘自己的创造能力，这无疑是他面临的非常严峻的挑战。

4. 人的个性与人的共性的关系

学习就其本质而言是要获得与他人相同的东西，因为我们用的是同样的课本，上的是同样的课程，接受同一老师的教学或者指导，因此，学校、家庭和社会对同学们有一个统一人格模式的期盼，也有一个对同一人性结构的期盼。在一个人的成长和发展过程中，能否成就某些事业，这当然需要共性，需要与他人的合作，需要与他人沟通的能力，但是同样重要的还有人的个性、人的个性化发展。尤其是在市场经济条件下，在充满了全球性个性竞争的今天，人们个性的水平有多高，人的成就才能有多大，因为市场经济总是青睐那些具有个性化的产品和创意。个性化的产品是通过个性化的思维、个性化的手段造成的，因此人的个性化的塑造就成为人取得个性化成就的必要条件。而对人的个性的塑造也有可能遭遇到与前边讲到的创造性相似的境遇。这里既有一个自我认识和自我激励的问题，也有社会是否允许和宽容的问题。怎样培养个性而又不流于怪异，怎样具有共性而又不流于世俗，这对我们每一个人来说都是严峻的挑战。在这种意义上，我想，人格的塑造、人性的自我培育和自我提升对于每一个人，尤其是对于自觉的人来说，都是一个非常严峻的挑战。因此，我们应当通过内在的努力和外在的帮助，使我们真正成为富有个性魅力而又能够适应现实社会的人才。

三、大学在人生事业发展中的定位

那么如何看待大学的学习生活在人生事业中的特殊的角色定位呢？人生肯定要经历很多的发展阶段。正确看待大学生活对我们的人生所提出的特殊挑战，对于我们自觉地安排好和过好大学生活非常重要。正确地认识我们在这一时期的心理状态、情感状态、知识状态、意志状态是非常有必要的。应该说，这一个时期是我们作为一个独立的主体基本形成的时期。通过这段时期的学习，我们有了基本的知识体系，形成了一定的专业素养，有了自己基本成型的价值标准，有了自己特殊的情感体验方式，有了自己独特的思维模式，等等。但是还应该看到，这一个时期我们所有的获得都还是阶段性、中介性、过程性的。我们实际上仍然处在一个准备性的时期，是在为我们未来更大的事业、更多的成功而做着准备。

当然，人生永远处于准备之中，因为人生永远具有未完成性和开放性。相对于我们以后的工作而言，相对于我们的教学、科研或我们的产业、企业而言，相对于我们将要承担的社会责任而言，我们在这个时期仍然在进行着“未来投资”。既然是一种投资，就有一种最为基本的要求：如何以最小的代价来获得最快速的成长。要用最短的时间获得最快的成长，需要我们进行一种定量意义的思考。因此，我们都应该有一个更加清晰的人生定位。这段时间，我们既要进入一种工作状态、一种创造状态，同时还要为未来更长远的发展奠定更久远的基础。这个时期的准备对于人生起着至关重要乃至决定性的作用。所以，同学们在大学时期，应该主动地思考和规划自己的未来，既要有紧迫感，又要能沉下心来为未来的长远发展做好周密的准备，奠定坚实的基础。我想，大家在这个时期尤其应该做好这样几件事情。

1. 选准自己未来发展的主攻方向

选好人生发展的方向最为重要。这个方向可能是你的专业本行，也可能不是，具体是什么并不那么要紧，关键是这个方向应该真正符合社会发展需要，符合时代和国家的召唤，能够成为你在未来将要全身心投入的那项事业。周济部长当年曾经讲过一句话：方向是很重要的。过去我们仅仅把它理解为政治方向，其实这也包含着学术方向。政治方向固然重要，学术方向同样重要。学术方向的选择在某种意义上决定着我们未来的成败。

2. 培养批判的眼光和视野

做学术就是做批判，就是对他人的成果以批判性的眼光来加以审视，以发现其不足，并在此基础上开始自己的研究、探索与创新。我自己学了 20 多年的哲学，领悟出来的哲学真谛就是要不断地去反思前提，探寻极限，并努力去超越极限。

3. 关注科学方法

我们不仅要有勇于批判的精神，还要有善于批判的科学方法。有科学家说过，所有的科学进展都依赖于方法的进展，所有学科的变革从根本上看就是方法论的变革。方法论更新是科学发展的一个永恒的主题。对于方法论的关注可能成为进入某一个学科的最关键的突破口，也可能成为新思想的生长点。只有在科学方法的指导下，才能以事半功倍的方式做出真正符合学科发展的创造。

4. 不断提升人生境界

人生境界有多高，学问才能做到多大。人生境界的高低最终决定着学问水平的高低。冯友兰先生说过，人生有自然境界、功利境界、道德境界和天地境界四个层次。提升境界总是从自然境界、功利境界向道德境界直至最高的天地境界不断迈进的。如果我们能够有这样一种正确的学科定位，有这样一种批判的精神，有这样一种科学的方法，有这样一种崇高的精神境界，成就事业当不在话下了。

对于我们大家来说，认识自我和提升自我是一个永恒的主题，认识自我和提升自我也是一门最难的艺术。希望大家能不断认识自我和提升自我，并在国家需要与自我兴趣的互动中展开自己的辉煌事业，从而创造出属于自己的精彩人生！

谢谢大家！

第二十五章　辩论的思维

辩论思维不同于辩证思维。辩证思维要求确定的概念与严密的推理，理论上要求论题清晰，而辩论中的辩题往往是具有争议性的两可命题。此外，辩论思维还面临着以下挑战：辩方各自的前提是片面的，命题与真理是分离的，理性与信仰之间存在冲突等。这要求辩论思维使用一些特殊的技巧。

在26个英文字母已渗入各种不同文化的当代，狮城的那番唇枪舌剑向世人展示了华语的独特论辩艺术魅力。自那以后，辩论一直备受国人关注。伴随着系列国际大专辩论赛的举办，辩论、演讲之风在大学校园里不断升温。不少大学生已意识到表达能力是当代大学生的基本素质之一，并自觉地通过辩论这一重要途径来加以培养。众所周知，语言是思维的表达，而表达又蕴含有思维，良好的表达能力首先有赖于超凡的思维能力。实际上，不论自觉与否，我们所有的行为都是在思维的指导下进行的。但个体思维有科学程度之别，因此，提高辩论水平有必要首先提高思维素养，增强思维能力。因此，我在整体设计论辩艺术课程时，拟定了“辩论的思维”这一题目。

一、辩论思维与辩证思维

辩论思维与辩证思维既相联系，又有区别。辩证思维是相对于两种参照系而言的：其一，它区别于非逻辑思维，如直觉思维、灵感思维等；其二，它区别于形而上学思维方式。所谓形而上学思维方式是指把近代物理学，尤其是力学思维方式运用于哲学而产生的一种带有机械论色彩的思维方式。而辩证思维强调思维内在运动的辩证性，它是人类思维的高级形式，也是人类思维从古至今发展到现代后所形成的思想理论成果。总体上，辩证思维经历了三个发展阶段。

1. 古代朴素的辩证思维方式

在古希腊，人们非常自然而又不自觉地把自然界看成是一个由各种事物组成的，相互联系、相互影响和相互制约，并处于不断运动、变化、发展中的世界。这是人们从生活实践中自发形成的观念。由于世界本身即在联系、运动、发展中存在，受此影响，人们不自觉地接受了一种普遍联系与普遍运动的观念，并以之作为自己思考问题和观察问题的方式，然后进一步将其运用于实践。

2. 近代唯心主义的辩证思维方式

古代朴素辩证思维主要是与直观的、物质的世界运动相联系的，带有很强的直观与猜测色彩。黑格尔辩证法去掉了这些色彩，并具有非常复杂的思维内在要素和结构，展现出一种很强的功能。但是在黑格尔辩证法体系中，存在、运动和发展的是“绝对精神”，并且“绝对精神”是永元止息地、不断地由低级向高级发展的。正因为如此，黑格尔辩证法被称为唯心辩证法，它是人类思维宝库中非常重要的成就。

3. 唯物辩证法

唯物辩证法去掉了唯心辩证法的唯心主义色彩，把辩证运动建立在实践的基础上，这是马克思主义哲学所特有的。它强调包括自然、社会与思维在内的整个世界的辩证运动都与人的生命存在相联系，外部世界的运动与人的内在心灵世界的运动之间展现出同逻辑与同轨道的特征，它既是唯物辩证的，也是实践的思维方式。

在实际生活中，我们应当掌握和运用的是辩证思维方式。但在辩论赛中，不能认为每位辩论者的思维都是辩证的思维，也不能以为每一位辩论者必须准确、全面地运用辩证思维来获得辩论的胜利。由于辩题本身已使辩论双方不得不站到一个片面的立场上，如运用全面的辩证思维方式，则很可能会站到对方的立场上，论证对方的论点。因此，在相当多的情况下，对辩证思维的运用会受到限制。何时不用、何时该用以及如何运用辩证思维来加强防守与进攻就成为辩论中的一门艺术。总之，辩论中包含有辩证思维，但并非时刻都要运用辩证思维，而是需要同时运用其他辩论思维。这是辩论思维与辩证思维的区别，也是将二者关系作为一个问题提出并加以探讨的原因。那么，在这里，作为前提，有必要首先了解辩证思维的基本要素和基本方法。

二、辩证思维的基本要素和基本方法

1. 辩证思维的基本要素

按照辩证逻辑或马克思主义辩证法，辩证思维可以分为概念、判断和推理三个基本要素。

（1）概念。概念是反映对象特有属性或本质属性的思维形式。概念是思维的“细胞”，它具有以下三个特点。

其一，概念是主观性与客观性的统一。一方面，概念总要指称一定的对象，在此意义上，它具有客观性；另一方面，任何概念只是存在于人的思维中的思维形式，因而它又具有主观性。比如，“苹果”这一概念，它一方面指称现实的苹果，另一方面又通过概括出现实苹果的本质属性而仅存于人的思维中。

其二，概念具有确定性与易变性。一方面，概念要指称对象，因而是确定的；另一方面，概念的内涵又具有易变性，尤其在复杂领域，在较高的理论层面，易变性更为突出。由于概念是确定性与易变性的统一，因此在具体运用时，可用某一概念指称其外延中的某一事物，或者从多角度来理解同一概念。这为思维的发散与收敛提供了一种非常重要的可能性前提。

其三，概念是具体性与抽象性的统一。任何概念都与一定的事物相连，因而具有具体性，但任何概念又都具有抽象性。这一特性为人们从多方面运用概念提供了可能。在辩论中，可根据需要在概念的多重属性上做多种变通，以变换思考层次，或在客观、确定与具体层次上做出阐释，或在主观、易变与抽象层次上来做出理解，由此产生了使用概念的艺术。如在一次辩论中，辩手们对“设施”与“管理”这两个概念的理解不断在主观性与客观性、具体性与抽象性及确定性与易变性之间发生变换，从而使辩论生动、活泼，富有机智。

(2) 判断。判断是对事物情况有所断定(肯定或否定)的思维形式，它反映的是概念之间的关系。比如，“高中毕业生出国留学是利大还是弊大”这一问题包含了多个概念，并反映了这些概念之间的关系。在实际辩论中，辩题多为两可判断，辩论即通过捍卫或反对一个判断来证明事物之间的联系。辩论艺术也是在对判断的肯定或否定的论证或驳论中得以展示的。

(3) 推理。推理是一个命题序列，它是从一个或几个已知命题中推出一个新命题的思维形式，它反映的是前提判断与结论判断通过推论而形成的一种结构关系，体现了思维的逻辑进程。推理严密、合理是推理的基本要求。但在实际推理中，人们对大、小前提及结论的理解可能各不相同，甚至相反。那么，谁能找到更好的前提，谁能采用可靠的推理来说服观众和评委，就成为关键所在。

以上是辩证思维的三个基本要素，它们在具体运用时又形成了以下一些方法。

2. 辩证思维的基本方法

(1) 归纳与演绎的统一。所谓归纳即由个别知识的前提推出一般知识的结论。如由多只白天鹅推出“天鹅是白的”这一结论。这一结论只有当人们发现一只其他颜色的天鹅时才能被推翻，因而归纳方法是比较可靠的。归纳的特点是容易发现一些问题，提出一些新的思想。

自然科学研究很重视归纳方法，经常在归纳中发现新的事实而导致理论的新陈代谢。可见，离开归纳，理论将脱离事实依据与现实基础。但仅有归纳还不够，思维的进程还需要另一种方法，即演绎。演绎即由一般知识的前提推出个别知识的结论，其基本结构是由一般的大前提与个别的小前提推出个别的结论，特点是得出的结论难以被推翻，不过关键要看前提是否正确。比如在辩论“城市交通问题主要是设施问题还是管理问题”时，双方都力图把对方包含在自己的内容中。又比如，在关于管理的设施是属于“设施”还是“管理”的问题中，答案实际上是两者兼而有之，这时，如何通过界定概念的内涵与外延来设置前提就成为辩论的焦点。

(2) 分析与综合的统一。所谓分析是指在思维中把客观对象的整体分为各个方面、各种要素和各个子系统。即把整体问题分解为若干个小问题。比如，在论证“城市交通问题主要是设施问题还是管理问题”时，就要从历史的、现实的、理论的、实践的及中外等多角度来论证。分析的特点是能进入对象内部，把握其细枝末节。但是仅有分析还不够，还要善于综合。综合即在思维中把客观对象的各个方面、各个要素与各子系统结合成一个有机整体。在辩论中，一般由四辩进行整体综合得出结论。综合的特点是能帮助我们在分析的基础上把握对象的整体。

(3) 抽象与具体的统一。概念的具体性决定了人们的思维往往从现实与已有的经验出发，这一阶段的认识可称为具体思维或感性具体。在感性材料的基础上，应进一步对其进行抽象、概括，提升出超越具体对象并带有普遍性的理论框架。在思维中，既要能不断回到具体，又要能超越具体，把握其抽象性。比如，人们由一个个感性的人概括出“人”的概念之后，一方面，我们能对某个具体对象是否为人进行断定，另一方面，我们又能把握所有人的共同本质属性。

(4) 历史与逻辑的统一。所谓历史是指事物自身存在、演变和发展的过程。思维是根据实际进程而进行的，客观事物与思维本身都具有过程性，因而思维必须要有历史意识。同时，历史也会有贯穿于其中的中轴与规律，此即历史的内在逻辑。这一内在逻辑虽然不显现，但却支配着外部表象。因此，思维在把握具体对象时，应该兼具历史意识与逻辑意识。

(5) 说明与理解的统一。说明带有描述性,自然科学力图通过描述来客观把握对象。而理解是随着人文社会科学的兴起而凸现的一种新的方法。它强调不仅应揭示对象的自在状况,还应着重揭示其对人的生存的意义。影响广泛的解释学不仅强调了主体间性,更着重意义的阐发与价值定位。它要求不仅要描述现状,还应揭示其未来,揭示其价值与意义,揭示实然与应然之间的关系。比如宇宙大爆炸假说,一方面,它是关于客观宇宙起源与演化的科学假说,看起来十分遥远;另一方面,人们又十分关注这一理论,因为它与今天及将来人类的生存和发展紧密相关,具有强烈的价值性,包含了主体的理解。因此,辩证思维不仅仅是客观的,也应该包含主体的理解这一层次。

(6) 认知与评价的统一。人们在认知与人的生命活动有关的现象时,必然有评价渗透其中。价值因素会影响到人的感觉方向和评价标准。对于同一社会现象,不同的人、不同的社会集团会做出不同甚至相反的评价。比如,同样面临世界原油价格上涨,美国等对石油需求量大的国家就反应强烈,认为其具有战略意义,而其他对石油需求量较小的国家就反响较弱,也绝不会认为它具有战略意义。社会事实如此,自然事实也是如此。关于自然科学研究方法,波普尔鲜明地提出"观察渗透理论",即已有的理论模型会影响到人们的观察结果,没有纯粹的客观事实。比如,面对太阳东升西落这同一客观现象,日心论者认为是地球在自转,而坚持地心说的人则认为是太阳在围绕地球转动。总之,越是在复杂领域,辩证思维就越发显得重要。

三、辩论思维的特殊困难与对策

在辩论中,虽然不能时时都运用辩证思维,但在面临一些特殊困难时,又必须运用辩证思维。一般来说,在辩论中会有如下一些困难。

1. 论题往往是中性的、两可的、无定论的,甚至是背反的

这种状况使得思维的前提和目标都具有一种特殊的不确定性。辩证思维要求确定的概念与严密的推理,理论上要求论题清晰。但是实际辩论中的辩题恰恰就是具有争议性的两可命题。这些辩题从总体上可分为以下五种。

(1) 利弊型。这类辩题往往是两可的,兼有利弊,但又要求辩手必须在两种价值判断中做出选择并进行论证,因而就很难把握。比如,

“城市流动人口的增加对城市的发展是有利还是不利”，“学生学习压力大对学生成才是利大还是弊大”，等等。在辩论这类辩题时，要求思维的兴奋点始终集中到价值判断及其量度上。

（2）应该型。比如，“大学生学习应以专为主还是以博为主”，“经济发展与教育发展孰应优先”，等等。通常来讲，二者都是辩证的，是相互制约、互为条件的。但是在辩论席上的辩手只能选择其中的一方面。对于这类辩题，思维的兴奋点就要集中到互为条件双方的优先条件上。

（3）主次型。比如，“城市交通问题主要是设施问题还是管理问题”，实际上其中既有设施问题，又有管理问题，但是辩手必须在瞬间做出一种谁主谁次的程度判断，它对思维提出了特殊的挑战。对此，思维应集中到二者的数量比例上。

（4）可能型。比如，“生态危机是可能毁灭人类还是不可能毁灭人类”，对于这类带有前瞻性的辩题，要把重点放在现实，尤其是未来发展的趋势上。

（5）直言型。比如，“离婚率上升是社会文明的表现”，这在东、西方文化中有着不同的价值判断，很具有争议性。又比如，“人性本善（恶）”，在中国历史上既有性善论，又有性恶论，还有性中论，而辩手只能在性善与性恶之间做出选择。

由于以上辩题的不确定性，加之辩手的立场由临时抽签决定，这都使得辩手处于一种特殊的困难之中，这是第一种困难。

2. 辩方各自的前提是片面的

这一困难是由上一困难引起的。辩题往往是把两可的命题一拆为二，把中性的命题分成对立的两方面，这使得任何一方的前提都是片面的。这也对思维提出了挑战。此时要求辩手的思维有一种特殊的定向，以全面的思维来对待片面的辩题，力求把片面的问题全面化。面临这一困难时，可从以下三个方面采取对策。

（1）把片面论题加以扩展，尽量减少片面性与极端性。比如，“设施”体现了“管理”，而“管理”又离不开“设施”。由此，则尽可能把“管理”（“设施”）纳入“设施”（“管理”）范围。反之，若固守片面性，则很容易予人片面的印象，而且使自己的立论空间过于狭窄。

而合理放大命题则在一定程度上占领了对方的空间，使对方的论证变成自己立论的注脚，但是也要把握一个度，防止诡辩，比如所有的

“设施”(“管理”)问题都是“管理”(“设施”)问题。

(2) 对片面的命题作尽可能全面的论述。所谓全面的论述,即包含理论分析与现实分析、历史分析与现状分析、国内分析与国外分析、整体分析与个别分析等,力求运用辩证思维来论证片面的命题。

(3) 大胆地走向片面的深刻,在立论的高度与深度上压倒对方,以打动评委与观众。深刻性虽带有片面性,但若能对某一问题充分发掘其深度,拓展其广度,然后加强基础理论与实证色彩,则也可能获得意想不到的成功。

3. 命题与真理的分离

如前所述,辩论双方只有片面的真理性,但辩手在面临片面命题时,即使认为辩题不真,仍要论证其真理性。因此,有人质疑,表演色彩太浓而与真理相脱离的辩论赛是否可以休矣。事实上,辩论确实不是为真理而战。那么,在面临这一困境时,可从以下两方面采取对策。

(1) 把片面的命题当作真理来捍卫。命题虽然是两可的,但总有其可取之处,总可能抓住某些可取的方面。优秀的辩手在临时抽签决定辩题之后,要善于找到自己论点的真理性前提,找到其可靠的历史、现实与逻辑起点,并立即站在该立场上。这反映了一个辩手的素质问题,而这一点不经过足够训练难以达到。

(2) 强化自己论题的真理性层面,并将其发展到极限,让这一方面的论证遮住片面、虚假的那一方面。它要求论证带有全面性、整体性与宏观性。比如,在面对“高中毕业生出国留学是利大还是弊大”这一辩题时,会有这样一个问题:从出国者本人来看,是尽早融入异国文化有利,还是保持本土文化有利;从民族文化发展来看,是发展异国文化有利,还是保持本土文化有利。由于角度不同,因而标准也各异。这给辩论带来很大的空间,辩手要善于从宏观上做出最优的取舍,并尽可能放大、强化一方面,进而遮蔽另一方面来获胜。

4. 辩论思维是在尖锐的交锋与论证中展开的,会受到对方的攻击

这种现象在自由辩论阶段最为突出。辩论双方必须回答对方提问,且有严格时间限制,此时思维会受到自己与对方很大的约束。在激烈的论战中,辩手不可能有足够的时间进行细致深入的思考,它很大程度上是在考验辩手的即时反应。在交锋中,有的辩手可能会出现错觉、误解与思维的暂时空白。因而,它要求辩手保持头脑清晰与思维连贯,对各种可能问题要有预见能力。这种能力也需要多加练习，力求由规范的、正常的反应达到一种思维的条件反射这一更高水平。

5. 理性与信仰的冲突

辩论是理性的展开，同时也应当是对信仰的追求。但信仰有时并不可靠，尤其是在信仰与所要论证的问题之间发生冲突时，辩手能否立即放弃已有的观念而站到新的立场上，这从一个侧面反映了辩手的素质。在人的思维中，当主体信仰某一种观念为真理时，往往会有一种偏好与激情，因而一般来说，对所相信的论题也会论证得更好，反之，该如何采取对策呢？

（1）找到自己信仰的起点。即把自己的命题无条件地设定为自己相信的对象，此时必须全神贯注来捍卫它，而将其他成见放置一边。

（2）让理性说服、支撑信仰，让辩证思维为片面论题做出足够的理性支撑。

（3）让信仰在理性中得到证明和延展，这一点体现了辩论的特有魅力。作为评委，在听辩论双方单独发言时，经常会感到双方都很有道理。因此，要使辩论更好地达到以理服人的效果，辩手首先要自己信理。

四、辩论思维的十大技巧

现从思维角度提出以下十个方面的技巧。

1. 批判性思维与辩护性思维并用

在辩论中，辩论双方既要论证，又要发问并应付发问。批判性思维主要用于摧毁、攻破对方的防线。由此也必然会有辩护性思维，尤其在自由辩论中更是如此。批判性思维力求尖锐深刻，击中要害；辩护性思维要稳扎稳打，步步为营，力求完备。在实际辩论中，四位辩手一般有所分工，一辩宜具有亲和力，以求开篇即予人良好的整体印象；二辩和三辩兼具进攻与防守的任务；四辩进行整体总结。即便如此，每位辩手仍应具备全攻、全守的能力。攻守战术有多种，如“引蛇出洞”“避实就虚”“反守为攻”“避虚就实”等。

2. 发散型思维与收敛型思维互补

发散型思维即思维由辩论主题扩展到与之相关的各个方面。在辩论中，辩手若能从古今中外旁征博引、信手拈来一些故事、材料、数据、诗歌来进行论证，则能予人知识面广、底蕴深厚及视野开阔的印象，而且可使辩论生动活泼、丰富多彩。但是仅有发散型思维还不够，还要注意收敛，否则就会远离轴心而导致无序。辩手要既能扩散至最大限度，又能迅速回到思维的主线，做到“枝繁叶茂”但“主干清晰”。

3. 整体性思维与局部思维的分工与整合

一方面，每位辩手对命题既要有整体把握，又要能深入其中的细节；另一方面，每位辩手要按一定的分工做好整体的有机组成部分。在每支辩论队中，每位队员都有自己的定位。在辩论中，比较容易发生的问题是个人表现突出但整体配合不当。尤其在自由辩论中，辩手的发言是即兴的、随机的，而如何节省时间，并消耗对方时间则要整体配合默契。这对辩手提出了多方面的要求：

(1) 每位辩手应力求成为全面的辩手；

(2) 辩手应具有配合意识，分工不应离开整体，更不能替代整体；

(3) 辩手应注意互补与互渗，尤其是当辩友出现暂时思维空白时，要及时补位，化解尴尬局面。

4. 正面论证型思维与反面补证型思维并用

一方面正面论证要力求全面，另一方面要随时加强反面补证。在正面论证时，必然会受到对方的冲击，尤其是突遇完全出乎意料的情况时，既要坚持已有思路，又要特别注意调整思维。

5. 逻辑思维与形象思维的辩证统一

逻辑思维能使辩论规范而有条理，但是逻辑思维不生动、不形象，也不感人。这时辩手可以通过举例来使辩论形象生动起来，进而打动观众。

6. 归纳思维与归谬思维并用

归纳思维为肯定型思维，但在防护过程中，要敏于对方的失误，尤其要善于抓住对方的破绽并进行归谬。比如，在论证“高中毕业生出国留学是利大还是弊大”时，辩手抓住了两个根本点：其一是高中毕业生的心理自我认同是否完成，而实际上，高中毕业生还不具备这一条件；其二是高中毕业生在接受异质文化时可能会发生一些心理与行为变异。因此，归纳思维与归谬思维也是双向的，既要对对方失误进行归谬，也要注意防止被对方抓住破绽。

7. 规范型思维与实证型思维相结合

规范型思维强调逻辑性，而实证型思维强调材料和事实。二者若能结合，则会产生一些奇妙的效果。

8. 求同思维与求异思维相结合

在辩论中，要站得高，善于把对方的论证包容在自己的论证中，使之成为自身论证的一个内在组成部分，这一点是非常必要的。比如，对于“城市交通问题主要是设施问题还是管理问题”这一论题，可把对方的论证纳入自己的体系，然后把自己的论证与对方的论证区别开来，此即求同思维与求异思维的运用。

9. 有备思维与应变思维相结合

在辩论中，有的辩手自始至终一直拿着卡片，完全拘泥于有备思维，在实际情形已经发生很大变化的情况下，仍希望以不变应万变。这种反论法依赖性太强，明显缺乏随机应变的能力，而且也会给观众和评委留下不良的印象。优秀的辩手应在有备的基础上加强应变思维。

10. 求真、求善与求美的统一

辩论尽管带有游戏性，但实质上也能体现出辩手的人格力量与个人对真理及完美性的追求。之所以倡导辩论，并让辩论走向国际，是希望在特殊的场景中，以特殊的方式通过辩论来达到文化的交流。

第二十六章　反思现实 追求卓越[①]

——研究生期间的人生特点与干部素养

研究生期间是人生发展的重要阶段，其特点在于有了自己的导师、明确的学术研究方向、全新的学习环境、更高的社会期望值等。同时，研究生也会面临更多的挑战：社会期盼和自我期盼之间的差距，经济压力、学习压力、爱情和婚姻方面的问题，身体状况和心灵方面的挑战等。研究生时期应当是一个提升自我、追求卓越的时期。研究生期间的卓越包含优秀的政治思想素质和高尚的道德情操、扎实的学术功底和足够的创新能力、优异的社会交往和表达能力、健康的体魄和心态等。研究生应当在不断认识和反思自我的基础上自觉追求卓越。

① 本文是根据作者于2006年11月16日在华中科技大学“喻英启航”研究生干部培训上的报告整理修改而成的。

各位老师，各位同学，大家晚上好！

今晚在座的都是学校研究生会成员和各个院系的研究生会主席团成员。说起来大家的“官”都不小了，比我读研究生时候当的“官”大多了。大家都肩负着重要的使命，要组织学校研究生会的活动，所以借这个机会，我想首先表达三点感想或者三点愿望：第一，代表学校向所有的研究生干部在自己紧张的学习之余能够抽出时间来关心我们的研究生工作、组织我们的研究生活动、帮助我们研究生发展表示感谢；第二，我想借这个机会感谢我们的所有研究生，包括我们的硕士生和博士生，在自己人生最精彩的时段来到华中科技大学，参与到华中科技大学的建设与发展之中，为学校增光添彩；第三，我也要感谢学校研究生工作部和研究生会，能着眼于培养研究生干部，积极组织今天这样的活动，以通过他们的提高把学校的研究生工作做得更好。

今天我与大家交流的题目是“反思现实，追求卓越”。这也是我最近关注比较多的一个问题。追求卓越是我们的目标，反思现实是实现超越的基础和前提。我们的研究生同学在本科毕业以后不是选择去挣钱、去工作，而是选择来上研究生；或者我们的硕士生同学在毕业以后不是选择去工作，而是选择继续攻读博士学位，这都意味着对卓越的一种期盼。卓越意味着什么？卓越意味着一种高瞻远瞩的人生，意味着在社会中的出类拔萃。当然，追求卓越也可能意味着极为艰辛的努力。我们大家正在追寻卓越的过程中，如何去追寻，我想有一个前提，就是要立足于我们的今天，立足于我们的现实，对现实有一个更加清晰的了解，我把它叫作“反思”，只有在这个基础上才能更好地追寻卓越。

一、研究生阶段的人生定位与特点

首先我们需要搞清楚的是，研究生在我们的人生和社会中意味着什么？看到大家意气风发地坐在这个地方，我不由得想起 20 多年前我当研究生的时光。我是 1977 年恢复高考时考上的大学，一连读了 10 年书，直到 1988 年 1 月在中国人民大学获得哲学博士学位。对此我也深有感触。研究生和本科生相比有什么变化？应当怎样定位呢？我感到这里意味着几个比较重大的转变。

1. 有了明确的学术研究方向

大家读研究生不会只停留于一个一般意义上的学科、门类，而一定要进入一个二级学科和研究方向。这个二级研究方向的选定意味着由本科生的普遍性培养进入研究生的专业化培养。选定一个研究方向或者选定一个二级学科作为自己的专业，这对于一个人的人生来说是非常重要的——意味着你走进了一个学科的高层次殿堂。当前我国的科学体系分为12个大学科门类，每个门类里有很多一级学科，每一个一级学科里又有若干二级学科，因而选定研究方向就意味着选定了一个特殊的、知识的、技术的、科学的或人文的领域作为自己的专攻方向。有了这个方向和没有这个方向，这对我们的人生、事业、思维的焦点都是非常不一样的。有了这个方向，大家的学习目标就变得更加清晰和明确了。

2. 有了非常明确的导师

大家可能会想，我们在本科生期间也会有辅导员，也会有班级导师。但这与专门的研究生导师是很不一样的。研究生导师和学生的关系，在今天变得更加密切，不仅仅是一个学术上的，还有其他多种内涵。在今天的学术评估体系中，研究生导师基本上是与他的学生同命运的。同学们写出来的论文，只有导师同意才能提交答辩。而只要从导师同意提交那一天起，他就和学生一块站在了被评审的台上。一般说来，导师不能参加答辩，他只能坐在旁边旁听，不论给同学们提出来的意见多么尖锐、多么激烈、多么有冲击力。实际上受冲击的不仅仅是学生，也是导师。导师要对研究生的学业负责，研究生也要对得起导师的指导与关心，二者构成了一个学术共同体。

3. 有了一种全新的学习环境

本科生期间的学习基本上靠的是班级的、老师的、课程的这样一种组织方式。大家在比较规范的程序和秩序中按照大体统一的标准模式进行学习，而研究生阶段在很大程度上要靠研究生的自我学习、自我研究和自我管理。研究生期间的自由时间明显增加了，自主调配的学习和生活的可能性空间增大了，自己安排自己的必要性和可能性也都增加了。这是一个全新的学习环境、工作环境和生活环境。对于研究生来说，这既是一个机遇，当然也是一个挑战。如果我们对此还不够适应，就有可能在徘徊中把时间浪费掉；如果我们能够自觉地进入这样一个时间和空间中，我们的想象力、创造力就会得到极大的发挥。

4. 社会的期望值提升了

能够考上研究生,尤其是能够考上华中科技大学的研究生,这是很难的事情,值得庆贺和庆幸。社会对研究生怎么看?主要就是多了一份期盼和要求。研究生被看作是教育和科学研究的国家队,需要面对更高的要求和标准;社会对研究生也会另眼相看,大家对研究生的言行举止都会格外关注,因而也提出了更高的要求。

以上是我所谈的“四大转换”,可能不止有这些转换。这些转换都意味着发展与进步,但也不排除会有新的问题与挑战。接下来我就谈谈这方面的问题。

二、研究生阶段可能面临的挑战或问题

硕士生和博士生面临的挑战或问题可能会有所不同,但也有一些可能是共同的。

1. 社会期盼和自我期盼与实际能力之间可能脱节

考上研究生是人生发展历程中的一次质变和飞跃。国家、社会和自我的期盼都大幅度提升了。要实现这些期盼,需要发展了的能力。但实际上,人的能力的发展只能是渐进的和累积性的,难以有大的飞跃。不少同学考上了研究生,但在心态上和能力上仍然停留在本科生的水平,还带着“大五”学生的特征。我们的教学能力、科研能力、阅读能力、领悟能力和创新能力能否适应研究生阶段的需要,这是一件需要并且也值得自我检讨与反思的事情,而这个问题往往不被我们所自觉。对于考上研究生,我们看到的可能只是有利的、积极的一面,而忽略了负面的、消极的一面。如果以此状态去应对研究生时期的挑战,必然会感到吃力,甚至产生出很多新的困惑。

2. 经济方面的压力会显得格外突出

研究生期间买书会占去相当多的经费,生活方面照理说也应有适当的改变,至少与过去在本科生层面的生活有较大的变化和提升,而大家所能获得的经费,不管是从助学金、奖学金,还是从家庭的支持上来看,不一定充足,再加上研究生培养机制的改革,有的研究生需要自己负担一部分费用,因此,大家的经济压力会有所增大,这也是与个人的自我期盼有可能形成反差的。社会地位提高了,经济实力没有增加,支出却增加了,由此会产生一些心态方面的变化与问题。

3. 学习方面的压力剧增

上了研究生以后，很快会面临着非常严峻的学习压力与挑战。尤其是随着学制的变化，学习时间由原来的三年变成了两年半，甚至变成两年，但是对大家的要求并没有降低，这就会使大家感到时间非常紧张。对于三年制的同学来说，可以用一年半的时间来学习课程，用一年时间来做论文，最后半年进行进一步的修改和答辩；而对于两年制的同学来说，用一年的时间来学习课程，第二年的时间还没有来得及做论文，就要受到找工作或者考博的干扰。更重要的是，我们从原来大学的一般性学科门类的学习进入专业性很强的学习，或者从一级学科的学习进入二级学科，甚至三级、四级研究分支的学习，实际上是一个很艰难的学习和研究过程。

4. 爱情、婚姻方面的问题提上了议事日程

大学时恐怕就有不少同学谈了对象，但是考上研究生后可能有一些分开了，这会带来新的忧伤。那些还没有对象的同学则又要在新的环境中谋划此事，这无论是对于男生还是女生，都是一个挑战。到了研究生阶段，爱情与婚姻就年龄来看已经成为一件很正常的事了。马克思曾经讲过，男女之间的关系是人与人之间最自然的关系。男女之间关系的处置状况，从一个方面反映着社会文明的发展程度。恩格斯也曾经说过，妇女解放的程度标志着文明发展的程度。但具体到某个研究生，如果这个问题处理得不好，尤其是与学业的压力、经济的压力和未来就业的压力等交织在一起时，就会变得非常复杂。

5. 身体状况和心灵方面的挑战

生命最终是要以身体作为载体的。高强度的学习需要健康的身体和心灵，各种各样的压力会转换为心理的和肌体的压力。经过多年的艰苦学习，一些同学的身体状况和心理方面会发生各种问题。

以上五个方面的问题构成了一个大的网络，这些问题之间的交织，可能会产生出很多的网上纽结，而我们每一个人的心灵就在这个网上的纽结之中。从现代系统论的角度来讲，这个网上的任何一个纽结都依赖于旁边的纽结，其中的任何一个纽结如果出现了断裂或崩溃，都有可能带来整个网络的崩溃。这就是现代系统科学所说的“突变”，或者叫“灾变”。这种突变会给我们带来心理上、生理上、行为上的特殊变化，或者叫作失常。这种情况是需要我们提前去认知、警惕和预防的。

现代社会之所以是一个高风险的社会，是因为现代社会发展的速度非常之快，而且在现代社会中，不确定的因素非常之多，可以控制的范围和程度也非常有限。学理工科的同学可能知道：在解方程的过程中，如果有一个不确定的因素，则可以用变量来替代；如果有两个不确定的因素，则可以再加一个假设；如果有三个以上的因素是不确定的，那么这个方程会变得非常复杂。大家想一想，在我们的生活中，有多少不确定的因素？社会生活中的几乎每一个因素都包含着不确定性。你要想在一系列的不确定因素和环境中找出一条确定的路来，可以想象，它有多难，有多么地不容易。我这样一说，个别人可能会对未来感到比较悲观。其实，我这样讲只是希望大家对未来的挑战有更充分的心理准备，以便更好地应对挑战。我相信，我们所有的研究生同学能敢于应考，并闯进这个大门，就是为了迎接挑战、战胜所有的困难和问题才来的，其差别只是在于是否有足够的自觉、自知和自主。我研究哲学，哲学里边有一种理论叫作主体-客体理论。这种理论认为，一个人从自然人向社会人成长的过程就是成为一个完整的、自觉的、主体的人的过程。研究生是一种高层次的自觉的主体，而且将来还要成为一种学术的主体、教育的主体、研究的主体，当然也要成为一种社会交往的主体。

三、研究生的卓越意味着什么

研究生应当追求卓越。那么研究生的卓越意味着什么？卓越这个概念是我们平时讲得比较多的，卓越就是优秀，就是出类拔萃，就是才华出众，就是要超越平庸。研究生应当是卓越的，尽管不同的卓越之间会有差异，会有不同的内容、不同的形式、不同的程度，也会表现在不同的领域和范围等。卓越是由什么来衡量的？实际上是两个标准，一个是社会的标准，一个是自我的标准。社会的标准就是看同类研究生中的相对地位；自我的标准就是我与历史的人相比是否有所进步，与我自己的能力相比是否尽到了最大的努力。人们一般比较看重社会的标准，在我看来，自我的标准同样重要。做任何事情，只要尽心尽力就好，不断地在努力就好，能够问心无愧就好。从内容方面来看，卓越有很多方面的标准。

1. 优秀的政治思想素质和高尚的道德情操

也许有人会说，研究生是搞研究的，会做学问就可以了，政治思想素质和道德水准有那么重要吗？对此，我可以非常认真地告诉大家，政治思想素质和道德水准是研究生最重要的素养。我曾经到广州、深圳等地走访了10家单位，调研我们学校的毕业生工作情况，包括著名的宝洁公司、华为公司、中兴通讯、富士康集团、广州核电集团、广州无线电集团等。它们都是一批优秀的企业，我们的学生在那里得到了普遍的好评。其中最重要的好评是我们的毕业生让人放心。这个放心，实际上既是一个业务水平和能力的判断，也是一个政治思想素质和道德水准的判断。政治思想素质好，道德水准高，实际上就意味着高的人生境界，这样才能成就大的事业。周济部长曾经说过，爱心与责任是师德之魂。我认为，爱心和责任是紧密地连在一起的，体现了人类的最高的社会性。比如，一个不爱家的人能够去爱国吗？一个不爱自己父母的人能够去爱人民吗？一个不爱自己兄弟姐妹的人能够去爱他人吗？不可能！所以我觉得这个爱国、爱家、爱人民实际上一体的。对于我们的研究生来说，在这方面无疑具有更高的要求。从社会的角度来看，用人之道有很多，最关键的是两条：第一条叫靠得住，第二条叫能出活。首先是要靠得住。要对谁靠得住呢？对国家，对人民，对企业，当然也包括你身边的所有人。如果同学们都觉得你这个人靠不住，你还能指望哪个单位来招聘的时候相信你是能靠得住的呢？如果认为你靠不住，他还会积极地来选择你吗？即便不得已选择了你，但他敢把一些重要的事情交给你吗？这看起来好像是一个很远、很空洞的事情，实际上是一个很现实、很具体的事情，而且在某种意义上将是决定我们成败的事情。所以对于研究生来说，包括我们的博士生，在思想、道德、理想和境界方面的修炼尤其重要。大家作为高级人才，将来要承担更重要的责任，因此需要具有更大的可放心度。

2. 扎实的学术功底和足够的创新能力

学术功底是我们全部研究的基础，其中包含着知识，包含着技巧，包含着我们处理复杂的科学问题的能力。学术功底的深厚程度与创新能力的水平高低之间在很多情况下是成正比的。学术功底越深厚，你就越能逼近学术的前沿，你也才有可能去创新，才有可能在自己的领域做出重大的发现与发明。在此，我尤其要鼓励我们的研究生同学要多学一点哲学。可能大家觉得这是因为我自己是一个哲学教师，所以我要为自己的专业做点宣传。实际上，我是从同学们的角度出发，从同学们的未来发展来考虑的。大家学不学哲学对我并不会有什么具体的影响，但对你自己的学术和人生道路却可能会有很大的影响。为什么这么讲？我认为，我们的研究生如果能认真学点哲学，那你将来有可能在自己的领域中有重大的、重要的发现和发明。

哲学是干什么的？哲学是一种思维方式。哲学思维的最大特点在于帮助我们去寻找边界、寻找极限。我给哲学思维概括了两个最基本的特点：一是致极性，即追求极限；二是超越性。哲学就是要去追究人类知识、人类思维、人类技能所达到的边界。科学世界、信仰世界、哲学世界是整个人类的视野里的三个世界。

科学世界面对着的是一个有限世界，对有限世界的把握需要借助科学方法，对事物进行定量分析，以求准确、规范、符合逻辑。

信仰世界关注的是人的无限的追求。信仰，尤其是宗教信仰，关注的是一种特殊性的、终极的关怀。信仰世界里有一个万能的上帝，它无所不在，无所不知，无所不能。所以，信仰世界是一个无限世界。那么是否所有人都能达到无限世界呢？很难达到。

由于有了科学世界与信仰世界的分化，因此在科学世界与信仰世界或宗教世界之间就有可能出现一片特殊的地带，这一特殊地带就是哲学世界。哲学就在科学与神学之间，在有限与无限之间穿梭。具体的人们只能生活在有限世界里，但是他却要努力地去追求无限，寻求超越。但实际上无限是很难达到的，人们最多只能趋向极限。哲学就是专门探讨人类理性、人类智慧所能达到的极限，然后再对这个已经确定的极限不断地加以批判、加以反思，使这个极限不断地向前推进，使有限不断地扩展，从而更加趋向于无限。从这种意义上来讲，哲学就和我们今天要谈的卓越联系在一起了。

卓越意味着什么？卓越意味着最大限度地超越有限而去逼近无限，而它的表征就是超越极限。很多同学可能觉得哲学与我们无关，离我们很远。我在给 MBA、EMBA 和博士生上公共课时就发现，越是有成就的人，包括很多企业的负责人、一些高级的领导干部等，都非常关心哲学。社会调查表明，越是有成就的企业家、政治家、思想家、文学家、艺术家等，就越是关心哲学、学习哲学和运用哲学。到了这个层次和境界，要解决的主要问题不是技术、不是策略，而是战略、是决策，是一种宏观的问题。所以，在同学们埋头打好扎实的专业知识功底的同时，一定还要有一种哲理的储备，要养成一种在战略上思考问题的习惯。而这一点，恰好是我们华中科技大学的学生特别应当进一步加强的。我们的卓越不仅在于技术上的精湛与细致，还需要在宏观的方面、在战略的方面、在组织的方面有更大的魄力，更大的超越性。

3. 优异的社会交往和表达能力

这个问题我特别要对研究生同学提出来。大家千万不要认为，我们自己反正是搞专业的，就可以忽视社会交往；千万不要认为，我们自己是搞科学技术的，就可以忽视我们的语言表达，包括我们的书面语言和文字语言。我曾经作为考官参加过公务员的面试，也参加过省人事厅专门组织的对于某一些人才的招聘面试。作为评委，我接触过各种类型的人才。我经常发现，当我们的一些研究生同学面对咄咄逼人的评委时，他们的表现不一定会比一些应聘的本科生优异。我发现，有一些非常优秀的本科生，他们无论是在谈吐、交往、礼仪和才华展示等方面都是很多研究生所不能比的。我后来也在思考这个问题。为什么？也许因为我们这批同学要么来自保送，要么来自考研，大家花了很多时间去准备课程，关注专业，而没有足够的时间来开展社会交往，提升交往能力。但是如果大家有一种错觉，认为研究生不需要交往，那是绝对错误的。现代社会中的任何人都面对着社会交往的挑战，研究生非但不例外，甚至面临的挑战更严峻。

当代哲学中有一个重要的理论叫作交往理论，哈贝马斯——德国哲学家，当代世界上最伟大的哲学家之一——最重要的哲学贡献就是交往理论。在2003年土耳其召开的第21届世界哲学大会上，哈贝马斯成了全场大会上最亮的一颗“明星”。他所提出的社会批判理论、交往理论在世界上产生了极大的影响。全球化时代最大的特点是什么？就是把过去所有分散在各个地区的、各个国度的、各个民族的、各个行业的人们压缩到了一个密集的空间，这个密集的空间中充满了急速奔来的各种事件，给人们带来极大的压力。过去是要五年才发生的事情，现在可能只需要两年；过去可能需要三个月发生的事情，现在也许在五天以内就发生了。对此，你能否恰当地去迎接和应对呢？比如，面对求职的激烈竞争，你能否在一个很短的时间里把自己展示出来，让评委给你打高分呢？大家知道在面试的时候给你的机会有多长时间吗？我有时看到一些同学做自我介绍时，两分钟过去了还没进入正题，有效的话没说几句，那边已经通知，“对不起，你的陈述时间已到”。应该看到，社会交往是有形的，也是无形的；是有声的，也是无声的。大家的言谈举止、举手投足，都展示出自己的底蕴、素质和修养。社会交往是大家作为社会人的必然活动，研究生作为高端人士应当有更强的交往能力。

4. 健康的体魄和心态

我把体魄和心态放到一块讲，大家觉得有这种联系吗？我觉得联系非常密切。当然，首先是一个体魄的问题。研究生期间的繁重的学习任务，需要有一个强健的身体来保证你有足够的精力，精力好了心态才会好。其次，好的心态也会有益于健康。必要的体育锻炼是保持良好的身体和精神状态的必要条件。这就是我们为什么要对一年级新生实行“三早”——早起床、早锻炼、早读书——的原因。只有养成良好的生活习惯，才能保持身体健康。从心态的角度来考虑，关键是要有开放的心态。要想成就一项事业，没有开放的心态是不可能的。什么叫开放的心态？开放的心态就是要为各种可能性做好准备，要能够从容地应对各种突发事件。因此，大家一方面要有理想、有自信，要积极地、坚定不移地推进自己应该做的事情，争取最好的结果；另一方面也要脚踏实地，要谦卑、要宽容、要平和，要勇于放弃已经被认识到是错误的东西。朱九思老院长提出要“敢于竞争，善于转化”，这既是华中科技大学快速发展的制胜法宝，也应当成为青年学子的座右铭。

四、对研究生干部的几点希望

最后我想谈一下，作为一个研究生干部应该怎么做，并提出几点希望。

1. 勇担社会责任

大家能够来担任研究生干部，这是你们过去的造化，也是现在的机会。要选择一个好的学生干部不那么容易，要当一个好学生干部更不容易。大家经过三个月的学习，得到了组织的认可和同学们的信任，被选为研究生干部，这也意味着肩负了某种责任。大家有了这份责任心，能够在紧张的学习之余来为大家工作和服务，是非常有意义的，也是非常值得赞赏的。岗位有限，责任无限，爱心无限。希望大家能够以严肃认真的态度、以做学问的精神来对待自己所承担的工作，使自己所承担的工作的价值最大限度地发挥出来，造福于研究生的发展，造福于学科和学校的发展。

2. 善于开展工作

研究生工作与本科生工作既有相通之处，也有不同之处。我们要根据研究生学习、生活的特点，有的放矢地开展工作，使研究生的各种活动真正在促进研究生的发展中发挥更加积极的作用。要能够科学地安排时间和精力，既要有科学的方法，也要不断提升各自的魅力和感召力，只有这样才能吸引大家来积极地参加活动。新时期的研究生工作应当成为一门艺术。

3. 注重全面发展

马克思曾经把人的自由全面发展作为社会发展的最高目标，这也应当成为研究生同学们追求的目标。人的自由全面发展有很多的具体内容。对于作为研究生干部的同学们来说，就是要思想好、学习好、工作好、身体好。思想好是向导，学业好是核心，工作好是保障，身体好是基础。要把这几个方面整合起来，就要不断提升自己的素养、能力和境界。因此，我们要有丰富的生活、丰富的思维、丰富的情感。如果大家都能够这样去做，就不仅能使自己在研究生期间的生活变得更加丰富和富于内涵，并为自己的未来长远发展奠定更加坚实的基础，同时也会使个人的发展与他人的发展和社会的发展更加一致和协调起来，从而更好地展现自己的生命价值。

第六编

理想与境界

第二十七章 认识自我 挑战挫折 丰富生活 健康心灵[①]

——心理健康教育的感悟与思考

大学时期是心理的成熟时期。笔者提出了关于心灵的五个判断：心灵是汇集全部世界历史文化精华的最美丽的花朵；心灵的健康是人最重要的健康；心灵健康是人的健康中最容易受到伤害的；心灵问题是人的所有问题中最难以自知的部分；心灵的自我治疗比肌体治疗要复杂和困难得多。心灵之所以容易受到伤害，在于大学生和研究生们受到各种挑战而有可能产生各种困惑，例如来自学业的、情感的、疾病的、交往的、职业的、生命的困惑等。我们要通过丰富的生活来健全心灵，为此要强健体魄，保持求知欲望，保持生活热情，加强心理健康教育与自我调适，强化爱心，履行责任。

① 本文是根据作者于 2008 年 3 月 25 日在华中科技大学第四届心理文化节开幕式上的报告整理而成的。

各位老师、各位同学，大家晚上好！

非常高兴能参加今天晚上的心理文化节开幕式。请允许我代表学校党委，对第四届心理文化节开幕，对研究生健康部的成立，对研究健康的委员们正式开始工作表示衷心的祝贺。同时我也借此机会，感谢诸位老师和诸位同学在学校心理健康教育、心理困惑咨询和心理疾病治疗方面所做的大量工作及取得的成绩。衷心的感谢你们的努力，感谢你们所做的各方面的工作以及已经形成的合力，你们为我们校园的总体稳定奠定了很好的基础。谢谢大家！

今天我想和大家谈一个问题，题目是“认识自我，挑战挫折，丰富生活，健康心灵”。如果把我的发言当作一次心理健康教育，那我是不够格的，因为我没有受过正规的心理健康的教育，也没有去认真研究过这方面的问题。但我想就我作为一个成年人，或者作为一个经历了本科到博士学习的研究生，作为一个大学的哲学教师来谈一下我们应当如何对待人生，尤其是如何对待人生中遭遇的挑战，特别是挫折。在历史上，哲学与心理学是联系在一起的，世界上第一部英文哲学辞典就叫作《哲学与心理学辞典》。现在我就尝试着运用哲学的道理和对大学生活的体验来谈谈关于大学生心理问题的一些理解与反思。

之所以谈到挫折，是因为我注意到，几乎所有的极端事件都是因为人们在某些特殊的挫折面前低了头、弯了腰，甚至一念之差而放弃了自己的生命。人生苦短，总会有各种各样的挫折。但是，如何应对挫折，不同的人会有不同的态度，并由此而产生出不同的人生。即便没有遇到特别大的挫折与困难，也有一个如何对待生活与学习，尤其是能否健康和快乐地学习与生活的问题。大家都在学习，但有的人的学习是健康的，也因此是快乐的；而有的人的学习是不健康的，这样的学习因此也就可能是痛苦的。我们应当有健康的心灵，由此去追寻一种健康的学习，让这样的学习成为我们生命中最值得珍惜、最有意义，也最有成效的组成部分。这就需要我们有对自我的充分的认识与自觉的调试。

一、认识自我，感悟心灵

我们每个人都有一颗活蹦乱跳的心，都有一颗充满着激情的心，而这种心灵是我们生命的主宰。现在，国际通行的判断人的死亡标准是脑死亡。而人的大脑是否死亡，就看他是否有意识，是否有自我的认同。因此,这种现实的、真实的、活动着的心灵是一个人之为人的最重要的标志。如果一个人的肌体是健全的,但是他的大脑死亡了,按照国际的标准,他就会被宣布为死亡。因此,心灵才是一个人最为宝贵的。我们身上的几乎所有的器官都可以换掉,而唯一不能换掉的就是我们的大脑。过去讲"心之官则思",现在我们都知道了"脑之官则思"。除了大脑,人的其他所有器官被换掉之后,并不会被认为成了另外一个人,但如果把他的大脑换了,这个人到底是谁就很难界定了,因为如果大脑换掉了就失去了自我同一性,这个人就不能称为原来那个人了。这就是人的心灵的重要地位。现在的问题是,心灵如此重要,但是我们对心灵和精神的认识往往是非常缺乏的,甚至往往充满着误解。所以,我想根据我自己不够全面的知识就心灵问题做几个基本的判断,以加深大家对于心灵的理解。

1. 心灵是汇集全部世界历史文化精华的最美丽的花朵

人类所具有的精神是地球生命圈在其全部自然进化和人类社会历史发展过程中所形成的最高级也是最宝贵的结晶。我们心灵,包含着喜、怒、哀、乐的心灵,是全部世界历史文明进步的结果,也是最珍贵的精神之花。这已经是一个常识,不需要多讲了。

2. 心灵的健康是人最重要的健康

人的健康有丰富的内容和各种衡量标准,而心灵的健康则是人的最重要的健康。在我们生活中,谈到健康,我们往往直接指的是肌体的健康,能吃、能喝、能跑、能跳等就是健康。但是,如果没有一个健康的心灵,那些肌体的健康就都失去了意义。过去讲到保健,首先想到的是体育运动,是锻炼身体,以保持肌体的健康;但如果没有了心灵的保健,则一切身体的保健也就失去了价值。人的心灵健康离不开身体的健康,身体的健康只有在它支撑着健康的心灵的时候才是最有意义和最有价值的。人有各种各样的素质,而心理素质是其他全部素质的核心与灵魂,离开了优秀的心理素质,其他所有的素质都失去了方向和自觉。因此,心灵的健康是人最为宝贵的东西,心理素质是最重要的素质。

3. 心灵健康是人的健康当中最容易受到伤害的

心灵是人体结构中最复杂,也是最高端的东西,它是依托于我们的全部生命活动而产生的精神活动,是依托于我们的全部物质能量和生命能量而产生出来的某些特殊的精神能量。而这种精神能量的产生需要积聚我们全部肌体的可能性以及我们心理的可能性。肌体的可能性来自健康的身体，而心理的可能性则来自很多方面，例如我们的知识、我们的情感、我们的意志，甚至包含着我们最底层的一些直觉，以及我们最基层的一些欲望。这些东西都会以各种方式支撑我们的心灵。在这些东西中，每一个方面各自只是一个必要的条件，不是充分的条件，只有当这些条件都具备并且非常充分的时候，人的心灵才能够健康地工作，也才能够说这个人有一个健康的心灵。相对于人的肌体而言，人的精神是处于高端的；而恰恰因为精神是高端的，它也就具有最强的可塑性。人区别于动物的最大的特点就在于人有可塑性。塑造人要塑造的是什么？塑造的就是一个具有健全心灵的人。而塑造这个健全的心灵要多长的时间呢？是否是一个正常的人，是否是一个有健康的肌体的人，大概只需要长到 2～3 岁就可以判断出来了，但是要成为一个成熟的、心灵健全的人，则要很长的时间。如果说以 18 岁成人作为一个标志，那就意味着我们要通过 18 年的努力学习才能做到心灵健全。而学习意味着什么？意味着心灵世界向外部世界的开放，它要自觉地或不自觉地从外部世界去吸纳各种信息，把它转化为自己的内在组成部分。这些信息可能是健康的，也可能是不那么健康的；可能是让我们欢欣的，也可能是让我们悲伤的；可能是让我们趋于善良的，也可能是让我们趋于邪恶的，等等。这些信息都会以多种方式进入我们的心灵世界。心灵最重要的功能就在于与外部世界进行信息交换。而各种信息的进入，一方面成为促使人们成长、成才的必要信息来源，另一方面也是引起人们产生各种心灵困惑的重要原因。因此，心灵问题是一个复杂而且深层的问题，也正是由于心灵是这样高端的东西，所以各方面的问题都会对心灵造成直接或间接的影响。我们在生理方面的问题会影响到我们的心灵，我们在情感方面的问题会影响到我们的心灵，我们在知识方面的问题也会影响到我们的心灵，我们的成功与成就会给我们的心灵带来刺激，我们的挫折与失败也会给我们的心灵带来冲击，过度的悲伤会给心灵带来伤害，过度的喜悦会给心灵带来震荡，等等。诸多的内部与外部因素对于人的心灵到底是发生正面的、积极的还是负面的、消极的作用，这不是一概而论的，而是因人、因事、因情境而异的。这就是我们所说的心灵的复杂性。对于这种心灵的复杂性，我们过去很少专门地去做这样一种特殊的研究。我们研究心灵，一般是把它放在普适的范围以内来考察的，而忽略了每一个人的心灵都可能有极强的个体差异性。心灵的这种个体差异性是世间最神秘的东西，也是最宝贵的东西。人的心灵的个体差异性使人类社会具有最高的多样性。但也正是这种个体差异性和独特性带来一个问题，那就是人与人之间的交流与沟通的问题。人与人之间的交流与沟通实际上是在具有极强的个体差异性的人之间进行的，因此会遇到各种障碍，甚至使心灵受到伤害。一方面，人作为社会性的存在物，只有在与他人和社会的合作中才能生存和发展；另一方面，这种交往与互动又有可能对人的心灵造成极大的挑战与危害，需要人们加以认识和治疗。

4. 心理问题是人的所有问题中最难以自知的部分

我们每一个人每天甚至每时都在感受我们自己的肌体。如果哪一天头晕，哪一天胃疼，哪一天手脚麻木，大家很快就知道了，也很快就会去看医生。大家会觉得这个问题很现实、很严重，不治疗不行。但是当你在关注你的肌体状况时，你用心地关注过你自己的心灵状况吗？我们的心灵健康被我们自知了吗？我们天天问过我们自己，我们的心灵有没有什么不正常的地方吗？我们经常反思过我们自身吗？如果这样来考察的话，我们的心理健康状况也许是我们的各种状况中最容易被忽略的东西。之所以会产生这种忽略，不是人们有意要忽略它，而是人的心理问题难以被自我所感知。为什么呢？这是由人的认识器官的特征和人的认识活动的特征所决定的。

人通过自己的感官来感受外部世界的变化与自身肌体的变化。我们肌体的任何微小的变化都会很快通过我们的眼、耳、鼻、舌、身的触觉系统和身体的各种内感受系统而汇集到我们的大脑中来，使人形成对于自我肌体状况的自觉。如果有了各种不适，人们就会想着去看医生，去吃药，去治病。人们对身体状态始终处于非常敏感和清晰自知的状态。人由于有大脑而能够感知肌体的状态与问题，可如果人的大脑出了问题怎么办？这不可能靠大脑之外的器官来感知，而只能靠人们的大脑自身来感知和评判。那么，一个有问题的大脑能否感知大脑的问题呢？这是值得怀疑的。一个病态的心灵能够感知和察觉出自我心灵的病态吗？回答恐怕是否定的。这就像我们如果戴上了一副有色眼镜，那你看到的所有东西都会是变形的东西，但是你仍然会以为你所看到的都是真实的，而实际上你所得到的是一幅扭曲的关于对象的图景。

在生活中，人们总是会以自己的心灵本来就是健康的作为当然前提，然后运用自己的心灵去观察外部世界，处理自身与世界的关系，但却常常忘记我们的心灵是最容易受到伤害的，是经常处于波动之中的，是需要自我关注的。医学研究表明，一个人一天中的血压会有很多次周期性的起伏，那我们的心灵在一天24小时中会有多少次变化呢？我们的心灵确实会根据我们所处的不同场景而发生喜、怒、哀、乐的变化。同样的一个东西，有的人看着非常高兴，有的人看着则非常忧伤。何以如此？这是因为他们各自都有着不同的心境。这种心境对于人们的认知和理解产生着非常重要的影响。大脑出了问题，就好比一个镜头被扭曲了的照相机，只能照出扭曲的图像。在这种状态下，人就好像在通过哈哈镜来看世界，看到的所有事物包括自己都是扭曲和变形的，无法得出正确的认识和自我认识。所以，真正有问题的人往往是不会承认自己有问题的，就像深度醉酒的人不会承认自己醉了一样。在这种意义上，要达到对于心灵的自我认识无疑是一件非常困难的事。

5. 心灵的自我治疗比肌体治疗要复杂和困难得多

迄今为止，人类在探索自然界方面都有了很大的进展，但最缺失的仍然是人类的自我认识。我曾经在国外采访到一些世界顶尖级的哲学家。当我问他们"在21世纪的哲学中最困惑的问题会是什么"时，很多人都回答说，21世纪最有魅力，也最难攻破的是认知科学。这个认知是人的认识，认知科学指向人的精神心理活动。我自己从上大学开始学认识论，从硕士开始就研究认识论，到博士期间研究社会认识论，迄至已经有30年了，博士毕业也有20年了。我指导的几十个博士生和硕士生一直在研究这方面的问题，而且研究得越深，我就越觉得这里面奥秘甚多。实际上在这方面我们还有太长的路要走，还有太多未知的世界。肌体的疾病可以通过各种手段去治疗，心灵的疾病则只能通过心灵的自我调适来治疗，而心灵的自我认识和自我调适能力又都是非常有限的，这就要求我们对心灵的问题给予更大的关注与警惕。所以我就想到在我们雅典奥运圣火升起的地方，在希腊的太阳神庙大门上方，当年的古希腊人给我们留下的警言：认识你自己。那么想一想，作为自己的你是什么呢？是一个健全的人？是一个有健全心灵的人？就是在这样一种意义上，我想让我们在座的诸位，也通过我们在座的诸位去引领全校的所有同学去更好地认识自我、感知心灵，这对于大家的健康成长无疑是非常重要的。从这个意义上讲，我想和大家一起去分享一位老师发给我的电子春节贺卡上的一段话。

“有一位花农告诉我，几乎所有的白花都很香，愈是颜色艳丽的花愈是缺少芬芳。”大家想一想，这是为什么？他的结论是：“人也是一样，愈是朴素单纯的人，愈有内在的芳香。”也许是白色的花把自己的主要能量都用于制造芳香去了。作为一个人，单纯是美、质朴是美、纯洁是美。那么，如何在一个纷繁复杂的世界里保持我们的单纯、质朴与纯洁呢？这是值得我们大家深思的。

“有一位花农告诉我，夜来香其实白天也很香，但是很少有人闻得到。”他的结论是：“因为白天人的心太浮了，闻不到夜来香的香气。如果一个人白天的心也很沉静，就会发现夜来香、桂花、七里香，在酷热的中午也是香的。”一个浮躁的心灵，会忽略世界的美丽，会误解世界的真谛，它会造成对于世界的无端的曲解。实际上，今天的世界，今天的我们，常常处于浮躁之中，浮躁给我们的人生体验带来很大的损失，也妨碍着我们去领悟生活，成就事业。怎样才能克服浮躁，静心于事业或学业，这是需要我们认真地反思的。

“有一位花农告诉我，清晨买莲花一定要挑那些盛开的。”为什么？道理很简单，也很质朴，他的结论是：“早上是莲花开放最好的时间，如果一朵莲花早上不开，可能中午和晚上都不开了。我们看人也是一样，人在年轻的时候没有志气，中年或晚年就更难有志气了。”我想，人的成长也是这样，就是人们通常说的“三岁看大，七岁看老”吧！一个人的秉性在他的孩童时代就形成了，一个人的学习习惯在他的学生时代就养成了，一个人的学术水平也会在他读博士期间达到相当的水平。千万不要把自己的希望寄托于将来，而要从眼下的努力和改变做起。“少壮不努力，老大徒伤悲”讲的就是这个道理。我们希望各位在读本科、读硕士、读博士期间都能够励志发奋，争取达到自己在这个时期所能达到的极限。如果生命的每个时期都能如此，那就能创造出自己人生的极限。

“有一位花农告诉我，愈是昂贵的花愈容易凋谢。”大家都知道这是昙花吧。昙花很美，但“昙花一现”，它只能持续两个多小时。尽管它非常美丽，非常精彩，但它的花期只有那么短暂的一瞬。什么道理呢？他的结论是："那是为了要向买花的人说明，要珍惜青春呀，因为青春是最名贵的花，最容易凋谢。"越是名贵的花，越容易凋谢。人的青春也是如此，毕生一次，一闪即过。我们的大学生期间、研究生期间、博士生期间正是"恰同学少年"之际，最青春、最有活力。这段青春可谓是最宝贵，也是最具有创造力、最具有诗意的一段时光。

"有一位花农告诉我，每一株玫瑰都有刺，一不小心就会被刺伤。"人们都喜欢玫瑰，也许还收到过玫瑰。玫瑰美艳，但也有刺，扎手。怎么办？他的结论是："正如在每一个人的性格中，都有你不能容忍的部分。爱护一朵玫瑰，并不是努力把它的刺根除，而是只能学习如何不被它的刺刺伤，还有，如何不让自己的刺刺伤心爱的人。"这个道理既非常质朴，也非常深刻。人与人之间的交往是以差异为基础的，差异使交流与沟通成为必要，但也会妨碍理解和合作。差异之间既可以互相补充，也可能会互相伤害，这取决于怎么看待和处理这些差异。和而不同、求同存异，彼此尊重、互相理解，世界就会在多样性中变得更加丰富、多彩，也会更加和谐、美好。

二、挑战挫折，反思困惑

在讨论挫折问题之前，先要谈一个问题，即人的生命的目的性和自觉性。人生就是在不断的奋斗和拼搏中间走过来的。过去我们对人生有一种自然主义的看法，例如宿命论。一个人什么时候生、什么时候死，生下来以后的状况如何，是出生在一个穷人家还是一个富豪家，是生长在一个特殊的和有教养的家庭里还是一个普普通通的家庭里，这都好像是命中注定的。用通俗的话来说，就是"生死由命，富贵在天"。但是实际上这是不正确的。人的生命的最大的特征是他的可塑性和开放性，人的命运中的相当的部分和程度是掌握在人自身手中的，人的命运在很大的程度上是通过人的自我创造而实现的。而人的生命与动物的生命的最大的区别就在于，动物的生命特征主要是由先天的获得性遗传规定的。越是低端的生命，越是从刚刚出生的时候开始，就越早地具有这个种群的全部特性。就像蚂蚁一样，它刚刚从卵里孵出来就会像其他蚂蚁一样去生长。但是对于人来说，则有最高的可塑性，因而也要更长的时间来成长和成熟。如果我们以 80 年为人的平均寿命，以一个人要花 20 年的时间来学习的话，那他就是花 20 年的时间成熟，然后用40年来工作，最后再用20年左右的时间来养老。可见，人的一生所专用于学习的时间大约占了整个生命的1/4。这多么地宝贵啊！正是在这样的意义上，我们可以说，人的生命的价值是通过人自身的活动来创造的。

那么什么叫挫折呢？挫折就是人的预期目的受挫，不能实现或不能完全实现。人总是在自己的活动中追求着某种目的。恩格斯曾经说过，历史不过是追求着自己目的的人的活动而已。目的实现了，意味着活动的成功，人们会由此而获得成就感，感到满足和愉悦。但是并不是人的所有目的都能够在活动中得到实现，而且人的活动目的往往不能实现或不能全面实现。这就是人们常说的挫折。在挫折面前，人们会有各种不良的感觉，以致引起心理的极大扰动和困惑，甚至有人为此而放弃了自己的生命。这里就提出了一个极为重要的问题：如何看待和应对挫折。我认为，我们应当积极地去认识挫折和挑战困惑，努力把挫折转变为人生的财富。这就需要具体地分析大学时期可能面临的挫折与困惑。

1. 学业的挫折与困惑

我们大家作为大学生、硕士生和博士生，面临的最大的挑战自然首先来自学业。应对学业挑战的成功与否意味着我们的学习是成功还是失败，是大成还是大败。学业的成就给我们以喜悦，学业的艰辛和挫折给我们以忧虑与困惑。如何更好地学习、更有成效地学习、更加快乐地学习，这是我们都在追求和探索的。因此，我们应当自觉地认识在学习中所面临的困难与挑战。学习的困难和困惑很多，主要来自以下几个方面。

(1) 大学学习方式的适应性困惑。从中学到大学面临着学习方式的转变。中学的学习目的非常明确，那就是考大学。学习方式是多年来应试教育模式和考试模式的继续，在老师的直接指导和监督下学习，是按照应试的惯常模式展开的，其目的明确、方法清晰、路径单一，等等。这对于大家来说是轻车熟路、驾轻就熟的。上大学后，时间相对变得更加宽松，从氛围上看也更加自主，考试方式也多样化，尤其是没有了老师的“手把手”和“身贴身”，各门功课的学习靠的是自觉，而且学习上也带有一定的研究性和创新性。于是，在中学时被压抑了的懈怠情绪容易释放，生活中的放纵就容易发展，再加上来自各方面的诱惑等，同学们的意志力就遭受了严峻的考验；更有甚者，一些同学还没来得及认真学习就已经开始遭遇作业完不成、考试挂科、成绩不理想等，使得他们的信心备受打击；如果再受到“网瘾”等的干扰，情况就会变得更加糟糕，甚至陷于困惑与挫折，难以自拔，从而造成对学习的恐惧。从这个意义上讲，做好大学新生期的适应性学习具有极为重要的意义。

（2）大学学习成绩和名次的定位性困惑。学习的困惑不仅产生于学习的实际收获，还产生于同学排名中的相对地位。应该说，高考是对同学们的严峻考验，能够考进大学的都是非常优秀的，能够考进华中科技大学这样的学校的同学则更是优秀的。这样就出现了一个非常普遍的情况，即同学们对自己在班级中的学习情况的排名的自我预期与现实之间可能会有相当的差异。一些过去在高中阶段名列前茅的佼佼者，来到华中科技大学后，发现自己周围是强手如林，在任何方面都有很多的“高手”和“强手”，与他们相比，自己总是在某些方面显得相形见绌。于是，这些人就产生一种较大的失落感或困惑感，尤其是那些曾经在高中表现优秀的、非常要强的同学，更是感觉到这种极度的压力和困惑。还有一些同学多年来习惯于在同学中“学习成绩位于前茅”的那种感觉，在精神上追求某种完满，但是进入大学后却总是难以达到和保持自己的这种愿望……有些同学在与我的交谈中甚至还透露出，他们为此有种“痛不欲生的感觉”。我不得不告诉他们，前三名固然重要，但是真的有那么重要吗？作为学生，学习成绩重要，分数重要，但是还有一种东西比这更重要，那就是你的自信心、你的恰当的自我定位。因为过高的和过低的定位都会带来学习上的困惑。

（3）面对考试的焦虑甚至恐惧。能够考上大学、考上研究生的人，应该说都是“身经百战”的。但是由于学习中的困难和问题，由于同学之间的激烈的竞争，一些人还是会产生“考试焦虑症”或者“考试恐惧症”。我们说，考试之前的紧张和焦虑是一种正常现象，适度的紧张和焦虑有利于调动肌体的应激能力，以激发人的智慧与勇气。但是过度的紧张和焦虑则有可能带来心理的严重失衡，造成对考试的恐惧，甚至带来灾难性后果。比如，有的学生由于考试恐惧而不惜考试作弊，以身试法，遗憾终生。一些同学写了非常诚恳的悔过书，看后更是令人深深叹息——早知如此，何必当初呢？何必做出这样一种错误的选择呢？上到大学了，没有学会学习，没有在学习中获得成就与快乐，而是尝试考试作弊，严重的还会使自己多年的学习毁于一旦。你怎么去面对你的家人、你的亲友、你的同学？怎么去面对社会？怎么去面对你自己的未来？……

面临学业的压力，当然还会有很多问题，比如高分战略与能力提升的问题。前面我谈到一些同学对分数的在意，我是能够理解的。因为我们今天衡量学习情况的主要依据仍然是学习的成绩和分数，但更为重要的还是发展能力和实际水平。学习得好，关键要快乐，要有好的心态。我们对待学习要不浮躁、不焦虑，快乐地学习。只有这样，才能有成功的学习。

2. 情感的困惑

我们的大学高年级和研究生期间，也许是我们情感困惑最为突出的时期。在你们进入大学之前，你们的家长一定是严令不许谈恋爱的。而刚刚到大学时还不知道该找谁。可到了大三、大四的时候，也是快毕业时，一些想法就随之产生：我是不是该有一个人能够与我一道“出双入对”呢？如果上了研究生还没有人喜欢我，这是我有问题还是别人的问题呢？……甚至在社会上还有“男人、女人、女博士”的奇怪说法，这是对我们女博士生的一种偏见，我完全不赞成这种说法。我看我们现在的女博士都非常美丽，都非常健康。但是，无论是在社会上还是在校园里，无论是本科生还是研究生，都有一个“自我认同”的问题。情感方面的困惑是人最自然的困惑，因为男女之间的关系是人与人之间最自然的关系。马克思在《1844 年经济学哲学手稿》中就给我们讲过这个问题。他说，男女之间的关系是人与人之间最自然的关系，这种关系的发展反映着社会文明进步的发展，甚至可以看作是衡量社会进步的一个尺度。人由于其生理的成熟，要有相应的情感的期盼，这是完全正常的，不应该压抑但也不应该放纵。因此，对于情感的困惑，我提出以下四点建议。

(1) 敢于追求。我们要让自己的情感得到恰当的释放，要认识到，情感问题不是一个羞于启齿的事情。今天的社会上有各种形式的“鹊桥会”。当然这对我们大学生好像是没有必要的。大学生身边有的是“美女”“帅哥”。我要讲的是，对于当代大学生而言，正常的情感追求和正常的情感释放是必要的，不能也不应该去压抑它。

(2) 善于放弃。我们看到，有时候被人爱非但没有成为幸福反而成为一种痛苦；有时候单相思的爱更是一种痛苦，甚至会导致极端事件的发生。应该看到，勇于追求是一种勇敢，善于放弃也是一种勇敢。大家要能够审时度势、把握分寸，这也恰恰是对我们智慧的考验。我们的智慧怎么去引领我们的情感？大家知道，在整个西方哲学史上一直在讨论一个问题：是激情的理性还是理性的激情？我以为，应当把恰当的理性建立在合适的激情基础之上。理性为激情引领方向，而激情使理性更富有效能。

（3）懂得自尊。自尊是以“尊他”为前提的。实际上，在情感生活中，最大也最重要的事情就是能够尊重对方。尊重对方就是尊重自我。尊重对方的选择才能使自己的情感建立在真正坚实的基础之上，才能够成就未来特殊的姻缘，所以自尊和自重在我们的情感生活中是尤其值得倡导的。

（4）勇担责任。大家可能都在追问一个问题：爱情是什么？爱情就是责任，爱一个人就意味着准备为他/她付出，意味着承担他/她的责任，包括承担家庭的责任、父母的责任、社会的责任。一个有责任感的人才是真正懂得如何处理好情感生活的人。

3. 疾病的困惑

今天中午我边吃饭边看中央电视台的《共同关注》节目：有一位 14 岁的孩子得了先天性心脏病，家在农村，家境很困难，可以说是“家徒四壁”，更拿不出钱给他治病。这个孩子也因此不能上学，他的母亲为此非常焦虑。这个懂事的孩子在得知他只能活到 18 岁时，做了一个惊人的决定——要在死之前做一件让他妈妈能够为他而感到骄傲的事情。他看到广州有一个人因为缺少眼角膜而失明，于是他提出要捐献自己的遗体，捐献自己的眼角膜。他的这个决定感动了所在的城市，全城的人都来帮助他，并给他凑齐了做心脏手术的钱，最后拯救了他的生命。应该说，正是他的这种精神和他在死亡面前做出的这种选择感动了市民，感动了中国，他自己也在大家的关爱下获得了新生。

人生面临的选择是多种多样的，尤其是在面临一些极度困难和问题的时候。我们大家都知道张海迪，她成为身残志坚的表率。人们的生理问题之所以值得关注，在于它和我们的心灵是密不可分的，是内在互动的。不健全的体魄更难以获得一颗宁静的心灵，除非这颗心灵格外地坚强。坚强的心灵可以帮助人们克服生理的某些缺陷，但这要付出更大的努力。所以，每当观看残奥会时，我就会产生一种比对正常奥运会更多的崇敬。残疾运动员在特殊的身体条件下，以特殊的毅力和意志谱写着他们的人生，震撼着他人以至于人类。

这里有些具体的问题。下面我主要谈四点。

(1) 性别差异与心理健康。男生女生都会面临这样的实际问题。曾经多次有人问过我："欧阳老师，听说女孩子不能学哲学，或学不好哲学，你觉得有这样的问题吗？"甚至还有女生报了我的研究生，但之后又突然给我打来电话说："听说欧阳老师你不招女学生，是吗？"我告诉她说："这是没有的事情，我现在就有女学生。当然，我不能为了证明这一点而一定招你，但是我一定不会为性别问题而不招你。因为招生的唯一标准是考试成绩和实际水平。"

(2) 如何看待抑郁症。抑郁症在很多人看来是一个难以启齿的问题。实际上得抑郁症就像我们得感冒一样，因此我们也把它叫"心灵感冒"。我们经常会面临感冒的困扰，那是肌体的毛病；而抑郁症也不是一个特别奇怪的事情，它属于心理方面的毛病。从某种意义上说，得了抑郁症与我们得了感冒、得了伤风、得了胃病没什么差别，无非是看它们发生在哪里，是看它发生在我们的肌体方面还是发生在我们的心灵方面。只要我们能正确对待、认真调治，都是可以治愈的，只不过各自需要与之相应的治疗方式而已。也许抑郁症的治疗比感冒的治疗要困难一些，但是困难的程度是与人的意志力和自觉性成反比的，因为抑郁症可以通过心灵的自我调控，再加上药物的辅助治疗来解决。抑郁症可能来自遗传，也可能来自后天因素；既可能有心理的因素，也可能有生理的因素。因此，对于抑郁症的治疗，既要用精神引导手段和做思想疏通工作，也要有必要的生理和药物方面的辅助治疗。对于很多思想和精神方面的问题，我们的思想工作是必要的、重要的，也是有效的，但并非万能的、绝对的。如果对此能够辅以生理和药物方面的治疗，其效果一定会更好。对于个别有严重抑郁症的人，首先应当考虑的是用药物治疗，并且加以控制。抑郁症确实有可能导致极端事件，但是抑郁症也是可治的，并没有那么可怕。所以，我们要正确对待。因此，我们也把医院的医生请到了我们的心理咨询室，他们为同学们的心理健康发挥了很好的作用。我们要大张旗鼓地宣传和普及相关的知识，帮助同学们放下包袱，轻松地、正确地对待我们的人生。

(3) 合理、健康的生活方式。从身心健康的角度来看，我认为最关键的是要有一个合理、健康的生活方式。我们当中有很多同学喜欢熬夜，也有很多同学喜欢睡懒觉。我不相信，真正的天才是靠熬夜熬出来的。真正的天才一定是在正常的生活与工作状态下涌现出来的。每个人必须有一个好的体魄，才能支撑你们去攻克学习和生活中的各种困难。按照生命周期规律去合规律和合目的地生活，我们才会有健康，才会有成就，才会有快乐。

(4) 要学会爱自己。那些极端事件者谈不上爱自己，更谈不上爱他人。我曾听到过一个非常极端的例子：有一个同学放弃了自己的生命，他的父母悲痛万分。但是待处理完这个学生的后事，他的父母连他的骨灰都没要就走了。他的父母流着泪说："他都不要我们了，我们还要他干什么。"大家想一想，父母用了20多年的时间把他哺育长大、培养成人，在他身上寄托了全部亲友和家庭的希望，但是他却轻易地毁灭了家庭的希望、社会的希望。在这种情况下，他的这种做法怎么能够得到社会的理解和同情呢？

4. 交往的困惑

据统计，在同学们的诸多困惑中，比例最高的居然是来自交往的困惑，这还真是让我没有想到。但仔细想来又是可以理解的。刚才谈到，人作为社会性的存在物，最重要的就是交往。如果一个人在世间没有朋友，有了喜悦或悲伤没有人可以倾诉，那就会产生一种非常可怕的后果——孤独。孤独是可以要人的命的，因为孤独违反了人性。人是一定要在与他人交往中得到展现和实现的。正是因为交往这么重要，因此在交往中也可能会有多种误区。这里我主要谈两种可能的误区。

第一种误区是自卑。比如，我出身农民家庭，我从小生长在农村，我还能够和人家平起平坐吗？我的成绩比别人低，我能够和那些高分的同学平等相处吗？我这一次考试没有考好，我说话还能大声一点吗？等等。大家在生活中都会有这样的感觉，我自己也曾经有过这样的感觉。这种感觉不是个别现象，而是在人际关系中经常会出现的。在这种情况下，如何才能找到自信？

第二种误区是自傲。居高临下、飞扬跋扈、趾高气扬……这种情况在我们同学当中也不是没有。由于这种人的孤傲，他也常常会受到他人的"孤立"，因而使自己的内心也变得格外地封闭。内心的极度的自负与外在表现中极度的自卑，往往是问题的两极。云南大学的马加爵就是这样的典型。同学之间的交往，我觉得最重要的是积极、真诚、平等、开放、简约。中国古语说，“君子之交淡如水”，讲的就是这个道理。同学们目前在经济上都不独立，也不宽裕，酒肉朋友交不起，也不能交。我们在校园中应当倡导一种简约化的交往、真诚的交往。让真诚使得同学之间、师生之间的友谊更加长久，使同学情谊更加纯真，使大家都能有一个更加简单、宽松和和谐的环境。

5. 职业的困惑

我们也看到有的同学因为学业、专业、未来前途方面的迷茫而放弃了自己现实的生命。进对了大学是否找到了可心的专业？有了好专业是否有了好导师？有了好导师能否取得好成绩？这对我们可能都是问题，但也可能都不是问题，其关键在于你怎么看待它们。世界之大可以容纳任何兴趣、任何专业、任何才华。问题不在于你做什么，而在于怎么去做，在于你做得如何。所以，每年在给毕业生授学位的时候，我只要在场，都会叮嘱我们的同学，到社会上后，一定要认真做你自己该做的事情，不要过多计较一时的得失，要相信社会最终会做出恰当的评价与选择。我们现在的大学生和研究生，经常会面临这样的困惑，到底是就业还是择业？而困惑我们就业工作的问题之一，就是到底是无业可就还是有业不就？这里的关键在于你的就业期待，你期待一个什么样的工作？是以薪酬高低作为标准，还是以社会需求作为标准，或者是以自我发展作为标准？如何才能把这几个方面内在地统一起来？中共中央组织部最近做了一个决定，从 2008 年开始，将在全国的大学生包括研究生中，每年选拔两万人，连续五年，一共 10 万人，到农村里去当“村官”。这个事情已经作为一个正式的政策制定了。我们也有很多同学，以各种方式去支教，如到西部去当教师，到基层去工作，等等。他们从中得到了很好的锻炼和提高。只要勇敢地走进社会，你就会找到施展自己的长处和才华的场所。国家和社会也为这样的人提供了非常好的条件和待遇，甚至以后的公务员也重点从这人中招收或选拔，希望他们能够下得去、留得住、干得好。我们的职业选择就是要在自我发展与社会需要之间找到内在的相关性和结合点。这里我们要避免两种情况，一个是急功近利，一个是好高骛远。我们只要脚踏实地做好长远的规划，就能够找到实现自我价值的合理途径。

6．生命困惑

这可能是最大的困惑。活着干什么？为什么要活着？还要不要继续活着？这对于很多人来说可能都是一件很遥远的事情，但是确实也有人对此做出了否定性的回答，让我们感到非常地遗憾。生命的价值与意义何在？这是需要我们认真去思考的问题。我们有些活着的人不太会认真地思考生命的价值，他们往往在生命要离去的时候才会感到时间的短暂、生命的可贵。正如我们有些同学说的，"我到了大三才感觉到大学生活的珍贵，真舍不得走啊"。为什么？因为这一段时间最美好，人的思想也最单纯，能全力投身于学习，而且社会各方面也给予了我们足够的保障。这里有一个更为严肃的话题是：我们有没有放弃生命的权利？生命属于谁？恐怕很多人会觉得生命属于自己。是的，生命是属于自己的，但是它绝不仅仅属于自己，从某种意义上讲，它甚至主要的不是属于自己。你的肌体是属于你自己的，而肌体的功能是属于社会的，你的精神、所可能做的创造是属于你的家人的、属于社会的。对于这个问题，我们应当有更加广泛的、深度的研讨和领悟。

我非常赞赏前一段时间中央电视台热播的一部电视剧——《士兵突击》。我在很多场合反复地讲过《士兵突击》里的主人公许三多，因为他确实打动了我。许三多曾经待过的钢七连有个重要的口号，也是《士兵突击》里贯穿始终的、最重要的口号，那就是六个字："不抛弃，不放弃！""不抛弃"是指在处理自身同他人的关系上，不抛弃任何可能的机会。"不放弃"是指处理自身所面临困难时应有的基本态度。我们有放弃的权利吗？有抛弃的权利吗？谁给你这个权利？我们在面对挫折的时候，最重要的就是要善于把挫折转换成人生的财富。

有很多同学曾经不止一次地这样问我："欧阳老师，你取得了很大的成就，能不能说说你是怎么走过来的？"我告诉他们说，我是"跌跌撞撞"地走过来的，是在挫折中走过来的。当年我去农村插队的时候，就没有想过是否还能从农村出来，甚至当时就准备在那里成家立业了；当我去当工人的时候，我就只想当个好工人，没有想过还能被选来当干部；恢复高考进了大学后，我就只想着把本科读好，后来才又考了研究生，攻读了博士，成为一名大学教师。这个过程中我有没有碰到挫折？太多了！在那样一个讲家庭成分、讲出身的年代，也由于种种的历史原因，我曾经长期入不了团，后来又很久入不了党，等等；但能够走到现在的关键之点就在于不放弃，因为没有权利放弃。我的生命不是归属于我个人的。所以，我就一步步这样走下来了。我想，我们所有的老师和同学能够走到今天都一样，在某种意义上都是“跌跌撞撞”地走过来的。谁敢说自己就一帆风顺？我猜不会。有的可能考大学考了多次，有的可能考研考了多次，也有的总分达标了但某一科的成绩又不太好，还有的写篇论文送出去想发表，但不久又被退回来，或者已经面临答辩了，可学校要求的论文篇数还不够，等等。面对困难怎么办？不放弃！继续努力！这就是许三多给我们的回答。

这里我们再谈谈许三多。他是个非常“笨”的人，“笨”到了走路的时候你让他往前走，他一紧张就会往后退；你让他向左转，他就会向右转。袁朗对许三多的评价是：当他跟着队伍和集体的时候，他连走路都不会走，但是当他不得不独立地去做事情的时候，他会激发出自己全部的智慧和勇气。许三多做的最深度的思考就是“活着干什么”。他始终要追究一件事情的意义，这一件事情让他感到极度困惑，但是最后也让他从中悟出来也许是他从一开始就信奉并一直坚持的道理，那就是：“有意义就是好好活，而好好活就是要去做有意义的事情。”我把这个问题提交到我的哲学课堂上，请同学们讨论。同学们从中悟出了很多东西，说这意味着许三多体会到生命是一种过程，“好好活”在某种意义上比结果还要重要。过程是重要的，努力了是更重要的，但能不能实现某一种结果，那可能是由各种各样的客观条件决定的。我们不必为结果不能实现而感到沮丧，我们只能为我们在过程中没有尽到最大的努力而感到懊悔。那么，又有哪些是值得我们去做，而且又有意义的事情呢？这对不同的人来说，答案可能是不一样的。比如《士兵突击》中的那个“草原五班”，一个非常典型的小集体，总共那么四个人，看守着一个驻地训练场，周围几十里没有人烟。许三多被分配到那里之前，班里的人就是天天打扑克牌，谁输了谁就往脸上贴条子，就背背包、披毯子……以此来打发日子。许三多去了以后就帮助他们整理内务，自己去练跑步、去修路等。他以一种全新的精神面貌和实际行动把这几个人感动了。后来这个班里的人发生了转化，成了真正的现代军人。

这个五班，用我们通常的话来讲，就是一个“慎独”的五班。在中国文化中有一个重要的概念叫“慎独”。什么意思呢？一个人平时能够严格要求自己，但是当独自一人、没有任何人知道你的行为的时候，你还能严格要求自己吗？还能做好事吗？还能行善吗？西方文化中讲"原罪"，不管你做好做坏都有一个万能的上帝无所不在、无所不知地看着你。而中国文化中没有这样一个上帝，所以一切都要靠我们的内心，靠良知良能，也就是我们通常所说的自觉。但是自觉往往是有限的，自觉是需要智慧和意志来加以支撑的。所以，在草原五班这个地方，每个人都不得不作出一个选择，来面对自己的内心，从而找到一种实现自己价值的方式。因为这个地方没有别的什么事可做，所以每个人都得想办法找一件消磨时光的技能。而许三多选择了修路，为大家做点力所能及的事。一件件小事本来微不足道，但他持续不断地做，不求名利、不计报酬地做，就使得他人也不得不想想自己生命的价值，并通过激烈的思想斗争而在小组里达成一种对于生命意义的共识，促进大家的反思与提高。这就是在某些特定的条件下，人们的自我心理调适与生命价值追求。袁朗等人在总结这种情况时说，当他（许三多）每做一件小事的时候，他就像抓住"救命稻草"一样地抓着他的这一点儿理想、这一点儿意义、这一点儿追求，可有一天我一看，嚯，他抱着的已经是让我仰望的参天大树了。这是什么意思呢？就是说我们眼前的每一个行动都是有价值追求的，这个价值追求可能是宏大的，也可能是细微的，关键在于如何放进我们的现实生活、灌注到我们的现实行为当中。当你按照这样一种方式去积极支配你自身，去积极地努力奋斗的时候，你会发现最终你成就了不少成果。袁朗说得好："信念这玩意儿，真不是说出来的，而是做出来的。"实际上，在生活中大家都会有这样的感觉。当你真正愿意做一件事情并且全力投入其中的时候，你是不会去关心它的价值，也不会去关心它的回报的，而最终你会得到社会和他人的应有回报。许三多的可贵就在这里，别人评价他是一个很安分的人，不太焦虑，耐得住寂寞。这一点对我们大学生、研究生尤为重要，甚至对教师、对我自己也是如此。耐得住寂寞，是成就伟大事业的必要条件。

这里我还要给大家介绍一个曾经让我非常感动、到现在也难以忘怀的地方，那就是天津医科大学的"生命意义展室"。他们在全国第一次设立了这样的展室。这个展室展出的是 211 个捐献了遗体的人的遗言，我看了之后非常感动。大家知道，捐献遗体意味着一个人对社会最后可能做出的贡献，可能这个人把钱也捐了，房子也捐了，能捐的都捐了，最后只剩下这一具躯体了，也把它捐出去。这里面最典型的一个人就是天津医学院当年的创始人、天津医科大学首任校长朱宪彝先生。在20世纪80年代，当他最后一次住院的时候，他留下了遗言：他的全部藏书捐给天津医学院；一套自有的用房交给公家；仅有的两万元储蓄捐赠给医学院作为奖学金；到他去世以后，献出自己的遗体，并将此作为自己最后的归属。在展室正中的花架上展示着朱宪彝教授的肝脏标本，展览在这个地方，表明他与这个学校永存，他也获得了一种特殊的永生。我在那里看到很多人为遗体捐献所写的遗言。有的人说，我一辈子没有给党、给人民做什么事情，我现在也没有什么能力做了，我家里也很穷，我剩下的就是这一具躯体了，我愿意把它捐出来，供医学解剖使用。大家想一想，这是一种什么境界？当时我对自己说，我自己也还很难说就达到了这样的境界，还需要修炼，还需要去学习，还需要提高。追寻生命的价值和意义可以是一个无限的过程，也是一种需要不断提升的境界。

三、丰富生活，健全心灵

创造生命价值，需要有丰富的生活。人的内在心灵世界的丰富性与他的外在生活世界的丰富性大体上是成正比的。谈到生命的价值，一般人可能都有70年或80年的生命历程，但是生活的质量各有差异：有的人活得异彩纷呈，有的人活得窝窝囊囊；有的人流芳百世，有的人遗臭万年。这就是不同的生命所具有的不同价值。对于我们大学生和教师来说，我认为最重要的就是要有丰富的生活。从哲学的角度来讲，丰富的思维是跟丰富的行为联系在一起的，而丰富的行为一定意味着丰富的生活。我们的大学生活是紧张的，但是同时也应当是丰富多彩的。学生除了学习自己的专业以外，还可以参加各种各样的社团等。我们学校有100多个社团，每一个社团都为同学们发展相关方面的兴趣提供了机会和可能。我们可以使自己的生命在各种生活中去绽放光彩。我可能书法没有那么好，但是我可能篮球打得好；我可能足球踢得不好，但是我可能长跑跑得很快；我可能演讲讲得不好，但我的歌唱得好，等等。这些都是大家各自特有的精彩，而每一点精彩又都展现着生命的价值。因此，我们要在丰富的生活中获得全面的发展。这里我给大家提几点希望。

1. 要强健体魄

我非常赞成研究生部把同学们的健康从生理健康和心理健康这两个方面来加以全面的规定。我认为，一个不那么健康的身体是很难支撑健康的心灵的，也难以支持有成就的学习和研究，除非他有特殊的智慧与勇气。我们每个人都需要一个健壮的体魄。从古希腊的斯巴达克那里，大家就可以看到当时的人们是如何为了种族的强盛而强健所有人的体魄。我们提倡大家每天锻炼一小时，健康地学习生活 50 年以上。

2. 保持求知欲望

在我们的生命要素中，最有驱动力、引导力的也许就是我们的求知欲望。亚里士多德曾经讲过，研究哲学需要三个因素：闲暇、惊奇、自由。三者缺一不可。为什么？一是只有有了“闲暇”以后，你才能够来思考哲学，去关注那些超越现实世界的东西。如果天天忙于生计，衣食不足，要指望他去研究哲学，那恐怕是非常困难的。二是要有“惊奇”，要勇于和善于去发现问题。三是敢于“自由”地思想。心理的健康在很大程度上是来自思想自由，不压抑，也不过度地强迫。研究哲学是如此，研究任何学问也是如此。

3. 保持生活热情

热爱生活才能有健全的理性和健康的情感，也才能有健康的心灵。健康的心灵是理性和情感的和谐统一，以理性为情感定向，以情感和意志为理性发展提供动力。这里我要提到《士兵突击》中的另外一个重要人物——成才，我们可以从他那里得到启发。成才是一位绝顶聪明的人。成才进入老 A 部队培训后，他所有的考试成绩都是第一名，但是领导决定不要他。为什么？因为他对他所有的战友都没有感情，他没有把他的战友看作是战友，而是当作对手。他把他的心灵世界严严实实地遮蔽起来，从不暴露给他人。成才在钢七连里待了两年，可当让他去回想钢七连的口号的时候，他竟然想不起来“不抛弃、不放弃”这六个字；当他想去回忆这两年在他生命中留下的印象时，他居然记不起来钢七连的任何一个人，想不起来那里的任何一件事。他说他想得头都疼了也想不起来什么。在这样惨痛的教训面前，他回到自己原来所在的基层单位——草原五班。他在那里找回了自己的枝枝蔓蔓，回到了真实的生活，重新成为一个有血有肉的人。最终他获得了真的成功。

成才的这个转变过程是值得我们去关注和思考的。这个转化的关键就是要回到正确的人生理想的轨道。应该看到，最终吸引着我们、感召着我们朝前走的是我们每个人心中开着的那一朵花，而这朵每一个人心中的花实际上就是你对生活意义和生命价值的理解。这种理解和追求可以帮助你去超越一切困难与挫折。

4. 加强心理健康教育

要加强组织建设，构建全面系统的心理健康教育体系。从学校工作的角度，我们提出这样五个方面的要求：一是要提高认识，各级都要高度重视；二是要构建机制，全员参与；三是要不断提高各种专业水平和专业识别能力，要注重识别，尤其是对那些带有极端倾向的人要着力帮助和关心；四是全面关怀，解除诱因，学校要努力为大家开展工作创造尽可能好的条件；五是强化教育，重在治本，要把心理健康作为我们素质教育的内在组成部分，使其内化为人的主体性成长的重要因素。

5. 强化爱心，履行责任

这里我也对我们的学工干部和健康委员提出几点要求。

第一，善于观察，敏锐发现。我们各位健康委员身上肩负着重任，平时我们要对班上同学们的心理状态做到了如指掌，能够从一些最不经意的言谈举止中去发现他们背后所隐藏的东西。

第二，见微知著，洞悉心灵。要真正做到这一点，靠的是人心，是心与心的交流。心理具有一个最大的特点就是它不会直接地袒露在人们面前，它一定要通过思考、通过言语和行动来表达。人的智慧还有一种功能，那就是掩盖自身，遮蔽自身，所以有时就会出现假象。甚至也有人会有意地制造假象，从而掩盖自己真实的意图和目的。我们看到有的同学“从容不迫”地结束了自己的生命，而之前竟然没有什么明显的迹象。这不仅让人感到非常痛心，也值得我们去警惕。

第三，保持警觉，及时通传。发现问题一定要马上报告，有时宁可搞出一点儿小误会，也不要放过或轻易放过一点儿隐患，并且要注意方式、方法。

第四，传递爱心，施以大爱。华中科技大学之大，要有大楼，要有大树，要有大师，更要有大爱。真正的爱心会变成近乎无限的力量。当一个人感觉到这个世界还有人很在乎他的时候，他能不在乎这个世界吗？

第五，要乐助善施。要乐于帮助，也要善于帮助。乐于帮助他人容易做到，善于帮助他人恐怕就不那么容易做到了，要有智慧，要有能力，这样才能展示和实现我们的大爱。

6. 心理健康教育要做到全员育人和全员自育相结合

苏联一位非常著名的教育家苏霍姆林斯基曾经说过，只有激发学生进行自我教育的教育才是真正的教育。美国的心理学家帕特逊也说，心理健康教育应该协助受教育者成为一个负责、独立，并且能够自我实现的人，有能力为自己的行为做出决定而且有能力对自己的行为后果负责的人。我们希望通过在座的诸位老师和同学们的努力，使我们华中科技大学所有同学都能够在促进自己心灵健康和美好方面增强自觉性，而且能够懂得怎么样去做。我们应当懂得怎样去爱自己、怎样去爱家庭、怎样去爱同学、怎样去爱学校和爱社会，在此基础上，去爱我们的人类。

第二十八章　加强学风建设促进学术繁荣

学风既指学术之风，如学者的学术目的、学术态度、治学方法等，也指学习风，如学生的学习态度、学习表现等。学风方面的问题主要有：违背学术精神，急功近利；违背学术道德，投机取巧；违背学术规范，争名夺利等。这些问题危害了学术的本真精神和社会声誉，影响了学者对于学术的崇敬与追求，妨碍了学术的创新与发展，破坏了社会的公平与正义。因此，应积极倡导为科学而科学、为真理而真理、为自由而自由的精神，建立、健全科学的学术规范体系和学术评价机制，积极开展学术批评，加强舆论监督，依靠各级党政组织和学术机构的力量惩戒学术不端行为，净化学术环境，提升学术道德。

加强学风建设是当前学界的共识。本文分析了当前学风建设中存在的问题及其原因，探讨了不良学风的主要危害，提出了整治学风的基本措施，与识者共同探讨。

一、当前学风建设中存在的问题及其原因

学风一词包含了两个方面：一是学术之风，主要指学者的学术目的、学术态度、治学方法等方面的状态与倾向，是学者的主体思想认识和道德素质的综合性体现；二是学习之风，主要指学生的学习态度、学习表现等。二者之间是互相支撑、相辅相成的。本文讨论的主要是学术之风，但也不能忽视学习之风。

当前学术之风方面存在的问题主要有：违背学术精神，急功近利，低水平重复，粗制滥造，制造学术泡沫、学术垃圾；违背学术道德，投机取巧，弄虚作假，抄袭剽窃，据他人成果为己有，破坏知识产权；违背学术规范，在学术评奖和资源分配中搞学术交易，争名夺利，搞学术腐败，等等。

学风不正有多种原因。

首先是学者自身的原因，如学术精神的匮乏、学术良知的淡漠、学术道德的缺失、学术尊严的丧失、学术心态的浮躁，等等。有些学者想做学问却不遵守学术规范，不尊重学术道德，这既是学者的悲哀，更是学术的悲哀，也是学风问题最为深层的、内在的原因。

其次是学术体制方面的原因，比如对于学风建设的重要性倡导不力，对于学术规范宣传不够，对于学术评价指标体系建立不全，对于学术失范行为批评教育不够，对于学术腐败惩治打击不力，等等。学术研究是一种高度规范性的行为，一旦缺少规范或执行规范不力，就有可能走向失范，进而带来严重的后果。

最后是社会方面的原因，这与不良社会风气的熏染有关：在市场经济条件下和社会转型期，社会普遍泛起的功利主义、个人主义、拜金主义等不同程度地渗入学术界，影响着学者的心灵和学术的圣洁；各种评价指标体系不尽合理引发了某些不良的学术心态；过度的功利追求引发了一些不正当的竞争；单位的本位主义和自我保护也纵容和姑息了学术不端行为，等等。

二、不良学风的主要危害

不良学风危害了学术的本质精神和社会声誉。学术精神是学术研究的根基,各种学术不端行为的最大恶果就是从根本上颠覆了学术的本真精神,玷污了学术的声誉,败坏了学术的价值,这不但影响了社会对于学术的信任,也影响了学者对于学术的崇敬与追求。

不良学风还妨碍着学术的创新与学术的发展。创新是学术的灵魂,是需要付出极大努力的艰巨劳动。投机取巧、粗制滥造、制造泡沫等,打击了正常、沉静的学术研究,带动了学术的浮躁,破坏了学术的创新体制,危害着社会的学术研究和精神生产体系,长此以往必然带来学术创新精神的衰退、学术活力的衰减、学术生命的枯竭。

不良学风直接破坏着社会的公平与正义。知识生产是人类所有生产中最复杂、最高级的生产,知识产权是社会最重要的产权之一,知识价值保护是社会进步的重要条件和核心内容之一。各种形式的抄袭、剽窃、弄虚作假,窃取他人辛勤劳动成果为己有,侵吞他人和社会最珍贵的资源,都严重破坏了知识产权的正当归属,有如偷盗抢劫,已经属于社会劣行。如果还以此作为自己晋阶升级的资本与手段,谋取更多的社会财富和更大的社会荣誉,破坏社会的分配和价值体系,其用意和后果则比偷盗抢劫财物更为严重和恶劣,更当不齿于人类。

不良学风直接危害学生。学生的学习之风直接受制于学术之风。学风教育是所有教育中最基础也是最重要的内容,学风的传承是文化传承中最核心的内容。只有坚持优良的学风,才能培养出一代又一代的忠于科学、勇于创新的优秀人才,而学风的败坏则动摇着学术大厦的根基。学术之风的恶化必然带来学习之风的恶化,二者的恶性互动也必然会破坏学术生态的平衡,引起学术生态链的断裂与毁损,从而导致教育和学术的双重颠覆,导致人才培养链条的中断。

三、加强优良学风建设的可能措施

要在全社会大力张扬学术价值和学风建设的重要意义。党风是政党的生命线,政风是政府的生命线,学风则是学术的生命线。正是在这样的意义上,加强学风建设,在本质上讲就是加强党风建设,也是加强政风建设。我们应当重新学习并深刻领悟毛泽东同志的教导:“所谓学风，不但是学校的学风，而且是全党的学风。学风问题是领导机关、全体干部、全体党员的思想方法问题，是我们对待马克思列宁主义的态度问题，是全党同志的工作态度问题。”[①]我们要深刻认识学风建设与党风建设、政风建设和社会风气建设之间的内在相关性和互动关系。要特别警惕学风不正成为社会高层价值体系崩溃的决堤口，要高度重视学风不正可能带来的极大危害，要采取得力措施表彰优秀学风及其成果，造就全社会重视优良学风建设的健康局面。

应在学术界和学者中重塑学术价值，积极倡导为科学而科学、为真理而真理、为自由而自由、为学术而学术的宝贵精神，张扬学术正义和学界正气，在人才的培养和选拔中应特别重视优良学风和学术品格的培养，鼓励求实的学术精神，倡导优良学术道德，促进学术繁荣。

应当建立、健全科学的学术规范体系和学术评价机制，建立具有权威性的学风监督和监察机制，使学术研究有章可循、有规可依、有机构可管。学术规范是学术研究之本，只有严格科学的学术规范才能既给学者以空间，又给他们以约束，保证学术研究始终行进在正确的轨道上。借助于必要的学术规范，学者之间才有可能建立起恰当、有益的交往和合作体系，并及时发现和制约学术失范行为。学术评价标准彰显着社会的价值取向，对于学术发展方向具有直接的引导功能。科学合理的学术评价标准是促进学术繁荣的内在根据。

应当积极开展学术批评，加强舆论监督，形成对学术不端行为人人喊打的局面。学术批评是学术繁荣的必要条件。积极和健康的学术批评与学术争鸣，既有利于深化学术、探求真理，也有利于揭露问题、冲击不端。学术批评要借助于公众的力量和舆论的力量来展开，以造成良好的学术生态环境。对于学者来说，应当保持良好的学术心态，既要保持自信、敢于坚持、勇于论争，也要保持谦卑、善于学习、勇于放弃。从社会的角度，应当建立良好的学术生态环境，既能够鼓励先进、激励创新，也能够允许失败、宽容个性，从而造成一个宽松、和谐、自由的学术环境。

应当加强学风考评。要把学风考评作为学术评价的重要尺度并运用到晋级晋职、评优评奖和资源分配的各个环节，从组织人事制度等方

---

① 毛泽东选集：第3卷[M]. 北京：人民出版社，1991：813.

面来加以落实和实施。学风评价不仅应当成为学术评价的重要内容，也应当成为学者考评的重要方面。要使看起来比较“软”性的学风问题变成一个组织考评的“硬”性标准，并通过各种组织措施来加以推行，使之与学者的切身利益相关联，以促进优良学风的推广与养成。

应大力惩戒学术不端行为，加大对学术违规行为的处置力度，加大学术不端行为的成本与代价。要加强政策的威慑力，通过严格的制度和有效的措施及时发现并严格惩戒学术不端行为。对于严重的和有意而为的学术不端和学术腐败应当实行一票否决。

教育部学风建设委员会的成立表明了国家教育主管部门加强高校优良学风建设的决心，这对于呼唤和张扬优良学风、加强学术规范建设、警戒和惩治学术不端有着非常积极的意义，是一个具有长远战略意义的重要举措。学风建设委员会应当在加强顶层设计、推进政策更新、促进制度建设、加强思想引导和实施宏观调控方面发挥更大的作用。

总之，学风建设应当依靠各级党委和行政组织，依托于各类学术组织和机构的力量，借助于社会舆论的支持与呼唤，借重于学术批评的力量，依托于制度建设和机制建设的制导，从“褒奖优秀”与“惩治不端”两个方面同时着手，重在唤起所有学者的学术良知与学术精神，养成优良的学术习惯和学术规范，不断提升学术品格和人生境界，在宏观与微观的有机结合上构建科学求实、自由开放、有序高效、激励创新的学术生态链和社会生态系统。

第二十九章　恪守底线 提升境界践履笃行[①]

——社会主义荣辱观的理论与实践

学习和实践社会主义荣辱观之所以必要，在于知荣辱是人之为人的基本要求，也是一个民族成熟程度的重要标志。中华民族有知荣辱的优良传统，但是近代以来，中华民族的荣辱观在多次冲击中经历了历史性转换。改革开放以来，荣辱观又面临着深刻的调整。“八荣八耻”作为社会主义荣辱观的核心，其特点在于各自看来都不是新的，但整合起来却形成了一个新的体系，把荣与辱对照起来，加强了针对性，既表明了底线，也指出了提升境界的可能方向。践履社会主义荣辱观，应该做到恪守底线、提升境界、重视内化、勇于批判、制度保障、践履笃行。

① 本文是根据作者于 2006 年 5 月 31 日在湖北大学全校党员干部会议上所做报告的录音整理而成的。

各位领导、各位老师，大家好！

对于社会主义荣辱观问题，最近大家都非常关心，客观一点来讲，大家也非常熟悉。我们从小接受的教育就是社会主义荣辱观教育，大家在工作中也一直在实践。因此，真正要把这个问题谈好，是非常难的。我确定了这么一个题目，叫作“恪守底线、提升境界、践履笃行”。社会主义荣辱观是作为一个人，作为社会主义的人，作为中国人的基本道德底线，“八耻”是最低的底线，不能突破，不能越界，这就是恪守底线。“八荣”实际上是一个境界问题，境界是无限的，因此需要不断追寻和提升，这就是提升境界。而在底线和境界之间，最关键的还是要去实践，所以叫作践履笃行。我想谈三个问题：第一个问题谈一下为什么，第二个问题谈一下坚持什么，第三个问题谈一下怎么坚持。最后作为结束语，谈一下领导干部的荣辱观和一般群众的荣辱观相比有什么特殊内涵，应该怎样更好地去践行，算是我们共勉。

一、为什么要学习和实践社会主义荣辱观

为什么要学习和实践社会主义荣辱观？简而言之，因为社会主义荣辱观是建立社会主义和谐社会的思想道德基础。建设社会主义和谐社会的目标提出以后，在全国人民心中唤起了一种高度的认同感。过去，邓小平同志以小康社会感召了中华民族，大家都为小康社会的建立而努力奋斗。20世纪末我们基本建成了小康社会，但是在这个过程中产生了一些问题，于是中央及时地提出建立社会主义和谐社会。很明显，和谐社会和小康社会是一脉相承的，但是它们又有不同的侧重点。中华民族早就有和谐的愿望，但由于长期遭遇了不和谐的矛盾与冲突，因此这个概念提出来以后，很快就得到全社会的普遍响应。和谐社会怎样才能建立？这需要很多基础，比如：要有经济基础，要建立在高度发达的社会经济基础之上；要有政治基础，要建立在民主与法治基础之上；还要有思想道德基础，要有全体社会成员非常高的人生境界、社会理想、价值信念，等等。在这种意义上，我想从以下几个方面来谈一下为什么要践行社会主义荣辱观。

1. 知荣辱是人之为人的基本要求

从最广泛的意义上看，人之为人，可以从两个层面来谈。第一个层面是从非人到人，也就是从原始人到人类。第二个层面是个人的成长。

人类从野蛮到文明实际上经历了一个漫长的过程，对于这个漫长的过程，可以从两种角度来考察：一种是从人类文明发展的历程来考察，另一种则借助于描绘这个历程的一些神话、传说，甚至是宗教来考察。比如，关于人类最初的生成状态有各种描绘，最经典的大概是《圣经》。《圣经》讲上帝造人，造出了亚当和夏娃，两个人生活在伊甸园，一直赤身裸体在一块儿生活，没有觉得哪里有不妥。有一天他们在蛇的引诱下偷吃了树上的智慧果，变得聪明了。有了智慧以后，他们发现，男性和女性是不一样的，其结果是，他们对男女之间赤身裸体在一块儿产生了耻辱感。上帝惩罚了他们，让蛇无腿终生用肚子爬行，让男人终生劳苦，让女人怀胎生孩子受痛，这就是最初的原罪说。在上帝看来，所有人来到世间都带着原罪，应当有羞耻感和罪恶感，这就有了荣与辱的问题。实际上，荣辱感就是人类社会自我认识的一种思想成果。基督教讲原罪，原罪实际上就是人类自我谴责、自我约束、自我调适的最重要的根基。整个西方文明都建立在原罪观念的基础上，今天他们所有的法律都以一个人性假设作为前提：所有人，只要有条件，都会犯罪。所以在西方，所谓文明就是想尽一切办法去建立一个完善的制度，让所有可能犯罪的人无法犯罪，这样他就是一个好人。这就是人类文明的“原罪说”。当然也有另外一种学说，即关于人类文明的“本性善良说”，认为人生下来就有良知、有良能，因此人类文明是不断进步的，但是人的良知、良能又不断地受到各方面的邪恶的诱惑，这时就需要产生一种制度，来防止好人变成坏人。不管你的前提是好人还是坏人，最终目标都是希望你做一个好人，无论是通过内在的良知还是外在的社会制度。在这个意义上，从人类发生学的角度来看，知耻和知荣是人之为人的一个基本前提。

人类发生史是这样，每一个个体的发生也是这样，这就是第二个层面了。我们在座的都是为人父、为人母的。我们看看自己生的孩子，刚刚生下来的孩子是不知道羞耻的，饿了就叫，想拉就拉，高兴了就笑，不高兴了就哭，没有羞耻感，也没有荣誉感。什么时候有了最初的羞耻感？他不随地大小便了，听到妈妈的呵斥，他知道不对了；什么时候有了荣誉感呢？妈妈的表扬、鼓励和奖励，可能促使他继续重复某一个动作。从最初的人的本能式反应一直到形成人的自觉的荣辱观是一个漫长的过程。今天我们讲 18 岁成人，或者在大学教育中继续要求大学生成为一个完整的人,有什么意义呢?有人说,核心有两条,一条是爱心,一条是责任,而这两条的核心就是荣辱。所以大家常说:好孩子是夸出来的。为什么?就是不断地给他一种所谓正反馈,让他不断地去做社会认为正当的、合理的、有价值的事情。同时,社会也要不断地批评某些现象,防止和训诫人们不去做那些不符合社会要求的事,这就是我们经常讲的"胡萝卜加大棒"。在我们的教育中,就是要不断地明确人类行为的基本规范,从最低的底线到最高的境界。所以,无论是从人类发生意义上还是从人类个体发生意义上讲,荣辱观的生成与实践都对人、对人类生存有着特殊的意义和价值。

2. 知荣辱是一个民族成熟程度的重要标志

前面我们从最大的人类讲到作为个体的人。在实际生活中,最大的人类和最小的个体是分化为种族和民族的。种族发展到一定程度,到一定成熟形态后就以民族的形式存在和成长,而一个民族何时成为一个成熟的民族可能有很多标志,比如我们通常讲的语言文字、文化体系、组织方式、内部的交往方式,但是根本的或者核心的理念之一是荣辱感。我们在对不同民族进行比较时会发现,在一个民族里被引以为荣的事情,在另一个民族里可能是引以为耻的。而认同一个民族,就是认同这个民族的荣辱感,就是我和其他人同荣辱、同进退、同发展。在整个当代西方文化研究中,有一个重要的概念叫作 identity(同一性或认同),它表明任何一个个体要认同一个群体、一个民族,特别是一种民族文化,必然要经历思想、文化、观念、价值和信念的整合。比如说,大家都关注资本主义的发展,资本主义的发展与民族国家的形成是有关的。资本主义是怎样产生的呢?西方有位著名的社会学家叫马克斯·韦伯。他写了一本书,叫作《清教伦理与资本主义精神》。马克斯·韦伯说,资本主义之所以产生,得益于一种重要的伦理观念,叫作清教伦理。在西方文明的发展历程中,宗教发挥了非常重要的作用。最初形成的天主教,它的发展与整个社会的发展相比,有着相当的超越性,超越到各种宗教礼仪与社会生活方式远远脱离的地步。它要兴建巨大的、金碧辉煌的教堂,它要有一套非常严格的宗教仪式,它要有一套特殊的理想、价值、信念,天主教的神父不能有家庭,等等。这些信念和教规大大超越于世间。由于这样一种发展,一方面宗教生发于社会生活,一方面宗教又脱离于社会生活。后来,宗教内部发生分化,产生改革,改革的结果就是让宗教走进社会生活，产生了一个重要的教派，今天我们把它叫作清教。清教认为，宗教要在社会生活中继续生存下去，它必须走入家庭，走入日常生活，这就是宗教改革的核心。马克斯·韦伯认为，资本主义的发展得益于清教的发展和清教伦理的提出。资本主义的发展是以清教伦理作为基础的。那么清教伦理强调什么？清教伦理强调助人为乐，强调克勤克俭，强调社会生产。它的荣辱观发生变化之后，引起了非常深刻的社会变革。

在整个西方资本主义发展以后，东方有一些国家在20世纪的最后30年又掀起了一场新的变革，那就是"亚洲四小龙"的崛起。西方资本主义走了几百年，亚洲这些国家或地区要跟随西方走资本主义道路，这时，他们提出了一个概念——Asian values，就是"亚洲价值观"。亚洲价值观实际上就代表着一些亚洲国家或地区对于现代化的基本价值理念与实践。亚洲价值观主要是由当年新加坡总理李光耀先生提出来的。面对着西方人对亚洲现代化道路的指责，李光耀等以什么来回应和抗衡西方呢？他说，你们西方的现代化有三个核心价值：第一个价值是市场经济；第二个价值是议会民主；第三个价值是清教伦理。我们亚洲这些国家的现代化发展，跟你们西方国家既有相同的地方，也有不同的地方。相同的地方是，你们搞市场经济，我们也要搞，因为它能发展社会生产。而从政治的角度说，你们搞议会民主，对不起，我们要搞中央集权。大家知道，当时新加坡等国都实行高度的中央集权。尤其是在当时的新加坡，有一种重要思潮，叫作新权威主义。而在思想伦理方面，李光耀说，我们不用清教伦理，但是我们有一种伦理叫作儒家伦理。他把儒家伦理作为"亚洲四小龙"发展现代化、争取社会进步的重要精神支柱。

所以，对于一个民族来说，是否能够形成与这个民族相适应，能够凝聚所有民族成员的荣辱观，实际上是一件非常关键的事情。我们来比较一下德国和日本。我第一次去日本是1991年，2001年去了广岛，参观了原子弹爆炸纪念馆。广岛是人类第一颗用于实战的原子弹爆炸的地方，当时广岛全市的建筑都被炸毁，只有一个建筑主体还在，留下一些钢架和砖墙，是一个大圆体建筑。日本人把它保留了下来，在它的旁边修建了一个很大的原子弹爆炸纪念馆。我到那儿去了才深刻体会到该以什么心情来看待这个事件。首先，原子弹是美国人扔的，是反法西斯联盟对于法西斯联盟的致命一击,是正义之弹。但是谁受直接伤害呢?不是天皇,不是战犯,而是日本人民。原子弹威力巨大,给广岛人民带来了极大伤害。其次,应当如何反思二战,或者说反思整个日本军国主义,这个荣与辱之间的界限是非常大的,差距是非常大的。最近媒体非常关注的一件事情,是一个日本人到中国来谢罪,在卢沟桥绝食三天,向中国人民谢罪,他本人并没有参加过二战,但是他以这种方式来表达他的罪恶感。但是我们也看到,在日本,军国主义不断泛起,首相不断地参拜靖国神社,引起了日本内部和国际社会的极大关注与抗议。这种围绕国家的荣辱观或者由荣辱观所产生的争论,实际上是可能导致一个国家或民族分裂的诱因。

我们再来看德国。德国也两次发动和参与了世界大战,但大家普遍认为,德国是一个比较有罪感的国家。我到德国去访问的时候,曾经专门做过一个课题,是"两德统一与知识分子的心态",专门探讨德意志民族对于历史的反思与批判。在学习哲学的人的心目中,德国人的地位是非常崇高的,有德国古典哲学,特别是有马克思的哲学,后来还有法兰克福学派、现象学、解释学等。我们看到,整个德意志民族最突出的特点是有非常强烈的历史感,而且能够刻骨铭心地去反思自身。1970 年 12 月 7 日,联邦德国总理勃兰特在向华沙无名烈士墓和华沙犹太人殉难者纪念碑敬献花圈时,曾经跪倒在纪念碑前,向数百万无辜死难者低头默哀。当时联邦德国总统赫利同时向全世界发表了著名的赎罪书。此举震撼了世界,也使德国人得到了世界的原谅。当然,当前的德国也产生出一些新种族主义的问题。所以从民族发展成熟的角度来看,荣辱观的自觉实际上是一个民族成熟程度的重要标志。

3. 中华民族是一个有着知荣辱的优良传统的民族

中华民族从最初生成、有文字记载以来的几千年里,在思想道德领域争论的核心就是荣辱的问题。大家知道,我们民族文化的先师孔子,一直强调的是"仁则荣,不仁则辱"。仁、义、礼、智、信是儒学的核心,也可以说是中国传统思想道德的核心。过去长期批判的"三纲五常"等,实际上是在给我们社会提出基本的社会秩序、价值取向和理想信念。管子说:"礼、义、廉、耻,国之四维。四维不张,国乃灭亡。"在中国思想文化史上,"忠孝仁爱、礼义廉耻"具有非常重要的内涵与意义。

4. 近代以来中华民族的荣辱观经历了历史性转换和冲击

中华民族有悠久的知荣辱的传统。但是从1840年以来，特别是五四运动以来，中华民族的荣辱观遭遇了多次非常强烈的冲击，经历了多次历史性的转换。我们有必要对此做些历史性的回顾，以便更好地回答为什么今天我们需要重新学习和实践荣辱观的问题。这里有几次比较大的转换和冲击。

（1）五四运动以来反传统荣辱观。五四运动是中国现代史上一次非常重要的思想革命。先进思想家高举“科学”与“民主”两面旗帜，呼唤中国走进现代化。现代化问题是一个深层次的问题。长期以来，中国人是带着对于现代化的误解走过来的。中国曾经有过自己的历史辉煌，但在整个西方现代化的历史进程中，我们却一直做着“天朝大国”的迷梦，在实践中走向了封闭，与世界完全隔离。终于有一天国门被打开，但它是被帝国主义的洋枪洋炮轰开的。洋枪洋炮带来了西方的现代化，但它们同时也伴随着对中华民族的凌辱。因此，很长一段时期，中国人对现代化有一种拒斥感，这可以说是中华民族的一个悲剧。也就是说，世界文明走向现代化是一个历史的大趋势，但是中华民族不仅仅是与它失之交臂，而且是长期对它没有好感。对现代化这个人类文明发展的总体趋势，中华民族长期不怀好感，这绝对不是一件可喜的事情，而是一件令人非常遗憾的事情。1840年以来，我们在拒斥现代化的过程中不得不接受现代化，到1919年通过五四运动和先进思想家的努力，认识到中国必须走现代化的道路，学习科学与民主，于是喊出了一个重要口号——打倒孔家店。这时，我们前面讲的“忠孝仁爱、礼义廉耻”就由中国传统的荣辱观变成了所谓封建糟粕的东西，要把它彻底打倒。1919年的五四运动是中华民族历史上一次重大的思想解放运动，没有它就没有中国的现代化，但是同时它又带有另外一种思想倾向，就是为了追求现代化，而割断与传统的联系，不管这个传统是好的还是有问题的。这就多少有点像马克思批评的德国古典哲学，为了倒脏水，而把盆子里面正在洗澡的小孩一块倒掉了。所以在中华民族文化的传承过程中，五四运动是一个非常重要的关节点，它对中国人的思想解放、走向现代化起到了非常积极的作用，但是从对中华传统文化的批判以致割裂的角度来看，它也起到了很大的作用。这是一个问题的两个方面。这个问题比较复杂，需要专门加以探讨。

(2) 革命战争时期的革命英雄主义荣辱观。1927 年国共关系破裂以后，共产党宣传的共产主义荣辱观、思想道德、价值取向等基本理念非常深刻地影响着中国。直到今天，这样一些革命英雄主义、共产主义、社会主义的荣辱观仍然发生着积极的影响，而且成为造就中华人民共和国的巨大的精神力量。当然，在这些荣辱观中又包含着一些可以进一步完善的因素。比如在大力倡导革命英雄主义的时候，也给予个体以足够的个性发展空间，关注个体的价值和利益。

(3) 新中国成立以后的社会主义荣辱观。1949 年新中国成立后，中国共产党做了很多的努力，要树立社会主义荣辱观，其中最重要的是通过一系列法规来制定社会主义荣辱观，尤其是规定“荣”的基本内容。1949 年 10 月 1 日，毛泽东登上天安门城楼，宣布中华人民共和国成立。在此之前，1949 年 9 月召开了中国人民政治协商会议，其第一届全体会议选举毛泽东为政治协商会议主席，并通过了一个重要纲领——《中国人民政治协商会议共同纲领》。该纲领在中华人民共和国的历史上，第一个正式提出新中国的荣辱观。该纲领的第四十二条，要求全国人民都要做到“五爱”：爱祖国，爱人民，爱劳动，爱科学，爱公共财物。应该说这“五爱”是从大到小排列的，从祖国、人民、劳动、科学，一直到最后的公共财物。为什么要爱公共财物，我想可能是当时有一个突出的针对性，就是新中国成立初期，有一个由旧社会向新社会的转换，有一个私有制向公有制的转换，要处理好公与私的关系，就有了爱公共财物的问题。1982 年 12 月，第五届全国人民代表大会第五次会议通过《中华人民共和国宪法》，把“五爱”做了一个调整，前四条都一样，即“爱祖国、爱人民、爱劳动、爱科学”，但是第五条由“爱公共财物”改成了“爱社会主义”，强调了社会主义的价值取向。1996 年，党的十四届六中全会通过了《中共中央关于加强社会主义精神文明建设若干重要问题的决议》，提出了为人民服务是社会主义道德思想的核心，集体主义作为社会主义道德的原则，“五爱”作为社会主义道德的基本要求。这样，我们从国家的层面提出了对于中国公民荣辱观的基本要求和依据。

(4)“文革”对荣辱观的颠覆。在这期间我们又经历了一个重大的事件——“文化大革命”。记得当时我刚上初中，一夜之间，社会的荣与辱、是与非，都发生了颠覆，可以说是天翻地覆——我们尊敬的领导一夜之间变成了“走资派”，我们的同事之间以“革命与反革命”而划分界限，先是打倒“牛鬼蛇神”，然后是批斗“地、富、反、坏、右”，等等。那时革命与反革命成为荣辱观最根本、最重要的标准。还有一些看来似是而非的价值观，比如：宁要社会主义的草，不要资本主义的苗；凡是社会主义的我们就要拥护，凡是资本主义的我们就要反对；出身贫下中农、雇农、工人是最好的、最革命的，等等。

由于在一个较长的时间里我们的荣辱观不断地发生各种类型的转换、颠覆和变革，传统的被批判了，新生的还在建立的过程中，以至于社会民众，尤其新生各代有可能不是特别清楚在一定的历史条件下到底什么是荣与辱，社会的主流荣辱观面临着严峻的挑战，思想和道德状况出现了各种混乱。

5. 改革开放以来荣辱观面临着深刻的调整

改革开放以来，全社会以经济建设为中心发展社会生产力，社会经济政治和文化取得了巨大的进步，但在荣辱观方面也面临着各种新的冲击。这种冲击至少来自以下几个方面。

(1) 西方文化和西方荣辱观的冲击。近代以来，西方文明被中华民族拒之门外。改革开放以后，整个中华民族向世界开放，当然也要向西方的思想文化开放。而西方思想文化的核心有两点，个人主义和自由主义，即以个人主义为基础的自由主义和在自由主义引领下的个人主义。这两者与中华民族的思想道德传统是不同的，与我们在革命时期形成的价值观也是不一样的。个人主义进入中国，推进了中国的个性解放，这对中华民族不无益处。然而，如何在强化个性的基础上保持中国文化中的集体主义优势，就成为一个问题。我们很多学者，比如费孝通先生就讲到，东方人讲集体主义，西方人讲个人主义。现在中国集体主义面临着冲击，而个人主义在当前的青年、民众的社会生活中，不知不觉被大家所接受。

(2) 经济全球化和政治多极化所带来的复杂世界格局的冲击。经济全球化意味着什么？意味着经济个体与世界之间以有形和无形的方式建立了更加直接的联系。大家可以感受到，我们所购买的商品都是在一个国际价格体系和交往体系中，这些都影响着我们的思想观念。这种个体与世界之间的联系是前所未有的。过去，我们都是通过国家、集体同世界联系，今天却要求每个个体同世界联系，尽管目前的中国在这方面做得还不够。比如，今天西方的高等院校招收教师就是全球性聘任，不分种族、不分地域。如果哪个单位在招聘员工的时候，没有向全球发出招聘信息，就被认为不合法。尽管它受到地域限制，美国大学招收的还是美国人居多，英国大学招收的还是英国人居多，但是它并不排除其他国家的民众的申请。为什么我们有这么多的留学生能够走到国外去，那意味着他们与国际教育体系接轨了。为什么中国企业能够走到世界去，那意味着它们具有世界性竞争的能力。这些对每个人的世界定位都产生着非常深刻的影响，使得人们的荣辱观突破了民族的界限、国度的界限、社会主义体制的界限。在国际交往中，我们交往的形式和内容必须以一种国际化的方式来展开。我们的高校基本上都提出了国际化的目标，这意味着什么？意味着我们要参与国际范围的竞争，就必须遵守国际范围以内的规则，必须按照国际价值体系来运作。市场经济是一只看不见的手，统摄着社会生活的各个领域，经济的发展已经成为衡量一个国家、地区、个体发展的标志。我国华为公司2005年国际部分的营销额已经超过了国内部分的营销额。这是一个历史性的转换，是它作为一个国际性公司的重要标志。我还曾去过富士康公司，这个公司也很了不起，有30万人，规模很大，生产着各种类型的电脑、手机等产品，真是让人觉得非常振奋。我国的广东、深圳等地代表着我国经济全球化的发展程度和水平。中国的荣辱观和价值观要在世界范围内加以比较和考量。

(3) 社会主义市场经济的冲击。以经济建设为中心，还是以政治革命为中心？20世纪以来，中国一直在这两个中心之间徘徊，也一直在谈讨这个问题。在毛泽东时代，主要是抓革命，革命高于一切。根据当时所理解的马克思主义，无产阶级在夺取政权后的主要任务仍然是坚持无产阶级专政下的继续革命。改革开放以来，我国转向以经济建设为中心。那么，应怎样来看待一个民族、国家的中心工作及其转移对社会各项工作的影响？我打一个比喻，人类历史的发展就像一条大河，在不同的区段会有不同的漩涡，大河里总是装着经济的、政治的、思想的、文化的各种要素，这些要素以不同的方式组合，会形成不同的漩涡，而漩涡中间总是会有一个中心。以经济建设为中心和以政治革命为中心所形成的旋涡是非常不一样的，经济、政治、思想和文化之间的关系也是不一样的。今天我们走向了以经济建设为中心，我们都为中国的改革开放叫好。这是中华民族得以自立的物质基础和前提。但是思想、道德、文化等也可能被旋转到边上去了，被忽视和边缘化了，这会带来新的问题。市场经济对于包括荣辱观在内的思想道德体系的冲击，我们还需要继续加深认识，提高应对的自觉性。

（4）新科技革命与信息化、网络化的冲击。过去，共产党人的先进性靠什么来保持，首先是政治权力，其次是经济权力，再次是信息权力。在座的各位可以回忆一下，过去我们作为干部、作为党员要经常开会听文件，因为文件带来了我们不知道的信息。现在不一样了，信息化、网络化普及了，可能下属从网络上知道的信息比领导多得多，这时你必然会失去话语权，如果长期失去话语权，你就有可能会失去领导权。比如，今天的大学生的思想工作为什么难做？一个重要的原因在于，同学们知道得比你多啊！比如我们前不久开展先进性教育的时候，新闻传播学的一位教授说：你们注意了没有，我们中国现在正在进行一场运动。什么运动？“超女”选拔运动。我赶忙上网一查。几千万人、上亿人参与选“超女”。我看了两场，一个是七进五的，一个是五进三的。我在想，为什么它吸引了上至80多岁、下至几岁的观众？这是中华民族自己的一种创造啊！对此，你可以批评，但是绝对不可以低估。过去，荣辱观的问题是从上到下灌输的，现在是通过现代科学技术，通过网络等多种方式来多向传输的。社会大众处于近乎无限多样的网络化信息海洋之中，他们的思想道德观念受到各方面的复合式影响。大学生们也在其中，他们的思想观念发生着复杂的变化，需要我们去加以研究和应对。

（5）社会转型与价值观念的多样化。过去我们的价值体系和价值观念是一体化的，公有制、计划经济、按劳分配等，给个人留下的可选择空间非常小。今天大家的选择多样化了。过去只有国有和集体所有，现在有了个体、外资、合资等多种形式，它们各有优势，又各有自己的极限。如何选择呢？过去以当干部为荣，现在以工资高为荣，以钱多为荣。有人说，目前大学生就业难。通过仔细调查发现，这里主要不是无业可就的问题，而是有业不就的问题，是就业期望过高的问题。为什么有的同学拿着四五张 offer，就是不签约，长期观望徘徊：5000 元/月的好，还是 6000 元/月的好；这个单位名声好，那个单位实力好；这个企业是国营的，比较可靠，那个企业是民营的，比较自由，等等。难以做出选择，产生了价值困惑。这是当前社会价值多元化和选择多样化的必然表现，也对大学生的思想发生着深刻的影响，有时还造成很大的社会问题。

6. 关于民族危亡的新视野和新警示

我们有一个伟大的目标，就是推进中华民族的伟大复兴。民族的伟大复兴是以民族危亡为参照面的。过去我们讲民族危亡的时候，首先是国防，如果边界守不住，就像 1840 年那样，敌人打进来了，国家会有危亡。后来我们说，如果经济上不去，也会发生危亡。再进一步说，如果知识不创新，也会发生危亡。目前看来，真正能让一个民族自我毁灭的，就是它的价值体系、思想观念的崩溃。杨叔子院士有一句非常经典的话："一个民族，如果没有强大的科学技术，一打就垮；但是没有好的人文素养、思想观念、价值理想，不打自垮。"一个时期的价值选择，只能由一定的国家和民族自己来做。这对于今天的中国也是一样。一个民族的分裂通常不是靠外力可以做到的，真正把它分裂的是它自己。一个民族的毁灭往往不是来自外部，而是来自内部。一个民族最大的危险是来自它的内部，而来自内部的核心因素就是价值体系的崩溃，其必然表现之一就是荣辱观的颠倒。反过来讲，一个民族的真正振兴靠什么，靠的还是一口气，而这口气就是它的理想价值信念，荣辱观无非是其中那些最明显地在社会生活中表达出来而且被人们所广泛遵循的东西。在荣辱观的背后，深层隐藏着的是社会的基本价值体系。

所以，从以上六个方面来看，在当今中国来开展对于社会主义荣辱观的学习、教育和实践，确实是很有必要的。

二、社会主义荣辱观的基本内容和特点

这里主要谈该学习什么、实践什么的问题。我想，"八荣八耻"是主要内容。当然，我们可以对"八荣八耻"做一点分析。"以热爱祖国为荣、以危害祖国为耻，以服务人民为荣、以背离人民为耻"表明祖国和人民的问题是大是大非的问题，是人间大义的问题。每个人的生活是以

民族、国家为单位的，爱国家、爱人民和爱民族是一致的，这是一个最大的大义。“以崇尚科学为荣、以愚昧无知为耻，以辛勤劳动为荣、以好逸恶劳为耻”表明科学和劳动是人类进步的阶梯。马克思认为，劳动应当是人类的自由自觉的活动，劳动应当是人的生命价值的最高表现。“以团结互助为荣、以损人利己为耻，以诚实守信为荣、以见利忘义为耻，以遵纪守法为荣、以违法乱纪为耻”是处理人际关系的三条原则，与“团结互助、诚实守信、遵纪守法”相对应的是“损人利己、见利忘义、违法乱纪”。最后，涉及生活和工作作风的是“以艰苦奋斗为荣、以骄奢淫逸为耻”。“八荣八耻”的这些内容建立了一个比较完整的体系。如果说有什么特点，我认为主要有三点。

1.“八荣八耻”构建了一个全面、完整的价值体系和理想信念

“八荣八耻”的每一条对我们大家来说都不陌生。我们从幼儿园到小学、到中学都在教这些，从家庭到社会我们都在宣传这些，至于大家对于“八荣”做得如何，对于“八耻”反对得如何，那是可以讨论的，但把它们整合到一起，并形成一个体系，这还是第一次。这些内容很全面，涉及社会生活的各个方面和各个层次，构成了一个比较完整的体系。它既是一个价值体系，指出了荣与辱这两个基本的方面；也是一个理想体系，指出了人们追求的方向和应当预防的方面；还是一个行为体系，指出了我们应该做什么和怎么做，不应该做什么和反对什么。这就是为什么胡锦涛总书记提出的“八荣八耻”在社会上能够引起如此巨大的反响，并值得我们去学习、领会和实践。

2.“八荣八耻”的针对性较强

过去我们讲荣辱观，一般都是从正面来讲，比如前面我谈到宪法里面提到过的“五爱”。“八荣八耻”的荣辱观有所不同，不仅讲了“八荣”，还加上了反面的东西，即“八耻”。将“八荣”与“八耻”直接做对照，这是非常重要的。实际上，我们的思想总是有底线的，包含了人之为人的底线和作为一个优秀的人、高尚的人、纯粹的人、神圣的人的境界，它在两者之间提供了一个很大的空间，要求我们保持张力。在实际生活当中，一个人可以不知荣、不求荣，但不能不知耻、不讲底线，否则就很难说是一个正常的人了。把荣与耻对照起来，就使得二者之间有了基本的参照，是非鲜明、好坏清晰、曲直明显，有利于大家的理解和执行，也便于社会的监督。

3. “八荣八耻”的底线清楚，境界无限

我认为，对于一个社会来说，道德底线是非常重要的。现在社会中经常出现的严重问题就是对底线的突破，这个底线如果不断地被突破，突破到一定的程度，恐怕就会发生转变，比如性淫乱的问题。马克思和恩格斯早就讲过，男女之间的关系是人与人之间最自然的关系。他们又讲，家庭和婚姻应当以爱情为基础，妇女解放的程度标志着社会文明的发展程度。因为动物的性关系是靠自然周期来调节的，而人如果没有爱情来作为婚姻、家庭的基础，这时人可能会不如动物。这个就是底线，就是人之为人不能突破的东西。我觉得，“八荣八耻”讲到底就两个东西，一个是道义，一个是责任。前段时间，周济部长写过一篇很好的文章，也是高校教师应该学习的。他认为，师德的灵魂是爱和责任。这对我们很有教育意义。在社会中到底什么是最可珍贵的，我认为就是“爱”。但是，“爱”要转化，“爱”被自觉认识之后就转化为责任了。

前段时间，华中科技大学的一件事情让我很受教育，那就是2006年春节期间我校同学们开展的一次为太原战役阵亡将士的“烈士寻亲”活动。太原解放战争从1948年秋打到1949年春，打了半年多，打得非常艰苦。在前些年，有个叫王艾甫的老人在太原一个旧货市场上发现了84份没有发出去的阵亡通知书。开始他把它们当作文物收藏，有一天他突然醒悟过来：84份没有发出去的阵亡通知书就意味着有84位烈士的家属不知道他们的亲人已经牺牲了。于是他就通过一些途径寻找烈士的亲属。84个烈士中有11位是湖北籍的。这件事情被我们办公室主任知道了，他非常敏锐，找到王艾甫本人，把11位湖北籍烈士的阵亡通知书复印过来，然后我们学校团委就组织了一个为烈士寻亲的活动。当时校团委给我报告，说在寒假准备搞一场社会实践——为烈士寻亲的活动。当时我都没有特别认识到这件事情的意义，只是说，这件事情非常好，同意去做，但要注意安全。是否能找到，我没有敢想，只是想给同学们一个锻炼的机会。团委向全校同学征集志愿者，居然有千余名同学报名。根据同学们的家乡所在地，172位同学被选为寻亲团的成员，把他们分成11个小组，分赴各地寻找烈士亲属。烈士寻亲经历了极大的困难，因为当时下雪，尤其在襄樊（现襄阳）、十堰这些地方，基本上是大雪封山。同学们跑了几千里地，经过各种曲折，最后居然找到了5位，其中还有一位是烈士熊起友的亲生女儿。2006年的清明节前，我带了一个慰问团分别去襄樊等地的烈士亲属家中看望他们，并接他们一块去太原为他们的亲友扫墓。太原市政府非常重视，召开了一个大规模的烈士公祭大会。市委书记致辞，烈士亲属讲了话，我也代表学校致辞，向他们表示感谢，也向烈士表示哀悼。烈士寻亲不仅帮助这些家属找到了各自的亲友，也极大地教育了我们的同学们。大家都反映，我们的同学通过这次活动变得成熟了。有的家长告诉我们："过去老觉得孩子长不大，参加了这一次活动就把同学们教育得像模像样的。"我在反思这件事情时说："对于一个人的成长，起决定作用的就是他们的责任意识和爱心意识。""好孩子是夸出来的"，只有不断地激发他们的爱心和责任感，才能促使他们不断进步。这次活动对我们的同学有如此巨大的影响，原因在于他们承担的是国家责任。通过承担国家责任，他们有了高度的社会责任感，并完成了两个转换：从高中生到大学生的转换，从未成年人到成年人的转换。荣辱观的核心就是道义和责任，而这两条也是最能表征人的成熟程度的东西。

三、如何践行社会主义荣辱观

如何践行社会主义荣辱观，我谈以下几点想法。

1. 恪守底线

孔子说："道之以政，齐之以刑，民免而无耻。"这句话意思是说，以行政的方式、刑罚的方式约束民众，他们可能会听你的话，但他们不会形成羞耻感。而"道之以德，齐之以礼，有耻且格"的意思是说，如果以道德的方式、礼教的方式、文明的方式来教育他们，他们就有了羞耻感，会变得境界高尚。所以我想，一个最关键的问题还是不能突破底线。我认为，胡锦涛总书记的讲话很重要的意义就是把底线跟我们讲清楚了。

2. 提升境界

在中华民族历史上有很多这方面的资料。孔子讲，"仓廪实而知礼节，衣食足而知荣辱"；孔子也讲，"好学近乎知，力行近乎仁，知耻近乎勇"。1978年以来，特别是1992年建立社会主义市场经济以来，我国的社会经济得到了长足发展，但是随之而来，“神圣”“崇高”等词在人们心目当中的价值渐渐淡漠了。当今，整个社会正在走向世俗化。世俗化是现代化的需要。但是，一个成熟的社会、民族是不能没有崇高感的。我曾发表过一篇文章，叫作《美德追寻与人格崇高》，该文突出强调美德和崇高在人性提升、修炼中的特殊作用。社会如果没有了崇高就等于没有了灯塔，没有了方向。人生的意义是建立在对崇高的追寻上的。

3. 重视内化

我们过去的思想政治工作靠满堂灌的比较多，从上到下像倾盆大雨。其实思想政治工作的关键是触动一些内在的、深层的、心灵的东西，这些东西还是要强调内化。孔子说：“少成若天性，习惯成自然。”从小做起，从小教起，从小养成好的习惯，这非常重要。内化的思想在中国传统文化中是非常深厚的。但是在经历20世纪历次的思想冲击以后，这个问题现在变得非常难做。荣辱观的教育只有从根本上抓起，只有通过内化才能外化。当然，怎样做好内化的工作，这是值得讨论的。

4. 勇于批判

勇于批判就是要敢于同各种耻辱的行为做斗争。在古代中国的文化中，强调“修身先当知耻”。华东师范大学的前校长、著名学者冯契先生一直强调，“化理论为德性、化理论为方法”。1997年在韩国召开的第10届国际中国哲学大会上，举办了纪念三位著名中国哲学家的三个学术专场报告，冯契先生的这一场是我主持的。有好几位学者在大会上发言，专门解读冯契先生的“化理论为德性、化理论为方法”，这给我留下了很深刻的印象。我觉得在整个社会发展中，如果没有不断的批评和自我批判，没有理论与实践的互动，社会进步是没有动力的，也是不可能走向正确方向的。人类社会与其他自然运动过程的最大的不同，就是人类要不断地选择，其选择过程受到价值取向的影响，价值选择支配着人类的发展方向。社会主义荣辱观就是我们在新时期的必要价值选择。

5. 制度保障

要让人们求“荣”弃“耻”，就要让“荣”变得有价值、让“耻”变得无价值。最近有高校针对考试作弊这一现象作了一些调查。调查表明，有30％左右的同学竟然认为考试作弊是无所谓的事情，并不是一件让人觉得很羞耻的事情。为什么会出现考试作弊？为什么考试作弊难以杜绝？根子就在这里。有人说，考试作弊一票否决对学生不人道。怎样才叫人道呢？如果大家对考试作弊都不以为耻了，教学怎么开展？学校怎么管理？还要学校干什么？消除作弊需要制度的保障。比如德国的电车、公共汽车都是无人检票的，都是上车以后自觉打卡，但是有制度保障，对于逃票的行为，没有抓住则已，一旦抓住了就处以几十倍的罚款，同时还要记录到个人的诚信档案里。美国的社会体系中有一个社会保险号，每人一生只有一个号码，记载了一生中重要的事情，尤其是坏事都要记录在上面，所有用人单位都要在查询这个号码及其档案以后才会录用你，这就把“耻”的代价放到了最大。到底应该是以“人性善”还是以“人性恶”，是以“原罪说”还是以“良知说”来建立社会制度，这是值得讨论的。为什么现在的反腐倡廉强调要从制度上来提供保障，如果制度上没有保障，仅靠良知来面对大堆大堆的美金、欧元、人民币的诱惑，是很难持久的。一定要用非常严格的制度来保障，鼓励先进，激发后进，惩戒卑劣。

6. 践履笃行

社会主义荣辱观的真正价值在于它的实践性，即要在生活的各个层面、各个环节、各种场合中付诸实施。要通过内化而转变成一种习惯，甚至成为一种本能，成为一种自觉的行动。学习社会主义荣辱观，学得如何，不在于讲得如何，而在于做得如何。坚持荣辱观的最重要方面是努力付诸实践，在现实生活中去领会、感悟和实施，从我做起，从现在做起，从小事做起。

四、领导干部的荣辱观问题

讲荣辱是具有全社会的普遍意义的，但是最根本的还是要解决好领导干部的问题。民众实际上是跟着领导在走，当然民众也是需要教育的，但首先是领导者要做好。所以我就领导干部的荣辱观问题多讲几句。这里面有几个问题。

1. 领导意味着什么？

孔子的“政者，正也，子帅以正，孰敢不正？”是说，如果领导做得很正，就没有人敢不正；“其身正，不令而行”是指你自己身正了，不用发号施令，人家也会跟着你走，但“其身不正，虽令不从”。还有一段话：“大臣不廉，小臣必污，小臣不廉，世风必败。”孔子的这些话很有教育意义。当前中国的很多问题实际上是与领导干部的状态相关的。高校领导也在其中。前不久教育部成立了社会科学委员会的学风建设委员会，强调要重振和提升高校的社会信誉，甚至教育的社会信誉。高校是培养高等人才的地方，培养高等人才的地方出了问题，那是说不过去的。领导是干什么的呢？领导就是要用身正带动执政，就是要身先士卒、率先垂范。我曾作为专家组成员参加了北京师范大学“211 工程”的验收工作。北师大的“学为人师、行为世范”就是一个非常好的校训，这恐怕是全体高校领导干部都应该关注和重视的。

2. 领导干部知耻有几个层次

领导干部最关键的首先是要知耻。过去我们评价领导干部有不同的标准，对干部最大的要求就是“好人”，“好人”犯了错误也是好人。现在我们讲知耻，这也是一种要求，我觉得可能有三个层次。

(1)“在其位不谋其政”。过去讲领导干部没有功劳也有苦劳，因此在任期间无过就是功。现在看来应当改为“无功就是过”。因为社会发展是有机遇的，是不可逆的；领导对于每一段时期的社会发展是有责任的，是有任务的。如果你在其位时没有能够有效履行这一地区、这一时期、这一学校、这一单位发展的任务、使命，那就叫耽误社会进程，是耻辱的事。所以“在其位不谋其政”者，是最低的一个层次。

(2)“在其位误谋其政”。不少领导干部工作勤恳认真，但有可能会好心办了坏事，可能眼前看来是好事但成了未来的坏事，局部是好事但成了全局的坏事。这里涉及一个领导水平的问题，也涉及有没有全局的和长远的战略把握能力的问题。

(3)“在其位乱谋其政”。有的干部以权谋私，搞腐败，那是非常恶劣的。现在揭发出来的一些案子，有的动辄就是几千万甚至上亿元，糟蹋民脂民膏，触目惊心，表明反腐败的形势之严峻。关于这个问题，孔子曾说：“君子之德风，小人之德草，草上之风必偃。”就是说，诸位君子的德行像风，百姓庶民的德行像草，草被风一吹，必定会随风而倒。领导干部对于所在单位的思想道德和作风状况承担着不可推卸和不可低估的责任。

3. 领导干部要知荣

领导干部的责任可以用一句话来概括，就是要在今天的时代条件下，在限定中去寻求最大限度的超越。这是非常哲学的一句话。近年来中国高校的办学条件有了很大的改善，但也有很多限制，如何在限定中寻求超越，谋求发展，是对高校领导者的考验。中国的高等教育正处于走向世界的快速进程中，无论是在资源上、文化传统上，还是在师资队伍上都与世界一些高校有着很大的差距，在这种情况下我们如何发展自己，确实是每个在高校工作的领导身上的神圣使命。从这个意义上来说，高校领导要顺应世界高等教育和中国高等教育发展之大势，根据自身的历史和传统，在可能的空间中寻求最大的发展。

第三十章　美德追寻与人格崇高

该文集中表达了本书的价值取向。大学、文化和人生之共同点就在于追寻美德和提升境界。该文概述了古今中外关于人性的论述，尤其强调人的超越性，并把人的自由自觉的活动看作对于来自外部的和内部的各种限制的超越，是对于有限生命的价值和意义的创造，也是对于人生境界的不断提升。古今中外有各种形式和内容的人生境界说。格物、致知、诚意、正心、修身、齐家、治国、平天下，这些构成了人们在成就伟大事业过程中的必要阶梯，也是人们追寻美好人生境界的必要条件。在中国文化的人生境界图解中，最高的层次也许是“极高明而道中庸”的精神境界，表达着中华民族追寻“天人合一”的最高理想追求。

美德是对于人生的崇高价值和意义的一种自觉意识与行为规范，对于美德的追寻是一个不断提升人生境界的自我创造和自我超越过程。对于美德的追寻曾经是人类活动的重要动力，崇高的人格也曾是人性修炼的重要目标。然而随着社会生活的世俗化，美德逐渐远离我们而去，崇高也似乎变得更加渺茫。本文概述了古往今来关于人性的种种学说，主张从超越性的角度、从各种宗教与文化传统对于人生境界的特定界说、从马克思主义的人的自由全面发展学说出发解读人性，找到对美德的追寻和崇高的人格之关系。

一、人性和人的超越性

对美德和崇高的解读离不开对人性的理解。就其本质而言，人学理论是对于人性的反思。人性是什么？古往今来，不同的思想家、不同的文化体系对其有着非常不同的看法。大多数思想家都是从道德的角度去考察人性，提出了各种各样的人性观。

中国哲学与文化比较倾向于从道德层面来考察人性和人的本质，提出了性善论、性恶论和性无善恶论等学说。

孔子没有直接定义人性善恶，但他认为人们之间“性相近也，习相远也”（《论语·阳货》），并主张对他们应“道之以德，齐之以礼”（《论语·为政》），从中可以看出，他主张人性本善的基本倾向。孟子是性善说的主要代表，认为“人之性善也，犹水之就下也，人无有不善，水无有不下”（《孟子·告子上》）。正因为人性本善，这就为他所推崇的仁义礼智奠定了基础。他说：“恻隐之心，仁之端也；羞恶之心，义之端也；辞让之心，礼之端也；是非之心，智之端也。人之有四端也，犹其有四体也。”（《孟子·公孙丑上》）性善说在中国伦理和社会思想史上产生了很大的影响，并为广大民众所普遍接受。

荀子是性恶说的主要代表。他认为，“人之性恶，其善者伪也”（《荀子·性恶篇》）。他所说的性实际上是人的动物本能或生存本性。“凡性者，天之就也，不可学，不可事”，是“不事而自然”的东西。而“伪”则是人为的东西，“可学而能，可事而成”（同前）。正是由于人性本恶，所以他主张以道德法度来教化人们，使他们去恶从善。

告子是人性无善无恶论的主要代表。在他看来，“性犹湍水也，决诸东方则东流，决诸西方则西流”（《孟子·告子上》）。人性本身无所谓善恶，其成为善人还是恶人取决于后天所受的影响和发展。

王充等人则主张人性有善有恶论，认为“举人之善性，养而致之则善长；性恶，养而致之则恶长”（《论衡·本性》）。后来的性三品说与此大体相似，认为人品除了善品、恶品之外还有中品，善品不需教化，恶品不可教化，中品是可以由后天的教化而为善或为恶的。

相对而言，西方哲学与文化中对于人性的探讨更加富于理性，更加注意探讨人与动物的根本区别，而找出那些使人之为人的东西。

人是理性的动物。亚里士多德认为，“求知是所有人的本性”[①]。在亚里士多德看来：“对每一事物是本己的东西，自然就是最强大、最使其快乐的东西。对人来说这就是合于理智的生命。如若人以理智为主宰，那么，理智的生命就是最高的幸福。”[②]理性是人区别于动物的最重要特性，也是人作为人来生存和活动的最基本条件与功能。对人性的理性化理解和规定贯穿于几千年的西方文明发展史中，是流传最为广泛的人性定义。

人是政治的动物。这是亚里士多德对于人性的又一个定义。亚里士多德认为，人是社会性的存在物，生活在城邦之中，也离不开城邦和社会，“人类天生地注入了社会本能”，因此，“人天生是一种政治动物”[③]。马克思也曾经指出，人的本质是社会关系的总和。

人是制造工具的动物。富兰克林最先从这个角度来考察人性。马克思赞同并引用了他的说法，并将其提升到通过劳动实践而运用劳动资料的高度。马克思说：“劳动资料的使用和制造，虽然就其萌芽状态来说已为某几种动物所固有，但是这毕竟是人类劳动过程所独有的特征，所以富兰克林给人下的定义是，制造工具的动物。”[④]

人是知、情、意的统一。从柏拉图开始便有了对于人的内在素质多样性的探讨。康德在他的《纯粹理性批判》《实践理性批判》和《判断力批判》三本书中探索了人的理性、意志和审美能力等，实际上提出了人具有知、情、意三维结构。费尔巴哈将这种思想明确地表达出来：“一个完善的人，是具有思维的能力、意志的能力和心情的能力的。思维的能

① 亚里士多德全集：第7卷[M]. 苗力田，译. 北京：中国人民大学出版社，1997：27.
② 亚里士多德全集：第8卷，[M]. 苗力田，译. 北京：中国人民大学出版社，1997：228.
③ 亚里士多德全集：第9卷[M]. 颜一，等译. 北京：中国人民大学出版社，1997：7-6.
④ 马克思恩格斯全集：第23卷[M]. 北京：人民出版社，1972：204.

力是认识的光芒，意志的能力是性格的力量，心情的能力就是爱。”①

人是符号的动物。德国哲学家恩斯特·卡西尔重视人的文化特性，并认为人的文化创造实际上是借助于符号来进行的，因此可以把人定义为文化的动物、符号的动物。他说：“我们应当把人定义为符号的动物，来取代把人定义为理性的动物，只有这样，我们才能指明人的独特之处，也才能理解对人开放之路——通向文化之路。”②

人是实践的动物。马克思尤其强调实践特别是劳动实践在人类生活中的作用，认为人的本质就是人的生命活动的性质。人通过劳动实践而改造外部世界，也改造人自身，实现人的本质力量，实现人性的改造与提升。

上述关于人性的多样见解从不同侧面刻画着人的本质与特性，对于我们认识和反思人性提供了重要的思想资料，给我们以深刻的启发。我们认为，尽管中国与西方文化传统关注人的具体视角、侧面以及思路和方法都有所不同，但在这些不同的背后有一个共同的出发点，这就是人对于其自然属性的超越，对于更高层次的生活与生命境界的追求。在中国哲学与文化关于人性善恶的讨论中，不管人们怎么界定人的始初本性，其目标都是要去恶从善，为后天的教育与提升提供理论基础，使人性在善的方向上不断得到提升。在西方哲学与文化关于人的各种特性的探讨中，其基本的参照就是人与动物的区别和对于人的自然性尤其动物性的超越、对于属于人的生产与生活的创造。由此，我们可以从一个新的角度提出对于人性的一种理解，这就是人所特有的超越性。

“超越”一词可以借助于多种参照系来理解：一是与感觉、有形相对应，指那些超感觉、无形的东西；二是与有限、暂时相对应，指那些无限、永恒的东西；三是从逻辑学意义上来考察，指那些在逻辑上在先的东西；四是从时间特性上来考察，指那些先前存在的东西，等等。在一般的意义上，超越就是对于感性、有形、有限、暂时、逻辑优先、先前存在等的突破，是向着超感觉的、无形的、无限的、永恒的、未来的开放与提升。

超越作为人的自觉活动，有两个基本的前提：一是来自内部和外部的限制，二是由于对限制的不满足而生发的对于限制的突破。超越性

---

① 西方哲学原著选读：下卷[M]．北京：商务印书馆，1982：468-169.

② 卡西尔．人论[M]．上海：上海译文出版社，1994：15.

作为一种人类本性或特性,依据于又突出表达着人的创造性和建构性。马克思曾经指出:“一个种的全部特性、种的类特性就在于生命活动的性质,而人的类特性恰恰就是自由自觉的活动。”人在这种自由自觉的活动中所表现和实现的超越性正是人的自觉活动区别于动物的本能活动的关键之点。“动物和它的生命活动是直接同一的。动物不把自己同自己的生命活动区别开来。它就是这种生命活动。人则使自己的生命活动本身变成自己的意志和意识的对象……有意识的生命活动把人同动物的生命活动直接区别开来……仅仅由于这一点,他的活动才是自由的活动。”①

自由自觉的活动就是对于来自外部的和内部的各种限制的超越,也是对于有限生命的价值和意义的创造,是对于人生境界的不断提升。就其时间而言,人生对于每一个具体的人都是非常有限的,但人生的境界和对人生境界的追求却有可能是无限的。在有限的生命过程中追寻无限的人生境界,这正是人的超越性,也是人生在世的价值和意义之所在。

二、人生境界多层次

人的超越性是为了提升人的生存境界,这就意味着人生境界是一个多层次的阶梯结构,不同的人在其生命的特定时期生活于不同的人生阶梯或层次上,又可以通过自己的或外部的力量而改变自己的生存境界。

境界是综合性标示人的道德修养、思想水平、觉悟程度、精神修炼、认识能力、行为效能等的范畴。张岱年先生认为:“境界说是中国人生哲学的一大特色……是中国哲学家追求的理想人格之极至的一种精神状态、精神天地。”②境界高低既受外部条件的支配,更受内在水平的制约。人生境界是对人的生存方式和生存层面的综合性展示与评价。如何划分人生的不同境界,这可以借助于不同的参照系而从不同侧面来加以划分,大体是在恶与善、丑与美、邪与正,俗与圣、偏私与公正、平庸与崇高之间的一定程度和阶梯。麦金太尔也曾指出:“德性是一种获得

---

① 马克思恩格斯全集:第42卷[M].北京:人民出版社,1979:96.

② 张岱年,方克立.中国文化概论[M].北京:北京师范大学出版社,1994:336.

性人类品质，这种德性的拥有和践行，使我们能够获得实践的内在利益，缺乏这种德性，就无从获得这些利益。”①人性的崇高是人生的高级境界。中外人学思想史为我们提供了许多相关资料。我们可以从中得到思想的借鉴。

中国哲学与文化强调的是人生的修养，又依儒释道而各有侧重。

儒家的人生境界和人性修养以德性为主要内容，以“君子”为理想人格，以成“仁”为人生的最高境界。儒学始祖孔夫子在回顾和总结自己的一生时曾经说：“吾十有五而志于学，三十而立，四十而不惑，五十而知天命，六十而耳顺，七十而从心所欲不逾矩。”（《论语·为政》）这里所说的“而立”“不惑”“知天命”“耳顺”以及“从心所欲不逾矩”，就是人生境界中的不同阶梯，而“从心所欲不逾矩”则是孔夫子心目中的人生最高境界，它意味着主体与客体、自然与人生、主观意志与客观规律的和谐统一，意味着个人在行动中的自由。而这种物我不分、主客交融、天人合一、人人相亲的和谐境界也就是儒家所讲的“仁”。这正如宋代儒学大师程颢所说：“仁者，以天地万物为一体，莫非己也。”

佛家的人生修养以摆脱人生痛苦为目的，以抛弃贪爱欲求为主要内容，以追求“涅槃”为人生的最高境界。何谓佛教？“诸恶莫作，众善奉行。自净其意，是诸佛教。”佛教从“性具善恶”的人性学说出发，以“因果报应”作为人格教化的基础，要求人们做到“五戒”“十善”。所谓五戒，即不杀生、不偷盗、不邪淫、不妄语、不饮酒。而这五戒与儒家的仁义礼智信思想多有相交，例如：“不杀，仁也；不盗，义也；不邪淫，礼也；不饮者，智也；不妄语，信也。是五者修，则成其人，显其亲，不亦孝乎？”（《教论·戒孝章》）通过“五戒”达到“十善”，以至于所谓“涅槃”境界，也就是超越了生死轮回，超脱了一切烦恼痛苦，达到内心寂静不动的境界。

道家崇尚自然无为，主张道法自然，返璞归真，道家把人看作是小宇宙，认为人的小宇宙与大自然宇宙具有同构性和相似性，因此可以做到“人法地，地法天，天法道，道法自然”，达到天人一体、物我相通。道家一方面以超然的态度对待人生的苦乐荣辱等，另一方面也力图通过各种形式的修炼、修身来追求长生不老，具有长生、重生、乐生、贵生的

① A.麦金太尔．德性之后[M]．北京：中国社会科学出版社，1995：241.

追求。道家重视道德境界的提升，认为“罪莫大于淫，祸莫大于贪，咎莫大于谗；此三者祸之车，小则危身，大则危家”（陶弘景《养生延命录》）。得道成仙是道家追寻的最高信仰境界。

古希腊时期的苏格拉底曾经提出“美德就是知识”的观点。在他看来，美德是做人的思想境界。人们能否达到这种思想境界，则取决于人们对美德的认知，而知识就是对心灵境界的体现和认知。因此，在苏格拉底看来，美德就是知识。

西方的基督教文化传统从“原罪说”出发，考察现实人的生存与发展问题。在基督教（含天主教）看来，上帝按照自己的形象创造了人，并赋予人以灵性。但由于亚当和夏娃偷吃善恶果而犯下原罪，人间由此而出现了自私、骄傲、诡诈、邪恶、贪婪、嫉妒、诽谤、说谎、残暴等，人类生活也由此而充满了劳累、烦恼、痛苦，人的心中失去了希望、满足、安宁和永生的盼望。正是由此才引出了救赎的必要，产生了耶稣基督为人受罪、流血舍命、死而复生的叙事。人们为了从苦难和罪恶中得到解救，不仅必须诚心接受洗礼，顺从圣灵，而且必须在现世中按照上帝的话行事，涤除罪恶，争取超脱与升华。而人们在现世的表现，决定了他在死后是“入地狱”还是“进天堂”，这就对人们的现实行为提供了一种终极性的约束力量，表明了基督教对于人的命运的一种终极关怀。

伊斯兰文化崇拜唯一的真主，认为他创造了世间万物，尤其是具有最美的形态的人。人在世间万物中具有最高的理性与智慧，因此“人贵于万物”。伊斯兰教最基本的教义在于信仰真主的存在和人的死后复生，因此主张人生的意义和价值在于信教和修行，追求两世并重的幸福。先知穆罕默德有言：“我被派遣只是为了完美人们的品德”，“真主派遣我是为完美高尚的道德和优秀的懿行”，因此提出了信徒应当遵循的基本道德行为。例如，以敬畏为核心的对造物主安拉的忠顺之道，以孝亲、善行为主要内容的为人处世之道，以“勇于负责”和“命人行善、止人干歹、不忘自身”为主要内容的戒恶治世之道，以守正、自洁为核心的个人品德修养之道，以忍辱负重和以德报怨为主要内容的宽容之道，以尊老爱幼、和谐人际关系的交往之道等，同时要求他们拒绝一切形式的恶性。（参见马贤：《古兰经的道德基础》，载《卧尔兹演讲录》）

就对于人生境界的整体性勾画而言，当代中国学者冯友兰先生的观点具有相当的代表性和典型性。他把人生境界从低到高分为自然境界、功利境界、道德境界、天地境界四个层次。在他看来：处于自然境界中的人对他所从事的活动尚无清楚的了解，其行为常常是按个人的习惯或社会的习俗而进行，亦即“顺才或顺习”“不著不察”；功利境界中的人对自己所从事的活动有较清楚的了解，但其行为常常是“为自己的利”，从而未能把个人与社会统一起来；道德境界中的人是“行义”的，即以对社会做贡献为目的，从而超越了个人与社会的对立；天地境界中的人不仅觉解到自己是社会的一分子，因而要对社会有所贡献，而且觉解到自己是宇宙的一分子，因而要对宇宙有所贡献。[①] 尽管冯先生的人生境界不无其个人的历史局限，但他对于人生境界的宏观描绘给我们以深刻的启示和教益。

马克思主义虽然没有具体地论述人生境界问题，但在他们的社会历史理论，尤其是关于人的全面发展的学说中渗透着对于人的历史地位和发展前景的深刻展望。马克思和恩格斯立足于人的生存与发展实践来考察全部世界历史，将其看作自然界向着人的世界的生成的过程，同时也是人通过人的劳动自我提升的过程，是人通过人的意识和自我意识而不断自我反思和自我超越的过程。在马克思看来，最高的美德就是服务于人类解放的伟大事业，因此应当把每个人的自由全面发展和一切人的自由全面发展内在结合起来，把个人的发展与社会进步和人类解放内在结合起来。这就不仅从人类发展和社会历史发展的高度指明了个人的发展包括人生境界提高的基本方向，也使我们能够在一个全新的高度理解个人修养与修炼的社会时代意义，为提升人生境界指明了更加正确和有效的道路。

三、崇高境界与人的美德追寻

人生的崇高境界不会自发地实现，而是通过人的自觉的活动而塑造和创造的。美德是对于人生的崇高价值和意义的一种自觉意识与行为规范。对于美德的追寻在人的全部活动中具有极为重要的导向性作用。倡导和发展美德对于克服各种现代病、提升人生境界、促进人性的崇高、推动社会的健康与和谐发展至关重要。

---

① 孟彩云.试论冯友兰的人生境界说[J].史学月刊，1998(5)：58-61.

对于境界的追求本质上正是人对于现实的超越。张岱年先生指出："境界是一种精神生活的方式，是一种精神的天地、世界或宇宙。儒家追求的道德宇宙，道家追求的艺术天地，佛家追求的宗教境界，即表明各学派、人物所追求的精神意境并不完全一致。但其出发地与终极地是一致的，就是说，他们都是对各自所处的实然的（事实的）状态的超越，而进入应然的（价值）追求之中。"[①]

由上可以看出，儒学、佛教、道教、基督教、伊斯兰教等对于人生境界的具体理解各有侧重，所主张的人生修养的最高目标和具体手段也各不相同。这正如麦金太尔所言："没有一个单一的、中心性的和核心的德性概念，这样一种德性概念却有着对其普遍遵从的要求（主张）。"[②]但仔细审视他们对人生修养实践的认识和指导，却有一些共同的特点，即都描述了一定的人生境界，揭示了为达到这些境界而进行的人生修养的某些特点和规律，包含修养的必要性、层次性、过程性、渐进性、上升性等。在这个不断提升的过程中，最高境界作为一种终极性的目标制导着修炼的过程与方向，而推进这个过程的动力则是人生的内在矛盾——生命的有限与人对无限的追寻，个体的有限与对种群、民族无限延续的追求，个人利益与他人及社会利益的矛盾，自然、社会环境的有限与人的无限发展的矛盾，信仰与理解、情感与理智之间的矛盾与冲突，等等。人生最高境界则是这诸多矛盾的终极性消融与解决。

冯友兰先生把对于人生境界的追寻与提升的过程看作是一个不断地"觉解"的过程。何谓觉解？冯友兰先生解释道："觉是自觉"，"解是了解"。"自觉是一种心理状态"，"了解是一种活动"。了解到某事的性质而从事某事，而在做某事时又能自觉到自己是在做某事，这就表明某人对于做某事有所觉解。冯先生说："人生是有觉解底生活，或有较高程度底觉解底生活。这是人之所以异于禽兽，人生之所以异于别底动物的生活者。"[③]具有"觉解"的能力并处于不断地觉解的过程之中，是人生的最显著的性质与特征，正是觉解使得宇宙间的万物对于人来说具有意义，也促使人们更加自觉地关注着宇宙和人生的意义。

---

① 张岱年，方克立. 中国文化概论[M]. 北京：北京师范大学出版社，1994：336.

② A. 麦金太尔. 德性之后[M]. 北京：中国社会科学出版社，1995：235.

③ 冯友兰. 贞元六书 · 新原人：下卷[M]. 上海：华东师范大学出版社，1996：526.

在不同的社会阶层和社会行业，美好人生境界的具体目标和表现形式也有所不同。张岱年指出："有什么样的人就有什么样的境界，人境之间有一种相互呼应的关系。由于生活的复杂，同一个人在不同的主客观处境中也可能有不同的心灵境界，从而出现多重人格。不同的宇宙观、人生观使人生处于不同的意义与价值的网络之中。人们的价值观念离不开他对存在的观念。存在的多重性使得境界有了差别：物质世界、生命世界、心灵境界、艺术境界、道德境界、宗教境界，以及存在与人性相合于其巅峰的至人之境，即不可思议、玄之又玄的境界。它们之间有着互动的关系，而不一定是直线递进的关系。"[①]中国文化中关于"立德、立言、立功"的人生理想，从不同的方面表达了政治家、思想家和军事家从不同角度报效社会、实现自身价值的具体目标和实际内容；"贫贱不能移，富贵不能淫，威武不能屈"，表达着中华民族无数志士仁人的崇高气节；"鞠躬尽瘁，死而后已""先天下之忧而忧，后天下之乐而乐"的千古绝唱，则讴歌着古往今来多少中国知识分子的高度社会责任感和奉献天下的豪情壮志。中华传统美德，包含着家庭美德、社会公德和职业道德等不同层面，也有思想情操和人格修养方面的丰富内容。它们在中国历史上曾经哺育了无数英雄豪杰和志士仁人，激励和感召着他们为民族为国家做出了巨大的贡献。这些传统美德在今天的社会主义道德建设中仍然具有重要的社会价值和道德意义。

由于人生境界的多层次性，人向着美德境界的努力也往往展示为一个不断提升的过程。《大学》对这个不断提升和超越的过程作了细致入微的描述："古之欲明明德于天下者，先治其国。欲治其国者，先齐其家。欲齐其家者，先修其身。欲修其身者，先正其心。欲正其心者，先诚其意。欲诚其意者，先致其知。致知在格物。"格物、致知、诚意、正心、修身、齐家、治国、平天下，构成了人们在成就伟大事业过程中的必要阶梯，也是人们追寻美好人生境界的必要条件。在中国文化的人生境界图解中，最高的层次也许是"极高明而道中庸"的精神境界，表达着中华民族追寻那种"天人合一"的最高理想追求。这里所说的"天"，既是自然之天，也是人文社会之"极"，也就是所谓"大全"，即宇宙全体。

① 张岱年，方克立. 中国文化概论[M]. 北京：北京师范大学出版社，1994：338.

“大全”是无限的，“至大无外，至小无内”；“大全”是永恒的，既无所谓开始，亦无所谓终止。“大全”包含了自然、社会和人生的全部内涵。对于这种大全、无限和永恒的追求，不仅是有限的、具体的个体人生的最高目的，也制导着整个人类社会进步发展的基本方向。

附录

访谈与对话

经世笃学 其乐融融①

——访欧阳康教授

未曾谋面就比较熟悉的校友，大多是笔者看书读报，信手偶得。欧阳康校友算是一个。在《华中科技大学报》上经常能读到欧阳康书记给学生做讲座的消息，而且涵盖面颇广，大到谈哲学社会，小到讲学习聊生活，欧阳康校友总是坦诚和悦地传授交流，读起来亲切自然。

等到国务院学位委员会哲学学科评议组在中国人民大学开会时，见到欧阳康校友，风度翩翩，儒雅质朴，印象非常深刻。

二十多年的严谨治学，欧阳康在学界较有名气；多年的教书育人，欧阳康始终兢兢业业、为师为范。他曾教导学生"治学要脚踏实地，板凳要坐十年冷"。作为华中科技大学党委副书记，他始终以学生为本，为全面育人尽心尽力。

一、率其胸臆 潜心治学

1985 年 3 月到 1988 年 1 月，欧阳康在中国人民大学攻读博士学位，这是他自 1977 年考进大学后一连十年学习中的最后一个阶段，也是学术上的冲刺阶段。

谈起这三年的学习，欧阳康说："人大的三年学习使我前七年的学习和研究得到了合理的总结和巩固，又在博士学位论文的撰写和研究中开拓了新的研究领域，从而在学术研究的层次和水平上得到了极大

---

① 本文为中国人民大学 70 周年校庆时《中国人民大学报》降瑞峰编辑对欧阳康的采访。刊登于《人民共和国的建设者——中国人民大学校友专访录(第五辑)》，中国人民大学出版社 2007 年 10 月出版。

的提升，为我在日后进入哲学学术圈做了不可或缺的准备。”

在中国人民大学哲学系学习期间，欧阳康先是师从李秀林教授。李秀林教授当时任研究生院常务副院长，是当时最年轻的博士生导师之一，才华横溢，为人治学堪称楷模。秀林老师不幸于1986年3月因病逝世后，欧阳康和其他学生转而师从夏甄陶教授。夏老师的学术功底非常深厚，尤其在认识论的历史和理论研究方面造诣极深。欧阳康在他的悉心指导下研究马克思主义哲学、实践的唯物主义，并以社会认识论为博士论文选题，开展了这个全新领域的研究。

1988年元月，欧阳康的博士学位论文《社会认识论导论》通过答辩，萧前教授主持答辩，陈先达、夏甄陶、齐振海、王锐生教授参加答辩，论文获得好评与鼓励。该文计37万余字，经修改后收入胡绳先生主编的“中国社会科学博士论文文库”，于1990年由中国社会科学出版社出版，1995年获得了全国高等学校第一届人文社会科学研究优秀成果二等奖。

凭着深厚的学术功底和刻苦的学习钻研，在中国人民大学的三年时间里，欧阳康在《哲学研究》《哲学动态》等期刊上发表了20多篇文章，其中有7篇被《新华文摘》转载。回首这段经历，欧阳康说：“在人民大学的哲学学术研究奠定了我的学术发展的最重要的基础，也成为我后来培养研究生的独特方向。我的学术研究得益于我在人民大学的学习和研究，归功于老师们的教导和环境的熏陶。”

回想当时中国人民大学哲学系的优良学习环境，欧阳康回忆说：“人民大学的治学和教育对我影响较大，有四个方面给我留下了极为深刻的印象。”

一是学科布局齐全，师资力量雄厚。欧阳康学习期间，正是中国人民大学哲学系的学术鼎盛期，一大批资深前辈学长分布在哲学的各个二级学科，对很多领域和问题的研究领先于国内学界，为同学们走近学术前沿创造了很好的条件。当年的老师对同学们的学习和活动非常关心。欧阳康说：“记得当时我们主编了《青年哲学论坛》（内部刊物），为该刊题词和撰文的教授有三十多人次，仅在前三期里就先后有袁宝华、张腾霄、黄达、李文海、谢韬、罗国杰、萧前、黄楠森、赵风岐、石峻、苗力田、方华、李秀林、夏甄陶、陈先达、靳辉明、黄顺基、方立天、张立文、汪永祥、郑杭生、徐启贤、王于、李淮春等教授，涵盖了学校的几任书记、校长和一大批非常著名的资深教授,令人感动不已。”

二是学术研究主动,同学互动互惠。当时的同学大多是来自1977级的本科,1981级的硕士,1984级的博士,经历过上山下乡和在工厂做工的锻炼,有过失去学习机会的遗憾,现在有了学习和深造的机会,大家格外珍惜,学习非常主动和积极。欧阳康那一届是中国人民大学招收的第二届博士生。博士生导师少,招收的人数也比较少,全校的博士生大部分住在学五楼,在一个楼道里生活,随时进行着跨学科的交流与互动,确实相得益彰。

三是管理张弛有度,师生互动明显。当时的博士生是由教研室管理,直接参加马克思主义哲学原理教研室的活动,与老师有很多的接触机会,能够随时向老师请教,这对于欧阳康的学习和研究是一个非常重要的条件。

四是学术氛围浓郁,学术机会丰富。当时正值国内学界高度活跃的时期,在系领导的关心和导师的带领下,欧阳康和同级的同学有机会参加一些重要的学术活动和学术会议,与国内的各方面著名学者直接接触,参与到各种类型的学术研究中去。欧阳康说:“记得我和范恒山同学曾分别作为李秀林老师和吴树青老师的助手参加了《中国社会主义建设》的教材编写,还有幸参加了中共十三大报告准备过程中中国人民大学所承担的精神文明建设部分的一些初稿的起草和讨论等。这些活动极大地开阔了我们的眼界,提高了我们的研究能力。”

二、历经辗转 锲而不舍

从1968年9月到四川省资阳县丰玉区插队,1971年到铁道部建厂工程局做工人、局宣传部干部,后来在陕西师范大学、中国人民大学学习,以及后来在哲学领域长期耕耘,欧阳康经历的这种角色的转换和求学的经历,一步步坚定了他从事哲学研究和教书育人的信念。

谈及这些年的转折,欧阳康笑着说:“我属于共和国成立后出生的一代人,我们的人生经历折射着共和国的风风雨雨。回顾我们的人生经历,不同时期的社会主题为我们的生命体验提供了不同的思想内涵。”

小学学习,欧阳康赶上了新中国第一届小学五年制实验班,五年之后进了初中,又成为今天人们所称的“老三届”,他是1968级初中生中年龄最小的。欧阳康清楚记得当时的情景。他说，“初中读了一年，‘文化大革命’便开始了，全国学校都停课闹革命”。当时才13岁的欧阳康就这样在朦胧中参加了“文化大革命”，跟着高年级的同学一道写标语、刻钢板、印传单，和几个同学一起串联到了北京，在西郊机场参加了毛主席的第八次检阅红卫兵。回顾这段经历，欧阳康颇有感慨地说：“‘文化大革命’改变了中国，也改变了我们的命运。‘文革’风云让我们从人生发展的早期便感受到世界的复杂和多变，革命的意识和理念在我们的心中占据了崇高的地位。”

插队落户为欧阳康构建了生存理念。随着毛主席一声号召，“知识青年到农村去插队落户”，欧阳康去了四川省资阳县丰玉区迎接公社七大队二小队插队落户。由于是单人独自立户，必须学会独立料理自己的一切生产和生活。欧阳康出工从事各种农活挣工分，一年四季轮种自留地中各种农作物以保证自我供给，养殖鸡、羊等以调剂自己的生活，自己挖窖保存红薯和保管粮食，自己晾晒和堆藏分给自己的草秸柴火，与当地的农民没有什么两样。欧阳康若有所思地说：“农民的生存方式要求人的能力在低水平意义上的全面发展，农村插队无疑提高了我的生存能力和生产技巧，增强了我的吃苦耐劳和求实精神，同时更增进了对于自然、人生、社会的了解与体验。”

欧阳康接着告诉记者第三个转折点，那便是工厂做工，帮助他理解现代大生产。1971年，一个偶然的机会，欧阳康被招到了铁道部建厂工程局三总队。这是一个铁路系统的建筑工程单位，流动于全国各地。欧阳康在这里踏踏实实干起了工人的活儿，先是做油漆工，用自己的双手改变建筑的色彩与面貌，后来又改行干电工，增加了现代工业生产的感觉。由于工地的变换，欧阳康很早就离开家乡，在河南和北京等地工作，开始了漫长的流动生活。基于个人的刻苦努力和勤于钻研，1975年，欧阳康被评为局级的“工业学大庆先进个人”，随后又由于学习“马、恩、列、斯论无产阶级专政下继续革命的理论”有心得而得以“以工代干”，被破格提拔到局宣传部理论科，担任了《建厂通讯》的编辑，开始学习和研究理论，走上了一条新路。

谈到对自己最有影响的选择，欧阳康说，大学学习帮助他走进学术理论殿堂。回首过去的经历，他对记者说：“1977年恢复高考，我有幸考人大学，并随着我国学位制度的建设与发展继续攻读硕士和博士学位，一连读了10年书。”欧阳康告诉记者，他的硕士导师刘修水教授也是当年中国人民大学哲学系的研究班毕业生，由此更加深了与中国人民大学的特殊学缘关系。概括起来讲，“可以说，如果没有祖国的改革开放，没有党的好政策，就没有我们的今天”。

三、教书育人 率先垂范

欧阳康现在是教育部社会科学委员会委员，全国高校哲学教学指导委员会副主任，也是享誉全国的中青年哲学家。谈及他的学术研究路径和创见，尤其是在国内首倡的社会认识论，欧阳康侃侃而谈。

他说，对于哲学研究我有一个基本的看法，就是哲学所研究的都是一些非常普遍性的问题，但对这些普遍性的问题的探索却是高度个性化的，因此我们能够做到的就是探索一条个性化的学术研究道路。在《哲学研究方法论》和《欧阳康自选集》中曾经刊有欧阳康的一篇学术自述，标题就是《探索一条个性化的学术研究道路》。在这二十多年来的学习和研究中，欧阳康曾经关注过并较有独到心得的学术问题主要集中在以下几个方面。元哲学层面的问题：哲学研究方法论，哲学形态学。马克思主义哲学层面的问题：马克思主义哲学的实践唯物主义本质，马克思主义哲学的当代视野、当代形态与学科体系构建，马克思的本体论、现代性、生存论思想及其当代意义，马克思主义的中国化。分支哲学层面的问题：认识论、价值论、人文社会科学哲学的当代发展。分支哲学间关系层面：哲学的本质与哲学对话、当代英美哲学与哲学家研究等。

当然，这些成果中，他关注最为持久和研究最深入的领域还是社会认识论。云南人民出版社出版的“哲学理论创新丛书”收入他的《社会认识论——探索人类社会的自我认识之谜》一书，回顾和概括了社会认识论研究的主要成果。

学术上的成熟和历练使欧阳康对社会认识论的探究逐渐深入。近二十年来，先后有数十位博士生和硕士生加盟社会认识论研究，以此作为他们的学位论文研究方向，撰写了一批有影响的学位论文，出版了一批学术专著和论文，将其提升到人文社会科学的层次，得到了极大的扩展和提升。

欧阳康学术研究的又一个特色是成功邀请了36位当代英美最著

名的哲学家为中国哲学界撰写了《当代英美哲学地图》和《当代英美著名哲学家学术自述》，他自己还直接与国际上一批著名学者开展了学术对话，其成果部分地汇集在《对话与反思——当代英美哲学、文化及其他》。这三本书由人民出版社出版后，得到学界首肯。

作为一名优秀的人民教师，欧阳康不仅勤于治学，也把自己的心血倾注到育人工作上。作为华中科技大学的党委副书记和亚太学生事务联合会主席，他是真正地把教书和育人结合在一起。从网上经常可以看到欧阳康与学生座谈、聊天，谈理想，谈治学，谈人生的报道。

谈及这方面的情况，欧阳康给记者讲了自己的心里话。他说："教书育人是教师的基本职责，而教学是育人的基本途径。"欧阳康自 1988 年博士毕业后参加工作，便一直给本科生、硕士生和博士生上课。用他自己的话说，"上好课是教师的天职，我喜欢那种站在讲台上与学生互动的感觉，并在同学们的各种进步中感受自己工作和努力的价值，获得某种成就感"。他补充说，作为学校分管学生工作的党委副书记，有更为直接、宏观和重要的职责，这就是研究新时期大学生思想政治教育的特点和规律，探寻更加科学和有效地从事大学生思想政治教育的途径，构建思想政治教育体系，并在实践中加以实施和改进完善。欧阳康说："尽管我长期以来一直与各种层次和类型的同学有着相当密切的联系，但当我从分管学生思想政治工作的角度来看待他们的时候，还是觉得有许多不甚了解和难以理解的方面，需要更加深入地接触、了解和理解。"

通过近年来的探索、思考与实践，欧阳康感到应当对当代大学生有更加清晰的认识，把握他们的特点，以便有针对性地开展工作。他指出，当代大学生普遍受过很好的知识与技能训练，具有很强的独立意识、自强意识、创新意识、成才意识、创业意识、维权意识等，但同时也需要加强对于一些重要的关系的辨析与把握，例如：国际视野、开放心态与文化根基和文化定力的关系；时代意识、创新意识与历史意识和民族情怀之间的关系；主流政治认同与多元价值取向之间的关系；市场竞争与传统道德规范的关系；强烈的个性意识与团结合作精神的关系；尊重个人利益与强化社会责任的关系；注重现实功利与追寻理想境界的关系，等等。在这样的情况下，欧阳康认为，大学教育应当区分大众层面、困难学生层面和优异同学层面等几个基本的面向，在加强"全员育人"

的同时推进“全员自育”，主张在加强大学生心理健康教育、心理问题咨询和心理疾病治疗三个层面开展工作，要求辅导员成为“有理论的实践者”和“会实践的思想者”，把新时期的文化素质教育提升到全面素质教育的层次和水平。

以这样的理念为主导，欧阳康在实际工作中力求把学生思想政治工作逐一做到实处，做到学生心里。近几年来，华中科技大学的学生工作产生了“烈士寻亲”“公德长征”“全面素质扩展”“党旗领航工程”等一批学生工作品牌。

四、虚一而静 上下求索

当记者问欧阳康取得成就的原因和动力是什么，成功的理念是什么，对母校的哪些办学理念印象最深时，欧阳康略一思索，跟记者聊起了自己的想法。

欧阳康非常赞赏荀子所说的“虚一而静”，并引以为人生信条。世间万物纷繁复杂，机会和诱惑也特别多，人也有多方面的工作、角色与责任。如何保持一个好的心态，成就属于自己的事业，需要有所收敛和专注，保持心态的宁静。结合自己的工作经历，欧阳康说，多年来自己一直承担一些行政工作，需要应付一些比较喧嚣的场面，做一些比较热闹的事情，但他的深层注意力始终专注于哲学学术和理论研究，即便是从事各项具体工作时也喜欢带着问题去思考，强化实际工作的理论品格，这样既提高了实际工作的理论自觉性，也保持了理论思考的现实实践基础，争取能够相得益彰。

他说，中国人民大学对他影响最深的，是中国人民大学的校训“实事求是”。这四个字既是党的思想路线的基本内核，也是辩证唯物主义认识论的基本要求，是人类生产和生活实践经验的基本总结，也是做人做事的基本准则。他说：“母校的校风体现了校训，也是人民大学很多老师的风格，我作为一个哲学工作者应当努力地和自觉地去实践她。”

欧阳康说自己也许属于比较“平和”的类别，有理性而不失激情，有激情而不过于冲动。在实践中他一方面让激情在理性之海中激荡，以激情增进理性的内在活力，另一方面让理性引领激情，规范其作用的方向，使其发挥更加积极和健康的作用。

结合现在从事的育人工作，欧阳康说，他最近比较关注我国高等教育的深度转型问题，尤其是在中国高等教育大众化的过程中，一些重点的研究型大学如何保持精英教育的品格和水准。欧阳康说，为了做到这一点，我们要大力提高高等教育的质量，抓好教风和学风建设，提高高等教育的管理水平，在当前要特别注意提升大学管理的文化品格。

作为一个卓有成就的人大人，欧阳康对人民大学的未来充满信心，满怀期望。他说，母校的繁荣昌盛是所有校友的最大期盼。哲学曾经是母校最为强盛的院系和学科之一，在国内哲学学科的建设与发展中发挥过不可替代的作用，希望她还能保持这样的地位。

他还托记者给今天的人大学子捎个口信。欧阳康说："能够进入人民大学的同学都应当是非常优秀的。希望大家能够特别珍惜，在追求自我卓越的过程中更多地为母校增光添彩。"

传承我校优良学风 唱响“学在华中大”①

——欧阳康教授就学风建设答记者问

优良的学风是学校的灵魂和生命，是培养和造就高素质人才的关键，是提高教育教学质量的重要条件。2007 年 10 月 9 日，校党委副书记欧阳康就我校学风建设的现状和学风建设的发展思路，以及近期在本科生中开展的“早起床，早读书，早锻炼”等活动，接受了华中科技大学校报和校电视台的采访。

记者：学校把今年定为教风、学风建设年，而且近期还将召开全校性的学风建设动员大会。为什么全校上下在当前如此重视学风建设？请您给我们谈谈相关的背景。

欧阳康（下简称欧阳）：学风建设实际上是学校建设，也是中国共产党的建设和社会文化建设中的一件非常重大的事情。广义的学风也包含了教师的教风。从历史上来看，中国共产党曾经把学风建设提到和党风建设同样重要的地位。从教育的角度来看，教书育人的核心问题就是要教会学习和学会教书。教风是教师为人师表的关键。老师能否在教学、科研中以表率的方式来贯彻一种好的学风，这对于学生有着非常重要的影响。对于学生来说，学会学习也在于学会科学地学习、规范地学习。从校风建设的角度来看，其中最重要的内容还是学风建设。

我校多年来形成了优良的学风和优良的教风。但是，受多种因素的影响，我校学风状况在一定程度上仍存在一些问题，在某些方面甚至出现了下滑的趋势。这对我们有针对性地开展学风建设提出了必然要求。

---

① 本文为《华中科技大学报》记者胡艳华于 2007 年 10 月 9 日对作者的采访.

最近，教育部成立了学风建设委员会，对全国高校的学风建设包括教师的教风建设、学生的学风建设都提出了很高的要求。这是在新时期进一步提高高等教育的质量和水平，造就一支优秀的教师队伍，培养更优秀的学生的客观要求。在这样的背景下，加强学风建设是一个非常现实和紧迫的任务。

记者：社会上一直对我校的学风状况有很高的评价，"学在华中大"一直是外界对我校学风状况的赞誉。您认为我校的学风方面有哪些优良的传统和经验？

欧阳："学在华中大"是学校师生长期积累下来的传统，我们一定要认真传承和发扬光大。这种优良传统之所以能够形成，有很多因素都在起作用：①领导高度重视，我校历届校党政领导都把学风建设作为学校建设中的一件大事来抓；②严格管理，不论是课程管理还是学生管理、宿舍管理，我校都形成了一套优良的科学管理体系；③高素质的教师队伍，一大批具有崇高师德的老师在教学、科研中起着表率的作用；④广大同学学习态度非常端正，积极把自己的精力投入学习、研究和科技实践中，也投入校园文化的建设中，同时历届老生给予每一届新生以良性的引导；⑤学校的媒体包括报刊、广播、电视、网络均发挥了很好的舆论监督作用；⑥学风建设贯彻到了社会实践活动、社团活动之中，并以各种方式，从各种角度，来烘托、营造、实践着优良学风。

记者：提到学风，就不能不谈教风。您能不能跟我们谈一谈学风和教风之间的关系？

欧阳：学风这个概念可以从两个意义上来使用，一个是狭义的，指的是学习中的风气与态度，主要是针对学生的；从广义来看，学风也包含着教风，实际上也就是要求教师在教学、科研和自己的日常生活中能够以一种优良的学风来要求自己，来感染学生，帮助学生、引领学生和提升学生。教风建设首先要求教师有一种行为世范的责任感。行为世范应当成为我们严肃认真地对待学术的态度，对待教学的态度，也是对待社会的态度。教师在教书的过程中、在育人的过程中、在自己的科研活动中，都必须要有这样一种强烈的意识。其次，教师要通过教学活动，来教给学生如何去获得或者去实践一种求实的学风。课堂教学是学风教育的主要途径，我们希望所有教师能够在课堂教学中，真正贯彻一种科学的、严谨的、求实的同时也是开放的学风。第三，教师要把学术研究中如何贯彻优良学风这个问题提上重要的议事日程。我们希望所有的教师能够以严肃的、科学的态度来对待自己的学术研究，不抄袭、不剽窃，尊重他人的知识产权，尊重他人的科研成果，实事求是地进行研究和创造。第四，在教风的建设中也要做到一种师生互动，教师也要善于向学生学习，在课堂上建立起良性的、健康的互动关系，师生共同追求真理。

记者：本学期在学风建设方面，学校已采取哪些具体的举措，还有哪些工作安排？

欧阳：学校对于学风建设高度重视，成立了以党委书记朱玉泉和校长李培根为组长的学风建设领导小组，相关校领导都是这个小组的成员。同时，校党委正式出台了《关于进一步加强学风建设的若干意见》（下称《意见》）。《意见》对于本科生、研究生在教学、科研、学术活动和日常生活中应该怎样做都提出了非常具体的要求。为了做好本科生的教学工作，特别是迎接 2007 年的本科生教学评估，学校还专门制定了本科教学的规范等。

最近，学校将召开一次涉及面很广的学风建设动员大会，希望能够在全校范围内引起高度的重视和实践。围绕学风建设，我们制定了几方面的规划：①广泛宣传，全面动员，各院系要形成本院系加强学风建设工作的具体方案，要重视开展典型案例的宣传，在学生中进行示范教育和警示教育；②认真规范课堂教学管理，努力提高课堂质量，严格上课纪律，严格考勤制度；③实行早操、早读制度，强化晚自习纪律；④严格宿舍电脑和网络管理，加强宿舍纪律管理，加强宿舍环境卫生管理，借助寝室文化育人；⑤狠抓诚信教育，强化考试纪律；⑥狠抓文明养成教育，强化大学生文明形象塑造教育，狠抓教室、图书馆、实验室等学习场所的纪律和文明卫生管理；⑦搭建活动平台，促进学风建设。

记者：据我们了解，近期我校已在本科生中开展“早起床，早读书，早锻炼”的活动，您认为开展这项活动有何重要的意义？

欧阳：这项活动实际上是希望在新生中形成一种良好的精神面貌，一种健康的生活方式，同时也是一种良好的学习方式。“早起床、早读书、早锻炼”是从小学起就开始要求的，到了大学看来还是非常有必要。学生随着年龄增长，学习任务加重，身体可能也会出现一些问题。通过“三早”这样的活动，能够帮助我们解决一些意想不到的问题。首先，它能帮助学生有一个良好的精神状态。如果你睡懒觉,慌慌张张爬起来,来不及吃饭,抓着一点东西就进了课堂,不仅是对教师的不尊重,对自己的身体也没有好处,而且越睡懒觉生物钟越乱,生活状态和精神状态也好不了。其次,早锻炼也能让同学们有一个健康的体魄。我们的同学尤其是新生,长期处在高考备考中,体能消耗很大,大家没有时间、也没有注意到要进行体育锻炼。在军训期间大家的身体素质有了一个很大的提高,希望能够通过早锻炼把成果巩固下来。最后,通过早读,希望同学们能够有机会、有时间去把那些自己喜欢的、重要的、该记忆的东西加以认真阅读和理解。

记者:营造良好的学风肯定需要全校同学的积极参与。最后,请您对全校同学提点希望和要求?

欧阳:第一,要高度重视学风建设。同学们到大学来最关键的就是学会学习,学会科学地学习、合理地学习、规范地学习。我们希望所有同学能够把优良学风建设转化为一种内在的目标和发展动力,自我激励和自我约束,使学校的学风建设再上一个新的台阶。第二,在学风建设方面要严守底线。人生当中是有很多底线的,作为学生最基本的底线就是要诚实地学习,靠自己的努力来提高自己,不能做任何不符合校纪校规、法纪法规的事,不能做“一失足成千古恨”的事。第三,希望同学们能够不断地提升境界,不断追求,要有自觉的学术追求、科学追求、文化追求和道德追求。第四,希望同学们能够互相监督,互相帮助,共同提高,建设一个和谐的校园。

在学生的健康成长中体验成就与快乐[①]

——访研究生导师欧阳康教授

记者：请您谈谈记忆中作为研究生导师的最大幸福是什么，并谈谈幸福的原因。

欧阳：作为一个导师，最幸福的事当然是看到学生的成长啦！我自1989年当硕士生导师、1993年当博士生导师以来，先后带了四五十个硕士生和博士生。每次看着学生顺利通过毕业论文答辩、获得学位、走向心仪的工作岗位，我都感到由衷的高兴。这其中最让我感到可贵的是，多年来我的学生能够按照我的研究方向，与我一道共同深入探究社会认识论和马克思主义哲学当代发展方面的一些重要问题，做成了系列的硕士和博士学位论文，其中十多篇博士论文已经纳入我所主编的"当代人文社会科学哲学系列丛书"和"实践哲学丛书"，并作为专著出版，得到学界好评。由于社会认识论是全新的学科，他们的学术研究大多是在该学科的前沿，其成果推进了学术研究，并在一定程度上填补了空白。同学们个人也通过努力得到很好的发展，不少人成为教授、硕士生导师和博士生导师，担任了各种行政职务。这些对我来说，比自己发表文章和出书还要高兴，因为这意味着一个个独立研究主体的成长，也壮大了我们的学术研究共同体。

记者：请您谈谈记忆中作为导师最烦恼或失望的几件事，并谈谈失望的原因。

欧阳：从总体上看，同学们都非常努力，没有出现什么大的问题，也没有特别的失望。当然，同学们在学习中的烦恼也会感染到我。例如

① 本文为华中科技大学《华中大导师》记者徐海波对作者的采访。

怎么找到一个好的论文选题，这是研究生们经常会感到比较困惑与担忧的问题，对于导师来说，也是一件需要用心去思考的事。由于我们所研究的问题比较前沿，对同学们的学术创新能力要求比较高，选题既要符合学术发展总体方向，又能符合不同的研究生的学术背景，这就需要付出很大的努力来探索。再有，个别同学在读研究生期间会遇到各种各样的困难，有时多少会有些偏激，会有情绪的波动。如何帮助他们走出困境、恢复自信、找到正确方向，这也需要用心地去做，因为既要把他从可能的思想误区中引导回来，又不至于让他失去学术创新的勇气和精神。

应该说我个人作为导师的最大烦恼是行政事务偏多，难以找到充裕的时间和同学们交流，仔细听听同学们的心声，帮助他们及时解决各方面的困难。有时看到个别学生有困难，但我却爱莫能助时，我感到惭愧、自责。还有，随着招生人数的增加，我更怕因我个人时间和精力问题而耽误了学生。

记者：请问您是如何在繁杂的事务中，抽出时间和精力来认真搞学术研究的？

欧阳：不管是学校的行政职务还是各种社会兼职，只要是一个岗位或履行一个角色，对于我来说都是一个需要认真对待的责任。在硬性时间分配上，肯定是以工作为主，比如说重要会议、重要的活动、上课等会优先安排。但在弹性时间的支配上，或者说在心理上，学术是最重要的，是我的根基。近些年，我几乎没有整段的时间来系统看书，或者花上较长时间来深入地研究一些重大的问题。这是我感到非常内疚也非常遗憾的事。这方面我既难以做到又难以原谅自己，经常感到很彷徨与困惑，也生出了不少烦恼。不过，其实这些年的工作实践也让我体会到自身的长处，那就是我可以用哲学的思想和理论知识来做学生工作，用学术视野来看待工作，帮助做学生工作的干部提高理论水平，促使他们成为“有理论的实践者”和“会实践的思想者”。总的来说，我是绝不可能远离学术的！

记者：请问您在工作之余的时间里，您花多少时间在培养指导学生和学术研究上？

欧阳：工作之余，我的时间基本上花在三个方面：①生命活动必要的时间：比如睡觉、吃饭等，这方面已经压缩到了底线；②教学、研究生指导等；③学术活动。其中，花在教学、研究生指导和学术活动上的时间很难严格区别开。指导研究生的学位论文是刚性的工作，也是导师的最重要的职责，这方面我是绝对不会马虎的。我会以修订模式对每一篇论文提出书面的修改意见，有的论文会来回反复看好几稿。由于难以有整块的时间，我只好利用各种可能的时间来思考学术问题，比如走路、骑车、坐车、乘飞机时，甚至有时参加不太紧要的会议时，注意力会转向思考某些问题。我的许多学生的毕业论文都是在出差途中甚至飞机上阅读、修改和提出意见的，下了飞机再通过电子邮件传给学生。

记者：“良师如父”，在教育学生方面你有什么特别的心得？您觉得您的哪种魅力让学生围绕在您周围？您能不能谈谈您与学生之间的故事。

欧阳：导师既有学术引导使命，也有活动组织责任，还有心灵守护功能。导师的学术往往是在与同学们的良性健康互动中提高的。导师的责任与爱心是沟通师生最好的桥梁。师生之间既有学术合作，更需情谊沟通。我与许多同学都有一种心心相印的感觉，这种感觉不会随着时间的流逝而轻易消失。在同学们的健康成长中，我体会到了最大的成就感与快乐。给我印象最深刻的是与学生的学术合作。我的许多学生都参与了我所主持的科研课题，与我共同写过书和文章，并发挥了很好的作用，也从中得到了发展。今天他们分布在四面八方，从事着各种类型的工作，不少人相当出色。

还有，每逢各种节日，我的手机会收到很多祝福的短信，往往就是这些短信提醒我节日的到来，并勾起我一段段美好的回忆。同学们的真诚祝福经常连我的家人都很受感动。这使我感到很欣慰、很快乐、也很感激！

与哲人一道思索[①]

——访欧阳康教授

10月13日下午两点半，54岁的欧阳教授准时出现在武汉图书馆的《名人讲坛》现场。一套黑色的西装，蓝白相间的条纹衬衣，黑白方块相间的领带，外加一副金丝眼镜，眼前的欧阳教授显出一股潇洒之气、睿智之风。

"曾经沧海难为水，除却巫山不是云"，人生经历永远是一笔宝贵的财富。从早年当插队知青，到做宣传干部；从在北京西郊机场接受毛主席对红卫兵的检阅，到赴俄罗斯参加国际哲学与文化大会……欧阳教授通过自己的努力学习，考上大学，攻读硕士和博士，成为著名的哲学学者。这段艰难的求学经历，引发了他对人生和生活的深刻思考；而他对人生和生活的真知灼见，又成就了他在学术上的一次次成功。

一、适应是改变的前提

记者：在现实社会面前，您认为，我们应该去适应还是去改变社会？

欧阳：任何人首先应该是适应社会，因为社会是一种强制力量，人是从适应社会开始的。人的成长过程，从一个婴儿到少年、青年再到一个成年的过程就是一个适应社会的过程。但是，在适应社会的过程中，在自己的思想上和行动中，人会发现现实中有很多不满意的地方。这时就需要通过自己的思想或行动去改变它，但这个改变也不是理想化

---

① 2007年10月13日，作者在武汉图书馆主办的《名人讲坛》上做了题为《现代化的"围城"及其超越》的学术报告。演讲结束后，华中科技大学文华学院文新社记者吴凌等对作者进行了专访，就大学生成长发展过程中碰到的一些思想问题，与作者进行了深入交流。

的;在改变的过程中,恰当的是因势而动,而非逆势而动,所以,适应是改变的前提。人类的发展有一个突出的特点,它不是完全自在的过程,而是通过人的选择、规划、设计的活动过程。在这一过程中,首先要顺应历史发展的大趋势,所以改变是在大势所趋的范围内,适当做一些调整,而且只有在特定的环境和条件下以恰当的方式做一些调适,才有可能做好。

改变还应该拥有一个广义的内涵,既包含着在思想上对社会的引领,又包含着实际中对社会状况的批判与超越;不仅有对现实的解构与破坏,更需要的是建设。

我们应当对改变有更全面的理解,要想脱离世界,像超人,独来独往,或过于超前,这都不可能实现。所以,理想的价值就在于引领前一步或两步,到了第三步就变成空想和幻想了。我们希望大家能脚踏实地做人、做事,想得太远、太高了,就变成虚幻了。

马克思有一句很重要的话:每个人都按照前辈给他们所创造的条件来从事与前辈们相似的活动,但他们又会努力地通过自己的改变了的活动来改变条件,谋求发展。所以,对所有人来说都有一个由传承适应到变革创新的过程,这是一个历史与未来通过现实的互动,有一个首先内化、然后外化的过程。这是一个很复杂的问题。

二、丰富的生活造就丰富的思维

记者:您说到,要脚踏实地地做人做事。我们发现,当代部分大学生的想法有些功利色彩,甚至有些空虚、心态浮躁,您怎样看待这种现象呢?

欧阳:首先我表明,我不赞成这种说法,因为每个年代都有每个年代的特质。现在的80后是在思想和价值多元化的发展过程中成长起来的一代,主流的价值取向建立得不够鲜明和牢固,在理想信念方面会存在一些困惑和迷茫。这是值得重视的,但也不必那么担忧。通过这些年与同学们的交往,我感到,80后这一代人还是有抱负的。一旦他们走进了历史、走进了实践、走进了时代,他们马上就会清楚自己该做什么,该怎样去选择和活动。在华中科技大学的学生们举行的“烈士寻亲”“公德长征”“衣援西部”等活动中,同学们都有非常突出和卓越的表现。

我发现，一旦同学们参加了健康的社会活动后，马上会觉得方向明确了，知道该往哪个方向去服务社会，对社会有什么问题也清楚了。所以我觉得，在这个方面要有信心、要有耐心、要有一个过程。同时我们也要抓紧工作，其中包含着教育者的工作，更多的还是我们这一代自我教育的工作。

记者：那我们应该怎样进行自我教育，充实自己的精神家园呢？

欧阳：这是多方面的。第一，要学习历史。年轻人可能知道一点历史知识，但很少去深入地思考，不思考就很难发掘和运用历史的经验，也就很难超越已经犯过的错误。

第二，要走进时代。现在的学生，从小学到高中只有一个目标，就是考大学，所接触的社会面很狭小，社会性的知识很匮乏；进入大学后，当他们要自己决定自己的发展方向时，就会感到力不从心，感到难以真正地理解和适应社会。脱离社会是我们一个比较大的问题。而现在强调实践教育、走进生活，我觉得这是非常必要的。

第三，要加强互动，有自我批判的意识。实际上，在课堂里、在生活中、在社会上，参加一些活动，我们都会发现很多社会问题，这些问题会激发你的热情，激发大家为解决问题而努力的愿望。在我看来，人的思想的丰富性是与人的生活的丰富性内在相关的。丰富的生活才能造就丰富的思维，才能成就一个丰富的人生。

三、全员自育 自我认同

记者：现代大学生，价值取向多元化，我们应该怎样树立正确的价值观？

欧阳：实际上，这个问题不光是对于青少年和大学生存在，而且是全中国都要面对的问题。今天的中国处在价值观多样化的进程中，这个进程是进步的。但是，现今，中国的主流价值取向还需要重新建设、巩固和加强，所以这是一个全社会的普遍问题。

当然，这个问题在不同人面前会有不同的表现，因此它在年轻人面前会显得更加突出。就目前的工作来看，我们还是要加强大学生思想政治教育，要有一个主流价值取向。

首先，我们要把爱祖国、爱民族、爱人民作为最高价值取向，使我们所做的每一项工作都能趋向民族复兴这样一个伟大事业；其次，我们的年轻朋友要有一种敏感性，要自我塑造，要学会冷静、学会思考。我们提出了一种教育理念，要在“全员育人”的基础上加强“全员自育”。我更看重的是全员自育，因为价值观不太可能仅仅靠灌输来解决，而是一定要做到自我认同。

记者：您也谈到了关于主流价值取向的问题，现代儒家思想有复兴的趋势，您觉得中国传统文化会重新变成一种主流吗？

欧阳：这是一个涉及传统与现代化的关系问题。我认为，每一个国家在走向未来的过程中，传统文化都发生着非常重要的影响。在中国，虽然五四运动以来就一直在反传统，但传统的力量仍然非常强大。一个民族不可能断掉自己的文化之根，但是，一个国家也不可能仅仅靠着传统活下去，必须有新的东西创造出来。

我认为，中国的传统文化，特别是儒家思想，在今天仍然有它的积极意义。因为它代表着中华民族的一种文化创造，一种历史的积淀。但今天，我们不可能仅仅靠传统的文化之道来解决今天中国所面临的问题。我最近在《哲学研究》上发表了一篇题为《当代中国文化构建的资源选择与价值取向》的文章，就是讲的这个问题。

今天中国的文化建设有三种资源。第一种资源来自西方，是外部世界的；第二种资源来自中国的传统，如我们的儒家、道家思想，等等；第三种就是我们现代中国人的创造，我们也正在创造传统。我觉得，在整合这三种文化资源的基础上，中国会更好地走向未来。

四、追求内在的美

记者：9 月 4 日，温家宝总理在《人民日报》文艺副刊上发表了《仰望星空》，应该说这首诗是在鼓励中国人，特别是中国的大学生要冷静地思考问题，善于仰望天空。您能不能谈一下您的感受？

欧阳：温总理的诗是值得当代青年很好地学习并深刻品味的，他鼓励青年一代保持理想，这是人之为人的最重要的东西。我觉得当前中国社会处于一个迅速变化的时代，迅速变化的特点是你还没有来得及适应一个东西，新的东西就又出现了：一个东西还没有固定下来就被淘汰了，这是社会迅速进步的表现。中国 20 多年来发展的速度太快了，快得让人目不暇接。面对这种情况，我们要有一点超前性。

从解释学的角度来看，要达到对于历史的真正把握，需要一定的

"历史间距",但是在现实中我们很难保持这种间距。你就在历史之中,就在创造历史。所以,这个时候就要求我们的思想有高度的敏锐性,而且我们思想的敏锐性要能跟随时代变化的迅捷性。我们一方面要前瞻未来,另一方面也要脚踏实地。现在的问题是,"实地"是变得非常快的"实地",因此,这就要求我们这一代的朋友,要尽快更新自我。

德国著名哲学家康德曾说:在我的心目中有两种东西是最能震撼心灵的,一个是头顶上的灿烂星空,一个是我心中的道德律令。我认为,这样一种内在的对于美好境界的追求,既是人类所趋向的最高价值目标,也是个人发展的内在动力。在某种意义上,我们可以说,个人成就事业的程度是与思想道德的境界成正比的。如果我们中华民族,我们每一个中国人,尤其是诸位年轻的朋友,在生活和工作中,都能始终保持这样一种对于美好与崇高的追求,我相信中华民族的伟大复兴将在我们的努力中取得更大的进展、更大的成就。

在现代化的进程中观照和发展自我[①]

——访欧阳康教授

记者：当今世界是一个现代化的世界，可是我们还是不太清楚，究竟何为“现代化”呢？

欧阳：现代化是人类文明发展的重要阶段，也是一种自觉的价值追寻和创造运动。一般比较熟悉的说法是“四化”：工业现代化、农业现代化、科学技术现代化、国防现代化。但是严格说来，这只是指出了应当在哪些部类或行业里搞现代化，并没有告诉我们现代化应当具有什么内容和特点。

从学术的角度看，对于现代化的问题，中国学者从 20 世纪以来一直在探讨，形成了很多思想观点。通过自己的思考，也结合一些学者的观点，我认为西方现代化大体上包含了以下“六化”，它们可以说是现代化的主要内容。

第一是理性化，是以宣传资产阶级的思想文化为主要内容的一次思想文化革命；第二是工业化，是以张扬自然科学和工程技术为主要内容的大机器生产和与之相适应的工业革命；第三是市场化，是以航海和跨国贸易为主要内容，拓展国际市场的商业革命；第四是都市化，是以生活社会化和服务规模化为主要内容的城市革命，都市化的水平表征着现代化的水平；第五是民主化，要求建立能够保护资本主义私有制的民主政治和与之相应的政治革命；第六是法制化，要求建立能够保护资

---

① 本文是根据作者于 2007 年 3 月接受华中科技大学哲学系《喻园》记者杨志等同学的访谈录音整理修改而成的。

产阶级民主政治的法律体系和与之相适应的法制革命。

以上“六化”不一定特别全面和准确,但至少是西方现代化的真实内容,也是在西方近代文明发展历程中人们所努力追寻的六种价值。

记者:您认为中华民族在对现代化的认识上经历了一个怎样的历程?

欧阳:其实这个问题我曾经在《全球化与民族精神——中华民族的反思与超越》(此文发表于《华中科技大学学报》(社会科学版))一文中详细谈过。我认为,中华民族在近代以来的心路历程,大体上经历了六个阶段,或者说是六种心态。

第一个阶段是畏惧现代化,时间是从1840年鸦片战争到19世纪末。中国自封天朝大国,在近代以来闭关锁国,对西方人的政治革命、思想革命、工业革命毫不知觉。直到有一天帝国主义的洋枪洋炮打开了我们的国门,才知道这个世界已经变化了。现代化就是以这样的一种方式走入中国人的生活和心中的。因此,现代化首先不是作为中国人民的朋友而是作为敌人、对手、欺负者来到我们身边的。也正是由此,中华民族从一开始就对现代化不那么理解、亲近,并且是非常畏惧和抗拒的。

第二个阶段是追寻现代化,时间主要是从辛亥革命到五四运动这一时期。在这期间,中华民族先进思想家的心态发生了巨大的变化,产生出来了一种特殊的意识,叫作民族批判意识。北京大学的先进思想家和学子们高举“科学”与“民主”两面旗帜,高喊要走现代化的道路。中华民族开始自觉地追寻现代化。这是中华民族一次巨大的思想启蒙和对现代化的追寻。当时涌现出了许多思想家,站出来批判中国的国民性。他们在唤起中华民族自我觉醒方面起到了极为重要的作用,但在追寻现代化的同时,产生了对中国传统文化的全盘否定。

第三个时期是远离现代化,时间是从五四运动到1949年中华人民共和国成立。在这段时间里中华民族经历了国内革命战争和抗日战争等,在面临着亡国灭种的危险时刻,救亡图存成了中华民族的主题,中华民族的思想兴奋点是一种民族危亡意识。在这种背景下,我们没有精力去搞现代化。

第四个阶段是误解现代化,大体上是从1949年到1966年,新中国开始了社会主义的现代化建设。由于外部环境恶劣,只能靠独立自主,由此产生了强烈的民族自强意识。独立自主、自力更生、艰苦奋斗、勤俭建国。这种意识非常可贵。但是非常遗憾，当时存在着对现代化的诸多误解。一是把现代化理解为工业化尤其是重工业化，甚至归结为钢产量；二是低估了现代化的难度，要“10 年赶英，15 年超美”，因此而出现“大跃进”等“左”倾盲动。

第五个阶段就是 1966 年到 1976 年，那是一个拒斥现代化的年代。我们这个民族产生了精神的亢奋状态，同时又是一种相当迷惘的状态。当时我们有三大口号：反帝、反修、反封建。把西方国家、其他大多数社会主义国家和中国传统文化都拒斥了。当时我们自信手中还有一种思想武器就是马克思主义，但是其中又包含着许多来自苏联的简单化和教条化误解。所以当时表面看起来轰轰烈烈，但实际上在思想上、理论上都是十分空虚的。这是我们民族发展的一个非常艰难的时期。

第六个阶段是 1978 年以来到现在，全国人民集中力量在做的一件事就是创造现代化，产生出了一种伟大的民族精神，那就是民族复兴意识。20 多年来我们取得的成就是令人难以置信的。现在西方对中国有两种说法，一个是“中国威胁论”，一个是“中国崩溃论”。听到这些说法，我们当然并不舒服，但这也从一个方面说明了中国的进步。从某种意义上说，西方人不得不关注中国，尽管我们并不想威胁任何人。至于崩溃问题，如果中国的经济是封闭的且在世界上无足轻重，即便你要崩溃，西方人也不会关心和感兴趣。因此，这两种说法都从反面说明了中国进步到了西方人不得不关注的地步，说明了中国对世界的影响的增大，说明了实力对比的某些变化。世界关注中国，这既是好事，也是挑战，要求我们把自己的事做得更好，以应对世界的挑战。

记者：我们知道，现代化的思想源头根植于 14 世纪欧洲的文艺复兴运动和与之相随的思想启蒙运动。欧阳老师，您认为文艺复兴和启蒙运动的意义何在呢？

欧阳：文艺复兴，就其名义而言是要复兴古希腊、古罗马文化，实际上是要张扬资产阶级思想文化。思想启蒙运动，从根本上说是要为新兴的资产阶级文化鸣锣开道，创造资产阶级的思想文化。文艺复兴和思想启蒙所针对的直接对象是中世纪政教合一的宗教文化及其对于社会生活的统治，要以人性对抗神性，以人权对抗神权。恩格斯曾高度评价文艺复兴在历史上的进步作用：“这是人类以往从来没有经历过的一次最伟大的、进步的变革，是一个需要巨人而且产生了巨人——在思维能力、激情和性格方面，在多才多艺和学识渊博方面的巨人时代。"这种思想解放运动和文化建设为现代化的历史进程奠定了坚实的思想基础。

记者：启蒙运动高举理性的旗帜，这一旗帜的树立与16、17世纪欧洲自然科学的进步基本是同步的，您是怎样看待理性与科学的关系的？

欧阳：科学可以说是理性解放的一个成果。人类理性的真正的张扬大概在古希腊就曾经有过，就是在古希腊、古罗马文化那个时候。理性帮助人类从神话中走出来，这一段是人类文明的早期辉煌。但是人类理性和非理性这两个方面是互动的。在人类文化的早期，人的非理性方面产生了以信仰为主旨的宗教，从此以后理性和非理性就始终在较量，而且这种内在的冲突也导致并展示于外部的社会冲突。尤其是到了中世纪，非理性的力量占了上风，宗教的力量就成为社会的统治力量，而且这一种统治力量极大地压抑了理性，其最大的表征就是让理性服从于信仰。理性与信仰的冲突集中地表现于这样两句话：一句是"我理解是因为我信仰"，另一句则是"我信仰是因为我理解"。这两者是信仰主义和理性主义的最大的分野。它们之间的分野不在于你是否承认有理性或者有信仰，而是说在这两者中谁是最根本、最重要和最基础的，发生冲突的时候谁是最高的解释原则。文艺复兴，包括后来的思想启蒙运动实际上就是要把理性彻底地解放出来。这次理性解放运动和早期从神话中的解放不一样，它是要从宗教中解放出来。通过这一次解放以后，人们第一次以一种科学的方式来把握自然、把握社会、把握自身。从此以后，理性的力量就借助于科学的力量得到发展和发挥。理性在与非理性的矛盾冲突中占据上风，而非理性则多少受到压抑。所以近代以来，科学变成了反宗教的力量，理性和科学变成了一致的力量，而宗教的力量就一直处于被动的状态。

科学带来了大生产，大生产又带来了社会化，也带来了世俗化。这种世俗化实际上又成为对宗教的极大冲击，因为宗教是讲神圣化的，而科学带来的巨大的发明和发现使科学的功能得到彰显。科学引发了现代大机器生产，使物质财富极大地涌流，使社会生活越来越世俗化、平民化，市民社会不断地得到了强化，而市民社会本身又与宗教社会和神圣世界是矛盾冲突的。这个是社会方面的情况。在另一方面，世俗化又把人们的内在心灵中向往神圣、向往崇高、追求无限的这一部分愿望压抑了，所以20世纪又有了一个非理性的反弹，那就是产生了非理性主义，包括意志主义、弗洛伊德的精神分析以及后来的生命哲学，等等。

所以哲学实际上始终在解决理性与非理性之间的适当配置的问题，要让人们有一个比较全面的把握。哲学本身是依靠人的理性的，但是哲学又不能仅仅是理性的。我经常讲哲学要有更多的体验，要有更多的情感投入，要有更多的感悟，要有直觉，要有灵感，要有生活。这是关于理性与科学的问题。这个问题比较复杂，因为它在历史上经历了非常复杂的演变。

记者：人类的理性能力是有局限性的。欧阳老师，您是怎样认识这样一种局限性的？

欧阳：对于人类理性的局限性的问题需要有高度的理论自觉和实践自觉。对于人的问题，如果仅仅从宗教的角度来看，是上帝造出了一个完美的世界，因为上帝是全知全能的，所以造出的这个世界，也应当是完美的。但是如果按照达尔文的进化论呢，这个世界是在走向发展、走向进步的，有一个由低级走向高级的过程。但在走向高级的进化过程中，它的每一个阶段都可能是不完备的。比如说，相对于过去我们进步了，但是相对于未来我们又是非常不完备的，所以我们人类始终处于完备与不完备之间、完满与不完满之间的这样一种矛盾冲突中。照理说，上帝能够造出一个完满的世界，也应该能够造出完满的人，但是人恰恰从一开始就是不完满的。于是就假设人是有原罪的，就是说人应该是完满的，但是他是带着罪恶来到人间的。因此人生的过程就是一个赎罪的过程。而从科学角度来看呢，整个世界的信息是多种多样的和无限的，但是我们的感知思维能力却是有限的。而且即便我们的智慧是无限的，但是我们的生命又是有限的，所以就有很多制约，有很多不完备性。

德国哲学家康德应该说是对人的不完备性有比较充分的认识的一个人物。我在《哲学研究方法论》里边专门对康德的这方面思想作了一些分析。实际上康德是把对于世界的考察纳入以人为前提的逻辑构架中来加以分析。他不是简单地说世界是完美的、是无限的，而是说我们人与外部世界的关系是怎么样的，康德要求首先审查人的能力，并由此来看人能够把握什么样的世界。自古以来哲学家们大多认为，人的理性能力是无限的，而康德说人是有限的，正是由于人的有限性，分出了一个此岸世界和一个彼岸世界，分出了一个有限世界和一个无限世界，而人只能在这个有限世界中生活。人的理性能力的有限性实际上还是要靠人自身的发展来解决，因为人在人之外并没有什么特殊的东西。人的有限性不可能靠万能的上帝来解决。

人就生活在这样一个悖论中：面对着一个无限复杂的世界，面对着具有一个无限可能与未来发展的世界，但是人自身却是非常有限的；人希望能够把握这种无限的复杂性和无限的可能性，但却缺乏这样的无限的能力。人的最大的价值也就在于不满足于有限。动物是有限的，越是低等动物越是有限，但是它们安居于有限，就在有限世界生活。而人则要不断地超越有限追求无限，所以这个时候也就产生出了人性与社会、人性与外部世界、人与人之间的各种复杂的矛盾的情况。也可以说，人的很多困惑、很多问题都是从这个地方引申出来的，有限的人想去把握一个无限的世界，有限的生命希望能够永垂不朽。中国历史上就有“立德、立功、立言”这“三不朽”的说法。人们总是希望有限的精神能够变成无限的精神，这既是人的追求和理想，也是人最重要和难得的地方。可以说，人最伟大、最有价值的地方就在于立足于有限而又力图超越有限，追寻无限。

记者：在历史上，现代化与资本主义的发展是同步的，那我们该如何看待它们的这种关系呢？这同时也涉及另一个问题，即社会主义国家的现代化是怎样的。请您结合我们中国的实际谈一谈。

欧阳：在我看来，现代化与资本主义在历史上大体上是同步的。就其本来含义，现代化在历史上就是资本主义现代化，现代化是资本主义社会的一个重要贡献。现在的问题是，现代化成为资本主义的一个成果以后，过了一段时间它就不再被资本主义所独有。比如说，20世纪的后半叶以来就产生了多种模式：东亚模式，“亚洲四小龙”模式，等等。这些模式就是要走一条与西方现代化不同的道路。之后又有了拉丁模式，拉丁美洲国家在20世纪的最后10年，包括到现在为止，也力图走出一条有点仿西方现代化但又与西方现代化不太一样的道路。其他的国家，比如说苏联和东欧的一些国家也试图走社会主义的现代化道路。现在看来走得不太成功，为什么呢？因为他们更多的是从意识形态的角度来看问题，而没有抓住现代化的本质。

谈到社会主义国家的现代化，就不能不谈中国。当今的中国力图走出一条有中国特色的社会主义现代化道路。这条道路的实质就是要把西方现代化的一些合理因素学习和借鉴过来，但是又要去克服西方现代化进程中的一些问题，比如市场经济的一些弊端。虽然市场作为一种重要的资源配置的手段是有积极意义的，但是市场这一只万能的手又不可能是万能的，所以就有必要对市场进行宏观调控。20 世纪尤其是第二次世界大战以后，西方现代化走得比较好，就是因为政府加强了对于经济发展的宏观调控；而在中国，政府也是将“有形的手”和“无形的手”有效地结合起来，既把经济搞活，又加强了宏观调控。前面讲到中华民族在对现代化的认识上经历了那样几个复杂的阶段，但实际上一直面对着现代化的危机或者现代化的挑战。应该说，在现代化走向全球化这样一个背景中，我们也一直在不断地挑战自身。我们从 1978 年以来学习西方的现代化，开始主要是学科学技术，进一步地学管理体制，引进市场机制，进一步推进政治民主，推进社会的法制建设，进一步比较全面地来建设中国的经济政治法律和文化。这是一个非常艰巨和困难的过程，我们也付出了很大的代价。但从总体上说，由于坚持解放思想、实事求是的思想路线，积极地探索与创造，我们能够不断解决发展中出现的问题和困难，找到一条比较适合中国国情但又与世界文明发展相一致的发展道路。

记者：在全球化的今天，文化的冲突似乎越来越明显。那么，您认为这种冲突是怎样产生的？

欧阳：实际上，文化从产生那一天开始，就是以民族文化的形式存在的。所有的文化从一开始都是民族文化。所有的民族文化都有两个要素，一个要素就是内聚，所有的本民族人都必须内聚到民族文化的根上来，而文化内聚的同时就必然表现为面向其他文化的一种扩散，扩散是民族文化的另一种要素。扩散是必然的。为什么呢？我形成我的一个文化核心，我的核心和你的核心是不一样，因此两种文化相互碰撞的时候我就力图影响你，你也力图影响我，就会产生文化冲突。但是过去为什么这个问题不明显呢？因为不同的民族各自生活在各自的部落、村落、地域里，中国文化想跟美国文化碰也碰不上，想跟欧洲人碰也碰不上。但是现在各地方联系越来越紧密，尤其是哥伦布发现北美新大陆以后。哥伦布发现北美新大陆 500 周年的时候我正在加拿大，我看到英裔加拿大人和法裔加拿大人纪念他，感谢他发现北美新大陆，而土著印第安人则诅咒他，认为哥伦布发现并掠夺了他们的美好家园。随着全球化进程的加快，生活在不同地域的人们以及他们的民族文化被全部纳入了一个全球文化体系，接触不上的也接触上了，本来要很长时间才能接触融合的现在在很短的时间里高密度地接触，在理解、沟通和相互认同上会产生很大的差距，这里就产生一种文化碰撞。一个国家可能比较容易接受市场化，但是在接受其他文化的时候这个问题就变得比较复杂了，因为这涉及一个民族的根。各个民族和每种民族文化之所以能够存在、能够延续、能够发展，靠的就是这个根。能不能放弃民族文化去接受一种完全外来的文化呢？在这种时候文化冲突就变得非常明显了。

记者：中华民族在这场现代化与全球化的进程中该如何去做？我们怎样在这个过程中依旧保持本民族的凝聚力和文化特征，并使我们能够对世界文化和人类文明作出应有的贡献？

欧阳：在全球化的进程中，中华民族面临着一种既非常尴尬又非常神圣的境地。所谓尴尬就是我们在学习现代化、加速现代化和加速全球化的过程中，多次对我们的传统文化产生误解、走入极端与片面，使得我们只要一回顾我们近代以来的历史就会感到很遗憾。而所谓神圣就是我们的传统文化包含的很多因素被现代世界所认同，也可能会发生非常积极的作用。当中国人在抛弃自己的传统的时候，国外的人却在大力地看好和宣传我们的传统。我亲耳听见有外国人说 21 世纪是中国的世纪，在这种背景下中国人确实需要做出比较合理的价值选择。我们不能简单地复古，复古是没有出路的，简单地想靠孔夫子的学说、靠既成的儒学是不可能解决今天中国的问题的，因为他们在历史上就没有能够解决我们的问题，但是我们又不能丢掉我们的根。所以我们要在这两者之间保持一个恰当的张力，比如说我们现在一方面要弘扬以爱国主义为主要内容的民族精神，同时也要大力发扬与时俱进、改革开放的时代精神。民族精神是中华民族的重要精神财富，但不是全部，因此我们还要有改革开放、与时俱进、不断创新的时代精神。我们在这两者之间要保持恰当的张力。我们不能因为我们有一个优良的传统而仅仅拘泥于它，同时我们又不能因为我们要加入全球化而对不起我们的传统。

21 世纪的世界文明会如何？有的人说 21 世纪是中国的世纪，也有的人说 21 世纪是印度的世纪，还有人说是西方的世纪、美国的世纪。我认为，21 世纪应当是一个多元的世纪，不太可能再出现单一的欧洲中心主义或者单一的美国中心主义。有人认为，21 世纪可能会走向美国长期独霸天下的局面，今天看来是这样的，但是我觉得再过 20 年、30 年或再过半个世纪，世界多极化的趋势会更加明显。中国的责任就是要在多极化的过程中成为非常重要的，也是健康的一极。说它重要就是说中国将影响世界，这绝对不可低估，也绝对不可忽视。你说中国“威胁”也好、“崩溃”也好，不管你怎么说，它就承认了一个现实，那就是中国的强大。我说它是健康的一极就在于它能够在世界的健康、和谐的发展中发挥积极的作用。为什么？要以中国自身的健康发展作为条件，我们不管是在经济、政治、社会、文化等各方面都要比西方国家好，同时我们还能够发挥积极的引导、引领作用。比如说，最近中央领导提出了“和谐世界”这样一个理念，就像原来周恩来总理提出“和平共处五项原则”一样，也将会变成一种世界通行准则，发挥其积极的作用。中华民族的每个成员都应站出来，强化责任意识，并且积极地追寻与塑造崇高。这种崇高既包括民族的自强，也有政党的自觉，更需要个人理想境界的不断提升。只有一个本身富于崇高理想并为其实现而自觉不懈奋斗的民族，才能把这些美好的理想变成现实并带给人类！而这可能正是中华民族对于 21 世纪人类最重要的贡献。

记者：歌德说：“人类将变得更加聪明、更加机灵，但是并不变得更好、更幸福和更强壮有力。我预见会有这样一天，上帝不再喜欢他的造物，他将不得不再次毁掉这个世界，让一切从头开始。”您怎样看待歌德对人类的预言？

欧阳：这个预言挺有意思。我觉得人类的聪明和机灵应当服从于人类的幸福。如果人类的智慧变成了人类幸福的障碍，这个智慧就一定要加以调试，这取决于智慧使用的方向和使用的途径。在歌德的这个预言中，上帝毁掉他的造物，毁掉他造出的这个世界，让一切从头开始，其实还是为了给人以更多的幸福。所以歌德的这个价值取向是非常清晰的，即最高的还是人类自身的健康、幸福、美好，我想这个既应该是中国人的目标，也应该是世界发展的目标。我还相信人类不会那么愚蠢，把人类自身搞到越来越尴尬被动的境地，局部会有核威胁、生态破坏、资源短缺等一些问题，但是人类如果足够聪明的话，应当能够找到解决这些问题的办法，哲学应该在其中发挥作用。哲学解决的不是技术性的问题，而是根本性的问题。你要是从每一个技术性的问题上来看，如怎么造原子弹、怎么毁灭原子弹，怎么毁灭环境、怎么复原环境，怎么消耗资源、怎么再生资源，这些都不是哲学家能解决的，但是哲学家可以给人类一个理念——什么是一个应该有的和谐、健康的世界，什么是和谐、健康的人，以及人与世界的和谐关系等。这里需要发挥哲学的作用，而且真正谈这些问题的时候最终又回到了哲学。

记者：最后，请欧阳老师给正在哲学道路上前行的本科生们一些学习上的建议和鼓励吧。

欧阳：我希望哲学系的同学能够以真正哲学的方式来学习哲学、研究哲学和领悟哲学。有人可能会问什么叫真正的哲学，其实这就是我们全部学习需要达到的。我认为，哲学的根本任务是帮助人们在有限世界中去超越有限、追寻无限。真正的无限是难以达到的，但人们可以达到一定的极限，而哲学的任务就是帮助我们不断地对这个极限进行追寻，找到它的边界，然后去突破这个边界，从而帮助人类的理性智慧不断地超越自身。这就是哲学的价值与功能。所以学哲学的同学应当有更加宏观的视野，应当能够进行前提性的追问，应当能够超越现实中间的很多肌体的、生理的、心理的局限。当然学哲学既不能解决肚子饥饱的问题，也不能解决身体冷暖的问题，但是哲学可以帮助我们解决思想问题，解决重大的、战略的决策性问题。当然也不是说我们每个学哲学的人都能直接解决这些问题，而是说哲学会给我们一种思路、一种方法、一种原则，而且哲学能帮助我们不断地进行前提性的批判。在今天，在我们的当下，在你学习和领悟哲学的过程中，你会感觉到人生中间的自觉性是多么重要。从人生的角度看，我觉得哲学的价值在于帮助大家去做比较严密的自我剖析。所以我希望我们哲学系的同学能够爱哲学，不管大家将来是去研究哲学还是不研究哲学都没有关系，我相信这一段哲学训练会使大家终身受益的。

大家都知道，亚里士多德曾经讲过，搞哲学有三个必要条件：一是闲暇，二是惊奇，三是自由。我希望我们哲学系的同学要保持这样一种有利于创造自我的闲暇空间。我们所有人都生活在一个忙碌的、充满诱惑力的物质世界中，但一定要想办法给自己的心灵留下一片宁静，要有一点逍遥和闲暇。再就是保持惊奇。我觉得惊奇意味着对外部世界的珍惜与爱护，意味着以一种友好的眼光来看待这个世界。能够产生惊奇，就意味着你是有历史意识的。如果没有历史意识，你是不可能看见新的变化的，也不可能有惊奇的。同时还要有自由，要有自由的心境。我经常说，哲学系的同学要勇于两个“胡”，一个是“胡说八道”，一个是“胡思乱想”。通过努力，由“胡思乱想”到“能思会想”，由“胡说八道”到“能说会道”，这就是进步。我们应当保持那种自由地表达自己思想的勇气，并努力发展自己在这方面的能力。

我衷心地希望大家在对哲学的不断学习、探索和创造中去构建更加自觉的、精彩的人生。

图书在版编目(CIP)数据

大学 文化 人生/欧阳康著. —2 版. —武汉：华中科技大学出版社，2023.1
(欧阳康文集)
ISBN 978-7-5680-8434-5

Ⅰ.①大… Ⅱ.①欧… Ⅲ.①社会科学—文集 Ⅳ.①C53

中国版本图书馆 CIP 数据核字(2022)第 197687 号

大学 文化 人生(第二版) 欧阳康 著
Daxue Wenhua Rensheng(Di-er Ban)

策划编辑：周晓方 杨 玲
责任编辑：庹北麟
责任校对：唐梦琦
封面设计：原色设计
责任监印：周治超
出版发行：华中科技大学出版社(中国·武汉) 电话：(027)81321913
武汉市东湖新技术开发区华工科技园 邮编：430223
录 排：华中科技大学惠友文印中心
印 刷：湖北新华印务有限公司
开 本：710mm×1000mm 1/16
印 张：27.75 插页：2
字 数：409 千字
版 次：2023 年 1 月第 2 版第 1 次印刷
定 价：99.00 元